KB253851

법원경매 부동산의
권리분석과 배당

법원경매 부동산의 권리분석과 배당

김 봉 석 著

저자 서문

민사집행법은 2002년 제정되어 시행되고 있던 중 2005. 1. 27 (법률 7358호) 개정된바 있습니다.

법원의 경매절차와 한국자산관리공사의 공매절차는 추상적이고 관념적인 집행권원을 구체적·현실적 권리로 승화시키는 압류·환가·만족 과정의 총체이고, 그 중에서도 배당절차는 권리분석과 함께 채무자의 책임재산을 매각한 후, 다수의 채권자가 있어서 그 매각 대금으로 모든 채권을 만족시키기에 부족한 경우에 민·상법과 그 밖의 법률이 정하는 순서에 따라 분배하는 절차로써 모든 공·경매에 필수적인 과정입니다.

이러한 법적절차에 채권자로써 채무자의 책임재산을 경매하여 채권을 회수하고자 할 때 배당에 참가하거나 불복하는 과정은 물론, 투자의 일환으로 공·경매 부동산에 대하여 많은 관심을 가지고 있음에도 불구하고, 각 개인이 직접 경매에 임함에 있어 경매 목적물에 대한 권리분석을 할 줄 몰라 법률전문가가 아닌 자와 잘못 접촉하여 금전적으로 낭패를 당한 경우가 많이 발생한 것이 현실입니다.

그래서 필자는 법률 전문가는 물론 일반인들도 채권자로써 쉽게 공·경매부동산에 대하여 배당요구를 하고, 그 순위를 예측할 수 있음은 물론, 공·경매 부동산에 대하여 관심을 갖고 있는 분들이 권리를 분석하는데 지침서가 필요하다는 생각을 해 왔습니다.

그러던 차에 한국학술정보(주)로부터 필자의 박사학위논문인 "집행법원의 배당절차에 관한 연구"를 단행본으로 발간하자는 권유를 받게 된 것입니다.

 이 책을 완성하기까지 학문적으로 지도해 주신 저의 은사님이신 건국대학교 법대 양병회 교수님, 서울대학교 송상현 교수님, 연세대학교 손한기 교수님, 건국대학교 우홍구·이상태 교수님과 본서가 나오기까지 어려운 여건에도 불구하고 편집과 출간을 위해 크게 도움을 주신 한국학술정보(주) 채종준 사장님과 임직원 여러분께 깊이 감사드립니다.

2005년 10월

저 자 씀

목 차

약 어 표

법······················민사집행법

규······················민사집행규칙

가담법··················가등기담보 등에 관한 법률

가소법··················가사소송법

가소규··················가사소송규칙

공탁규··················공탁사무처리규칙

구민소법················구민사소송법

구민소규················구민사소송규칙

국기법··················국세기본법

국징법··················국세징수법

근기법··················근로기준법

민비법··················민사소송비용법

민소법··················민사소송법

민소규··················민사소송규칙

민인법··················민사소송등인지법

민인규··················민사소송등인지규칙

민조법··················민사조정법

법조법··················법원조직법

부등법··················부동산등기법

비송법··················비송사건절차법

상임법··················상가건물임대차보호법

소액법·····················소액사건심판법

소촉법·····················소송촉진 등에 관한 특례법

송민·······················민사소송실무예규

주임법·····················주택임대차보호법

지세법·····················지방세법

형소법·····················형사소송법

대판·······················대법원 판결

고판·······················고등법원 판결

지판·······················지방법원 판결

일대판·····················일본대심원 판결

일동지판···················일본 동경지법 판결

第1章 서론(序論)

第1節 연구목적(硏究目的)

현행 민사집행법은 2002. 1. 26. 법률 제6627호로 제정되었고, 민사집행법의 시행을 위한 민사집행규칙은 2002. 6. 28. 공포되어 2002. 7. 1.부터 각 시행하고 있다.

현행 민사집행법(民事執行法)은 구민사소송법(舊民事訴訟法) 제7편 강제집행편에 관한 규정을 집행의 실효성 확보, 강제집행에 대한 불복방법 등 집행당사자의 권리구제 방법의 명확화, 종래 실무상 문제되었던 부분을 정비하여 새로 제정하였다.

구민사소송법은 강제집행절차를 포함하여 1960년에 제정된 이후 1990년에 경매법(競賣法)을 흡수하기 위하여 경매법을 개정한 것을 포함하여 12차례에 걸쳐 개정이 되기는 하였으나, 약 40년 동안 전면적인 개정이 이루어지지 아니하여 사회·경제적 발전에 따른 신속한 권리구제의 필요성에 부응하지 못하고 있다는 지적에 따라, 채무자 등의 제도남용에 의한 민사집행절차의 지연을 방지하고, 불량(不良) 채무자에 대한 철저한 책임추궁을 통하여 효율적(效率的)이고 신속한 권리구제방안을 마련함으로서 정의로운 신용사회를 이룩하는 한편, 법률용어를 국민의 법 감정에 맞도록 순화하고, 통일적이며 일관된 법 집행을 위하여 민사집행부분을 민사소송법에서 분리하여 「민사집행법(民事執行法)」이라는 이름으로 새로 제정하였다.

강제집행(强制執行)을 실시하려면 종국판결이나 가집행선고가 있는 판결(민사집행법 제24조, 이하 법(法)이라 한다), 그 밖의 집행권원이 있어야 하고, 채권자가 집행권원을 얻기 위해서는 민사소송법에 의한 집행력 있는 종국판결(민사소송법 제198조, 이하 민소법이라 한다)·가집행선고가 있는 판결(민소법 제213조)·지급명령(支給命令, 민소법 제476조)·확정된 결정에 의한 이행권고명령(소액사건심판법 제5조의 3, 제5조의 7, 이하 소액법이라 한다)이나 조정에 갈음하는 결정·조정조서(민사조정법 제28조, 제29조, 이하 민조법이라 한다)·재판상 화해조서(민소법 제220조)나 화해권고결정(민소법 제231조)·청구의 포기조서·인낙조서(민소법 제220조)·제소전화해조서(민소법 제386조)가 있어야 하며, 그 밖의 것으로는 공증인법에 의해 작성된 집행력 있는 약속어음공정증서나 소비대차공정증서, 민법·상법 그 밖의 법률에 의한 담보권이나 우선변제청구권이 있어야 한다.

강제집행절차는 추상적이고 관념적인 집행권원(執行權原)을 구체적·현실적 권리로 승화시키는 압류·환가·만족 과정의 총체이고, 배당절차는 강제집행절차에 따라 채무자의 책임재산을 환가한 후, 다수의 채권자가 경합하여 매각대금으로 채권자들의 모든 채권을 만족시키기에 부족한 경우에는 민사집행법과 민법·상법 그 밖의 법률이 정하는 순서에 따라 분배하는 절차이다.

현행 민사집행법은 배당순위와 방법에 관하여 직접적으로 규정한 바 없고, 단지 민사집행법 제148조에서 배당요구의 종기까지 경매신청을 한 압류채권자, 배당요구의 종기까지 배당요구를 한 채권자, 첫 경매개시결정등기 전에 등기된 가압류채권자, 그리고 저당권·전세권, 그 밖의 우선변제청구권자는 배당을 받을 수 있다고 규정함으로써 평등주의와 우선주의에 입각하여 배당할 것을 간접적으로 규정하고 있다.

모든 채권자의 채권이 평등하다면 그 채권액에 비례하여 배당하겠지만, 우선권을 가진 채권자가 있는 경우에는 일반채권자에 우선하여 배당하여야 한다. 특히 등기·등록과 같은 공시방법에 의하여 외관을 갖춘 저당권자와 같은 우선변제채권자라면 일반채권자가 이를 감수할 각오로 강제집행을 실시하였으므로 배당순위와 배당액에 대하여 불만을 가질 수 없지만, 조세채권이나 저당목적물의 제3취득자로써 유익비나 시설비를 지출한 채권자, 임금채권, 상법 그 밖의 법률에 의한 우선변제청구권자들은 그 존재나 채권액이 전혀 공시되어 있지 아니하므로 우선권이 없는 일반 채권자에 불측(不測)의 손해를 줄 수 있다.

또한 민사집행법상(民事執行法上) 집행법원(執行法院)이 하는 배당절차(配當節次) 중 배당순위는 집행권원을 가진 채권자와 민법·상법 그 밖의 법률에 의하여 결정되지만, 그렇게 결정된 채권자들의 채권이라도 어느 범위까지 배당을 하여야 하는지에 관하여는 법이 침묵으로 일관하고 있고, 배당표가 작성된 후에 하는 불복의 방법과 절차 또한 많은 문제점을 내포하고 있다.

따라서 이 책은 민사집행법상(民事執行法上) 집행법원(執行法院)의 배당절차(配當節次)에 관하여 연구(研究)하는 한편, 그 문제점(問題點)을 살펴보고, 그 개선방향(改善方向)을 제시하는 데 그 목적이 있다.

第2節 연구범위(研究範圍)와 방법(方法)

강제집행은 집행권원(執行權原)을 가지고 있는 채권자나 민법·상법 그 밖의 법률에 의한 담보권이나 우선변제청구권 등을 가진 자가 권리를 실현하여 그 채권이나 투자한 자본을 회수하는 절차로써 일반적으로 압류절차(押留節次), 환가절차(換價節次), 만족절차(滿足節次)라고 하는 세 단계로 구성되어 있다.

이 책은 민사집행법의 규정에 의하여 실시하는 강제집행의 세 단계 중 만족절차(滿足節次) 가운데 유체동산에 대한 강제집행 후에 집행관이 하는 배당절차와 부동산 강제관리개시결정에 의해 얻은 수익에 대하여 관리인이 하는 배당절차를 제외(除外)하고, 집행법원이 집행의 목적물을 환가한 후 매각대금이 법원에 지급되거나 집행관이나 추심채권자, 제3채무자가 매득금이나 추심금 등을 공탁한 때(법 제222조), 압류된 채권이 조건부 또는 기한부이거나 반대이행과 관련되어 있는 등의 사유로 채권을 추심하기 곤란하여 그 채권의 매각을 집행관에게 명하고, 그 매각대금으로 배당(配當)에 참가한 모든 채권자를 만족하게 할 수 없어서 그 매각대금을 법원에 공탁한 때(법 제241조)에 진행하는 배당절차와 그 문제점 및 개선방향에 대하여 각 연구한다(법 제252조).

이에 따라 제2장에서는 배당의 준비와 실시라는 제목으로 제1절에서는 배당절차의 의의와 개시요건에 관하여, 제2절에서는 배당의 준비, 제3절에서는 배당의 실시와 그 절차에 관하여,

제3장에서는 배당표에 관한 것 중 제1절 배당표의 작성이라는 제

목으로 배당표의 작성시기와 기재사항 및 의의와 성질, 배당표의 경정에 관하여, 제2절에서는 배당표에 기재할 채권금액에 관하여, 제3절에서는 배당순위와 배당비율(配當比率)·배당액에 관하여,

제4장에서는 배당에 대한 불복방법 중 제1절에서는 배당표에 대한 이의, 제2절에서는 우선권(優先權)을 주장(主張)하는 소(訴), 제3절에서는 배당이의(配當異議)의 소에 관하여 각 논의하고,

제5장에서는 배당절차(配當節次)의 문제점(問題點)과 개선방향(改善方向)에 관하여,

제6장에서는 결론(結論)으로 각 장에서 기술한 것을 요약하고, 그 문제점과 개선방향 및 입법론 등을 제시한다.

이 연구는 현행(現行) 민사집행법(民事執行法)에 대한 국내외(國內外)의 해설서(解說書)·대학(大學)이나 사법연수원(司法硏修院)의 교과서(敎科書), 법원의 실무제요(實務提要)와 논문(論文)·판례(判例) 그리고 구민사소송법상(舊民事訴訟法上) 강제집행법(強制執行法)에 관한 국내외(國內外)의 주석서(註釋書)·단행본(單行本) 그리고 논문(論文)과 판례(判例) 등을 참고하였다.

第2章 배당(配當)의 준비(準備)와 실시(實施)

第1節 배당절차(配當節次)

1. 배당절차(配當節次)의 의의(意義)와 개시요건(開始要件)

(1) 의의(意義)

민사집행법상 배당절차라 함은 ① 강제집행 목적물이 매각되어 매수인이 매각대금을 법원에 지급하였는데 압류채권자나 배당요구 채권자가 경합하여 그 매각대금으로 채권자들의 채권을 모두 만족시킬 수 없을 때 ② 유체동산에 관한 청구권 등을 압류하여 현금화한 때[1] ③ 유체동산을 매각한 후 그 매득금으로 배당에 참가한 모든 채권자를 만족시킬 수 없고, 매각 허가된 날부터 2주 이내에 채권자 사이에 배당협의가 이루어지지 않아서 집행관이 매각대금을 법원에 공탁한 때(법 제252조 1호, 제222조 1항) ④ 집행관이 여러 채권자를 위하여 동시에 금전을 압류한 경우 집행절차에 관한 서류를 붙여 그 사유를 법원에 신고한 때(법 제252조 1호, 제222조 2항) ⑤ 추심채권자가 채권을 추심한 경우 추심한 채권액을 법원에 신고하기 전에 다른 압류·가압류 또는 배당요구가 있어서 채권자

---

1) 법(法) 제243조 3항, 규(規) 제169조, 제165조 4항, 제183조 각 참조.

가 추심(推尋)한 금액을 바로 공탁하고 그 사유를 신고한 때(법 제252조 2호, 제236조, 제248조) ⑥ 압류된 채권이 조건부 또는 기한부이거나, 반대급부의 이행과 관련되어 있는 때(법 제252조 3호, 제241조 전단) ⑦ 압류된 채권이 추심하기 곤란한 경우에 법원은 채권자의 신청에 따라 채권을 매각하도록 집행관에게 명하고, 이에 따라 집행관이 현금화된 금전을 법원에 제출한 때(법 제252조 3호, 제241조 후단)에 집행법원은 위 매각대금이나 공탁금으로 경합하는 압류 채권자의 채권액에 따라 분배절차를 진행하여야 하는바, 이런 총체적인 과정을 배당절차(配當節次)라 한다.

(2) 강제집행절차(强制執行節次) 개관(槪觀)

민사집행법상(民事執行法上) 환가절차(換價節次)인 강제집행절차(强制執行節次)는 강제집행 채권자가 채무자 소유의 부동산(법 제142조)이나 선박(법 제172조)·자동차·건설기계 및 중기·항공기(법 제187조)에 대하여 강제경매(强制競賣) 신청을 하거나 위 목적물에 대하여 담보권(擔保權) 실행 등을 위한 경매신청[2]을 하면 법원은 그 적법여부를 심사한 후 지체 없이 경매개시결정을 하고(법 제80조, 제81조), 경매목적물이 부동산과 같이 등기·등록을 요하는 것이면 경매개시결정등기(압류등기)를 촉탁한다(법 제83조 1항). 등기관이 경매개시결정등기를 마친 후 그 등기필증과 등기부등본을 경매법원에 송부하면(법 제95조), 법원은 경매목적물에 대하여 감

---

2) 법(法) 제268조 내지 제270조, 제272조, 제273조 3항, 제274조 1항, 제275조 각 참조.

정평가와 현황조사를 촉탁하는 한편(법 제85조), 세무관서와 이해
관계인에게 사실조사나 채권액 등에 대하여 조회를 한다. 그리고
법원은 신문 등에 배당요구의 종기를 결정하여 매각기일과 함께 공
고함과 아울러 이를 이해관계인에게 통지하고, 법원은 매수인으로
하여금 그 기간 내에 입찰표와 법원이 정하는 매수신청의 보증금을
봉투에 넣어 봉합하게 한 뒤, 이를 직접 또는 우편으로 법원에 제
출하게 하고, 입찰기간이 종료된 후 일정한 날짜 내에 개찰기일을
실시하여 최고가 매수신고인, 차순위 매수신고인을 정하는 방법으
로 목적물을 매각하게 된다.3)

기간입찰의 방법에 의하여 경매목적물이 최고가 매수인에게 매각
되면 집행법원은 법원이 정한 대금지급기한 내의 어느 날이라도 매수
인이 대금을 납부하면 바로 경매부동산의 소유권을 취득하게 하고(법
제142조),4) 이해관계인이 집행에 관한 이의나 즉시항고 등 불복신청
을 하지 않거나 불복신청에 대하여 종국판결이 있게 되면, 법원은 이
해관계인에게 배당기일을 정하여 통지하는 한편, 채권계산서를 제출
할 것을 최고(催告)한다. 법원은 이해관계인이 제출한 배당요구신청
서나 채권계산서, 조세관서에 한 사실조회에 근거하여 배당표원안을

---

3) 이런 입찰방법(入札方法)을 기간입찰제도(期間入札制度)라 한다. 국회
   법제사법위원회(國會法制司法委員會), 민사집행법안심사보고서(民事
   執行法案審査報告書)(이하(以下), 전게보고서(前揭報告書)라 한다)(서
   울: 국회법제사법위원회(國會法制司法委員會), 2001), 14면; 법원행정처
   (法院行政處), 민사집행법(民事執行法) 해설(解說)(이하(以下), 전게해설
   (前揭解說)이라 한다)(서울: 법원행정처(法院行政處), 2002), 129면.
4) 이러한 대금지급방식(代金支給方式)을 대금(代金)의 지급기한제도(支
   給期限制度)라 한다. 상게보고서(上揭報告書), 4면; 상게해설(上揭解
   說), 184면.

배당기일 3일 전까지 작성하고, 이를 법원에 비치하여 이해관계인의 열람에 제공하며, 배당기일에 이해관계인 등을 심문하여 배당표를 확정한 후 배당을 실시한다.

집행법원은 목적부동산의 매각대금(賣却代金)이 법원에 지급되면 다수의 채권자가 경합하든 아니든 직권으로 배당절차를 개시하여야 한다. 선박이나 자동차 강제집행에서의 배당(配當), 담보권(擔保權) 실행 등을 위한 경매에서의 배당절차, 유체동산에 대한 청구권을 매각한 경우는 물론, 채권 그 밖의 재산권에 대한 강제집행절차에서 배당절차의 개시사유가 생긴 경우에(법 제252조 각 호) 하는 배당절차는 모두 부동산에 대한 강제경매절차에서의 배당절차를 준용하고 있으므로[5] 부동산에 대한 강제집행절차에서의 배당절차에 관한 규정은 특별한 경우를 제외하고는 담보권 실행 등 경매에 관한 배당절차에 그대로 적용된다.

(3) 배당절차(配當節次) 개시(開始)의 요건(要件)

① 관할(管轄)

부동산(不動産)·선박(船舶)·자동차(自動車)·항공기(航空機) 등에 대한 강제경매나 위 목적물에 대한 담보권(擔保權) 실행 등을 위한 경매에서의 배당절차는 매각절차(賣却節次)를 진행한 집행법원이 관할하게 된다. 이는 전속관할(專屬管轄, 법 제21조)이다. 자동차에 대한 강제집행절차에서는 다른 법원 소속 집행관이 자동차

---

5) 법(法) 제142조 내지 161조 각 참조.

를 점유하고 있는 경우에 자동차를 집행법원 관할구역 안으로 이동하는 것이 매우 곤란하거나 지나치게 많은 비용이 소요된다고 인정될 때에는 사건을 그 법원으로 이송할 수 있으므로(규 제119조), 이 경우에도 배당법원은 이송을 받은 집행법원이 관할하게 된다. 유체동산에 대한 강제집행에 있어서는 집행관(執行官)이 그 강제집행을 실시할 곳(地)을 관할하는 집행법원, 즉 그 집행관(執行官)이 소속하는 지방법원[6]이, 채권 그 밖의 재산권에 대한 강제집행에 있어서는 원칙적으로 최초의 압류명령(押留命令)을 한 집행법원이 각 배당절차를 관장하는 법원이 된다.[7]

② 매각대금(賣却代金) 등(等)의 지급(支給)과 채권자(債權者)의 경합(競合)

가. 부동산 등 강제집행(不動産 等 强制執行)

부동산·자동차·중기·선박·항공기 등에 대한 강제경매나 위 목적물에 대한 담보권 실행 등 경매에 있어서는 매각대금이 법원에

---

6) 집행관법(執行官法) 제2조, 제7조, 법조법(法組法) 제55조 각 참조.

7) 法 제224조, 제248조, 제251조 각 참조. 독일(獨逸)에서는 압류명령을 발한 법원(法院)에 상관없이 민사소송법(民事訴訟法) 제837조, 제853조, 제854조에 따라 사유신고서(事由申告書)가 제출된 법원(法院)에 관할(管轄)이 있다. 따라서 압류법원(押留法院)은 여기서는 무시된다. 배당절차(配當節次)의 세부적(細部的)인 업무(業務)는 법관(法官)이 아닌 사법보좌관(司法補佐官, Rechtspfleger)에게 위임(委任)되어 있다. Zöllner, ZPO, 1999, §873 Rdnr. 1; Baumbach/Lauterbach, ZPO, 1999, §873 Anm. 1); Brox/Walker, Zwangsvollstreckungsrecht, 1999, §16. 4 Rdnr. 482.

지급되어야 한다. 채권자가 강제집행신청을 하고 매각대금이 법원에 지급될 때까지 강제집행 채권자 이외의 자가 배당요구(配當要求)를 하지 아니하여 강제집행 신청채권자 1인에게 매각대금으로 채권액을 변제한 경우에도 채권의 변제를 위한 지급절차는 진행된다. 이러한 채권의 변제를 위한 지급절차는 정확히 배당절차(配當節次)라 할 수 없지만 집행절차의 속행절차로써 진행되므로 배당절차에 속한다할 것이다(광의(廣義)의 배당절차(配當節次)). 민사집행법상 배당절차는 다수의 채권자가 여기에 참가(參加)하여 경합(競合)되어야 하고, 매각대금(賣却代金)으로 다수(多數)의 채권자의 채권을 만족시킬 수 없어야 한다((협의(狹義)의 배당절차(配當節次)).

나. 유체동산 강제집행(有體動産 强制執行)

유체동산(有體動産)에 대한 강제집행에 있어서는 매각대금이 집행관에게 지급되면 우선 각 채권자가 협의(協議)를 통해 배당방법(配當方法), 배당액 등을 정할 수 있게 되어 있다(법 제222조 1항). 이 협의가 성립되면 집행관은 그 협의한 내용에 따라 매각대금을 분배하면 된다.[8] 이로써 강제집행절차는 끝나고 배당법원에 의한

---

8) Zöllner, aaO, §872 Rdne. 3; Bruns/Peters, aaO, §26 Ⅱ. S. 166f. 이 경우 배당절차(配當節次)와 구분하여 변제금교부(辨濟金交付) 절차(節次)라 부른다. 물론 배당절차(配當節次)를 거치는 경우에도 변제금교부절차(辨濟金交付節次)가 있으며, 일본 민사집행법(日本民事執行法)에서는 양자(兩者)를 총칭하여 「배당 등(配當 等)」이라 한다. 변제금(辨濟金)의 교부(交付)에 있어서는 배당(配當)과 달리 기일을 거칠 필요는 없다. 배당절차(配當節次)가 필요 없는 변제금교부절차(辨濟金交付節次)에서도 배당기일(配當期日)에 준하여 일정

배당절차에 들어갈 필요가 없게 된다. 그러나 압류금전이나 압류한 물건, 혹은 제3채무자로부터 인도(引渡)받은 유체동산의 매각대금으로 배당에 참가한 모든 채권자를 만족하게 할 수 없고, 매각허가(賣却許可)된 날로부터 2주 이내에 채권자들 사이에 배당협의(配當協議)가 이루어지지 아니한 때에는 집행관은 매각대금을 법원에 공탁하여야 한다(법 제222조 1항). 또한 집행관이 여러 채권자를 위하여 동시에 금전을 압류한 경우에도 집행절차에 관한 서류를 붙여 법원에 사유신고를 하여야 하므로(법 제222조 2항, 3항) 그 때에도 배당절차는 개시된다.

다. 금전채권(金錢債權)에 대한 강제집행(强制執行)

금전채권(金錢債權)에 대한 강제집행에 있어서 채권자의 경합을 이유로 제3채무자가 채무액을 공탁한 때(법 제248조) 또는 추심명령(推尋命令)에 의하여 채권자가 채권을 추심하여 법원에 그 사유를 신고하기 전에 다른 압류, 가압류 또는 배당요구9)가 있어서 추심금(推尋金)을 공탁하고 그 사유를 법원에 신고한 때(법 제236조

(一定)한 일시에 관계자(關係者) 전원을 소집하는 것이 편리하다. 길야 위·삼택홍인(吉野 衛·三宅弘人), 주석민사집행법(註釋民事執行法), 부동산집행·하(不動産執行·下)(이하 전게서(前揭書) Ⅳ라 한다)(동경(東京): 사단법인(社團法人) 금융재정사정연구회(金融財政事情研究會), 1990), 236면.

9) 금전채권(金錢債權)의 환가방법(換價方法)은 추심명령(推尋命令)이나 전부명령(轉付命令)이 있을 뿐이므로 이 논문(論文)에서의 배당요구(配當要求)라는 용어(用語)는 추심명령(推尋命令)이나 전부명령(轉付命令)과 같은 환가방법(換價方法)의 의미로 사용하였다(法 제229조).

2항),[10] 압류된 채권이 조건부(條件附) 또는 기한부(期限附) 기타 이유로 추심(推尋)하기 곤란하여 법원의 매각명령(賣却命令)에 의해 환가한 후 환가금(換價金)이 법원에 제출된 때(법 제241조)에 각 배당절차가 개시된다.

채권에 대한 강제집행에 있어서는 압류채권자 외에 중복압류채권자(重複押留債權者, 법 제215조), 배당요구채권자(配當要求債權者),[11] 가압류채권자(假押留債權者, 법 256조 3항) 등 2인 이상의 채권자가 경합(競合)한 경우에는 채권액을 공탁하여야 하므로, 추심채권자(推尋債權者)를 포함한 모든 채권자 사이에 협의(協議)란 거의 생각하기가 어렵지만,[12] 배당절차 진행 중에 경합하는 채권자들 사이에 배당액에 관하여 합의하는 것은 상관없고, 법원은 이에 따라 배당을 하여야 한다.

그러나 채무자인 채권자가 채무의 변제(辨濟)를 수령하지 아니하거나 변제자가 과실 없이 채권자를 알 수 없는 경우, 또는 위 채무를

---

10) 일본 민사집행법(日本 民事執行法)은 동산집행(動産執行)에서의 배당실시(配當實施, 일본 민사집행법 제142조)와 채권집행(債權執行)에서의 배당실시(配當實施, 일본 민사집행법 제166조)를 구분(區分)하고 있다. 길야 위·삼택홍인(吉野 衛·三宅弘人), 주석민사집행법(註釋民事執行法), 선박집행(船舶執行)·동산집행(動産執行)(이하 전게서 Ⅴ라 한다)(동경(東京): 사단법인(社團法人) 금융재정사정연구회(金融財政事情硏究會), 1990), 560면.
11) 法 제217조 내지 제219조, 제247조 각 참조
12) 압류(押留) 환가절차(換價節次)가 집행법원(執行法院)에 의하여 주재되는 부동산(不動産) 강제경매(强制競賣)에서 이러한 협의(協議)가 인정되지 않지만 배당표(配當表)를 작성한 후 배당기일(配當期日)에 출석한 채권자(債權者)들 사이에서는 합의(合意)를 하는 것은 상관없다(법(法) 제152조 2항 참조).

변제받을 수 없어서 제3채무자가 그 채무를 면하기 위하여 변제공탁
(辨濟供託)한 때(민법 제487조)에는 배당절차가 개시되지 않는다.

라. 그 밖의 재산권(財産權)에 대한 강제집행(强制執行)

그 밖의 재산권에 대한 강제집행에 있어서는 특별한 환가방법(換
價方法)에 의하여 얻은 매득금(賣得金) 또는 그 재산권(財産權)의
강제관리에 의하여 얻은 수익으로 압류나 배당에 참가한 채권자의
채권액을 만족시킬 수 없어서 매득금이나 수익금이 집행법원에 제
출된 때에 배당절차가 개시된다.[13)]

2. 배당요구(配當要求)

(1) 의의(意義)

배당요구(配當要求)란 배당요구 채권자가 다른 채권자에 의하여
개시된 강제집행(强制執行) 절차(節次)에 참가하여 동일 경매목적물
의 매각대금에서 채권의 변제를 받으려는 민사집행법(民事執行法)에
있어서의 집행행위(執行行爲)이다. 배당요구는 다른 채권자의 강제
집행절차에 편승한다는 점에서 종속적인 집행행위라 할 수 있다. 다
시 말하면 압류채권자 이외의 채권자가 경매절차에 참가(參加)하여
자기채권의 만족을 求하는 집행행위를 배당요구라고 한다.[14)] 집행권

---

13) 법(法) 제251조 1항, 제241조 6항 각 참조.

원(執行權原)[15]이 없는 채권자(債權者)[16]도 배당요구를 할 수 있지만 현실적으로 배당을 받기 위해서는 배당요구의 종기(終期)까지 배당요구나 경매신청 또는 첫 경매개시결정등기 전에 가압류(假押留)를 하여야 하며, 저당권·전세권 그 밖의 우선변제청구권자로서 첫 경매개시결정등기 전에 등기되었고, 매각으로 소멸하는 채권을 가진 채권자라야 한다(법 제148조 4호). 지상권·지역권·전세권 및 등기된 임차권은 저당권·압류채권·가압류채권에 대항할 수 없는 경우에는 매각으로 소멸하지만,[17] 그 외의 지상권(地上權)·지역권(地役權)·전세권(傳貰權) 및 등기된 임차권(賃借權)은 매수인이 인수

---

14) 동지(同旨): 강대성(姜大成), 민사집행법(民事執行法)(서울: 삼영사(三英社), 2002), 412면; 박두환(朴斗煥), 민사집행법(民事執行法)(서울: 법률서원(法律書院), 2002), 405면; 김상원(金祥源), (註釋)강제집행법(强制執行法) Ⅱ(서울: 한국사법행정학회(韓國司法行政學會), 1993), 43면; 방순원(方順元)·김광연(金光年), 제이전정판(第二全訂版) 민사소송법(民事訴訟法, 下)(서울: 한국사법행정학회(韓國司法行政學會), 1993), 341면.

15) 구(舊) 민사소송법(民事訴訟法) 제519조에서는 「채무명의(債務名義)」라는 용어(用語)를 사용하고 있었다. 1980년 시행(施行)되고 있는 일본 민사집행법(日本 民事執行法) 역시 제22조에서 「채무명의(債務名義)」라는 용어를 사용하고 있으나, 2002년 7. 1. 시행되고 있는 우리나라 민사집행법(民事執行法) 제56조에서는 「집행권원(執行權原)」이라는 용어를 쓰고 있다. 길야 위·삼택홍인(吉野 衛·三宅弘人), 주석민사집행법(註釋民事執行法), 총설(總說)·총칙(總則)(동경(東京): 사단법인(社團法人) 금융재정사정연구회(金融財政事情研究會), 1990), 2~3면.

16) 집행권원(執行權原)이 없는 채권자(債權者)라 함은 민법(民法)·상법(商法) 그 밖의 법률(法律)에 의한 우선변제청구권자(優先辨濟請求權者)로써 그 자격(資格)을 소명(疎明)하여 배당요구(配當要求) 할 수 있는 者를 말한다.

17) 이를 소멸주의(消滅主義)라 한다. 法 제91조 2, 3항 참조.

하게 되고,[18] 다만, 그 중 전세권(傳貰權)의 경우에는 전세권자가 배당요구를 하면 매각으로 소멸하게 된다(법 제88조 1항).

(2) 배당요구(配當要求) 채권(債權)

① 집행채무자(執行債務者)에 대한 채권(債權)

배당요구(配當要求)를 할 수 있는 채권(債權)은 집행채무자(執行債務者)에 대한 채권(債權)이어야 한다. 채권에 대한 배당요구는 채무자에 대한 채권이 아니면 채무자의 제3채무자에 대한 채권에 대하여 배당요구를 하거나 압류할 수 없다. 부동산 강제경매나 담보권 실행 등의 경매 역시 경매부동산의 전소유자 또는 양수인(讓受人)에 대한 채권으로는 배당요구를 할 수 없다. 집행채무자에 대한 채권이라 할지라도 경매절차 진행 중에 제3자에게 양도(讓渡)되어 소유권이전등기가 마쳐진 때에는 그 처분이 경매신청채권자와의 관계에 있어서는 효력이 없으나 그 외의 자에 대하여는 그 처분이 유효하므로 그 시점 이후에는 배당요구를 할 수 없다.[19]

---

18) 이를 인수주의(引受主義)라 한다. 법(法) 제91조 4항 전단 참조.
19) 대법원(大法院), 예규(例規) 1963. 1. 7, 송무(訟務) 제27호, 임의경매압류등기(任意競賣押留登記) 후의 제3취득(第3取得)자와 그 등기후(登記 後) 배당요구(配當要求) 한 제3채권자(第3債權者)와의 우선관계(優先關係, 송민(訟民) 63-11) 참조.

② 이행기(履行期)가 도래(到來)한 채권(債權)

　　이행기(履行期)가 도래(到來)하지 않은 채권(債權)은 배당요구(配當要求)를 할 수 없다. 이행기가 도래하지 않은 채권을 피보전채권으로 하여 가압류한 경우에는 피보전채권을 공탁하도록 되어 있으므로(법 제160조 1항 2호), 이행기가 도래하지 않은 채권으로 가압류를 하여 사실상 이행기가 되기 전의 채권으로 배당을 받는 결과가 된다.

(3) 배당요구 채권자(配當要求 債權者)

① 당연히(當然) 배당(配當)에 참가(參加)하는 채권자(債權者)

가. 이중경매신청인(二重競賣申請人)

　　선행사건의 배당요구의 종기까지 이중경매신청을 한 채권자는 별도의 배당요구를 하지 않아도 배당을 받는다(법 제148조 1호). 그러나 이중경매신청을 선행사건의 배당요구의 종기 이후에 한 경우에는 이중경매신청이 받아들여진 경우에도 배당받을 수 없다. 또한 이중경매신청을 하였으나 그 경매신청이 부적법하여 각하(却下)되는 등의 사유로 종국적으로 압류의 효력이 발생하지 아니한 경우에도 당연히 배당에 참가하는 채권자가 될 수 없다.

나. 첫 경매개시결정등기(競賣開始決定登記) 전(前)의 가압류채권자
　　(假押留債權者)

　첫 경매개시결정등기 전에 가압류집행을 한 채권자는 배당요구
하지 않더라도 배당을 받는다(법 제148조 3호). 따라서 이에 해당
하는 가압류채권자가 채권계산서를 제출하지 않았다 하여 배당에서
제외하여서는 안 된다.[20]

다. 우선변제청구권자(優先辨濟請求權者)

㉮ 첫 경매개시결정등기(競賣開始決定登記) 전(前)에 등기(登記)된
　　우선변제청구권자(優先辨濟請求權者)

　첫 경매개시결정이 등기되기 전에 설정된 매각부동산 위의 권리
중 담보권이나 최선순위가 아닌 용익권·등기된 임차권[21]은 매각으
로 인하여 당연히 소멸하는 대신, 법률상 배당요구 한 것과 동일한
효력이 있으므로[22] 별도의 배당요구가 없더라도 순위에 따라 배당
을 받을 수 있다(법 제148조 4호).

---

20) 대판(大判) 1995. 7. 28. 94다57718.
21) 주임법(住賃法) 제3조의 3, 제3조의 4, 상임법(商賃法) 제6조, 제7
　　조 각 참조.
22) 대판(大判) 1996. 5. 28. 95다34415; 同 1999. 1. 26. 98다21946.

㈏ 종전(從前) 등기부상(登記簿上)의 우선변제청구권자(優先辨濟請求
　權者)

　재개발, 재건축사업시행 결과 공급된 부동산에 대하여 경매할 때, 종전의 부동산등기부에 기입되어 있던 부담등기의 권리자는 당연히 배당에 참가한다. 도시재개발사업시행의 결과 대지 또는 건축시설을 분양받아 소유권을 취득한 자가 보유하고 있던 종전의 대지 또는 건축물에 관한 지상권·전세권·저당권 또는 등기된 임차권과 주택임대차보호법상 대항요건(주임법 제3조 1항)을 갖춘 임차권은 분양받은 대지 또는 건축시설에 경료된 것으로 보게 되고(도시재개발법 제39조 1항), 또한 재건축사업시행의 결과 새로이 건설되는 주택이나 대지에 관하여도 분양받은 대지나 건축시설에 대하여도 위 부담등기가 설정된 것으로 보게 된다(주택건설촉진법 제44조의 3, 5항).[23]

　따라서 위 두 사업시행의 결과 새로이 공급된 주택이나 대지가 매각부동산인 경우에는 부동산등기부에 종전 부동산의 부담등기가 이기되지 아니하였더라도 등기된 것과 동일하게 보아야 하므로(민법 제187조), 종전 부동산의 등기부도 조사하여야 하고, 조사결과 그 등기부에 위와 같은 등기가 남아 있는 경우에는 그 등기된 권리자도 우선변제청구권이 있는 채권자에 해당하는 것으로 보아야 하

---

23) 다만, 도시재개발법(都市再開發法)과는 달리 주택건설촉진법(住宅建設促進法)은 종전 부동산의 부담(負擔)의 종류를 저당권(抵當權)·가등기담보권(假登記擔保權)·가압류(假押留)·전세권(傳貰權)·지상권(地上權) 등 등기(登記)된 권리(權利)라고 하여 예시적(例示的)인 열거방식(列擧方式)을 취하고 있으나 그 적용범위(適用範圍)는 같다.

므로 그 채권자들에게도 권리신고의 최고를 하여야 한다. 나아가 이해관계인에 대한 모든 통지는 물론 채권계산서 제출의 최고 및 배당기일통지도 하여야 한다.

라. 첫 경매개시결정등기(競賣開始決定登記) 전(前)의 조세채권(租稅債權)의 압류권자(押留權者)

국가나 지방자치단체, 공공단체 등이 국세징수법상의 체납처분의 예에 의하여 징수할 수 있는 채권의 징수를 위하여 한 교부청구(국징법 제56조)에는 강제집행에 있어서의 배당요구와 같은 성질이 있고,[24] 경매부동산에 관하여 첫 경매개시결정이 등기되기 전에 체납처분의 절차로서 압류 또는 보전압류등기가 되어 있는 경우에는 교부청구를 한 효력이 있으므로[25] 이 경우에는 별도의 배당요구가 없어도 배당받게 된다.

② 배당요구(配當要求)가 필요(必要)한 채권자(債權者)

가. 집행력(執行力) 있는 정본(正本)을 가진 채권자(債權者)

유체동산 집행절차에서는 집행력 있는 정본을 가진 채권자는 자신이 별도의 강제집행을 신청하여야만 하고 배당요구를 할 수 없으나, 부동산 집행절차에 있어서는 별도의 집행신청을 하든, 배당요구를 하든 채권자가 자유의사에 따라 선택할 수 있다. 집행력 있는

---

24) 대판(大判) 2001. 11. 27, 99다22311.
25) 대판(大判) 1997. 2. 14, 96다51585.

정본은 집행권원의 종류에 불구하고 판결뿐만 아니라 공증인이 작성한 약속어음공정증서나 소비대차공정증서[26)]와 같은 집행권원(법 제56조 각호)이 모두 포함되고, 또한 집행권원에 표시된 급부의 내용이 주된 청구이든 대상청구(代償請求)이든 금전의 지급을 내용으로 하는 것이어야 하며, 강제집행에 집행문이 필요한 것은 집행문을 부여받아야 하지만 집행문이 필요 없는 지급명령(법 제58조 1항)이나 이행권고결정(소액법 제5조의 8, 1항)은 집행문이 없어도 되고, 배당요구를 할 때는 배당요구서에 반드시 집행력 있는 정본을 붙일 필요는 없으며, 그 사본을 붙이는 것도 허용된다(규 제48조 2항, 1항). 반면에 민사집행법 제28조 1항에서 말하는 집행력 있는 정본은 집행문이 부여된 판결정본을 뜻하고, 강제집행을 신청할 때는 신청서에 반드시 집행력 있는 정본을 붙여야 한다.

한편, 재산형과 법원의 과태료 재판에 의하여 확정된 과태료 채권도 검사의 집행명령에 의하여 독립된 강제집행이 가능하므로 여기에 포함된다. 따라서 이들 채권도 배당요구의 종기까지 배당요구를 하여야만 배당받을 수 있다.

나. 담보가등기권자(擔保假登記權者)

담보가등기(擔保假登記)는 저당권과 마찬가지로 우선변제청구권이 있으나, 등기부에 담보목적의 가등기인 취지가 기재되어 있지 않고, 단지 소유권이전등기청구권보전을 위한 가등기라고만 기재되어 있는 대부분의 경우에는 등기부에 적힌 내용만으로 그 가등기가

---

26) 공증인법(公證人法) 제56조의 2, 법(法) 제56조 4호 각 참조.

담보목적의 가등기인가의 여부를 알 수 없고, 또 담보목적의 가등기라 하더라도 피담보채권의 공시가 없기 때문에 가등기담보권의 경우에는 배당요구를 하거나 채권신고의 최고기간까지 채권신고를 한 경우에 한하여 배당받을 수 있다(가담법 제16조 2항).

다. 필요비(必要費)나 유익비(有益費)를 지출(支出)한 저당목적물(抵當目的物)의 제3취득자(第3取得者)

담보권 실행 등을 위한 경매절차에서 배당요구를 할 수 있는 자는 저당목적물의 제3취득자로서 그 부동산의 보존(保存), 개량(改良)을 위하여 필요비(必要費) 또는 유익비(有益費)를 지출한 때에는 저당목적물의 매각대금에서 우선상환을 받을 수 있으므로[27] 배당요구를 하여야 비로소 배당에 참가할 수 있다.[28]

라. 민법(民法)·상법(商法) 그 밖의 법률(法律)에 의한 우선변제청구권자(優先辨濟請求權者)

여기서 말하는 우선변제청구권[29]이 있는 채권자는 주택임대차보호법이 적용되는 임차보증금채권이나 상가건물임대차보호법이 적용되는 임차권자의 상가건물임차보증금채권,[30] 상법상의 사용인의 우

---

27) 民法 제367조, 제203조 1, 2항 각 참조.
28) 이상태(李相泰), 개정판(改訂版) 물권법(物權法)(서울: 법원사(法元社), 2001), 427면.
29) 法 제88조 1항, 제217조, 제247조 각 참조.
30) 주임법(住賃法) 제3조의 2, 제8조, 상임법(商賃法) 제5조, 제14조 각 참조.

선변제권(商法 제468조), 해난구조자(海難救助者)의 우선특권(상법 제858조) 또는 선박우선특권을 가지고 있는 채권자(상법(商法) 제861조)는 다른 채권자가 신청한 채권집행절차에 배당요구의 방식으로 참가(參加)할 수 있다. 근로기준법상 임금채권(근기법 제30조의2), 산업재해보상보험법상 보험료채권(산업재해보상보험법 제76조), 국민건강보험법에서의 보험료채권(국민건강보험법 제73조),[31] 선원보험법에 있어서의 보험료(선원보험법 제15조), 보험업법에서의 보험계약자 등의 우선취득권(보험업법 제39조), 예탁재산(預託財産)에 대한 우선변제권(보험업법 제40조), 증권거래법에서의 증권거래소의 다른 채권자에 대한 우선권(증권거래법 제99조), 수탁자(受託者)의 위약으로 인한 위탁자(委託者)의 우선권과 증권거래소의 위탁자에 대한 우선권(증권거래법 제100조), 신탁업법상 수익자(受益者)의 우선권(신탁업법 제17조), 담보부사채신탁법상 우선변제의 수취권(受取權, 담보부사채신탁법 제82조), 상호저축은행법에 있어서의 예금자(預金者) 등의 우선변제권(상호저축은행법 제37조의 2) 등에 의하여 우선특권 또는 우선변제권[32]이 인정되는 채권자도 배당요구권자이다. 임금채권(근기법 제37조), 사용인의 우선변제권(상법 제468조) 등과 같이 우선변제청구권은 인정되고 있으나, 등기가 되어 있지 않기 때문에 배당요구 하지 않으면 그 채권의 존부나 액수를 알 수 없는 채권을 가진 자이다. 여기에 해당하는 채권자들은 반드시 배당요구를 하여야만 배당받을 수 있다. 특히 주택이나 상가건

---

31) 대판(大判) 1988. 9. 27. 87다카428.
32) 김권택(金權澤), 강집집행(强執執行)에 있어서의 각종(各種) 우선채권(優先債權), 재판자료(裁判資料) 36집, 법원행정처(法院行政處), 1987, 383면.

물의 임차인이 이해관계인으로서 권리신고를 한 경우에도 이를 배당요구로 볼 수 없으므로 다시 배당요구 하여야 한다.[33]

마. 첫 경매개시결정등기(競賣開始決定登記) 후(後)에 된 저당권자(抵當權者) 등(等)

저당권·전세권·등기된 임차권 등과 같이 등기는 되었으나, 그 등기가 첫 경매개시결정등기 후에 되었기 때문에 당연히 배당요구 채권자(법 제148조 4호)에 해당되지 아니하는 채권자가 있다. 이들 채권자가 민법·상법 그 밖의 법률에 의한 우선변제권이 있는 채권자(법 제88조 1항)에 해당하는지에 관하여 해석상 문제가 있을 수 있지만, 경매개시결정등기 후에 가압류한 채권자도 배당요구를 할 수 있는데(법 제88조 1항), 경매개시결정등기 후에 설정된 저당권·전세권·등기된 임차권자가 이에 해당되지 않는다면 경매개시결정등기 후에 가압류한 채권자와 비교하여 형평에 맞지 않고, 논리적으로도 모순이라 할 것이나 그들이 가장채권자로써 등기하였다면 배당이의의 소나 사해행위취소소송을 통하여 그 진위여부를 밝히는 것은 별론으로 하드라도 경매개시결정등기 후에 설정된 이들 채권자도 우선변제권이 있는 채권자에 해당하고, 배당요구의 종기 전에 등기가 되었다면 배당요구를 하여야 배당받을 수 있다할 것이다(법 제148조 2호 및 4호).

---

33) 대법원(大法院), 송민(訟民) 1984. 9. 24, 제69호, 개정(改正) 1988. 5. 4, 민사(民事) 제556호, 1992. 6. 16, 송무심의(訟務審議) 제77호, 주택임대차보호법(住宅賃貸借保護法) 제8조에 관(關)한 질의회답(質疑回答, 송민(訟民) 84-10) 참조.

한편, 배당받을 채권자(법 제148조 4호)로 등기된 우선변제청구권으로서 매각으로 소멸하는 권리 중 배당요구가 없어도 배당받게 되는 채권자를 첫 경매개시결정등기 전에 등기된 것으로 제한하였는데, 이것도 문언상 이중경매개시결정이 있는 경우까지 포함하여 규정하고 있는 것이 명백하며, 따라서 여기서 첫 경매개시결정등기란 현재 존속중인 경매사건 중 가장 먼저 경매개시결정등기 된 사건의 개시결정등기를 의미한다할 것이다. 이중경매개시결정이 있고, 처음 사건이 정지되었을 경우에, 나중 경매개시결정등기 후에 저당권설정등기를 한 채권자는 뒤에 경매개시결정 된 사건에 따라 절차가 진행되더라도 처음 사건의 배당요구의 종기까지 배당요구를 하지 아니하면 배당받을 수 없으나, 반면에 먼저 경매개시결정 된 사건이 취하 또는 취소되어 존재하지 않게 된 경우에는 뒤에 경매개시결정 된 사건의 경매개시결정등기가 첫 경매개시결정등기가 되므로(법 148조 4호) 나중 경매개시결정등기 전에 등기를 한 저당채권자는 배당요구를 하지 않더라도 배당을 받을 수 있게 된다.

바. 경매개시결정등기(競賣開始決定登記) 후(後)의 가압류채권자(假押留債權者)

첫 경매개시결정등기 후에 가압류를 한 채권자는 경매신청인에게 대항할 수 없고, 집행법원도 가압류 사실을 알 수가 없으므로 배당요구의 종기까지 배당요구 하여야만 배당받을 수 있다(법 제148조 3호). 가압류채권자 중 배당요구가 없어도 배당받게 되는 채권자를 처음 경매개시결정등기 전에 등기된 채권자로 제한하였는데, 이는 문언상 이중경매개시결정이 있는 경우까지 포함하여 규정하고 있는 것이 명백하지만, 여기서 첫 경매개시결정등기란 현재 존속중인 경매사건 중 가장 먼저 개시결정등기 된 사건을 말한다할 것이다.

따라서 이중경매개시결정이 있는데 먼저 개시결정 된 사건이 정지되었을 뿐인 경우, 나중 경매개시결정등기 전에 가압류한 채권자는 배당요구를 하지 않더라도 배당을 받게 되는 것은 첫 경매개시결정등기(競賣開始決定登記) 후(後)에 된 저당권자(抵當權者) 등(等)의 경우와 그 효력이 같다할 것이다.

사. 대위변제자(代位辨濟者)

타인의 채권을 대위변제하였거나 또는 공동저당권자에 대한 이시배당(異時配當)의 결과 차순위 채권자가 대위하는 경우(민법 제368조 2항)에, 대위권자는 피대위권자와는 별도로 배당요구를 하여야 하는가에 관하여 문제가 있다. 피대위자가 배당받기 위하여는 배당요구가 필요하다면 대위할 범위 내에서 대위권자만이 배당요구해도 되고,[34] 대위할 범위 내에서 피대위자가 이미 배당요구 하였거나, 배당요구가 필요 없이 당연히 배당받을 수 있는 경우에는 대위권자가 따로 배당요구 하지 않아도 배당기일까지 대위권자임을 소명하면 배당을 받을 수 있다.

한편, 대위변제자가 배당요구 할 때에는 피대위자의 배당요구의 자격 외에 변제자 대위에 관한 요건, 즉 대위변제 사실뿐 아니라

---

34) 이상태(李相泰), 전게서(前揭書), 441면; 대판(大判) 2000. 9. 29, 2000다32475.

임의대위의 경우, 피대위자의 승낙(민법 제480조 1항) 등 대위권행사의 요건도 소명하여야 하고, 또한 피대위자가 집행력 있는 정본을 가진 자인 경우에는 그 정본에 승계집행문을 받아야 한다.

아. 물상대위권자(物上代位權者)

압류된 채권에 대하여 질권(質權) 등 민법의 규정에 의한 담보권을 가진 채권자나 질권(質權), 저당권(抵當權)의 목적물이 멸실(滅失), 훼손(毀損), 공용징수(公用徵收)된 경우에 발생한 채권에 대하여 물상대위(物上代位)의 법리(法理, 민법 제342조)에 따라 우선권을 가지는 채권자(담보권자)는 지급 또는 인도전에 압류하여야 하므로 배당요구를 하여야 한다.

자. 변제기(辨濟期) 미도래(未到來) 채권자(債權者)나 조건부(條件附) 채권자(債權者)

변제기가 도래(到來)하지 아니한 채권을 가진 채권자는 집행권원을 가지고 있더라도 배당요구를 할 수 없다. 이와 같은 채권으로는 집행권원에 집행문이 부여되더라도 집행개시의 요건이 구비되지 아니하였기 때문이다(법 제40조 1항). 그러나 미리 가압류를 하여 채권을 확보하는 방법으로 배당요구를 하는 효과는 낼 수 있다(법 제160조 1항 2호). 또한 정지조건부(停止條件附) 채권의 경우에는 집행권원에 집행문을 부여받기 위하여 조건의 성취가 증명되어야 하므로(법 제30조 2항) 조건부채권에 대한 집행권원을 가진 채권자도 배당요구는 할 수 없다.[35] 다만 조건부채권이 담보권의 피담보채권(被擔保債權)인 경우에는 그 담보권에 기하여 배당요구를 할 수 있고, 이 경우 정지조건부채권에 대한 배당액은 공탁하여야 하며, 후에 조건의 성취여부에 따라 지급하거나 재배당하여야 한다(법 제160조 1항 1호).

차. 존속기간(存續期間)이 경과(經過)된 전세권자(傳貰權者)

저당권·압류·가압류에 대항할 수 있는 최선순위의 용익권 중 전세권·주택이나 상가건물의 임차권 등은 실체법상 존속기간이 지났더라도 그 권리자가 배당요구를 하여야만 매각으로 소멸하므로,[36] 이에 해당하는 권리는 비록 첫 경매개시결정등기 전에 등기가 되어 있더라도 배당요구가 필요하다.

카. 배당요구(配當要求) 할 채권자(債權者)의 채권(債權)을 압류(押留)한 채권자(債權者)

배당요구 할 수 있는 채권자의 채권이 압류된 경우 그 압류를 배

---

35) 법원행정처(法院行政處), 법원실무제요(法院實務提要) 강제집행(强制執行, 上)(이하 전게서(前揭書) 강집(强執, 上)이라 한다)(서울: 법원행정처(法院行政處), 1992), 300면; 이영섭(李英燮) (주석)강제집행법(强制執行法) 중권(中卷)(이하(以下), 전게서(前揭書) Ⅰ이라 한다)(서울: 한국사법행정학회(韓國司法行政學會), 1982), 116면; 궁협신언(宮脇辛彦), 법률학전집(法律學全集) 강제집행법(强制執行法)(각론(各論))(동경(東京): 법률문화사(法律文化社), 1978), 225면.
36) 法 제91조 4항 단서(但書), 주임법(住賃法) 제3조의 5 단서(但書), 상임법(商賃法) 제8조 단서(但書) 각 참조.

당요구로 볼 것인지도 문제가 있다. 배당요구 할 수 있는 채권자 본인은 배당요구 하지 않았는데도 그 채권자를 채무자, 국가를 제3채무자로 하여 그 채권자에 대한 다른 채권자가 배당금채권을 집행대상으로 삼아 압류한 경우, 그 압류를 대위에 의한 민사집행법 상 배당요구(법 제88조)로 볼 수 없다할 것이다.

왜냐하면 ㉮ 배당요구는 부동산 소유자를 집행채무자로 하여 집행을 하는 경매법원에 하여야 하는 것인데 반하여, 배당금채권에 대한 압류는 배당요구 할 수 있는 채권자를 집행채무자로 하여 경매법원이 아닌 다른 집행법원에 대하여 신청하는 것으로서 경매법원이 보통 전언통신문을 통하여 압류의 통지를 받더라도 그 통지는 채권압류에 관한 제3채무자로서 통지를 받는 것에 불과하고, ㉯ 배당요구권자의 배당요구(법 제88조)는 채권변제를 위한 배당요구인데 반하여 배당금채권에 대한 압류는 배당금채권을 압류한 집행채권의 변제를 위한 집행행위에 불과하기 때문이다. 따라서 경매절차에서 배당요구 하지 아니한 채권자의 채권을 압류한 채권자는 별도로 경매법원에 채권자대위권의 요건을 갖추어 배당요구 하여야 한다.[37]

타. 이중압류채권자(二重押留債權者)

배당요구를 하여야 하는 채권자 문제와는 다소 다르지만, 먼저 한 압류권자(押留權者)의 압류명령정본이 송달된 후, 동일한 채권을 목적으로 한 나중의 압류명령이 제3채무자에게 송달되기 전에 처음

---

[37]　법원행정처(法院行政處),　법원실무제요(法院實務提要)(임시판(臨時版))　민사집행(民事執行,　上)(이하,　전게민집(前揭民執),　임·상(臨·上))이라 한다)(서울: 법원행정처(法院行政處) 2002), 786면.

압류명령을 송달받은 제3채무자가 채무액의 공탁절차를 마친 경우에, 나중에 한 압류명령신청에 대하여 선행절차에 대한 배당요구의 효력을 인정할 것인가가 문제된다.

채권압류의 효력은 압류명령이 제3채무자에게 송달된 때에 발생하나 배당요구의 효력은 법원이 배당요구서를 접수한 때에 발생한다. 따라서 배당을 실시할 법원이 나중에 한 압류명령신청 사실을 알게 되었다면 나중의 압류명령신청에 대하여 배당요구의 효력을 인정하여도 무방하다할 것이다.

왜냐하면 압류명령이 법원에 접수되었다면 배당요구의 효력은 있다고 보여지고, 나중에 한 압류 채권자가 배당절차에서 이를 주장하거나 압류명령정본을 제출하는 등의 방법으로 이를 증명하면 되기 때문이다.[38]

파. 조세(租稅) 및 공과금채권자(公課金債權者)

국세나 지방세 등의 조세와 국세징수법상의 처납처분의 예에 따라 징수되는 공과금채권[39]은 일반채권에 대하여 우선변제권이 인

---

38) 대판(大判) 1965. 5. 18, 65다336 ; 同 1976. 9. 28, 76다1145; 1146 등; 일본 민사집행법(日本 民事執行法) 제149조는 가압류명령(假押留命令)이 중복(重複)된 경우도 압류명령(押留命令)이 중복된 경우와 마찬가지로 취급하고 있다. 나아가 압류명령(押留命令)이 선후로 발령된 경우뿐만 아니라 동시(同時)에 집행(執行)된 경우에도 위 조문(條文)이 적용(適用)된다고 해석한다. 길야 위·삼택홍인(吉野 衛·三宅弘人), 주석민사집행법(註釋民事執行法), 가압류(假押留)·가처분(假處分)(이하, 전게서(前揭書) Ⅵ라 한다)(동경(東京): 사단법인(社團法人) 금융재정사정연구회(金融財政事情研究會), 1990), 350면.

44

정되는 반면에 국세체납처분의 방법으로 징수할 수 있을 뿐이고, 스스로 민사집행법에 의한 강제집행절차를 개시할 수는 없으므로 민법·상법 그 밖의 법률에 의한 우선변제청구권이 있는 채권자의 범주에 포함시키는 것이 일반적이어서 위 조세 등 채권들도 배당요구의 종기까지 교부청구 또는 배당요구를 하여야만 배당받을 수 있다.40) 그리고 첫 경매개시결정등기 후에 체납처분에 의한 압류등기41)가 된 경우에는 집행법원에 배당요구의 종기까지 교부청구를 하여야만 배당을 받을 수 있다.

(4) 배당요구(配當要求)의 시기(時期)

① 배당요구(配當要求)의 시기(始期)

배당요구를 할 수 있는 시기(始期)에 관하여는 특별한 규정이 없으나 압류의 효력 발생 시(發生 時),42) 보통 경매개시결정기입등기 후 등기공무원이 등기부등본을 송부해 온 후에 채무자에 대하여 경매개시결정정본을 송달하고 있으므로 경매개시결정 등기를 한 이후

---

39) 과태료(過怠料) 중 법원(法院)의 과태료(過怠料) 재판(裁判)을 거치지 아니하고 행정관청(行政官廳)에 의하여 부과(賦課)된 채 확정된 과태료(過怠料) 채권(債權)도 여기에 해당(該當)한다.
40) 임승순(任勝淳), 조세법(租稅法)(서울: 박영사(博英社), 2001), 229면; 대판(大判) 1992. 4. 28, 91다44834.
41) 국징법(國徵法) 제57조에 의한 참가압류등기(參加押留登記)도 마찬가지이다.
42) 채무자(債務者)에 대한 경매개시결정(競賣開始決定) 송달시(送達時)와 경매개시결정등기시(競賣開始決定登記時) 중 먼저 된 때. 법(法) 제83조 4항 참조.

가 배당요구 할 수 있는 시기(始期)라 할 것이다. 다만, 경매개시결정 후 압류효력 발생 전에 배당요구가 있으면 압류효력 발생 시에 배당요구의 효력이 발생한다.

경매신청채권자가 경매신청서에 집행권원(執行權原)이 있는 채권과 없는 채권을 병기한 경우에 후자에 관하여는 배당요구를 한 취지로 보아야 하므로 배당요구의 요건이 갖추어진 채권에 해당되는 경우에 한하여 압류의 효력발생시에 배당요구의 효력이 발생한다.

② 배당요구(配當要求)의 종기(終期)

가. 부동산(不動産)에 대(對)한 집행(執行)

구민사소송법(舊民事訴訟法)[43]은 부동산강제경매의 배당요구의 종기(終期)를 경락기일(競落期日)까지로 규정하였다(구민소법 제605조). 그러나 현행법(現行法)에서는 배당요구의 종기(終期)에 관하여 집행법원은 경매개시결정에 따른 압류의 효력이 생긴 때에는[44] 절차에 필요한 기간을 감안하여 배당요구를 할 수 있는 종기를 첫 매각기일(賣却期日) 이전으로 결정하여 공고하도록 하였다(법 제84조). 법원은 배당요구의 종기가 정하여진 때에는[45] 경매개시결정을

---

[43] 이 책에서 구민사소송법(舊民事訴訟法)이라 함은 2002. 1. 26 법률 제6626호로 전문 개정되어 2002. 7. 1 시행하기 전의 법률(法律)을 말한다. 이하 같다.

[44] 그 경매개시결정 전(競賣開始決定 前)에 다른 경매개시결정(競賣開始決定)이 있은 경우를 제외(除外)한다.

[45] 이중(二重) 경매신청(競賣申請)의 경우 먼저 된 경매개시결정(競賣開始決定)에서 배당요구(配當要求)의 종기(終期)를 정한 때를 말한다.

한 취지 및 배당요구의 종기를 공고(公告)하고, 법원은 배당요구 채권자나 이중경매신청 채권자, 강제집행신청 채권자에게 대항할 수 있는 전세권자에게 이를 각 통지하여야 한다. 강제집행신청 채권자에게 대항할 수 있는 전세권자가 배당요구를 하면 매각으로 그 권리가 소멸하므로[46] 이를 통지하도록 한 것이다(법 제89조).

나. 채권(債權)에 대(對)한 집행(執行)

추심채권자(推尋債權者)가 추심명령(推尋命令)에 의하여 제3채무자로부터 변제받거나 제3채무자가 추심채권자에게 추심금 채무를 변제하면 면책된다. 추심채권자(推尋債權者)가 제3채무자로부터 추심금을 변제받은 때에는 집행법원에 추심의 신고를 하여야 비로소 다른 채권자의 배당요구를 막을 수 있으므로 집행력 있는 권원을 가진 채권자나 민법·상법 그 밖의 법률에 의한 우선변제권자는 추심채권자가 추심채권을 추심한 후 법원에 신고하기 전까지 배당요구를 할 수 있다. 계속적 수입채권을 압류한 경우에 이미 변제기가 도래한 채권만을 추심(推尋)한 때에는 그것이 집행채권액에 미달하더라도 채권자는 추심신고(推尋申告)를 할 수 있고, 그 이후 그에 대한 다른 채권자들의 배당요구는 허용되지 않게 된다.

다. 그 밖의 재산권(財産權)에 대(對)한 집행(執行)

유체동산인도청구권(有體動産引渡請求權)에 대한 집행에 있어서

---

46) 법(法) 제91조 4항, 제88조 제1항 각 참조.

는 집행관이 매각대금을 법원에 제출할 때까지[47] 배당요구를 할 수 있고, 부동산인도나 권리이전청구권의 집행의 경우에는 인도나 명의이전 후 그 부동산에 대한 강제경매나 강제관리가 개시된 후에도 그 규정에 따라 배당요구의 종기까지(법 제84조 1항), 또는 강제관리취소결정(强制管理取消決定) 시(時)까지(법 제171조) 다른 채권자들은 배당요구를 할 수 있다.

③ 배당요구(配當要求)의 금지(禁止)

배당요구(配當要求)가 금지(禁止)되는 경우가 있다. 전부명령(轉付命令)이 제3채무자에게 송달된 후에는 배당요구를 하지 못한다(법 제247조 2항). 전부명령은 확정시에 그 효력이 발생하지만, 전부명령이 제3채무자에게 송달된 때에 압류채권은 지급에 갈음하여 압류채권자에게 이전하게 되고, 권면액(券面額)으로 변제에 갈음하여 강제집행절차가 종료되므로 전부명령이 효력을 발생한 이상, 제3채무자에 대한 송달 이후에 다른 채권자들이 압류 및 전부명령과 추심명령신청으로 배당요구를 하였더라도 그 효력이 없는 것이다. 다만 전부명령이 제3채무자에 송달된 후의 배당요구라도 전부명령(轉付命令)이 즉시항고에 의하여 취소될 수도 있으므로 일단 접수하여 두었다가 전부명령(轉付命令)의 확정여부를 보아 처리하여야 한다.

특별환가(特別換價) 방법으로 양도명령(讓渡命令)이 발하여진 경우에도 제3채무자에게 송달된 후에는 배당요구를 할 수 없음은 전부명령의 경우와 같다(법 제241조 1항 1호). 추심명령(推尋命令) 후

---

47) 법(法) 제258조 6항, 규(規) 제186조 3항 각 참조.

채무자의 신청에 의하여 압류액을 채권자의 요구액으로 제한한 경우에는 그 제한부분에 관한 한 다른 채권자의 배당요구가 금지된다(법 제232조 2항). 그 전에 배당요구 한 금액은 위 채권자의 요구액에 포함되게 된다.

채권압류 후 채무자가 피압류채권(被押留債權)을 제3자에게 양도하고 그 대항요건을 구비한 때에는 그 채무자에 대한 다른 채권자는 그 이후 그 채무자에 대한 채권으로 압류할 수도 없고, 동일한 채권을 가지고 중복으로 압류할 수도 없다.

제3채무자가 피압류채권 중 압류채권자의 청구채권액을 초과하는 부분을 채무자에게 임의 변제한 경우, 그 후에 한 배당요구는 잔존부분에 한하여만 그 효력이 있다. 피압류채권의 일부변제는 압류의 효력이 채권전부에 미친다는 점을 감안하면 제3채무자의 채무자에 대한 청구채권액을 초과하는 부분의 변제를 가지고 압류채권자에게는 대항할 수 없으나, 그 후의 배당요구채권자에게는 대항할 수 있다.

(5) 배당요구(配當要求) 관할(管轄)과 방식(方式)

① 배당요구(配當要求) 할 법원(法院)

가. 부동산(不動産) 등(等) 집행(執行)

부동산·자동차·선박·항공기 등에 대한 강제경매나 위 경매목적물에 대한 담보권실행 등 경매절차에 있어서의 배당요구(配當要求)는 강제집행이 진행되고 있는 법원에 하여야 한다.

나. 금전채권(金錢債權) 집행(執行)

　금전채권에 대한 강제집행으로 인해 배당절차가 개시되는 경우(법 제252조)에는 제3채무자가 압류채무에 대하여 공탁의 신고를 한 때(법 제248조 4항), 채권자가 추심명령에 의하여 채권액을 추심하거나 추심신고 전에 압류 등이 경합된 때(법 제236조), 집행관이 현금화한 금전을 법원에 제출한 때(법 제247조 1항 각 호)까지 채무자의 주소지를 관할하는 법원에 배당요구를 할 수 있다(법 제224조).
　중복압류(重複押留)가 서로 다른 법원에 의하여 이루어진 경우에는 그 중 어느 법원에 배당요구를 하여도 상관없다.

다. 유체동산(有體動産) 등(等) 인도청구권(引渡請求權) 집행(執行)

　유체동산인도청구권(有體動産引渡請求權)에 대한 집행에 있어서의 배당요구는 집행관이 유체동산을 인도받아 환가(換價)하는 단계까지 하여야 할 것으로 오해할 수 있지만, 이 경우 집행관은 집행법원의 보조기관으로서 환가에 종사하는 것으로 보아야 하므로 배당요구는 어느 단계에서든지 집행법원에 하여야 한다.
　부동산(不動産)의 인도(引渡)나 권리이전청구권에 대한 집행의 경우, 부동산이 보관인에게 인도되거나 그 소유명의가 채무자에게 이전되어 강제경매 또는 강제관리가 개시되기까지는 부동산인도 등 청구권에 대한 집행법원에 배당요구를 하여야 하나, 그 이후에는 부동산강제경매 또는 강제관리의 규정에 따라 각 그 집행법원에 배당요구를 하여야 한다.

부동산청구권에 대한 강제집행절차(법 제244조)에서 배당요구를 한 자라도 부동산 매각대금으로부터 변제받기 위하여서는 부동산집행절차에서 다시 배당요구를 하여야 한다.

어음·수표 그 밖에 배서로 이전할 수 있는 증권으로서 배서가 금지된 증권채권(指示債權)의 압류는 법원의 압류명령으로 집행관이 그 증권을 점유하여야 하므로(법 제233조), 집행관이 유체동산 인도집행(법 제242조)에 준하여 하게 되나, 배당요구는 어느 단계에서든지 집행법원에 하여야 한다. 또 그 밖의 재산권에 대한 집행의 경우, 그 환가 방법으로 집행관에게 경매나 임의매각을 명한 때에도 집행관은 집행법원의 보조기관에 불과하므로 배당요구는 집행법원에 대하여 하여야 한다.

② 배당요구(配當要求)의 방식(方式)

가. 배당요구서(配當要求書)의 기재사항(記載事項)

배당요구는 일종의 집행행위이므로 당사자능력과 소송능력이 있어야 한다. 배당요구는 이자, 비용, 그 밖의 부대채권의 원인과 액수를 적은 서면으로 하여야 하고, 구술(口述)로 하는 신청은 허용되지 않는다(규 제48조 1항).

배당절차를 종결 처리한 종전 경매기록이 새로운 경매기록에 편의를 위하여 첨철(添綴)된 경우, 종전 경매절차에서의 배당요구는 이를 새로운 경매절차에서의 배당요구로 볼 수 없다.[48]

---

48) 대판(大判) 1999. 4. 9, 98다53240.

배당요구서에는 경매사건을 특정하기 위하여 경매신청채권자와 채무자의 주소 성명 및 경매사건번호를 기재하고 또 배당요구채권자를 특정하기 위하여 그 성명과 주소, 배당요구 사실과 배당요구채권, 그 원인 및 액수를 기재하여야 한다. 배당요구사실을 기재함에는 채권자가 채무자의 총재산으로부터 변제를 받을 수 있는 법률관계를 기재하는 것을 말하므로 배당요구를 함에 있어서는 채무자에 대한 청구채권의 발생원인과 그 수액(數額) 등을 명시하여야 한다.

나. 배당요구서(配當要求書)의 첨부서류(添附書類)

배당요구서에는 집행력 있는 정본 또는 그 사본, 그 밖에 배당요구의 자격을 소명하는 서면을 붙여야 한다(규 제48조).

가압류채권자나 우선변제청구권자가 배당요구를 함에 있어서는 가압류등기가 된 등기부등본이나 우선변제청구권이 있음을 증명하는 서류, 예컨대 임금대장의 사본이나 노동부의 임금 계산증명서 등을 첨부하여야 한다.

일반 채권자가 집행력 있는 권원(權原)으로 금전채권에 대하여 강제집행을 하고, 그 금전채권을 현금화하기 위해서는 전부명령이나 추심명령에 의하여야 하므로 별도의 배당요구는 필요 없다(법 제229조). 그러나 민법·상법 그 밖의 법률에 의하여 우선변제청구권을 가지고 있는 자가 채권 그 밖의 재산권에 대한 강제집행 절차에서 배당요구를 할 때에는 채권의 원인과 수액을 기재한 서면에 의하여 하여야 한다(規 제48조 1항).[49]

---

49) 민법(民法)·상법(商法) 그 밖의 법률에 의하여 우선변제청구권(優先辨

우선변제청구권(優先辨濟請求權) 있는 자(者)의 배당요구(配當要求)는 그 배당요구신청서에 채권의 내용 및 발생원인을 다른 채권과 구별할 수 있을 정도로 기재하여야 하며, 그 우선변제청구권의 존재를 증명하는 서면과 자격증명, 위임장 등을 첨부하여 제출하여야 한다(법 제273조). 우선변제청구권(優先辨濟請求權)의 증명은 자유로운 방법에 의하여야 하므로 예컨대 임금채권의 경우에는 임금미지급증명서나 채무승인서, 노동부에서 발행한 미지급임금 증명서 등을, 다른 채권의 경우에는 당해 법률관계를 발생시킨 것을 증명하는 계약서 등을 각 첨부하면 되고, 서면은 반드시 원본(原本)일 필요는 없다.

濟請求權)을 가진 자라도 금전채권(金錢債權)에 대하여 압류를 하기에 앞서 별도의 배당요구(配當要求)를 한다는 것은 사실상 불가능(不可能)하다 할 것이다. 왜냐하면 현행법상 집행권원(執行權原)을 가지지 않은 우선변제청구권자(優先辨濟請求權者)가 우선변제청구권자(優先辨濟請求權者)라는 소명자료(疎明資料)를 가지고 배당(配當) 또는 추심명령(推尋命令)이나 전부명령(轉付命令)을 할 수 없으므로 이에 참가(參加)할 길이 없고, 압류(押留)의 방법(方法) 이외의 방법으로 배당요구(配當要求) 할 수 있는 명문(明文)의 규정(規定)이 없기 때문이다. 설사 위 우선변제권자(優先辨濟權者)가 금전채권(金錢債權)에 대하여 압류(押留)의 방법(方法)에 의하지 않고 배당요구(配當要求)를 할 수 있다손 치더라도 그 종기(終期)에 관하여 제한(制限)이 있다. 법(法) 제247조 3항, 제218조, 제229조 5항, 제232조 2항, 제236조 각 참조.

3. 배당요구(配當要求)에 대(對)한 법원(法院)의 조치(措置)

(1) 배당요구서(配當要求書)의 심사(審査)

배당요구의 신청이 있으면 집행법원은 신청서의 기재 및 첨부서류에 의하여 배당요구의 형식적 요건에 관하여 심사한다. 심사결과 배당요구의 요건을 갖추지 못하여 부적법(不適法)한 것으로 판명되면, 예컨대 집행력 있는 정본을 제출하지 않았다던가, 우선변제청구권이 없는 채권으로 배당요구를 한 경우 일정한 기간 내에 보정을 명하고, 그 기간 내에 이를 보정하지 아니하면 각하(却下)를 한다. 그러나 배당요구 종기 후의 배당요구라도 가령 재경매가 실시될 수 있어서 배당에 참가될 여지가 있으므로 바로 각하(却下)할 것이 아니라 늦어도 배당기일 전에는 각하결정을 하여 이를 배당요구채권자에게 고지함이 상당하다. 실무에서는 부적법(不適法)한 배당요구가 있더라도 별도로 각하결정(却下決定)을 하는 것이 아니라 배당표(配當表)에서 이를 제외하는 방법에 의하고 있다.

배당요구를 한 채권의 실체적 존부(存否)에 대하여 집행법원은 실질적 심사권이 없으므로 심사를 하여서는 안 된다. 다만, 채권자들은 배당기일에 배당표에 대한 이의(異議)로써 배당요구채권이 실질적으로 존재하지 않는다는 주장을 할 수 있으며, 그 절차에서 이의가 완결되지 아니하는 때에는 배당표에 대한 이의의 소(訴)를 제기하여 그 소(訴)에서 최종적으로 결정하게 된다.

(2) 배당요구(配當要求) 불허(不許)에 대한 불복(不服)

배당요구신청이 있으면 법원은 그 신청이 배당요구 종기 이후에 한 것이라든가, 배당요구 할 채권자가 아니라는 등의 이유로 각하결정(却下決定)을 하면 배당요구신청인은 법원의 각하결정에 대하여 집행에 관한 이의를 할 수 있다(법 제16조). 각하결정을 따로 하지 않고 배당표(配當表)에서 제외하는 방법으로 배당요구를 받아들이지 않은 경우에도 마찬가지이다. 부적법(不適法)한 배당요구신청을 적법한 신청으로 받아들여 배당표를 작성한 경우에는 배당기일에 출석하여 배당표에 대한 이의나(법 제151조) 배당이의의 소를 제기할 수 있다(법 제154조).

(3) 배당요구(配當要求)의 철회(撤回)

배당요구채권자는 배당요구에 따라 매수인이 인수(引受)하여야 할 부담이 바뀌는 경우에는 배당요구의 종기까지 이를 철회할 수 있으며, 배당요구의 종기가 지난 뒤에는 이를 철회(撤回)하지 못한다(법 제88조 2항).

(4) 배당요구(配當要求) 사실(事實)의 통지(通知)

적법한 배당요구의 신청이 있는 때에는 그로부터 3일 이내에 법원은 직권으로 이해관계인(利害關係人)에게 그 사유를 통지하여야 한다(법 제89조).[50] 조세 등의 교부청구가 있는 경우에도 강제집행채권자 등의 이해에 중대한 영향을 미치므로 통지를 하여야 한다. 이해관계인이라 하더라도 배당절차와 이해관계가 없는 자 예컨대, 매각으로 인하여 소멸하지 아니하고 존속하는 용익권자(用益權者)라도 배당요구를 하면 그 용익권은 소멸하므로(법 제91조 4항) 배당요구를 할 것인지를 촉구하는 의미가 있다할 것이어서 통지하여야 한다. 위 통지는 배당요구의 효력발생요건은 아니고, 위 통지로 인해 그 흠결(欠缺)이 있는 경우 이를 보정하는 효력이 있다. 다만, 집행력 있는 정본 없이 한 배당요구에 있어서 위 통지를 하지 아니한 경우에는 통지의 절차가 완료되지 아니하였으므로(법 제89조) 배당절차를 실시할 수 없다.

채무자의 주소가 분명하지 아니하거나 외국에 있는 때에는 통지할 필요가 없다.[51]

(5) 배당요구(配當要求)의 효력(效力)

① 일반적(一般的) 효력(效力)

적법한 배당요구의 신청으로 배당요구채권자는 추심금(推尋金)이나 환가금(換價金)에서 압류채권자와 평등하게, 또는 우선변제청구권(優先辨濟請求權) 있는 경우 다른 채권자에 우선하여 배당받을 수 있는 각 지위를 얻게 된다. 뿐만 아니라 배당요구채권자는 배당

---

50) 대법원(大法院), 예규(例規) 1991. 10. 5, 송무(訟務) 제333호(송민(訟民) 91-5), 제1591호, 92. 5. 7, 제69호, 부동산경매사건(不動産競賣事件)의 진행기간(進行期間) 등에 관한 예규(例規) 참조.
51) 法 제12조 내지 제13조 각 참조.

실시법원으로부터 배당기일의 소환을 받고(법 146조, 제255조), 배당표에 대하여 이의할 수 있는 권리가 있다(법 제151조).

배당요구채권자는 압류채권자가 추심을 게을리 하는 때에는 압류채권자에 대하여 일정한 기간 내에 추심(推尋)할 것을 최고(催告)하고, 이에 응하지 아니하는 경우 법원의 허가를 얻어 스스로 추심할 수 있다(법 제250조). 집행력 있는 정본에 의한 배당요구채권자는 압류채권자가 제기한 추심소송에 공동소송인으로 참가할 수 있고(법 제249조), 또 제3채무자에 대하여 채무액의 공탁을 청구할 수도 있다(법 제248조 3항). 배당요구가 있더라도 피압류채권의 범위는 확장되지 않는다. 배당요구는 그 기초가 된 압류가 취소되거나 압류채권자가 신청을 취하한 때에는 그 효력을 상실한다.

② 집행력(執行力) 있는 정본(正本)에 의한 배당요구(配當要求)에 특유(特有)한 효력(效力)

집행력 있는 정본에 의한 배당요구채권자는 경매절차의 이해관계인이 되므로(법 제90조 1호) 다른 채권자로부터 배당요구가 있으면 법원으로부터 그 통지를 받으며(법 제89조), 경매기일에 출석할 수 있고(법 제116조 2항), 또 법원이 직권으로 매각조건(賣却條件)을 변경하거나 새로 설정한 경우 즉시항고를 할 수 있고(법 제111조 2항), 매각조건의 변경에 합의를 할 수 있다(법 제110조). 매각결정기일에 출석하여 매각의 허부(許否)에 관한 의견을 진술할 수 있고(법 제120조), 법원의 매각허가여부의 결정에 따라 손해를 볼 경우에만 그 결정에 대하여 즉시항고(卽時抗告, 법 제129조 1항) 할 수 있는 권리가 있다.

③ 시효중단(時效中斷)의 효력(效力)

배당요구는 타인의 경매절차에 참가하는 것이기는 하지만 그 경매절차에서 배당의 방법에 의한 변제를 받을 수 있다는 점에서 재판상의 청구에 준하여 배당요구에는 실체법(實體法)상 시효중단(時效中斷)의 효력이 있다.[52]

(6) 배당요구서(配當要求書) 부제출(不提出)의 효과(效果)

강제집행절차에서 당연히 배당요구를 한 것으로 간주되는 채권자(법 제148조 1, 3, 4호)를 제외한 배당요구가 필요한 채권자가 배당요구의 종기까지 배당요구를 하지 아니한 때에는 배당에서 제외되어 배당받을 수 없고, 나아가 압류채권자나 배당요구 한 채권자도 경매신청 또는 배당요구 당시 채권의 일부금액으로 압류 또는 배당요구를 한 경우, 배당요구의 종기 후에는 배당요구서에서 누락하거나 축소 신고한 채권을 추가하거나 확장할 수 없다.[53] 이를 실권효(失權效)라 한다. 즉 경매신청서 등 서류나 증빙(證憑)에 적힌 내용에 잘못이 있어서 그곳에 적힌 채권액이 실제보다 소액이라 하더라도 배당요구의 종기가 지난 후에는 채권액을 보충하거나 증액할 수 없다. 다만, 이자 등 부대채권의 경우에는 경매신청서 또는 배당요구서에

---

52) 민법(民法) 제168조 2호, 제175조, 제176조 각 참조.
53) 대판(大判) 2002. 1. 25, 2001다11055.

이자 지급을 구하는 취지가 적혀 있기만 하면 채권계산서의 제출에 의하여 배당기일까지의 이자 등 부대채권을 배당받을 수 있다. 반면에 경매신청서나 배당요구서에 적힌 금액이 실제보다 많다면 배당요구신청서 제출 후의 채권계산서에 의하여 감액하는 것은 허용되며, 또 배당요구서신청서에 적힌 내용에 오기(誤記)가 있을 때는 이를 보정(補正)할 수 있다. 보정이라는 명목으로 새로운 배당요구를 하는 것은 허용되지 않는다(법 제84조, 제88조).

第2節 배당(配當)의 준비(準備)

1. 배당(配當)의 준비절차(準備節次)

(1) 기록(記錄)의 편성(編成)

부동산, 선박, 자동차 등에 대한 강제경매나 위 목적물에 대한 담보권 실행 등을 위한 경매에서는 매각대금이 법원에 지급되면 별도의 기록을 편철하지 않고 곧바로 배당절차로 이행이 된다. 그러나 집행관이 다수채권자의 경합으로 배당협의가 이루어지지 않아 공탁한 때(법 제222조), 추심채권자가 공탁하거나(법 제236조), 제3채무자가 공탁한 때(법 제248조), 특별환가명령에 의하여 금전이 법원에 제출된 때(법 제241조)에는 법원은 직권으로 기록을 편성하고 배당절차를 개시하여야 한다.

법률상 배당절차를 개시할 수 있는 시기는 매각대금의 지급·공탁 또는 사유신고서를 제출한 때가 되겠으나(법 제252조), 배당법원이 지급사실이나 공탁사실을 알 수 있는 것은 공탁 후 사유신고서가 제출된 때가 될 것이므로 실제로 배당절차는 그때 개시된다. 집행관, 추심채권자, 제3채무자 그 밖의 이해관계인이 공탁사유신고서를 제출한 경우뿐 아니라 집행관 등이 환가금과 함께 집행 관계서류를 제출한 때에는 그 서류를 기타집행사건 기록으로 편성한다. 집행관 등이 환가금만을 제출한 때에는 환가의 과정을 기재한 집행조서나 매각보고서 등을 작성 제출케 하고, 그 서류 등이 이미 제출되어 집행기록에 편철된 때에는 이를 분리하여 배당기록을 편성하여야 한다.

사유신고서(事由申告書)를 접수하여 본 결과 배당절차에 의할 것이 아니라고 판단될 때에는 법원은 그 사유신고서를 기각(棄却)하는 결정(決定)을 한다. 예컨대 전부명령(轉付命令) 후 다른 전부명령이나 추심명령을 송달받은 제3채무자가 그 효력 여부를 모르고 공탁한 경우나, 가압류 해방공탁금에 대하여 가압류채권자가 본안(本案)의 승소판결(勝訴判決)을 받은 후 본 압류로의 전이(轉移)에 의한 압류명령을 신청하지 아니하고 바로 압류명령을 신청하여 마치 압류가 경합된 것과 같은 외관을 갖추게 되어서 공탁공무원이 사유신고를 한 경우 등이다.

(2) 사실조사(事實調査)

부동산 등 강제경매나 담보권 실행 등 경매절차에서 매각대금이 법원에 지급되거나 채권 등에 대하여 공탁이 되어(법 제252조) 배당절차를 개시하는 경우에 법원은 제3채무자, 등기·등록관서 기타 필요하다고 인정된 자에게 조회하는 등의 방법으로 동일한 채권이나 기타 재산권에 대하여 다른 압류명령이나 가압류명령이 있는지 여부를 조사하여야 한다(규 제184조 1항). 다만, 집행관이 사유신고를 하는 경우에는 집행절차에 관한 서류를 함께 제출하여야 하므로(법 제222조 3항) 이 경우에 압류경합 여부는 그 서류에 의하여 조사하면 되고, 별도의 사실조사를 할 필요는 없다.

그러나 추심채권자(推尋債權者)가 공탁하고 사유신고를 한 경우나 제3채무자가 공탁하였더라도 상당한 기간 내에 공탁사유신고가 없어서 압류채권자나 배당에 참가한 채권자, 채무자 그 밖의 이해관계인이 사유신고를 한 경우(법 제248조 4항)에 그 기재가 미흡한 때에는 제3채무자에 대하여 피압류채권에 관한 다른 압류명령이나 가압류명령 등의 송달을 받은 사실이 있는지를 조사할 필요가 있다.

또 전화사용권이나 골프회원권, 특허권, 저작권 등 그 밖의 재산권을 환가한 경우에도 소관 전화업무취급국, 골프장운영회사, 특허청장, 문화부장관 등 적당한 자에게 압류(押留)의 경합여부(競合與否) 등을 조회할 필요가 있다.

(3) 기록(記錄)의 송부촉탁(送付囑託)

부동산에 대한 강제집행[54]은 물론, 채권 그 밖의 재산권에 대한 집

---

54) 부동산 등(不動産 等)의 강제집행(强制執行)이라 함은 보통(普通) 부동산(不動産)·자동차(自動車)·선박(船舶)·항공기(航空機)·중

행55)의 경우에도 배당법원은 위 사실조사 등의 결과 동일한 권리에 대하여 배당법원 이외의 법원에서 압류명령(押留命令)이나 가압류명령(假押留命令)을 발한 사실이 밝혀진 때에는 그 법원에 대하여 당해 사건기록(事件記錄)의 송부(送付)를 촉탁하여야 한다(규 제184조 2항).

2. 채권계산서(債權計算書)의 제출(提出)

(1) 최고(催告)

배당법원이 배당을 실시하기 위해서는 그 기초가 되는 배당표를 작성하여 각 채권자에게 매각대금 등을 분배하는데, 이를 위하여 배당법원은 첫 경매개시결정등기 전에 등기된 가압류채권자(假押留債權者), 저당권자(抵當權者), 전세권자(傳貰權者), 그 밖의 우선변제청구권자(優先辨濟請求權者)로서 매각으로 소멸하는 것을 가진 채권자 및 조세(租稅), 그 밖의 공과금을 주관하는 공공기관에 대하여 채권의 유무, 그 원인 및 액수를 배당요구의 종기(終期)까지56) 법원에 신고하도록 최고하여야 한다(법 제84조 4항).

유체동산에 대한 강제집행57)을 집행관에게 위임할 때 또는 압류명

기(重機) 등(等)에 대(對)한 강제경매(强制競賣)와 담보권실행(擔保權實行) 등(等)의 경매(競賣)를 통틀어 일컫는다. 이하 같다.
55) 채권(債權) 그 밖의 재산권(財産權)에 대(對)한 집행(執行)이라 함은 위 목적물(目的物)에 대(對)한 강제경매(强制競賣)나 담보권(擔保權) 실행(實行) 등(等)의 경매(競賣)를 일컫는다. 이하 같다.
56) 최고서(催告書)가 도달(到達)한 날의 다음날부터 기산(起算)한다(민법(民法) 제157조 참조).

62

령 혹은 배당요구를 신청할 때, 그 청구채권의 내용과 수액이 신청서에 기재되지만, 그 후 배당을 실시하기 전에 변제 등으로 그 채권의 전부 또는 일부가 소멸될 수도 있고, 이자 기타 부대채권이나 집행비용과 같이 기록상 명백하지 않는 것도 있을 뿐만 아니라, 당초에 기재한 채권내용에 잘못이 있을 수 있기 때문에 배당의 실시에 앞서 각 채권자에게 다시 계산서를 제출하도록 한 것이다. 제출된 계산서는 배당표의 자료가 되고 아울러 채권자에게는 그 권리 주장의 기회가 되는 것이다. 물론 채권자가 그 제출을 게을리 하더라도 배당에서 제외되는 일은 없고, 이미 제출된 강제집행신청서 또는 압류명령신청서상 청구금액이나 배당요구신청서상 배당요구 채권금액을 기준으로 하여 배당표를 작성하게 된다.

부동산 등에 대한 강제집행이나 동산·채권 그 밖의 재산권에 대한 강제집행절차에 있어서도 채권계산서 제출의 최고를 필요로 한다.[58]

공탁사유신고 등으로 개시된 배당절차는 채권계산서 제출의 최고로 시작된다(법 제253조). 여기서부터는 직권으로 모든 절차가 진행되고 당사자 처분권주의는 배제된다. 집행법원은 부동산 등 강제집행 절차에서 경매개시결정에 따른 압류의 효력이 생긴 때(법 제

---

57) 유체동산(有體動産)에 對한 강제집행(强制執行)이라 함은 위 목적물(目的物)에 대(對)한 강제경매(强制競賣)나 담보금 실행 등 경매(擔保權 實行 等 競賣)를 통틀어 일컫는다. 이하 같다.

58) 規 제81조, 제105조, 제106조, 제128조, 제130조, 제202조, 일본 민사집행규칙(日本 民事執行規則) 제60조 각 참조; 길야 위·삼택홍인(吉野 衛·三宅弘人), 주석강제집행법(註釋强制執行法) 부동산집행·상(不動産執行·上)(이하, 전게서(前揭書) Ⅲ이라 한다(동경(東京): 사단법인(社團法人) 금융재정사정연구회(金融財政事情硏究會), 1990), 300면.

84조)나 배당절차개시 요건이 충족되면(법 제252조), 직권으로 즉시 채권계산서를 제출하도록 催告를 하여야 한다.

최고의 대상이 되는 채권자는 배당에 참가할 수 있는 채권자로서 압류채권자 등 집행력 있는 정본에 의한 채권자 및 우선변제청구권이 있는 채권자이다. 집행정지(執行停止)[59]를 받은 채권자에게도 최고하여야 한다. 배당에 참가할 수 있는 채권자는 최고를 기다리지 않고 계산서를 제출할 수 있다. 배당법원이 이 최고를 해태(懈怠)한 때에는 배당표에 대한 이의 사유가 된다.

(2) 채권계산서(債權計算書)의 기재사항(記載事項)

계산서에는 원금, 이자, 비용 기타의 부대채권(附帶債權)의 내용을 기재한다. 채권의 원금은 계산서를 제출할 당시의 원본액이다. 이자(利子)는 배당기일까지의 이자(利子)이다.[60] 비용은 배당절차에 참가함으로써 생긴 집행비용, 즉 배당요구서에 첨부한 인지대, 서기료 등도 이에 포함된다. 부대의 채권이란 지연손해금(遲延損害金) 등을 말한다.

채권계산서(債權計算書)에 청구금액(請求金額)을 확장(擴張)하여

---

59) 法 제49조 2호, 제50조 1항, 제57조 각 참조.
60) 이에 대하여 일본 구민사소송법(日本 舊民事訴訟法) 아래에서는 경매기일(競賣期日)까지의 이자(利子)만을 기재하여야 한다는 판례(判例)(일대판(日大判) 명치(明治) 33(1900). 3. 2, 민록(民錄) 6집 3권 9호)이 있었으나(궁협신언(宮脇辛彦), 전게서(前揭書), 464면), 현행 일본 민사집행규칙(日本 民事執行規則) 제60조는 명문으로 배당기일까지의 이자 기타 부대채권(附帶債權)이라고 규정하고 있다. 길야 위·삼택홍인(吉野 衛·三宅弘人), 전게서(前揭書) Ⅲ, 300면.

기재할 수 있는가에 대하여 견해가 나누인다.

① 문제(問題)의 제기(提起)

경매신청서나 배당요구서에 청구금액으로 종국판결의 주문 상 청구금액이나 약속어음·소비대차 공정증서 상 액면금(額面金)보다 적은 액수의 금원이나 저당권의 피담보채권의 일부만을 표시하였다가 채권계산서에 이를 확장(擴張) 기재하여 나머지 금원이나 피담보채권액 전체를 청구할 수 있는지 또는 경매신청서에 원금과 경매신청당시까지의 이자만을 기재하였는데, 나중에 채권계산서에 배당기일까지의 이자·지연이자를 청구하는 경우 또는 신청당시 변제기가 도래하지 아니한 대여금이나 저당권의 피담보채권을 추가로 채권계산서에서 이를 청구할 수 있는가가 문제된다.

부동산 등에 대한 담보권 실행 등 경매의 경우에는 경매목적물이 경매절차가 종료될 때까지 채무자의 소유로 남아 있든 아니든 또는 추가로 다시 경매신청을 하든 배당요구를 하든 저당권에 기한 피담보채권을 회수하는 데는 문제될 것이 없다. 왜냐하면 담보목적물이나 전세목적물이 제3자에게 양도되더라도 그 목적물에 대하여 담보권 등의 효력이 미치기 때문이다.

그러나 부동산 등 강제경매의 경우에는 가압류 후는 물론이고, 집행권원(執行權原)의 청구취지 중 일부 금원을 청구금액으로 하여 강제경매를 신청한 후 제3자에게 강제집행 목적 부동산이 양도된 경우나 저당권의 피담보채권의 일부 금원을 청구금액으로 하여 경매신청을 한 후 이해관계 있는 후순위(後順位) 저당권자 등이 나타난 경우에는 목적부동산을 취득한 제3자나 후순위 저당권자와 관련하여 복잡한 문제가 발생하게 된다.

위의 경우를 논하기 위해서는 가압류나 압류의 효력이 미치는 범위에 대하여 살펴보아야 한다.[61]

② 압류(押留)의 처분금지적(處分禁止的) 효력(效力)(절대적효력설(絶對的效力說)과 상대적효력설(相對的效力說))

절대적효력설(絶對的效力說)에 의하면 가압류나 압류의 처분금지적효력(處分禁止的效力)에 위반되는 채무자의 처분행위는 절대적으로 무효이다. 따라서 가압류·압류의 취소나 신청취하가 되더라도 그 무효인 처분행위가 가압류나 압류의 당초로 환원되어 유효로 되지 않는다.[62]

이에 반하여 상대적효력설(相對的效力說)에 의하면 가압류·압류에 처분금지적효력이 인정되는 근거는 목적물을 집행기관으로 하여금 환가(換價)시켜 채권자에게 만족을 주기 위한 것이라거나 장래에 있어서의 그러한 본 집행(本 執行)을 보전하기 위한 것이므로, 그 목적의 범위를 초과하여 채무자가 그 재산을 처분하는 자유까지

---

61) 배태연(裵台淵), 부동산(不動産)의 압류·가압류 후(押留·假押留 後)에 설정(設定)된 담보물권(擔保物權)의 효력(效力)과 배당우선순위(配當優先順位), 사법논집(司法論集) 21집(輯), 법원도서관(法院圖書館), 1990. 12, 387면. 본고(本稿)에서 부동산(不動産)의 압류·가압류(押留·假押留)의 효력(效力)이 미치는 범위(範圍)에 관한 논의(論議)는 위 논문(論文)에 의거(依據)하였음을 밝혀둔다.
62) 우리나라에서 판례(判例)나 학설(學說)은 절대적효력설(絶對的效力說)을 취하는 것이 없다.

제한할 필요는 없다고 한다. 즉 가압류·압류 후의 재산처분은 절대적으로 무효라고 볼 것이 아니라 처분행위의 당사자 간에는 유효하고, 오직 집행채권자와의 관계에서만 무효라고 주장한다.[63]

가. 압류의 주관적 범위(押留의 主觀的 範圍)

상대적효력설(相對的效力說)에 의할 경우, 채무자의 저촉처분(抵觸處分)이 집행채권자와의 관계에서 무효임은 물론이나, 집행개시 후 배당요구 등의 형태로 집행에 참가한 다른 채권자가 있는 경우에 그 채권자와의 관계에서도 무효인지가 문제된다. 이에 대하여는 다음의 두 견해가 있다.

㉮ 절차상대효설(節次相對效說)

저촉처분(抵觸處分)은 당해 가압류·압류채권자뿐만 아니라 그 집행절차가 계속되고 있는 가운데 이에 참가한 다른 모든 채권자에 대한 관계에서도 그 효력으로 대항할 수 없고, 단지 가압류·압류가 취소되거나 신청 취하된 경우에만 유효하게 될 뿐이라고 하는 견해이다. 이 견해에 의하면 ⓐ 채무자가 목적물을 양도하여 제3자가 소유권을 취득하였더라도 구소유자인 채무자에 대한 다른 채권자는 여전히 집행에 참가할 수 있고, ⓑ 압류·가압류 후의 담보물권의 취득도 집행절차가 진행되고 있는 한 무시되며, ⓒ 만약 환가금에 의하여 채권자 전원이 만족한 후 잔여액이 생기면 이를 언제

---

63) 배태연(裵台淵), 전게논문(前揭論文), 401면.

나 구소유자인 채무자에게 교부하여야 한다는 것이다.[64]

㉯ 개별상대효설(個別相對效說)

저촉처분(抵觸處分)은 당해 압류·가압류채권자 및 그 저촉처분 전에 집행에 참가한 채권자에 대해서만 무효일 뿐이고, 그 저촉처분 후에 집행에 참가한 다른 채권자에 대해서는 대항(對抗)할 수 있다고 하는 견해이다. 이 견해에 의하면, ⓐ 채무자가 목적물을 양도하여 제3자가 소유권을 취득한 후에는 구소유자인 채무자에 대한 다른 채권자는 이미 집행에 참가할 수 없게 되고, ⓑ 압류·가압류 후에 채무자의 저촉처분(抵觸處分) 목적물에 대한 담보물권자는 그 후에 집행에 참가한 일반채권자보다 우선변제권을 가지며, ⓒ 채권자가 만족한 후의 잔여액은 환가 당시의 신(新) 소유자에게 교부해야 한다는 것이다. 우리나라와 일본에서 취하고 있는 견해이며,[65] 우리나라 및 일본 판례의 입장이다.[66]

---

64) 우리나라에서 판례(判例)나 학설(學說)은 이 견해(見解)를 취(取)하고 있는 것이 없다. 배태연(裵台淵), 전게논문(前揭論文), 403면

65) 이영섭(李英燮), (주석)강제집행법 하(强制執行法 下)(이하(以下), 전게서(前揭書) Ⅱ라 한다)(서울: 한국사법행정학회(韓國司法行政學會), 1982.), 259면; 궁협행언(宮脇幸彦), 전게서(前揭書), 27면·433면.

66) 대판(大判) 1964. 12. 29, 64다120; 최재판(最裁判) 소화(昭和) 39 (1964). 9. 29, 민집(民集) 18. 7. 1541에서는 가압류(假押留) 후의 양도가 있은 경우 그 양도(讓渡)는 가압류채권자(假押留債權者)에 대한 관계(關係)에서만 무효(無效)이며, 타 채권자(債權者)는 위 가압류(假押留)에 편승(便乘)할 수 없으므로 양도(讓渡) 후에는 구소유자(舊所有者)에 대한 타 채권자(他 債權者)는 배당(配當)에 참가(參加)할 수 없다고 한다.

나. 압류(押留)의 객관적(客觀的) 범위(範圍)

상대적효력설(相對的效力說)을 취할 경우, 압류·가압류에 의한 처분금지(處分禁止)가 집행채권·피보전채권의 액에 해당하는 목적물의 가치범위 내로 한정되는지 여부가 문제된다. 전술한 주관적 범위론에서는 저촉처분(抵觸處分)의 효력이 압류·가압류 채권자 아닌 다른 채권자에 대한 관계에서도 부정될 것인지가 다루어졌음에 반하여, 객관적 범위론에서는 그 저촉처분(抵觸處分)이 압류·가압류 채권액의 범위 내에서만 무효이냐, 아니면 그 후의 절차진행 중 당해 압류·가압류 채권자에 의하여 추가(追加)[67] 또는 확장(擴張)[68]된 다른 채권에 대한 관계에서도 무효이냐가 다루어진다.

주관적 범위론과 객관적 범위론은 이론상 밀접한 관련이 있으며, 후자는 전자의 응용 문제적 관계에 있다.

㉮ 절차상대효설(節次相對效說)

절차상대효설(節次相對效說)에 의하면, 저촉처분(抵觸處分)은 그 처분이 있기 전까지의 압류·가압류채권뿐 아니라 그 후에 추가 또는 확장된 채권에 대한 관계에서도 무효로 되므로 저촉처분(抵觸處分)에 의한 제3취득자가 유효한 취득을 하기 위해서는 그 처분 전의 채권뿐 아니라 그 처분 후에 추가·확장된 채권까지 변제하여야

---

67) 피보전채권(被保全債權)이 동일(同一)하거나 별도(別途)의 것을 추가(追加)하는 것을 의미(意味)한다.
68) 일부(一部) 청구(請求)를 하였다가 전부청구(全部請求) 등으로의 증액(增額)하는 것을 의미(意味)한다.

한다고 주장한다.[69]

㉯ 개별상대효설(個別相對效說)

개별상대효설(個別相對效說)에 의하면 저촉처분(抵觸處分)은 그 처분이 있기 전까지의 압류·가압류 채권에 대한 관계에서만 무효로 되므로 제3취득자가 유효한 취득을 하기 위해서는 저촉처분(抵觸處分) 전까지의 채권만 변제하면 되고, 그 처분 후에 추가·확장(追加·擴張)된 채권까지 변제할 필요는 없게 된다는 것이다.

우리나라와 일본의 견해[70]이고, 판례의 입장이다.[71]

---

69) 우리나라에서 판례(判例)나 학설(學說)은 이 견해(見解)를 취(取)하고 있는 것이 없다. 배태연(裵台淵), 전게논문(前揭論文), 403면.

70) 이영섭(李英燮), 전게서(前揭書) Ⅱ, 260면; 宮脇幸彦, 전게서(前揭書), 27면·433면.

71) 대판(大判) 1995. 6. 8, 95다15261; 대결(大決) 1983. 10. 15, 83마393; 최재판(最裁判) 소화(昭和) 35(1960). 7. 27, 민집(民集) 14.10, 1894에서는 가압류등기(假押留登記) 후에 설정된 저당권(抵當權)이라도 가압류(假押留)가 채권(債權)의 일부 만에 관하여 된 것인 때에는 채권(債權) 전부에 대하여 저당권자(抵當權者)가 저당권(抵當權)의 우선적(優先的) 효력으로 대항할 수 있다고 하고, 최재판(最裁判) 소화(昭和) 40(1965). 2. 4, 민집(民集) 19. 1. 23에서는 채권(債權)의 일부(一部) 만에 관하여 가압류(假押留)된 부동산이 양도된 후 본 집행으로 이행되어 채권전액(債權全額)에 대한 강제집행(強制執行)이 개시된 때에는 양수인(讓受人)은 당초의 피보전채권(被保全債權)만을 변제함으로써 유효하게 소유권(所有權)을 취득한다고 한다.; 찰황고판(札晃高判) 소화(昭和) 31(1956). 8. 20, 하민집(下民集) 7. 2243에서는 가압류(假押留) 후 양도(讓渡)된 경우, 가압류(假押留)에 기하여 본 집행을 함에 있어 채무명의(債務名義)의 내용이 피보전채권(被保全債權) 아닌 다른 채권(債權)까지 포함하고 있는 때에는 그 다른 채

70

㉔ 검토(檢討)

경매목적물에 대한 소유권이 경매가 완결될 때까지 아무런 변동이 없다면 새로이 경매신청을 하든 배당요구에 의하든, 채권계산서에 의하여 청구금액을 확장하든 문제가 되지 않는다. 그러나 압류후 경매전후(競賣前後)에 목적물이 양도되거나 제3자가 저당권 등의 권리를 취득한 경우, 제3자는 가압류의 피보전채권액이나 경매목적물에 대한 청구금액을 근거삼아 가압류 목적물이나 경매목적물의 소유자와 거래를 하였고, 가압류나 경매등기는 가압류채권과 경매신청채권을 공시하는 효력이 있다할 것이며, 가압류가 된 후나 경매가 진행되고 있는 가운데 이에 따라 경매목적물을 취득한 제3자는 보호되어야 할 것이므로 청구금액의 확장을 부정하는 개별상대효설(個別相對效說)이 타당하다.

강제경매의 경우 판례는 긍정하는 것이 있고,[72] 부정하는 것도

권(債權)에 관하여도 강제집행(强制執行)을 할 수 있다고 하고, 동경고판(東京高判) 소화(昭和) 31(1956). 9. 6, 하민집(下民集) 7. 2396에서는 채권(債權)의 일부(一部)를 피보전채권(被保全債權)으로 하여 가압류(假押留)한 후 양도(讓渡)된 경우 본 집행을 함에 있어 채권(債權) 전부(全部)에 관한 채무명의(債務名義)가 있는 때에는 잔부채권(殘部債權)에 관하여도 강제집행(强制執行)을 할 수 있다고 한다.

72) 다만, 구민사소송법하(舊民事訴訟法下)의 배당절차(配當節次)에서 대결(大決) 1972. 10. 18, 72마1029는 경매신청채권액(競賣申請債權額)을 확장(擴張)할 수 있는 시기(時期)를 경락허가결정(競落許可決定)이 있을 때까지로 보는 반면, 대판(大判) 1974. 11. 1, 74다1445는 배당기일(配當期日)까지 계산서(計算書)에 의하여 청구금액(請求金額)을 확장(擴張)할 수 있다고 하나, 현행 민사집행법(現行 民事執行法)이 제84조에서 배당요구(配當要求)의 종기(終期)를 결정(決定)하도록 되어 있으므로 청구금액(請求金額)을 확장(擴張)할 수 있다 하

있으며,[73] 담보권 실행 등 경매의 경우 이를 부정하는 것이 판례의 입장이다.[74]

담보권 실행을 위한 경매신청에서 신청일까지의 이자를 청구금액으로 했다가 채권계산서에 배당기일까지의 이자를 구하는 것으로 확장한 경우에 이를 긍정하는 하급심 판결이 있다.[75] 청구금액의 확장을 부정하게 되면 남은 채권에 관하여는 새로 경매를 신청하여 2중 개시결정을 받거나 또는 배당요구를 하여야 하나, 목적물이 제3자에게 양도되었으므로 사실상 이중경매신청이나 배당요구 할 길이 차단되게 된다.

한편 청구금액의 확장을 허용하는 견해에 따르더라도 과잉경매(법 제124조 1항)[76] 여부를 판단하는 경우에는 청구금액을 기준으로 하여 이를 결정할 수밖에 없다.[77]

드라도 배당요구(配當要求)의 종기(終期)까지만 가능하다 할 것이다.

73) 대결(大決) 1983. 10. 15, 83마393.

74) 대판(大判) 1995. 6. 9, 95다15261; 현행 민사집행법하(民事執行法下)에서는 강제경매(強制競賣)나 담보권 실행(擔保權 實行) 등 경매(競賣)를 구분(區分)할 필요(必要)나 실익(實益)이 없다(法 제268조 참조).

75) 대전지결(大田地決) 1999. 1. 14, 98나6389.

76) 여러 개의 부동산(不動産)을 매각하는 경우에 한 개의 부동산의 매각대금(賣却代金)으로 모든 채권자의 채권액(債權額)과 강제집행비용(強制執行費用)을 변제하기에 충분하면 다른 부동산의 매각을 허가하지 아니하는 것을 과잉경매(過剩競賣)라 한다(法 제124조). 다만, 일괄 매각(一括賣却)의 경우에는 그러하지 아니한다(法 제101조 제3항 단서(但書)).

77) 배태연(裵台淵), 전게논문(前揭論文), 405면.

(3) 채권계산서(債權計算書)에 첨부(添附)할 서류(書類)

채권계산서(債權計算書)에 소명자료를 첨부하여야 하는가? 소명자료는 요구되지 않으나[78] 가압류채권자의 경우 가압류결정정본의 제출을 요구하는 것이 상당하고, 집행기록에 의하여 판명되지 않는 집행비용의 액에 대하여는 소명자료의 제출을 요구할 수 있다.

(4) 채권계산서(債權計算書) 제출(提出) 시기(時期)

배당기일이 정해진 때에는 법원사무관 등은 각 채권자에 대하여 채권의 원금·배당기일까지의 이자, 그 밖의 부대채권 및 집행비용을 적은 계산서를 1주일 내에 법원에 제출할 것을 최고하여야 하고 (규 제81조), 첫 경매개시결정등기 전에 등기된 가압류채권자나 저당권·전세권, 그 밖의 우선변제청구권으로서 첫 경매개시결정등기 전에 등기되었고 매각으로 소멸하는 것을 가진 채권자 및 조세, 그 밖의 공과금을 주관하는 공공기관에 대하여 채권의 유무, 그 원인 및 액수[79]를 배당요구의 종기까지 법원에 신고하도록 최고하여야 한다. 배당요구채권자나 조세, 그 밖의 공과금을 주관하는 공공기관이 위 최고서를 송달받고 채권계산서 등을 제출하지 아니한 때에는 그 채권자의 채권액은 등기부등본 등 집행기록에 있는 서류와 증빙(證憑)에 따라 계산한다. 이 경우 다시 채권액을 추가하지 못한

---

78) 중야정일랑(中野貞一郎), 민사집행법(民事執行法, 신정사판(新訂四版)) (동경(東京); 청림서원(靑林書院), 2001), 359면.
79) 원금·이자·비용(元金·利子·費用), 그 밖의 부대채권(附帶債權)을 포함한다.

다. 이미 배당요구 또는 채권신고를 한 사람에 대하여는 다시 채권
계산서를 제출하라는 고지 또는 최고를 하지 아니한다(법 제84조
4, 5, 7항). 위 채권자들에게 배당요구의 종기까지 채권신고를 하
도록 규정한 이유는 경매참가자들이 매각조건 등이 확정된 상태에
서 경매에 참여할 수 있게 하기 위해서 이다.

채권 그 밖의 재산권에 대한 강제집행에 다수 채권자가 경합하여
채권액이 공탁됨으로써(법 제252조) 배당절차가 개시된 경우에도
채권계산서는 채권자가 법원으로부터 최고(催告)를 받은 날로부터
1주 이내에 제출하여야 한다(법 제253조).

(5) 조세채권(租稅債權)의 채권계산서(債權計算書) 제출(提出)

조세채권(租稅債權)에 대한 채권계산서(債權計算書)는 배당기일이
정해진 후 채권계산서 제출의 최고서를 받은 날로부터 1주일 이내
에 제출하여야 한다. 또 국세징수법에 의한 압류등기가 되어 있는
경우에는 법원은 배당기일 전에 당해 조세 주관 공무소에 조회하여
그 세목과 액수를 확인하여야 한다.

(6) 채권계산서(債權計算書) 부제출(不提出)의 효과(效果)

채권계산서를 전혀 제출하지 않은 채권자도 그 때문에 권리를 잃
거나 배당으로부터 제외되지는 않는다. 계산서는 법원이 배당표를
작성할 때까지 제출할 수 있다.

집행법원은 압류채권자가 제출한 압류명령신청서 내지 이에 첨부한 집행력 있는 집행권원(執行權原)의 정본, 배당요구채권자의 공탁사유 신고서에 첨부되어 있는 배당요구서, 기타 기록에 나타난 자료에 기하여 채권액을 계산하는 등의 방법으로 채권액을 조사하여야 한다. 경매신청서에 이자나 지연이자를 청구한다는 취지의 기재가 없는 경우에는 그 이율이 채권증서나 등기부등본의 기재에 의하여 명백하더라도 그 청구권의 존부(存否) 및 기간이 명백하지 아니하므로 이를 계산하지 아니 한다.

가압류채권자의 피보전채권액(被保全債權額)을 증명하는데 필요한 가압류결정정본이 제출되지 않는 경우에는 가압류등기가 기입된 등기부등본을 발급받아 보는 등의 방법으로 집행법원이 조회하여 피보전채권액을 조사하여야 한다. 가압류의 피보전채권액은 일반채권액과 달리 법원에 보관된 기록의 조사에 의하여 정확한 금액이 판명되기 때문에 다른 채권자나 채무자를 위하여 법원에 이러한 후견적 역할을 부여하고 있는 것이다.

경매신청채권자 이외의 담보권자의 경우에는 등기부등본에 기재된 저당권의 채권액 또는 근저당권의 채권최고액을 현실의 채권액으로 보아 배당한다.

국세징수법(國稅徵收法)에 의한 압류등기가 되어 있는 경우에 교부청구나 압류참가, 채권계산서 제출이 없으면 당해 조세 주관 공무소에 조회하여 그 세목과 액수를 확인하여야 한다.

3. 배당(配當)받을 채권자(債權者)와 배당(配當)할 금액(金額)

(1) 배당(配當)받을 채권자(債權者)

배당받을 채권자(법 제148조)는 본고(本稿) 제2장 제1절 2. (3)에서 논의한 배당요구채권자와 동일하다. 다음에서는 민사집행법에서 명문으로 규정한 배당받을 채권자를 나열하는데 그치고, 배당받을 채권자로써 문제가 되는 것만을 논의한다.

① 배당요구의 종기까지 경매신청을 한 압류채권자
② 배당요구의 종기까지 배당요구를 한 채권자

위의 채권자 가운데 (근)저당권설정청구권 보전((根)抵當權設定請求權 保全)의 가등기(假登記)가 경료되어 있으면 법원은 (근)저당권의 피담보채권을 공탁하도록 되어 있으므로(법 제160조 1항 4호) 위 가등기권자도 배당받을 채권자에 속한다.

③ 첫 경매개시결정등기 전에 등기된 가압류채권자
④ 저당권·전세권, 그 밖의 우선변제청구권으로서 첫 경매개시결정등기 전에 등기되었고, 매각으로 소멸하는 것을 가진 채권자

위의 채권자 가운데 대지권(垈地權) 등기가 되어 있는 구분건물

에 대한 전세권자는 대지의 매각대금에 대하여도 우선변제를 받을 수 있는가가 문제된다. 집합건물의 소유 및 관리에 관한 법률에 의하여 대지권 또는 대지사용권은 구분소유의 전유부분과 일체성을 갖는 것이므로(집합건물의 소유 및 관리에 관한 법률 제20조) 전세권자의 우선변제권이 대지권에도 미친다할 것이어서 대지의 매각대금에 대하여도 우선변제를 받을 수 있다.[80]

(2) 배당(配當)할 금액(金額)

집행채권자나 배당요구 채권자들에게 배당할 금액은 다음과 같다(법 제147조).

① 매각대금(賣却代金)

② 매수인이 매각대금을 지급하지 못하다가 재매각 기일의 3일 전까지 매각대금을 지급한 경우, 그 매각대금에 대한 지급기한이 지난 뒤부터 지급일까지의 대법원규칙이 정하는 이율인 연2할의 비율에 의한 지연이자(법 제138조 3항, 규 제75조)나 매수신청의 보증으로 금전 외의 것이 제공된 경우로서 매수인이 매각대금 중 보증액을 뺀 나머지 금액만을 낸 때에는 법원은 보증을 현금화하여 그 비용을 뺀 금액을 증액에 해당

---

80) 구분건물(區分建物, 아파트나 연립주택, 다세대 및 오피스텔 등)에 대한 전세권자(傳貰權者)가 대지권(垈地權)의 매각대금(賣却代金)에서도 우선변제(優先辨濟)를 받을 수 있는 가에 대하여 명백(明白)히 논한 것은 없으나 동지(同旨)로 보이는 것으로는 이상태(李相泰), 전게서(前揭書), 336~338면; 대판(大判) 2002. 6. 14, 2001다68389.

하는 매각대금 및 이에 대한 지연이자에 충당하고, 모자라는 금액이 있으면 다시 대금지급기한을 정하여 매수인으로 하여금 내게 한 경우(법 제142조 제4항)에 있어서 대금지급기한이 지난 뒤부터 대금의 지급·충당할 때까지의 지연이자(법 제142조 4, 5항).

③ 채무자 및 소유자가 매각허가결정에 대하여 항고를 한 후 기각된 경우에 보증으로 공탁한 매각대금의 10분의 1에 해당하는 금전 또는 법원이 인정한 유가증권을 돌려 줄 것을 요구하지 못하는 보증금(법 제130조 제6항).[81]

④ 채무자 및 소유자 외의 자가 매각허가결정에 대하여 항고를 한 후 기각된 경우에 그 보증으로 제공한 금전 및 현금화한 유가증권 금액 가운데 돌려줄 것을 요구할 수 없는 금액으로써 항고를 한 날부터 항고기각결정이 확정된 날까지의 매각대금에 대한 대법원규칙이 정하는 이율(법 제130조 7항 본문, 규 제75조)에 의한 금액.[82] 다만, 보증으로 제공한 유가증권(有價證券)을 현금화하기 전에 위의 금액을 항고인(抗告人)이 지급한 때에는 그 금액(법 제130조 7항 단서).[83]

⑤ 재매각절차에서는 전의 매수인은 매수신청을 할 수 없고, 매각절차에서 매수신청의 보증을 돌려 줄 것을 요구하지 못하는 바, 그 보증금(법 제138조 3항).[84]

---

81) 법(法) 제130조 제8항에 따라 준용(準用)되는 경우를 포함(包含)한다.

82) 보증(保證)으로 제공(提供)한 금전(金錢)이나, 유가증권(有價證券)을 현금화(現金化)한 금액(金額)을 한도(限度)로 한다.

83) 법(法) 제130조 7항 단서(但書), 법(法) 제130조 제8항에 따라 준용(準用)되는 경우를 포함(包含)한다.

84) 法 제138조 4항, 보증(保證)이 금전 외(金錢 外)의 방법(方法)으로

위의 금액 가운데 채권자에게 배당하고 남은 금액이 있으면 항고인
이 보증으로 제공한 금액(법 제147조 1항 4호)의 범위 안에서 항고인
에게 돌려주고, 위 금액 가운데 채권자에게 배당하고 남은 금액으로
항고인에게 돌려주기 부족한 경우로서 그 보증 등을 제공한 사람이 여
럿인 때에는 항고인이 제공한 보증금의 비율에 따라 나누어 준다(법
제147조 3항).

(3) 개별(個別) 배당재단(配當財團)

법원은 여러 개의 부동산의 위치·형태·이용관계 등을 고려하여
이를 일괄 매각(一括買却)하는 것이 적당하다고 인정하는 경우에는
직권 또는 이해관계인의 신청에 따라 그 목적물에 대한 매각기일
이전까지 일괄 매각하도록 결정할 수 있다(법 제98조). 또한 법원
은 다른 법원이나 집행관에 계속된 경매사건의 목적물에 대하여 일
괄 매각하는 결정을 할 수 있고, 위의 경우에 다른 법원 또는 집행
관은 그 목적물에 대한 경매사건을 일괄 매각결정을 한 법원에 이
송하여야 한다. 이송 받은 법원은 그 경매사건을 병합하여야 한다
(법 제99조).

이처럼 여러 부동산을 일괄 매각하거나 부동산과 다른 종류의 경
매목적물을 일괄 매각하는 경우, 각 재산의 매각대금으로 배당함에
있어 채권자가 다른 때에는 각 부동산의 매각대금마다 구분하여 배
당표를 작성하는 이른바, 개별배당재단의 형성이 필요하게 된다.

제공(提供)되어 있는 때에는 보증(保證)을 현금화(現金化)하여 그 대
금(代金)에서 비용(費用)을 뺀 금액(金額).

개별배당재단을 형성하려면 일괄 매각대금 중 각 목적물의 매각대금을 특정할 필요가 있고, 이 경우 각 목적물의 매각대금은 총매각대금을 각 목적물의 최저매각가격비율에 따라 나눈 금액으로 한다. 각 목적물이 부담할 집행비용액을 특정할 필요가 있는 때도 같다(법 제101조 2항).

따라서 일괄 매각하는 경우에는 개별배당재단 형성의 필요가 있는지를 미리 조사하여 매각실시 전에 각 목적물의 최저매각비율을 정하여야 한다(법 제101조 2항).

아래 〈설례(說例) 1〉과 같이 부동산이 일괄 매각되었다고 하자.

〈설례(說例) 1〉

부동산	최저매각 가격비율	배당재단	순 위 1 번	순 위 2 번	순 위 3 번
A	50% (3/6)	6,000만 원 (1억2천×3/6)	저당권자 갑(甲) 3,000만 원	공동저당권 자정(丁) 2,400만 원	압류권자 무(戊) 2,000만 원
B	33.3333% (2/6)	4,000만 원 (1억2천×2/6)	저당권자 을(乙) 2,000만 원	〃	압류권자 기(己) 1,000만 원
C	16.6667% (1/6)	2,000만 원 (1억2천×1/6)	저당권자 병(丙) 1,000만 원	〃	저당권자 경(庚) 500만 원
총매각대금: 1억 2천만 원					

A, B, C의 부동산에 대한 경매신청채권자가 각 무, 기, 경(戊, 己, 庚)이고, 이들의 신청에 의한 각 경매절차가 병합되어 일괄 매각되었다면 무, 기, 경(戊, 己, 庚)은 각각 A, B, C로부터만 변제를 받을 수 있기 때문에 개별배당재단의 형성이 필요하게 된다. 위의

경우에는 개별배당재단의 형성을 위해 일괄 매각대금을 먼저 각 부동산에 할당하여 각 재산의 대금을 정하고, 다시 공동저당권자 정(丁)의 채권액을 각 배당재단에 할당하는 2단계의 할당이 필요하다. 우선 개별배당재단의 형성을 위한 할당은 총매각대금액을 각 재산의 최저매각가격비율에 따라 나눈 금액으로 하므로 총매각대금 1억 2천만 원은 A, B, C 부동산에 각 6천만 원, 4천만 원, 2천만 원으로 할당되어 각 부동산에 대한 배당재단이 된다. 그런데 매각 전에 미리 최저매각가격의 비율을 정하지 아니하고 매각허가결정이 확정된 경우에는 차선(次善)의 방안으로, 최저매각가격을 정하는 것과 같은 방식으로 정하면 된다.

보통은 총매각대금을 각 목적물의 감정가비율에 의하여 안분하여 각 목적물의 대금을 정하면 된다. 그러나 이러한 방식은 일괄 매각되는 각 부동산의 매각조건이 동일하여 모두 같은 비율로 줄어 들게 될 것이라는 전제하에서나 성립될 수 있는 것으로서, 예컨대 일부 부동산에는 매수인에게 인수되는 부담이 있어 그 물건에 관하여는 줄어들 비율(低減率)이 다른 부동산보다 높을 것이라고 예견되는 경우에는 매수인에게 인수되는 부담을 고려하여 최저매각가격의 비율을 감정가비율과는 다르게 정하여야 할 것이므로, 최저가매각가격의 비율을 미리 정하지 아니하여, 차선으로 그에 준하는 방법으로 각 재산의 대금을 정할 때도 같은 고려를 해야 한다. 따라서 일부 부동산에 관하여만 매수인이 인수하는 부담이 있는 경우에도, 이를 고려하여 최저매각가격을 정하는 것과 같은 방법으로 각 부동산의 대금을 정하여야 할 것이다. 이에 의하면 결국 각 부동산의 최저매각대금비율은 각 부동산에 관한 감정가의 비율로 하고, 다만 일부 부동산에 관하여 매수인이 인수하는 부담이 있는 경우에는 인수되는 부담이 있는 부동산에 대하여 일괄 매각대금에 매수인이 인수하는 총부담의 가액을 합한 금액을 위 감정가액비율로 안분한 금액에서 당해 부동산에 대하여 인수되는 부담을 공제한 금액, 인수되는 부담이 없는 부동산에 대하여는 일괄 매각대금에 매수인이 인수하는 총부담의 가액을 합한 금액을 위 감정비율로 안분한 금액으로 하면 된다.

예컨대 A, B 2개의 부동산이 있고, 둘 다 부담이 없는 상태에서의 평가액이 1천만 원인데 B 부동산에는 매수인이 인수하여야 할 5백만 원의 임차권의 부담이 있다면 개별의 최저매각가격은 통상 A 부동산이 1천만 원, B 부동산이 5백만 원이 될 것으로 예상된다. 그리고 이 경우 그 일괄의 최저매각대금이 1,800만 원으로 정해졌고 경매결과 2,100만 원에 매각되었다면 개별배당재단은 위 원칙에 따라 A 부동산이 1,400만 원{2,100만 원×1,000/(1,000+500)}, B 부동산이 700만 원{2,100만 원×500/(1,000+500)}이 될 것이나, 이렇게 되면 위 임차권 인수의 부담을 넣어서 생각해 볼 때, 결국 A 부동산은 1,400만 원, B 부동산은 1,200만 원(700만 원+500만 원)의 배당재단이 형성되어 B의 배당재단에 대한 채권자가 불리해 진다는 결론에 이른다.

따라서 이러한 불공평을 피하기 위해서는 일괄 매각대금 2,100만 원에 인수하여야 할 부담액 500만 원을 합한 2,600만 원을 본래의 각 부동산의 평가액에 따라 1,300만 원씩 할당하고 그런 다음에 B 부동산에 대해서는 인수될 500만 원을 뺀 800만 원을 배당재단으로 한다.

다시 위의 〈설례(說例) 1〉로 돌아가면, 배당재단을 정하기 위한 할당이 끝나면 다음으로 정(丁)의 공동저당권의 피담보채권을 각 부동산에 할당하여야 하는데, 그러기 위해서는 먼저 위에서 각 부동산별로 산출된 매각대금에서 정(丁)의 공동저당권에 우선하는 갑, 을, 병(甲, 乙, 丙)의 채권액을 빼야 하므로 이를 각 공제하고 그 나머지 금액을 기준으로 하여 각 부동산의 부담액을 정하면 된다.

第3節 배당(配當)의 실시(實施)

1. 의의(意義)

법원은 매각대금 등이 법원에 지급되면 배당기일 3일 전까지 배당표원안을 작성하여 법원에 비치하고, 배당기일을 정하여 이해관계인을 소환한 후 배당기일에 법정에 출석한 이해관계인이나 배당요구채권자를 심문하여 배당표를 확정하고(법 제149조), 배당표에 대한 이의가 없는 경우 배당표대로, 배당표에 대한 이의가 있는 경우에는 그에 대한 결과에 따라 채권자들에게 배당금을 지급하는 것을 배당의 실시라 한다.

(1) 배당기일(配當期日)의 지정(指定)

법원은 매수인으로 하여금 매각대금을 매각허가결정이 확정된 날로부터 1월 안의 날에 지급하도록 배당기일을 정하여야 하고,[85] 경매사건기록이 상소법원에 있는 때에는 그 기록을 송부 받은 날로부터 1월 안의 날을 배당기일로 정한다(규 78조 단서). 매수인이 매각대금을 지급하면 법원은 배당기일을 정하고 이해관계인과 배당을 요구한 채권자에게 이를 통지하여야 한다. 다만, 채무자가 외국에 있거나 있는 곳이 분명하지 아니한 때에는 통지를 하지 아니한다(법 제146조).

매수인이 매각대금을 지급한 후에 경매신청을 취하하기로 한 화해조서나 공정증서(법 제49조 6호)가 제출되더라도 집행법원은 경매절차를 정지하거나 취소할 수 없다. 따라서 집행법원은 집행정지 서류가 제출된 당해 채권자 이외의 배당받을 채권자가 있는 때에는 그 채권자를 위하여 배당을 실시하여야 하므로(규 제50조 3항 전단) 배당기일을 지정하여 배당을 진행한다. 이 경우에 제출된 서류가 경매신청을 취하하기로 한 화해조서나 공정증서(법 제49조 6호) 등의 집행취소 서류일 때에는 당해 채권자에 대하여 배당을 하지 아니하면 되지만, 강제집행의 일시정지를 명한 취지를 적은 재판의 정본(법 제49조 2호)과 같은 집행정지 서류일 때에는 당해 채권자에게 배당할 금액을 공탁하여야 한다(법 제159조, 제160조). 이에 대하여 집행정지 서류 중 강제집행을 할 판결이 선고된 뒤에 채권자가 변제를 받았거나, 의무이행을 미루도록 승낙한 취지를 적은 증서(법 제49조 4호)가 이 단계에서 제출된 경우에는 이를 무시하고 당해 채권자에 대하여도 배당을 실시하여야 한다.

---

85) 법(法) 제142조 1항, 규(規) 제78조 전단(前段) 각 참조.

(2) 배당기일(配當期日)의 소환(召喚)

배당기일에는 이해관계인과 배당을 요구한 채권자를 소환하여야 한다(법 제146조). 배당기일소환장은 각 채권자 및 채무자의 쌍방에 대하여 늦어도 배당기일의 3일 전에 도달할 수 있도록 하여야 한다. 왜냐하면 배당기일 3일 전보다 뒤에 기일의 소환이 되어서는 법원은 채권자와 채무자에게 보여 주기 위하여 배당기일의 3일 전에 배당표원안(配當表原案)을 작성하여 법원에 비치하여야 한다(법 제149조, 제256조)는 규정을 지킬 수 없게 되기 때문이다. 매수인은 배당에 관하여 이해관계를 가지지 아니하므로 배당기일에 소환할 필요가 없다. 다만, 채권자가 매수인인 경우에는 매각결정기일이 끝날 때까지 법원에 신고하고 배당받아야 할 금액을 제외한 대금을 배당기일에 낼 수 있으므로(법 제143조 2항), 위 경우에는 매수인을 소환하여야 한다. 소환은 배당기일소환장을 송달하는 방법으로 행한다. 송달은 민사소송법 총칙의 송달에 관한 규정에 의한다. 채무자의 소재지가 분명하지 아니하거나 외국에 있는 때에는 소환하지 아니한다(법 제12조, 제146조).

실무에 있어서는 배당기일소환장에 채권계산서를 배당기일 7일 전까지 제출할 것을 최고(催告)하는 취지를 부기(附記)하여 송달하는 예가 많으나, 이 최고는 법률상 근거가 없다. 따라서 채권계산서를 제출하여도 이는 매각허가기일 후에 제출된 것이므로 배당요구나 채권신고로서의 효력이 생기는 것이 아니고, 다만, 이는 현존 채권액을 확인하려는 의미 밖에 없으므로 이에 의하여 종전의 채권액을 확장할 수는 없다. 여기에 기재된 채권액이 종전의 채권액보

다 감소된 액이라면 그 감소액을 기준으로 하여 배당표를 작성하여
야 한다.

2. 이의신청(異議申請)의 유무(有無)에 따른 배당(配當)의 실시(實施)

(1) 이의신청(異議申請)이 없는 경우(境遇)

배당기일에 출석한 각 채권자와 채무자는 배당표의 작성절차, 그
기재 내용 등에 관한 자기의 권익을 옹호하기 위하여 의견을 진술할
수 있다. 강제집행의 일시정지의 사유가 있는 채권자도 이의를 신청
할 수 있다. 채무자도 배당기일에 출석하여 각 채권자의 채권에 대
한 배당표의 기재내용에 대하여 자기의 의견을 진술할 수 있으나,
이것은 배당법원이나 각 채권자에게 참고(參考)가 될 뿐이며 배당표
의 확정이나 배당의 실시에 아무런 영향(影響)을 주지 않는다.

배당기일에 있어서 채권자로부터 이의의 신청이 없는 때에는 배
당법원이 작성한 배당표가 그대로 확정되기 때문에 이에 따라 배당
을 실시한다. 이의를 제기하지 않은 채권자나 배당기일에 출석하지
아니한 채권자(법 제153조 1항)는 모든 항변(抗辯)을 포함하여 자신
의 이익옹호를 위한 권리를 최종적으로 잃게 된다.

(2) 이의신청(異議申請)이 있는 경우(境遇)

채무자 또는 채권자가 배당표에 대하여 이의(異議)를 한 경우에도 이해관계인(利害關係人)이 배당표에 대한 이의를 정당하다고 인정하거나 다른 방법으로 배당에 관하여 합의한 때 및 이의가 완결되지 아니한 때에는 이의가 없는 부분에 대하여 배당을 실시한다(법 제152조 2항, 3항). 구체적으로는 ① 이의신청인(異議申請人)이 이의를 철회(撤回)한 때 ② 이의신청채권자가 1주일 내에 배당이의의 소제기 증명(訴提起證明)을 하지 아니한 때(법 제154조 3항) ③ 배당이의 소송(配當異議 訴訟)이 취하(取下) 또는 취하간주(取下看做)된 때86) ④ 배당이의 소송(配當異議 訴訟)의 판결(判決)이 확정(確定)된 때 ⑤ 집행력 있는 정본을 가진 채권자의 채권에 대하여 이의신청을 한 채무자가 1주일 이내에 청구이의의 소제기 증명 및 배당절차의 일시정지(一時停止)를 명(命)하는 잠정처분 결정정본(暫定處分 決定正本)을 제출하지 아니한 때(법 제154조 2항, 3항) ⑥ 청구이의의 소가 취하되거나, 소취하간주(訴取下看做) 또는 청구기각(請求棄却)의 판결이 확정된 때에도 배당을 실시한다.

소취하(訴取下) 또는 청구기각(請求棄却)의 판결이 확정된 경우에는 새로운 배당기일을 지정하지 아니하고 종전의 배당표에 따라 배당액을 지급한다. 원고의 청구의 전부 또는 일부인용(一部認容)의 판결(判決)이 확정(確定)된 경우에는 그 판결내용에 따라 배당을 실시한다(법 제157조).

배당기일에 이의신청을 한 채권자로 인하여 불이익을 받는 채권

---

86) 법(法) 제158조, 민소법(民訴法) 제266조 각 참조.

자가 이의를 정당하다고 인정한 때에는 배당법원은 이의의 내용에
따라 배당표를 경정한다. 이해관계인(利害關係人)이 서로 양보하여
다른 내용으로 합의한 때에도 배당법원은 그 합의의 내용에 따라
배당표를 경정하여야 한다. 이의는 배당표의 변경을 요구하는 배당
에 대한 직접적 구제수단이다. 이의는 실체적 내용과 맞지 않는 경
우뿐만 아니라 절차규정의 위반한 경우에도 할 수 있다. 청구권의
순위, 성립, 액수에 대한 이의는 배당이의소송으로 연결되고, 이의
가 이유(理由)없는 것으로 완결되면 배당표가 확정되고 이로써 이
의가 없었던 것과 같이 되므로 법원은 확정된 배당표에 따라 배당
을 실시한다.

　　배당기일에 이의신청이 있고, 이의가 완결되지 아니한 경우에 있
어서도 배당표의 기재 가운데 이의와 관계가 없는 범위에서 배당을
실시하고, 이의가 있는 채권에 대한 배당은 보류하여 공탁하게 된
다. 또한 이의가 완결하지 아니하였으나 이의의 소제기기간이 도과
한 때에는 배당법원은 이의에 불구하고 배당을 실시할 수 있다. 배
당이의소송의 판결이 확정되거나 또는 이의의 취하가 있었다는 증
명이 있는 때에도 배당법원은 배당을 실시한다.

(3) 이의(異議)가 완결(完結)되지 아니한 경우(境遇)

　　배당이의가 배당기일에 완결되지 아니한 때에는 배당표에 기재된
각 채권자에 대한 배당액 가운데 배당이의와 관계가 없는 부분에
한하여 배당을 실시하고(법 제152조 3항), 배당이의와 관계가 있는
부분에 대하여서는 유보 공탁한다. 배당기일에 배당표의 이의에 대

하여 그것을 승인하지 않거나 다른 방법으로 합의에 이르지 못하면 그 이의의 대상이 된 채권은 그 자리에서는 확정하기가 곤란하므로 그 채권에 대한 배당실시가 중지되고, 법정기간 내에 배당이의의 소를 제기한 사실을 증명하게 되면(법 제154조 3항) 그 배당금액은 공탁된다(법 제160조 1항 5호). 이 점에서 알 수 있듯이 배당이의의 신청은 일종의 정지적(停止的) 효력이 있다.

후일 이의신청을 한 채권자가 이의를 철회(撤回)하였다든지 또는 소정 기간 안에 소제기의 증명을 하지 아니한 때(법 제154조 3항), 또는 이의를 신청한 채권자가 이의신청의 최초의 변론기일에 출석하지 아니하여 취하의제(取下擬制)가 되었다든지 하면(법 제158조), 이의는 없었던 것으로 되므로 당초의 배당표(配當表)대로 배당을 실시한다. 배당기일이 지난 뒤에라도 이의를 신청한 채권자와 그 상대방 간에 배당의 방법에 관하여 합의가 성립한 때에는 그 합의에 따라 배당표를 경정하고, 배당이의의 소송에서 판결이 확정되었을 때에도 그 판결에서 명하는 바에 따라 배당표를 경정하여 배당을 실시하게 된다. 이 때에는 종전 절차에서 이의를 제기하지 않은 채권자는 배제(排除)된 채 새롭게 배당을 실시하는 것이다. 배당이의가 완결한 때에는 배당의 기준이 되는 배당표가 확정되는 것이므로 경정된 배당표에 따라 배당을 실시하게 된다. 배당표에 대한 이의의 효과는 상대적인 것이다. 배당표는 각 채권자 간에 개별적으로 확정되는 것이므로 이의의 당사자가 아닌 다른 채권자와의 관계에서는 배당표의 변동이 생기지 않는다.

(4) 협의(協議)가 있는 경우(境遇)

배당표원안을 작성한 뒤 배당기일에 법원에 출석한 이해관계인과 배당을 요구한 채권자가 합의를 한 때에는 이에 따라 배당표를 작성·확정하여야 하므로(법 제150조 2항), 이 경우에 실시하는 배당을 협의에 의한 배당이라 한다. 명문의 규정은 없으나 배당절차 개시 후 배당받을 채권자들 전원이 배당에 관한 협의를 하여 배당협의서(配當協議書, 협의(協議)에 의한 배당안(配當案))를 제출한 경우, 배당기일에 협의에 참가한 자 전원의 진의가 확인되는 때에는 이해관계인의 의사를 존중하는 배당절차의 특성상 배당표 대신 배당협의서에 의하여 배당을 실시한다.

3. 배당실시(配當實施)의 효과(效果)

(1) 배당실시(配當實施)의 효력(效力)

압류(민법 제168조 2호, 제175조) 또는 배당요구(민법 제168조 1항, 제171조)에 의하여 중단되고 있는 소멸시효는 채권자가 마지막 배당을 받은 때로부터 다시 진행을 시작한다(민법 제178조 1항). 이 경우 시효진행의 문제가 생기는 것은 주로 각 채권자의 채권에 대하여 일부 배당을 한 경우의 잔존채권에 대한 것이다. 채권자가 배당기일에 출석하지 아니하여 그 채권자에 대한 배당액이 공탁된 경우에는 잔존채권의 소멸시효는 배당기일로부터 진행한다. 그러나 그 밖에 정지조건 있는 채권, 계쟁(係爭) 중의 채권, 가압류의 피보전채권으로서 본안소송에 의하여 확정되지 아니한 채권에 대한 각 배당액(법 제160조 1항 1, 2, 5호)의 공탁에 있어서는 지급이 가능한 때로부터 소멸시효가 진행한다.

(2) 배당조서(配當調書)

배당을 실시한 때에는 법원사무관 등은 배당실시의 경과와 내용에 관하여 조서를 작성하여야 한다(법 제159조 4항). 이를 배당조서 또는 배당기일조서라고 부른다. 이 조서도 일반의 조서작성에 관한 규정에 준할 것이나,[87] 특히 당사자의 출석여부, 이의의 유무, 다른 채권자의 이의에 대한 진술, 합의사실과 그 내용, 이의 있는 부분에 대한 배당절차의 중지, 이의 없는 부분에 대한 배당의 실시, 그리고 배당액에 대한 지급의 정지 등을 기재하여야 한다. 예컨대 갑(甲)은 을(乙)의 채권존재 또는 우선권을 부인하고 이를 자기에게 배당하여야 한다고 주장하다 라는 취지로 기재하고 이에 대한 을(乙)의 진술로서 을(乙)은 갑(甲)의 이의를 인정 또는 부인하다 라는 취지로 기재한다.

---

87) 법(法) 제23조, 민소법(民訴法) 제152조 내지 제160조 각 참조.

4. 배당금(配當金)의 지급절차(支給節次)

(1) 배당금(配當金)의 지급(支給)

배당법원은 채권의 전부에 대하여 배당을 받게 되는 채권자에게 지급증을 교부하는 동시에 그가 가지고 있는 집행력 있는 정본 또는 채권증서를 제출하게 하여 이를 채무자에게 교부한다. 그리고 채권의 일부에 대하여 배당을 받게 될 채권자에게는 집행력 있는 정본 또는 채권증서를 제출하게 한 후 거기에 배당액을 기재하여 반환하고 지급증(支給證)을 교부함과 동시에 채권자로부터 배당금 영수증을 제출하게 하여 이를 채무자에게 교부한다(법 제159조).

① 배당액(配當額)이 공탁(供託)되어 있는 경우

배당액이 공탁되어 있는 경우에는 배당법원은 지급할 배당액에 상당한 배당액과 집행비용의 합계액을 기재한 지급위탁서(支給委託書)를 공탁공무원에게 송부하고, 지급받을 자에게는 지급받을 자격을 증명하는 증명서를 교부하여야 한다.[88] 이에 관한 업무는 통상 배당법원의 사무관 등이 처리하게 되나, 배당채권이 확정되지 아니하였거나 채권자가 배당기일에 출석하지 아니하여 배당법원 사무관 등이 배당액을 공탁하거나 또는 이미 되어 있는 공탁을 유지하기로 하고 그 공탁서원본과 배당표의 등본을 주무과장이 지정하는 공탁서 등 보관책임자에게 인계한 후에는 그 보관책임자가 공탁금의 출

---

88) 法 제159조 3항. 공규(供規) 제39조 1항 각 참조.

급에 관한 업무를 처리하게 된다.[89] 채권자에게 위 증명서를 교부
할 때에는 그로부터 배당금액에 대한 영수증을 받아야 한다. 배당
금 수령채권자는 공탁금출급청구서 3통을 작성하고 거기에 배당법
원으로부터 받은 증명서를 첨부하여 공탁공무원에게 제출하여 공탁
금의 출급(出給)을 받는다(공탁규 제39조 2항, 제29조).

② 배당금(配當金)이 배당법원(配當法院)에 보관(保管)되어 있는 경우

가. 보관금(保管金)으로 보관(保管)된 매득금(賣得金) 등의 지급(支給)

집행관 등이 특별환가명령(特別換價命令)에 의하여 채권 기타 재
산권을 매각하고 그 매득금을 배당법원에 제출함으로써 배당금액이
법원에 보관금(保管金)으로 보관되어 있는 경우에는 출석한 채권자
에게 민사예납금 등 취급규칙(民事豫納金 等 取扱規則)에 따라 배
당액에 해당하는 보관금을 지급한다. 즉 담당 법원사무관 등은 각
배당금 수령권자(收領權者)로부터 청구서 및 영수증 각 1통을 제출
받으면 보관표에 배당액의 지급을 명하는 기재 및 지급액을 기재하
여 담임 법관의 인증인(認證印)을 받은 다음 위 보관표와 청구서,
영수증을 함께 세입세출외현금출납 공무원(歲入歲出外現金出納 公
務員)에게 회부한다(민사예납금 등 취급규칙 제7조).
세입세출외현금출납 공무원은 각 배당금을 수령할 채권자에게 배
당액을 지급한 다음 보관표에 처리사항을 기입하고 해당난에 날인

---

89) 대법원(大法院), 예규(例規) 1992. 7. 1, 제347호(송민(訟民) 92-2), 집
  행사건(執行事件)에 있어서 배당액(配當額) 등의 供託 및 배당액(配當
  額) 등의 관리절차(管理節次)에 관한 예규(例規) 참조.

하면 된다. 이를 다시 사건 담임 법원사무관 등에게 회부한다(민사예납금 등 취급규칙 제8조). 한편 배당기일에 지배인 또는 이에 준하는 법률상의 대리인으로부터 배당금 수령의 위임을 받은 사람은 위임장, 지배인 등기부등본 또는 법률상 대리인의 기재가 있는 법인등기부초본과 지배인 등의 개인 인감증명서 또는 지배인의 인장이 틀림없다는 취지의 법인 대표자의 확인서를 첨부하여 그의 대리권을 증명함으로써 배당금을 수령하게 한다.

나. 배당금(配當金)의 계좌입금(計座入金)

배당액이 법원에 보관되어 있는 경우, 기일에 출석하지 아니한 채권자가 배당액을 입금할 예금계좌를 신고한 때에는 배당액을 그 예금계좌에 입금하여 지급할 수 있다(규 제82조 2항). 그 신청을 함에는 민사예납금 등 계좌입금신청서 2통을 작성, 제출하고 거기에 예금통장의 사본 2통, 우편엽서 1매를 첨부하여야 한다(민사예납금 등 취급규칙 제8조의 2). 위 신청서를 제출하는 경우, 본인이나 법률상 제출 대리권이 있는 자가 제출하는 경우가 아니면 본인의 인감증명서를 첨부하여야 한다.

배당금의 출급사유가 발생하고 이에 대한 계좌입금신청이 담임 법원사무관 등에게 제출된 경우에는 담임 법관은 보관표의 적요난에 「채권자 ***에 대한 배당금을 **은행 ***지점, 계좌*** – ** – ***에 입금할 것」이라고 기재하여 출급을 명하고, 담임 법원사무관 등은 2일 내에 보관표와 함께 신청인으로부터 받은 예금통장사본 1통, 계좌입금신청서 부본 1통과 우편엽서에 계좌입금통

94

지서의 내용을 기재하여 세입세출외현금출납 공무원에게 교부하며, 세입세출외현금출납 공무원은 당일 또는 다음날까지 계좌입금 조치한 후 계좌입금통지서(우편엽서)에 입금일자를 기입하여 기명날인 후 계좌입금 신청인에게 발송하게 된다.[90] 그러나 계좌입금 전에 계좌입금신청 본인이나 대리인이 법원에 출석하여 자신에게 직접 출급하여 줄 것을 요청한 때에는 계좌입금 할 필요가 없게 된다.

(2) 집행력(執行力) 있는 정본(正本) 또는 채권증서(債權證書) 와 영수증(領收證)의 교부(交付)

① 채권자(債權者)가 채권(債權) 전부(全部)를 배당(配當)받은 경우

채권자에게 채권전액을 배당하는 경우에는 그 채권자에게 지급증(공탁금수령자격증명서)을 교부하거나 또는 보관표에 채권자에 대한 배당금의 지급을 기재함과 동시에, 그 채권자가 소지하고 있는 집행력 있는 정본을 제출하게 하고, 집행력 있는 정본이 없는 때에는 채권증서를 제출하게 하여 이를 채무자에게 교부한다(법 제159조 2항, 3항). 이는 이중집행을 피할 수 있도록 하기 위한 조치이다. 채권자가 이미 집행력 있는 정본을 제출하여 집행기록에 편철되어 있는 때에는 이를 채무자에게 교부하면 된다. 집행력 있는 정본 등을 채무자에게 교부한 때에는 그로부터 영수증을 받아 기록에

---

90) 대법원(大法院), 예규(例規) 1990. 9. 27. 제309호(송민(訟民) 90-6), 제1441호, 민사예납금(民事豫納金) 등의 계좌입금(計座入金) 등(等) 사무처리(事務處理) 요령(要領) 참조.

편철한다.

채무자가 기일에 출석하지 아니한 경우에는 채권자가 제출한 집행력 있는 정본이나 채권증서를 기록에 편철하여 두었다가 후일 채무자의 청구가 있으면 교부한다. 채무자가 소재불명인 경우도 같다. 채무자의 집행력 있는 정본 등 교부 청구는 반드시 서면에 의할 필요는 없다.

채권자가 집행력 있는 정본이나 채권증서를 가지고 있지 아니한 경우에는 그 채권자로부터 영수증을 제출받아 이를 채무자에게 교부한다. 불출석한 채권자의 신청에 의하여 법원에 보관되어 있는 배당금을 계좌 입금한 경우나 채권자가 미리 집행력 있는 정본 등을 제출하지 아니한 때에는 그 채권자가 제출한 계좌입금신청서와 세입세출외현금출납 공무원이 계좌입금하고 받은 무통장입금증 등을 채무자에게 교부하여 영수증의 교부에 갈음한다.

여러 법원이 동일한 채권 그 밖의 재산권에 대하여 각각 압류명령을 발하여 압류가 경합된 상태에서, 그 중 한 법원이 배당법원이 되어 나머지 법원에 대하여 압류명령 사건기록의 송부촉탁을 한 경우, 송부되어 온 기록을 보관하던 중 채무자가 배당기일에 출석하거나 또는 배당기일 후라도 그 기록의 반환 전에 그 기록에 편철되어 있는 집행력 있는 정본 등의 교부를 청구한 때에는 배당법원의 담당 법원사무관 등은 그 정본을 채무자에게 교부하고 채무자로부터 영수증을 받아 그 기록에 편철한 후 그 기록을 송부법원에 반환할 것이며, 채무자가 배당기일에 불출석하고 그 후에도 그 정본의 교부 청구를 하지 않을 때에는 별도의 조치(措置)없이 그 기록을 송부법원에 반환한다.

② 채권자(債權者)가 채권(債權)의 일부(一部)를 배당(配當)받은 경우

채권자에게 채권의 일부만을 배당하는 경우에는 그 채권자로부터 집행력 있는 정본 또는 채권증서를 제출하게 한 후 담당 법원사무관 등은 그 여백 부분 또는 그 이면에 배당액을 기입하고 기명날인하여 채권자에게 반환하고, 배당금지급증이나 공탁금수령자격증명서를 교부하는 동시에 또는 보관표에 배당금지급명령을 기재함과 동시에 채권자로부터 영수증을 제출케 하여 채무자에게 교부하여야 한다(법 제159조 3항).

(3) 배당액(配當額)의 공탁(供託)

배당기일에 배당표 가운데 이의 있는 채권의 배당은 보류하며(법 제152조 3항), 정지조건(停止條件) 있는 채권, 채무자가 인낙(認諾)하지 아니한 우선변제청구채권(優先辨濟請求債權), 가압류채권자의 피보전채권(被保全債權)에 대한 배당액에 대하여서는 이의가 없더라도 그 배당액은 교부할 수 없으므로 배당법원은 위의 채권자에 대하여 배당금 지급증을 교부해서는 아니 되며 이를 공탁한다.

공탁이 필요한 경우는 두 가지로 나누어 볼 수 있다. 하나는 배당 등을 받을 채권자의 채권에 위와 같이 배당의 장애가 되는 일정한 사유가 있는 경우의 유보공탁(留保供託)이고(법 제160조 1항), 다른 하나는 채권자가 배당금을 수령하기 위하여 집행법원에 출석하지 아니한 경우의 불출석공탁(不出席供託)이다(법 제160조 2항).

배당금 등의 유보 공탁에 있어서 채권자의 채권에 내재(內在)한 불확정요소가 해소된 때, 즉 공탁사유가 소멸한 경우에 집행법원은 정당한 권리자에게 공탁금을 출급(出給)할 수 있도록 추가배당 혹은 채무자에게 지급증을 교부하는 등 절차를 취하여야 하나, 집행법원에서 공탁사유가 소멸한지 여부를 직권으로 조사할 의무는 없다. 공탁사유의 소멸에 의한 추가배당 등의 실시로 공탁금의 지급위탁을 받을 수 있는 채권자 또는 채무자가 집행법원에 대하여 추가배당 등의 실시를 구하는 신청을 하는 등 공탁사유가 소멸한 것을 증명하여야 한다.

① 정지조건(停止條件) 등이 있는 채권(債權)

정지조건(停止條件) 있는 채권(법 제160조 1항 1호)의 배당액에 대하여서는 그 이행기가 도래하지 아니한 것이므로 배당기일에 배당을 할 수 없고 배당액을 공탁하게 된다. 그 배당액은 정지조건이 성취된 때에 채권자에게 지급하나 만일 정지조건의 불성취로 확정되고 다른 채권자가 그 사실을 증명하여 배당실시를 구한 때에는 배당법원은 추가배당절차(追加配當節次)를 취하게 된다. 다시 말하면 공탁된 금액에 대하여 배당표를 작성하고 이해관계 있는 채권자에 대하여 소정기간 내에 열람케 한 다음 배당기일을 지정하여 배당을 실시하는 것이다. 달리 추가배당을 받을 채권자가 없는 때에는 공탁금은 예탁금이 되므로 채무자에게 교부한다. 정지조건이 성취된 때에는 그 채권자가 배당법원에 대하여 그 사실을 증명하고 배당액의 교부를 구할 것이며, 배당법원은 배당기일을 열지 아니하고 배당액에 상당한 금액의 지급위탁서를 공탁공무원에게 송부하고 또 그 채권자에게 위의 지급위탁을 한 공탁금수령자격증명서를 교부한다(공탁규 제39조).

집행권원에 기하여 배당 등에 참가한 채권이 정지조건부(停止條件附)인 때에는 조건의 성취를 증명하여 집행문의 부여를 받지 않으면 변제기 미도래(辨濟期 未到來)의 채권과 마찬가지로 강제집행의 신청은 물론 배당요구도 인정할 수 없다. 결국 환가(換價)에 의하여 소멸하는 담보권의 피담보채권에 대하여 정지조건이 달린 때를 생각할 수 있을 것이나 현실적으로 그러한 예(例)는 찾기 어렵다.

한편, 배당을 받을 채권자의 채권이 해제조건부(解除條件附)로서 조건불성취(條件不成就)인 경우에는 조건이 붙여지지 않는 채권과 같아서 배당을 받을 수 있다. 조건의 불성취(不成就)가 확정된 경우에는 다른 채권자가 그 사실을 증명하면 배당법원은 공탁된 배당액에 대하여 배당기일을 지정하여 추가배당을 실시한다.

정지조건(停止條件) 있는 채권(債權)은 집행권원(執行權原)에 의하여 확정된 경우에도 조건이 성취되기 전까지는 집행권원에 집행문을 부여받을 수 없으므로 강제집행의 신청은 물론 배당요구의 신청도 할 수 없으므로, 여기에서의 정지조건 있는 채권은 그 채권이 질권에 의하여 담보되는 등 우선변제권(優先辨濟權)이 인정되는 경우에 한(限)한다.

② 가압류채권자(假押留債權者)의 피보전채권(被保全債權)

집행채무자에 대한 채권을 피보전권리로 하여 압류물건이나 채권에 대하여 가압류를 하고, 아직 본안 소송에 의한 확정이 없는 때에는 바로 배당액을 가압류채권자에게 교부하는 것은 곤란하므로 이와 같은 배당액은 공탁을 하게 된다(법 제160조 1항 2호).[91] 그 공탁된 배당액은 가압류채권자가 본안소송에서 승소하여 채권의 존재가 확정된 후에 그 채권자의 청구에 따라 공탁공무원이 이를 지급한다. 가압류채권자를 위하여 공탁금을 공탁한 뒤에 가압류채권자가 본안소송에서 패소한 경우 또는 채무자와의 사이에 원만한 합의가 이루어져 가압류신청을 취하하고 그 집행을 해지하는 경우, 혹은 가압류결정이 취소되는 경우에는 가압류채권자를 위하여 공탁한 공탁금에 대하여 다른 채권자들에게 추가 배당하여야 한다(법 제161조 1항 1호).

③ 이의(異議) 있는 채권(債權)

배당표에 관한 이의(異議)가 있는 채권(법 제160조 1항 5호)에 대하여서는 이의신청채권자(異議申請債權者)가 배당이의소송(配當異議訴訟)에서 이를 다투는 것으로 되기 때문에 그 소송의 결과에 따라 처리될 것이므로 그 배당액을 공탁한다(법 제161조 2항 2호).

④ 강제집행정지(强制執行停止) 중의 채권(債權)

---

91) 대판(大判) 1974. 2. 12, 73다1905; 법(法) 제160조 1항 2호의 규정(規定)은 채권자평등주의(債權者平等主義)에 입각한 강제집행(强制執行)과 가압류(假押留)가 경합(競合)하는 경우에 한(限)하여 허용(許容)되고, 우선주의(優先主義)에 의하여 규율(規律)되는 체납처분(滯納處分)에서는 위의 적용(適用)이 없다.

청구이의(請求異議)의 소(訴) 등 집행관계소송의 제기와 더불어 집행정지명령의 정본이 제출된 경우, 위 정본이 채권자 전원에 대한 것이라면 배당절차는 정지될 것이나, 일부의 채권자에 대한 것으로서 다른 채권자가 강제집행을 할 수 있는 때에는 일시정지의 사유가 있는 채권자에 대한 배당액은 공탁(供託)된다(법 제160조 1항 3호).[92] 그 배당액은 일시정지의 사유가 채권자의 집행관계소송에서의 승소 등으로 해소된 때에는 그 채권자에게 지급될 것이나, 반대로 그 채권자의 종국적인 패소로 돌아간 때에는 아직 만족을 얻지 못하고 있는 다른 채권자를 위하여 추가(追加)로 배당(配當)된다.

⑤ 불출석 채권자(不出席 債權者)에 대한 채권(債權)

배당액(配當額)을 수령하기 위하여 배당기일(配當期日)에 출석하지 아니한 채권자에의 배당액(配當額)은 공탁(供託)된다(법 제160조 2항). 불출석한 채권자가 후에 법원에 출급청구를 하면 법원은 불출석한 채권자에게 배당금을 지급하여야 한다.

⑥ 공탁(供託)의 방법(方法)

배당액에 대한 공탁사유가 있는 경우 배당법원의 사무관 등은 배당기일로부터 10일 내에 각 배당받을 자(者)에 따라 구별(區別)하여 공

---

92) 法 제160조 1항 3호, 일본 민사집행법(日本 民事執行法) 제91조 3호 각 참조.

탁절차를 취하여야 한다. 그러나 매각대금(賣却代金) 등이 이미 법원에 공탁되어 있는 대부분의 경우에는 그 배당액에 상당한 금액을 출급한 후 다시 공탁하는 등의 이중의 절차를 취할 필요는 없고, 그 부분에 대한 공탁을 그대로 유지하면 될 것이다. 이 경우 종전의 공탁서 원본에 지급위탁서(支給委託書)를 첨부할 필요가 없으므로 그대로 편철하여 두고 그 사실을 부기(附記)하여 공탁서 등 보관책임자에게 인계하면 된다.[93]

매각대금(賣却代金) 등이 법원에 보관되어 있는 경우에는 법원사무관 등이 2통의 공탁서를 작성하여 공탁공무원에게 제출하고, 공탁공무원은 공탁서 1통에 공탁을 수리한다는 취지 등을 기재하여 법원사무관 등에게 반환하며, 법원사무관 등은 그 취지에 따라 공탁물보관자로 지정된 은행에 세입세출외현금출납 공무원으로부터 받은 국고수표인 배당액을 납입하여 공탁한다.[94]

(4) 추가배당절차(追加配當節次)

배당을 받아야 할 채권자의 채권에 대하여 채권에 ① 정지조건 또는 불확정기한이 붙어 있는 때 ② 가압류채권자의 채권인 때 ③ 강제집행의 필수적 정지·제한 사유(법 제49조 2호) 및 담보권 실행 등 경매의 일지정지를 명한 재판의 정본(법 제266조 1항 5호)이 제출되어 있는 때 ④ 저당권설정의 가등기가 마쳐져 있는 때, ⑤

---

93) 주) 88 참조.
94) 공탁법(供託法) 제4조, 공규(供規) 제19조 1항, 제25조, 제26조 각 참조.

배당이의의 소가 제기된 때(법 제154조 1항) ⑥ 질권자가 질물에 의하여 변제를 받지 못한 부분의 채권에 한하여 채무자의 다른 재산으로부터 변제를 받을 수 있고, 질권자가 질물보다 먼저 다른 재산에 관한 배당을 실시하는 경우에 다른 채권자가 질권자에게 그 배당금액의 공탁을 청구한 때(민법 제340조 2항) 및 저당권자가 저당목적물 외의 채무자 재산에 경매를 하는 경우, 다른 채권자가 저당권자에게 그 배당금액의 공탁을 청구한 때(민법 제370조) ⑦ 채권자가 배당기일에 출석하지 아니한 때에 각 배당액을 공탁하여야 한다(법 제160조).

위에 든 사유로 공탁이 된 경우에 그 사유가 소멸한 때에 실시하는 배당을 추가배당(追加配當)이라 한다. 추가배당은 위 ①~⑥의 사유가 소멸하거나 채권자가 법원에 대하여 공탁금의 수령을 포기하는 의사를 표시한 때(법 제160조 2항)에는 그 채권자의 채권이 존재하지 아니하는 것으로 보고 배당표를 바꾸어야 하고, 배당에 대하여 이의하지 아니한 채권자를 위하여서도 마찬가지다.

위의 경우 배당표변경에 따른 추가 배당기일에 배당이의를 할 때에는(법 제151조) 종전의 배당기일에서 주장할 수 없었던 사유만을 주장할 수 있다.

추가배당을 한 결과 잔여금이 생긴 경우에는 이를 채무자에게 지급하며, 채무자가 배당기일에 출석하지 아니한 경우에는 그 부분에 대하여 공탁을 유지하고, 후일 채무자의 청구가 있으면 지급위탁서와 공탁금수령자격증명서를 교부하는 등 지급절차를 취한다.

배당법원의 송부촉탁에 의하여 다른 법원으로부터 경합된 압류명령 사건기록이 송부되어 배당법원이 그 기록을 보관 중에 공탁된

배당액을 추가배당하거나 지급하는 경우에도 그 기록 및 그 기록에
집행력 있는 정본이 편철되어 있는 때에는 이를 채무자에게 교부하
면 된다. 집행력 있는 정본 등을 채무자에게 교부한 때에는 그로부
터 영수증을 받아 기록에 편철하여야 한다.

　채무자가 기일에 출석하지 아니한 경우에는 채권자가 제출한 집행
력 있는 정본이나 채권증서를 기록에 편철하여 두었다가 후일 채무
자의 청구가 있으면 교부한다. 채무자가 소재불명인 경우도 같다.

(5) 잉여금(剩餘金)의 처리(處理)

　배당받을 수 있는 각 채권자의 채권에 따라 배당하고 남은 잉여
금이 있을 경우에는 소유자에게 지급하여야 한다. 다만, 소유자의
잉여금채권이 다른 채권자에 의하여 압류·가압류된 경우에는 소유
자에게 지급할 수 없다. 또한 법 제147조 1항의 배당할 금액 가운
데 채무자 및 소유자 이외의 자가 한 매각허가 결정에 대한 항고가
기각되거나 항고가 취하된 때에 항고인이 보증으로 제공한 금전이
나, 유가증권을 현금화한 금액 가운데 항고를 한 날부터 항고기각
결정이 확정된 날까지, 또는 항고가 취하된 경우에는 취하된 날까
지의 매각대금에 대한 연2할의 비율에 의한 금액(법 제147조 1항
4호)이 있는 경우에는, 채권자에게 배당하고 남은 금액이 있으면,
같은 조 1항 4호의 금액의 범위 안에서 그 보증 등을 제공한 사람
에게 돌려주고(법 제147조 2항), 또한 위의 배당할 금액 가운데 채
권자에게 배당하고 남은 금액으로 위 보증 등을 돌려주기 부족한
경우로서 그 보증 등을 제공한 사람이 여럿인 때에는 제공한 보증

등의 비율에 따라 분배하여야 한다(집 제147조 2항).

한편, 소유자에게 지급하는 경우에 관하여, 담보권 실행 등 경매에 있어서 경매개시결정등기 후에 소유권이전등기를 마쳐 권리를 취득한 자는 경매신청채권자에 대하여는 그 권리취득을 주장할 수 없으나, 그 밖에 집행에 참가한 자 등 제3자에 대하여는 유효하게 권리취득을 주장할 수 있다. 따라서 매각대금 중 피담보채권 등에 충당하고 남은 잔액은 위 제3취득자에게 교부되어야 하고, 이는 제3취득자가 그 권리를 집행법원에 신고하지 아니하여 경매절차에 대한 이해관계인으로서의 지위를 취득하지 못하였다 하더라도 마찬가지다.[95]

채권자취소권 행사에 의한 취소판결의 효력은 그 취소 채권자와 수익자 사이에서만 상대적으로 미칠 뿐이어서 취소의 결과 소유명의가 수익자로부터 채권자에게 환원된 경우에도 채무자가 실체법적으로 그 환원된 부동산의 소유권 또는 처분권한을 취득하는 것은 아니므로,[96] 실체법적으로는 수익자로부터 환원 받은 부동산에 대하여 강제집행을 실시하여 배당받고 남은 잉여금은 그 재산을 반환한 수익자에게 복귀시켜야지 채무자에게 지급하여서는 안 된다.

---

95) 대판(大判) 1990. 4. 10, 90다카2403.
96) 대판(大判) 1988. 2. 23, 87다카1989; 同 2000. 12. 8, 98두11458.

第3章 배당표(配當表)

第1節 배당표(配當表)의 작성(作成)

1. 배당표(配當表)의 작성시기(作成時期)와 자료(資料)

(1) 배당표(配當表)의 의의(意義)

배당의 실시는 배당표에 의한다. 배당기일에 배당순위나 배당액에 관하여 각 이해관계인의 의견을 듣는데 있어서 기초가 되는 것이 바로 배당표원안(配當表原案)이다. 따라서 이해관계인이나 배당요구채권자 간에 합의가 된 경우, 또는 배당기일에서 이의가 없거나 배당이의의 소송이 완결되면 배당표는 확정된다. 배당표는 각 채권자에 대한 배당순위와 배당액이 기재되어 있으며, 이에 기하여 배당이 실시된다. 배당표가 확정되기 전에는 배당표는 계획안(計劃案, Entwurf) 또는 초안에 불과하다. 배당표에는 매각대금, 각 채권자의 채권의 원금, 이자, 비용, 배당의 순위와 배당의 비율(比率)을 기재한다(법 제150조 1항). 위 사항 외에 배당법원의 표시, 사건번호, 배당할 금액, 매각부동산, 배당순위와 그 이유, 배당액, 잔여액, 비용비례액, 채권자의 이름 등을 기재하도록 되어 있다(법 제150조 1항).

(2) 작성시기(作成時期)와 자료(資料)

　법원은 배당표원안을 작성하여 채권자와 채무자 등에게 보여주기 위하여 배당기일 3일 전까지 법원에 비치하여야 한다. 법원은 출석한 이해관계인과 배당을 요구한 채권자가 합의한 때에는 이에 따라 배당표를 작성하여야 한다.[97] 이는 각 채권자와 채무자에게 배당표를 열람하게 하기 위하여 배당기일의 3일 전까지 법원에 이를 비치하여야 하기 때문이다(법 제255조). 법원은 직권으로 변론(辯論)이나 신문(訊問)없이 배당표를 작성한다. 배당표의 기초는 집행기록, 공탁서류 그리고 각 채권자가 제출한 배당요구신청서나 채권계산서 기타 첨부된 증빙서류가 된다.

　부동산의 강제집행에 있어서는 배당표를 확정하기 위하여 배당기일에 출석한 이해관계인(利害關係人)과 배당을 요구한 채권자 등을 심문(審問)하여야 한다(법 제149조). 배당법원으로부터 계산서를 제출하라는 최고서를 송달받고서도 이를 제출하지 아니한 채권자의 채권에 대하여서는 강제집행신청서와 첨부된 집행권원(執行權原)·배당요구신청서(配當要求申請書)[98]·사유신고서(事由申告書)[99]의 취지와 부속서류 등 이미 제출된 서류에 기하여 계산한 다음 배당표를 작성한다. 따라서 계산서도 제출하지 않고 기록상 채권액이 확실하지 아니한 때에는 그 채권은 배당표(配當表)에서 제외된다.

　채권계산서의 제출기간(提出期間)[100]인 1주일을 도과(徒過)하였더

---

97) 하경일(河慶一), 배당표(配當表)의 작성(作成)과 실무(實務), 경영법무(經營法務) NO 68호, 1999. 11, 23면.
98) 법(法) 제88조, 제247조, 제251조 각 참조.
99) 법(法) 제222조, 제248조 3항 각 참조.

라도 배당법원이 배당표(配當表)를 작성하기 전이면 채권자는 채권계산서를 제출할 수 있으며, 이미 제출한 채권계산서의 기재를 보충 정정할 수 있다.[101] 그러나 배당표가 작성된 후에는 채권자는 자기의 채권액(債權額)을 보충할 수 없다(법 제254조 2항 후단).

2. 배당표(配當表)의 기재사항(記載事項)

배당표에는 매각대금, 채권자의 채권의 원금, 이자, 비용, 배당의 순위와 배당의 비율(比率) 등을 적어야 한다(법 제150조 1항). 그 외에 법문에 명시되어 있지 않지만 실무 상 배당표에는 채권자의 성명과 배당액, 잔여액 등을 기재하고 있다.

(1) 매각대금(賣却代金) 또는 공탁금(供託金)

매각대금이라 함은 부동산 등 강제집행절차에서 목적물을 환가하여 법원에 납부한 금전과 동산에 대한 강제집행의 절차에 따라 집행법원의 매각 또는 기타 환가명령(換價命令)에 의하여 채권 등을 환가하여 법원에 납부한 금전을 말한다.

공탁금이라 함은 집행관이 공탁한 매득금, 추심채권자가 공탁한 추심금, 제3채무자가 공탁한 채무액을 각 말한다.

위 매각대금이나 공탁금은 배당에 제공할 배당재단으로 된다. 공

---

100) 법(法) 제253조, 규(規) 제81조 각 참조.
101) 관협행언(官脇幸彦), 전게서(前揭書), 465면.

탁된 금전에 대한 이자도 집행채무자의 재산이므로 배당에 제공할 재단에 포함된다. 공탁금에는 공탁금 수입일로부터 년(年) 2.0푼의 비율에 의한 이자가 붙는다.[102]

(2) 채권자(債權者)의 성명(姓名)

배당표에는 먼저 채권자의 성명을 기재하여야 한다. 배당에 참가한 채권자로서 압류채권자, 배당요구채권자, 교부청구채권자(국징법 제56조)의 성명이다. 배당액이 령(零)이더라도 배당을 받을 수 있는 지위에 있는 채권자는 모두 기재하여야 한다.

(3) 채권금액(債權金額)

채권(債權)의 원금(元金)이란 매각대금(賣却代金) 혹은 공탁금(供託金)에서 배당을 받을 수 있는 채권 원본액을 말하고, 가압류에서는 피보전채권액을 말한다. 채무자에 대하여 가지는 채권이라도 집행채권으로 압류하거나 배당요구 하지 아니한 것은 포함되지 아니한다. 채권의 일부만을 청구한 경우에는 그 청구하고 있는 일부의 채권만이 채권금액으로 된다.

일반채권자로서 집행력 있는 권원을 소지한 자(者)의 채권 중 배당요구의 종기까지 경매신청을 한 압류채권자의 채권에 해당하는

---

102) 공탁법(供託法) 제5조, 공규(供規) 제46조, 공탁금(供託金)의 이자(利子)에 관한 규칙(規則) 제2조, 금융기관 여수신 이율(金融機關 與受信 利率) 등에 관한 규정(規定) 제2조 각 참조.

것(법 제148조 1호) 이외에는 배당요구의 종기까지 배당요구를 하여야 한다. 배당요구서의 제목이 권리신고서이든 채권계산서든 채권의 원인과 액수가 적혀 있다면 배당요구로 보아야 하고,[103] 배당요구의 원인과 액수는 강제집행신청서에 적힌 것이 된다. 특히 채권의 일부만으로 배당요구를 하였다고 하더라도 배당요구의 종기까지는 나머지 채권에 대하여 추가로 배당요구를 할 수 있다.

이자에는 지연이자 즉 지연손해금이 포함한다. 이자와 지연손해금은 매득금(賣得金)의 배당기일 당일 분까지의 것을 계산한다.[104] 利子 또는 지연이자는 집행권원에 표시된 이율에 따라 계산한 것으로서 배당기일까지의 이자가 포함되나, 약속어음금액만을 적은 집행인낙공정증서(執行認諾公正證書, 공증인법 제56조의 2)에 기하여 배당요구를 한 경우, 그 이자부분은 집행권원 없이 배당을 요구한 셈이 되므로 배당을 받을 수 없다.

(4) 강제집행 실행비용(强制執行 實行費用)

강제집행에 필요한 비용은 채무자의 부담으로 하고, 그 집행의 매각대금에서 우선적으로 배당을 받는다(법 제53조). 그래서 금전집행에 있어서는 그 집행절차에서 집행권원을 요하지 않고 바로 상환을 받을 수 있다. 이러한 집행비용은 공익적 공통비용과 기타 집행비용으로 나누어지고, 공익비용과 개별 채권자의 기타 집행비용은 자신의 채권에서 고려되므로, 상환을 받을 채권자마다 구분하여

---

103) 대판(大判) 1999. 2. 9, 98다53547.
104) 일본 민사집행규칙(日本 民事執行規則) 제60조 참조.

110

그 내역을 기재하여야 한다.[105] 실무에서는 집행비용계산서를 작성하여 공익비용의 명세(明細)를 명확히 하는 것이 보통이다.

먼저 공익적 공통비용이라 함은 법원이 지출한 배당절차비용, 경매비용, 공탁비용 등을 말한다.[106] 법원이 지출한 배당절차비용으로서는 채권계산서 최고비용, 매각기일 소환장 등의 송달료가 있다. 원칙적으로 압류채권자가 민사집행의 절차를 진행시키는데 필요한 비용으로서 예납(豫納)된 금전 중[107] 비용으로서 지출된 부분이 최우선적으로 공제될 집행비용이 된다. 금전채권에 대한 집행에 있어서 압류가 경합된 때에는 최초의 압류채권자가 지출한 집행비용이 이에 해당한다.

유체동산집행(有體動産執行)에 있어서도 이중압류가 허용되고, 집

---

105) 일본 민사집행법(日本 民事執行法) 제63조, 제42조는 강제집행(强制執行)의 비용인 집행비용(執行費用)과 이러한 집행비용(執行費用) 중 공익비용(共益費用)인 절차비용(節次費用)을 구분 사용(區分 使用)하고 있다. 무잉여매각금지(無剩餘賣却禁止)에 관한 우리 민사집행법(民事執行法) 제102조, 제188조 2항에서 최우선적(最優先的)으로 변상(辨償)을 받을 집행비용(執行費用)은 바로 집행비용(執行費用) 중 공익비용(共益費用)을 의미한다.

106) Stein/Jonas, aaO, §874 Rdnr. 4. 독일 민사소송법(獨逸 民事訴訟法) 제874조 2항은 이러한 절차비용(節次費用)은 배당재단(配當財團)에서 먼저 공제(控除)하도록 규정하고, 개개 채권자(債權者)가 집행(執行)을 통하여 그리고 배당절차참가(配當節次參加)를 통하여 증가된 비용(費用)은 독일 민사집행법(獨逸 民事執行法) 제873조에 따라 원금(元金)과 함께 적시(適時)에 제출(提出)되어야 한다고 규정(規定)하고 있다.

107) 압류채권자(押留債權者)는 강제집행(强制執行)에 필요(必要)한 비용(費用)으로서 법원(法院)이 정한 금액(金額)을 예납(豫納)하여야 한다(法 제18조 1항 참조).

행비용으로서 우선배당을 받을 수 있는 것은 압류채권자가 지출한 비용이다. 따라서 압류채권자가 제출한 채권계산서 및 집행관으로부터 송부된 집행기록에 기하여 집행비용을 산출하여 이것과 배당절차비용의 합산액을 배당표의 집행비용에 기재한다.

채권 그 밖의 재산권에 대한 집행에 있어서도 압류채권자는 1인 뿐이고 나머지는 모두 배당요구채권자인 경우에는 압류채권자의 집행비용만이 우선배당 받는다. 이중으로 압류결정이 있는 경우, 선행압류절차가 취소되어 후행 압류로 속행된 절차에서는 선행압류채권자가 지출한 집행신청 수수료나 압류등기 촉탁비용 등은 공익비용이 된다. 선행사건의 절차가 그대로 실시되어 배당에 이른 경우에는 나중 압류채권자의 절차비용은 공익비용은 아니나 압류채권자 자신의 집행비용으로 배당받는다.[108]

그 다음 기타 집행비용이라 함은 위 공익적 공통비용을 제외한 비용, 예컨대 이중압류채권자가 지출한 압류비용, 배당요구신청을 하기 위한 비용, 채권의 신고, 채권계산서 제출 등에 소요된 비용, 배당요구신청을 하기 위한 비용 등을 말한다.

그 밖의 채권자가 자기의 채권보전 내지 실현을 위하여 지출한 비용으로서 우선배당을 받을 수 없는 비용, 예컨대 소송비용 확정절차에 의하여 확정된 본안 소송비용도 여기서 말하는 비용에 해당한다. 이러한 비용은 다른 배당채권에 우선하여 변제받을 수는 없으나 당해 채권자에 대한 배당금 중에서는 집행채권의 이자에 우선하여 변제받아야 할 성질의 것이므로(민법 제479조 1항) 배당표에 기재하고,[109] 이러한 비용에 관하여서도 그 내역을 명백히 하기 위

---

108) 중야정일랑(中野貞一郎), 전게서(前揭書), 346~365면.

하여 각 채권자 별로 집행비용계산서를 작성하여 배당표에 첨부하여야 한다.

(5) 매각 부동산(賣却 不動産)의 표시(表示)

배당표의 실제 배당할 금액란(金額欄) 다음에 매각 부동산을 기재한다. 매각부동산의 표시는 보통 서울 ***구 **동 ***번지의 **호 대지 ***㎡, 건물 ***㎡ 또는 서울 ***구 ***동 ***번지 ***아파트 ***동 ***호라고 표시하여 특정함으로써 매각부동산이 어느 것인지를 식별할 수 있게 기재한다.

(6) 배당순위(配當順位)

배당순위 란(欄)에는 배당순위를 기재하여야 한다(법 제150조 1항). 그러나 배당순위를 어떻게 결정해야 하는가에 대하여는 민사집행법(民事執行法)은 명문으로 규정한 바 없고, 배당(配當)받을 채권자의 범위에 관하여서만 규정하고 있을 뿐이다(법 제145조 2항 및 제148조). 배당순위에 관하여는 다음 절에서 논의한다(본 장(本章) 제3절 참조).

---

109) 실체법(實體法)상 우선변제청구권(優先辨濟請求權)이 있더라도 배당요구(配當要求)의 종기(終期)까지 배당요구(配當要求)를 하여 배당절차(配當節次)에 참가(參加)하여야 한다(법(法) 제217조, 제247조).

(7) 배당이유(配當理由)

　이유란(理由欄)에는 배당순위를 결정하는 근거를 기재한다. 우선권이 있는 채권에 대하여는 그 우선권의 근거를, 예컨대 조세채권의 경우에는 국세·지방세의 표시를, 공과금(公課金)의 경우에는 그 종목을, 우선특권의 경우에는 그 내용을 기재한다. 일반채권의 경우에는 배당참가채권자가 압류채권자인지, 가압류채권자인지 또는 배당요구 채권자인지를 표시한다.

(8) 배당액(配當額)

　배당액은 채권자가 배당순위에 따라 실제로 배당받을 금액을 기재한다. 저당권이나 근저당권인 경우 채권최고액의 범위 안에서 채권자가 실제로 배당받을 금액이 된다.

(9) 잔여액(殘餘額)

　배당할 금액으로부터 배당표 최 좌측란(欄)에 채권자의 배당액을 기재하고, 배당액을 공제한 금액을 최 좌측란(欄)의 잔여액란(殘餘額欄)에 기재하며, 그 다음부터는 전자의 잔여액에서 배당액을 공제한 금액을 잔여액으로 기재한다. 예컨대 전례(前例)에 있어서 국세채권의 잔여액란(欄)에는 배당할 금액 금200만 원에서 배당액 금100만 원을 공제한 금100만 원을, 압류채권자의 잔여액란(欄)에는 위 잔여액 금100만 원에서 배당액 금40만 원을 공제한 금60만 원을, 배당요구채권자의 잔여액란(欄)에는 0을 기재한다.

(10) 배당비율(配當比率)

배당비율은 채권자가 집행권원(執行權原)이나 저당권의 최고액의 범위 안에서 실제로 배당받을 금액이 배당할 금액과 비교해서 얼마나 되는지를 산출한 근거를 백분율(百分率)로 표시한다.

3. 배당표(配當表)의 성질(性質)과 경정(更正)

(1) 성질(性質)

배당법원(配當法院)이 작성한 배당표에 대하여 이의신청(異議申請)이 없거나 또는 이의(異議)가 완결되면 배당표는 확정되고, 이에 기하여 배당이 실시되는데 이 배당표의 법률적 성질(法律的 性質)에 대하여는 견해가 나누인다.

① 확정판결설(確定判決說)

확정된 배당표는 일종의 판결(判決)이라고 본다. 따라서 적법하게 작성된 배당표에 대하여 채권자의 이의가 없거나 이의가 완결되면 배당표는 법원과 각 채권자를 기속(羈束)하는 확정판결(確定判決)과 동일한 효력이 있다는 것이다.[110] 배당표는 배당에 있어서 참작할 청구권에 관하여 그 원인, 액(額), 순위를 확정한다든가 혹은 각 채권자의 청구권에 대한 배당액을 정하는 집행법원의 의사표시(意思表示)라고도 설명한다.[111]

② 비확정판결설(非確定判決說)

배당표를 재판이라고 보는 것은 곤란하다는 것이다. 즉 배당표를 작성하는데 있어서는 배당법원은 각 채권자가 제출한 배당요구서 및 채권계산서 또는 사유신고서 기타 서류의 기재를 기초로 하여 그대로 배당액을 계산할 것이고, 그 기재의 당부에 대한 실질적인 심사를 하지 않으며, 실질적 심사는 각 채권자 상호 간의 자주적인 조정에 맡겨져 있기 때문이다(법 제256조 1항, 2항). 따라서 배당기일에 배당표에 대한 이의가 없는 경우에 법원이 작성한 배당표가 그대로 배당실시의 기초가 되는 것은 배당표가 청구권의 원인, 액(額), 순위를 확정한 것도 아니고, 설사 배당액을 결정하는 의사표

---

110) 일대판(日大判) 명치(明治) 30(1897). 11. 26, 민록(民錄) 3집 10권, 87면. 이 판결(判決)은 강제경매(强制競賣)의 배당절차(配當節次)에서 배당이의(配當異議)의 신청을 하지 아니한 저당권자(抵當權者)의 부당이득반환청구(不當利得返還請求)를 배척한 사례(事例)이다. 길천대이랑(吉川大二郎), 강제집행법(强制執行法)(동경(東京); 법률문화사(法律文化社), 1979), 125면. 일본 민사집행법(日本 民事執行法)은 일본 구민사소송법(日本 舊民事訴訟法)과 달리 배당표(配當表)를 일종의 재판(裁判)으로 구성하고 집행법원(執行法院)이 배당기일(配當期日)에 채권자(債權者), 채무자(債務者)를 소환하고 심문(審問) 및 서증조사(書證調査)를 마쳐 배당표(配當表)를 작성(作成)하도록 하고 있다. 중야정일랑(中野貞一郎), 전게서(前揭書), 363면·394면.
111) 일대판(日大判) 명치(明治) 30. 11. 26.

시가 있었다고 하더라도 그 의사표시가 어떤 법적 효과를 갖는 것도 아니며, 이의신청(異議申請)이 없는 한, 실체적으로 배당표가 부당하더라도 각 채권자가 배당표의 기재대로의 배당방법에 관하여 협의가 이루어진 것으로 보아야 하고, 배당기일에 불출석(不出席)한 채권자에 관하여 법이 명문으로 배당표의 실시에 동의한 것으로 보고 있는 것(법 제153조 1항)도 이러한 취지로 해석하여야 비로소 이해된다고 한다. 배당표가 재판이라고 하면 그 실시에 관하여 동의라는 것은 문제될 수 없는 것이고, 배당표는 배당법원에 제출된 채권계산서 기타의 자료에 의하여 배당할 금액을 각 채권자에게 안분(按分)한 결과를 형식적으로 공증(公證)한데 지나지 아니하며 재판에 있어서와 같은 법적 판단이 내포되어 있지 않기 때문이라고 설명한다.112)

③ 검토(檢討)

배당표는 강제집행채권자나 그 밖의 채권자의 배당요구나 채권자의 채권계산서에 의하여 그 금액과 순위를 확정한 후 배당기일에 출석한 채권자나 채무자의 배당(配當)에 대한 이의여부(異議與否)에 따라 바로 확정되고, 이의가 있는 경우 배당이의소송(配當異議訴訟)에 의하여 종국적으로 확정되는 점 등을 감안하면 배당표 자체에 판결과 같이 기판력(旣判力)을 인정하는 것은 무리라 할 수 있다.

---

112) 채영수(蔡永洙), 배당이의(配當異議)와 부당이득반환청구(不當利得返還請求), 대법원판례해설(大法院判例解說), 법원도서관(法院圖書館), 1988. 11, 99면; 겸자일(兼子一), 강제집행법(强制執行法)(동경(東京): 주정서점(酒井書店), 1979), 233面.

배당표는 확정될 때[113]까지 변경될 수 있기 때문이다.

(2) 배당표(配當表)의 경정(更正)

배당표의 기재에 명백한 오류(誤謬)가 있거나 계산상의 잘못이 있는 때에는 이를 바로 잡을 수 있다.[114] 그러나 배당표가 작성된 후 이해관계인에게 열람하게 한 후라면 배당기일의 종료전이라도 집행법원은 그 기재를 임의로 변경할 수 없다. 따라서 배당표에 기재된 배당의 액(額)과 순위(順位)는 배당기일에 출석하지 아니한 자, 혹은 이의를 진술하지 않는 자에 대하여는 절대적으로 효력을 미치게 된다. 열람에 제공한 후에 배당표를 경정한 때에는 이미 오류가 있는 배당표를 열람하고 간 채권자를 위하여 일단 지정한 배당기일을 변경하여야 하고, 배당기일에 배당표를 경정한 때에는 기일을 속행하여야 한다. 그러나 배당법원은 각 채권자의 채권에 대한 실체적 심사를 할 권한은 없고, 다만 압류, 배당요구, 교부청구에 있어서의 절차상의 적법성(適法性), 유효성(有效性) 그리고 우선권의 순위에 대하여 이 단계에서도 각 자료에 의하여 심사할 수 있을 뿐이다. 만일 그 배당요구가 위법하거나 무효인 때에는 그 채권

---

113) 배당표(配當表)에 대한 이의(異議)나 우선권(優先權) 등을 주장(主張)하는 소(訴), 배당이의(配當異議)의 소(訴)가 확정(確定)될 때까지는 화해(和解)를 한다든가 배당이의(配當異議)의 소(訴)를 인용(認容)한 판결(判決)이 선고(宣告)된 경우 배당표(配當表)는 변경(變更)될 수 있다.
114) 중야정일랑(中野貞一郎), 전게서(前揭書), 367면. 배당표(配當表)의 성질(性質)을 판결(判決)과 같다고 하는 견해(見解)에 의하더라도 경정(更正)은 가능(可能)하다.

자에 대한 배당액을 배당표상(配當表上) 영(零)으로 하여야 한다. 이 경우 채권자는 배당표에 대한 이의(법 제151조)나 배당이의(配當異議)의 소(訴)를 제기(提起)할 수 있다(법 제152조).[115]

(3) 비치(備置)·열람제공(閱覽提供)

배당표원안(配當表原案)은 늦어도 배당기일의 3일 전에 배당법원에 비치하여 각 채권자와 채무자에게 열람할 기회를 주어야 한다. 그리하여 이들에게 배당기일에 있어서의 진술을 준비할 수 있게 하여야 한다. 이 배당표(配當表)에 대한 열람기간을 지키지 아니한 때에는 이 때문에 불이익을 받게 되는 이해관계인(利害關係人)은 배당기일의 연기(延期)를 구할 수 있다. 그러나 그 이해관계인이 배당기일에 이의를 하지 아니하고 배당표에 관한 진술을 한 때에는 그 연기를 구할 권리를 잃는다(법 140조). 이 규정을 위반하였다하여 절차의 효력을 부인할 것도, 절차를 취소할 수도 없다.[116] 이 배당기일은 재판의 심리기일(법원조직법 제57조 1항)이 아니기 때문에 공개된 법정에서 행하여야 하는 것은 아니지만, 실무는 배당기일에 법정에서 배당표 사본을 채권자 등 이해관계인(利害關係人)에게 나누어 주어 열람케 한 후 이의 여부를 묻고 조서를 작성하고 있는 실정이다.

이러한 입법이나 실무관행에 어떤 문제점이 있으며, 그 폐단은 무엇인지에 관하여는 제5장 제1절 배당절차의 문제점에서 지적하

---

115) 궁협행언(宮脇幸彦), 전게서(前揭書), 465면.
116) Zöller, aaO, §875 Rdnr. 4; Baumbach/Lauterbach, aaO, §875 Anm. 2); Stein/Jonas, aaO, §875 Rdnr. 2.

고, 제2절에서 그 개선방향에 관하여 논의하게 된다.

第2節 배당표(配當表)에 기재(記載)할
채권금액(債權金額)의 확정(確定)

1. 집행권원(執行權原) 등(等)의 채권금액(債權金額)

(1) 집행권원(執行權原)의 채권금액(債權金額)

집행권원이라 함은 민사소송법 등에 의하여 얻은 집행력 있는 판결이나 조정조서정본 등과 공증인법의 규정에 따라 작성된 집행인낙을 기재한 약속어음공정증서 등과 같이 강제집행을 할 수 있는 권원을 말한다.

그리고 채권금액이란 원금·이자를 말하고, 채권(債權)의 원금(元金)이란 매각대금(賣却代金) 혹은 공탁금(供託金)에서 배당을 받을 수 있는 채권 원본액을 말한다.

배당요구의 취지가 기재된 서면의 제목이 권리신고서든 채권계산서이든 채권의 원인과 액수가 적혀 있다면 배당요구로 보아야 한다.[117] 특히 채권의 일부만으로 배당요구를 하였다고 하더라도 배당요구의 종기까지는 나머지 채권에 대하여 추가로 배당요구를 할 수 있다.

---

117) 대판(大判) 1999. 2. 9, 98다53547.

(2) 가압류(假押留)의 피보전채권금액(被保全債權金額)

① 가압류(假押留)의 대항력(對抗力)

강제집행 목적부동산에 가압류등기가 되어 있는 경우에 그것이 저당권설정등기 후의 가압류등기이면 저당권자에 대항할 수 없으므로 매각대금으로부터 저당권자에게 우선변제하고, 잔여가 있으면 이를 가압류채권자[118]에게 배당할 것이고, 그것이 저당권설정등기 전의 가압류이면 저당권자에게 대항할 수 있으므로 가압류채권자는 저당권자와 안분비례(按分比例)에 의하여 배당을 받는다.

따라서 가압류채권자가 매각대금으로부터 배당을 받는 경우에는 배당표에 가압류채권자의 채권금액을 기재하여야 한다. 가압류채권자의 채권금액은 피보전채권액(被保全債權額)의 한도 내에서 채권계산서와 가압류결정의 정·등본 등 증빙서류에 의하여 확정하되, 채권계산서 기재의 채권액이 가압류결정에 표시된 피보전채권액을 초과하는 때에는 피보전채권액을 채권금액으로 보고, 채권계산서 등의 제출이 없으면 법원은 직권으로 가압류법원에 조회하거나 가압류기록의 송부촉탁을 하여 그 피보전채권액을 조사하여 확정하여야 한다.

---

118) 경매개시결정등기 후(競賣開始決定登記 後)에 가압류(假押留)를 한 경우에는 배당요구종기(配當要求終期)까지 배당요구(配當要求)를 하여야 한다(법(法) 제84조 1항, 제88조 1항 각 참조).

② 배당요구서(配當要求書)에 첨부(添附)할 소명자료(疎明資料)

첫 경매개시결정등기 후에 등기된 것은 배당요구의 종기까지 배당요구 한 것에 한하여(법 제148조 2호) 배당을 받을 수 있으므로, 배당요구서에 붙여야 할 배당요구의 자격을 소명하는 서면은 가압류가 기입된 등기부등본, 가압류결정정본이다. 가압류의 피보전채권이 우선권 있는 것이 아닌 경우에는 등기부등본만 제출하여도 되지만, 그렇지 아니한 경우에는 청구금액이나 우선권 있는 채권임을 소명하는 자료도 함께 제출하여야 한다.

③ 가압류채권(假押留債權)의 배당순위(配當順位)

가압류채권의 배당순위는 가압류에 의하여 보전된 피보전권리에 의하여 결정된다. 피보전권리가 민법·상법 그 밖의 법률에 의한 우선변제채권인 경우에는 그에 따라 배당순위가 결정되는 것이 원칙이다. 따라서 피보전권리가 우선변제청구권이 있으면 가압류채권으로서도 우선변제를 받게 된다. 다만 이는 가압류의 피보전권리가 우선변제권 있는 채권임이 소명된 경우에 한하고, 그렇지 아니한 경우에는 일반채권자로 배당받는다.

우선변제권 있는 채권이라는 소명은 언제까지 하여야 하는가. 우선변제권 있는 채권자가 첫 경매개시결정등기 전에 가압류집행을 하였더라도 배당요구의 종기까지 소명한 경우에만 우선변제권이 인정되고, 그렇지 아니한 경우에는 일반채권자로 취급하여 배당하여야 한다. 왜냐하면 현행 민사집행법 제84조에서 배당요구는 배당요구의 종기까지 하도록 규정한 것은 그때까지 배당요구를 하지 않은 채권자는 설사 그 채권의 존재가 입증되더라도 배당에서 제외하겠다는 것이고, 일반 채권자들이 경매절차에 참여하여 배당받을 수 있는지의 여부와 그 배당의 순위를 정하는 데에 필요하고, 재산 발견을 위하여 노력한 압류채권자의 노력이 무시되지 않도록 하고, 우선변제권을 가장한 채권자의 출현을 조기에 차단하기 위하여서도[119] 배당요구의 종기까지 우선변제권자임을 소명하여야 할 것이다.

구민사소송법상 강제집행하에서의 판례는 배당표 확정시까지 우선변제권 있는 채권임을 소명하면 된다고 한다.[120] 판례에 의할 경우 배당이의소송의 확정시에 배당표도 확정되므로 결국 배당이의소송의 변론종결 시까지 우선변제권 있는 채권임을 소명하면 된다.

2. 전세권(傳貰權)과 주택(住宅)·상가건물임차보증금(商街建物賃借保證金) 채권금액(債權金額)

(1) 전세권(傳貰權)의 채권금액(債權金額)

① 전세권(傳貰權)의 소멸(消滅)과 인수(引受)

전세권·지상권·지역권·등기된 임차권이 저당권·압류채권·가압류채권 등에 대항할 수 없는 경우 강제집행 목적물의 매각으로

---

119) 법원행정처(法院行政處), 전게해설(前揭解說), 95~100면.
120) 대판(大判) 2002. 5. 14, 2002다4870.

소멸하고, 대항할 수 있는 것은 매수인이 인수하되, 다만 위의 용익권 중 전세권은 저당권 등에 대항할 수 있더라도 전세권자가 전세금을 수령하고자 배당요구(법 제88조)를 하면 전세권은 매각으로 소멸한다(법 제91조 3항, 4항). 위 규정은 목적 부동산의 매각으로 전세권이 소멸하고, 매수인에게 인수되지 아니한 경우를 규정한 것이다. 따라서 매각으로 전세권이 소멸되지 않은 경우에는 전세권자가 배당요구를 하였거나 또는 당연히 배당요구의 효력이 인정되는 경우에 전세권자에게 배당을 하고, 특히 저당권 등에 대항할 수 있어서 본래는 매수인이 인수하여야 할 전세권의 권리자가 스스로 소멸을 원하여 배당요구를 하면(법 제148조) 그 전세권은 매각으로 소멸하고 전세금을 경매절차에서 배당받게 되는 것이다.

　본래 전세권은 절차법적(節次法的)인 사유로 소멸하는 경우(법 제91조)와 존속기간만료 등의 실체법적(實體法的)인 사유로 소멸하는 경우가 있다. 그런데 존속기간에 대하여 전세권은 지상권이나 지역권과는 달리 규정하고 있다. 즉 지상권이나 지역권은 존속기간이 만료되면 당연히 소멸하고 법정갱신제도가 없으나, 건물에 대한 전세권의 경우에는 법정갱신제도를(민법 제312조 4항) 두고 있고, 또한 전세권이 소멸한 때에는 그 부동산 전부에 대하여 후순위 권리자 기타 채권자보다 전세금의 우선변제를 받을 권리가 있다고 규정하고 있다(민법 제303조 1항 후단).

　여기서 건물 전세권의 경우에는 첫 경매개시결정등기 전에 약정 존속기간이 만료되었으나 법정갱신(法定更新)되어 존속기간의 정함이 없는 것으로 된 경우가 있고, 당사자 사이에 이미 갱신거절의 통지 등이 있어서 법정갱신이 저지되어 종료되었는데도 경매법원이

124

이를 모르고 있는 경우도 있을 수 있으며, 심지어 경매개시결정 당시에는 약정존속기간이 남아 있었으나 압류채권자에 대하여는 법정갱신의 효력을 주장할 수 없으므로 경매진행 중에 결국 약정존속기간 만료로 전세권이 종료되어 소멸하게 되는 경우도 있다. 전세권이 이처럼 존속기간 만료로 소멸하더라도 전세권자는 그 부동산 전부에 대하여 후순위 권리자 그 밖의 채권자보다 전세금의 우선변제를 받을 권리가 있는 것이다(민법 제303조 1항 후단).[121]

　여기서 존속기간만료로 전세권이 소멸되었더라도 전세금의 우선변제를 청구하지 아니한 즉, 배당요구를 하지 아니한 최선순위의 전세권은 전세금의 우선변제권만으로도 저당권 등에 대항할 수 있는 권리에 해당한다(법 제91조 4항)는 것이 민사집행법 제91조 3항, 4항의 입법취지라 할 것이다. 따라서 최선순위의 전세권 중 경매절차가 종료될 때까지 존속기간이 만료되지 아니한 전세권은 물론이고, 최선순위의 전세권 중 첫 경매개시결정등기 전에 이미 존속기간이 만료되었거나 또는 매각절차 진행 중에 존속기간이 만료되었으나 전세금을 반환받지 못하고 있는 전세권도 민사집행법 제91조 3항과 4항이 규정하고 있는 저당권 등에 대항할 수 있는 전세권에 해당한다할 것이다.

　전세권이 언제 종료되었는지, 그리고 전세권의 목적물이 건물인지 토지인지 상관없이 최선순위의 전세권은 오로지 전세권자의 배당요구에 의하여만 소멸되고, 전세권자가 배당요구를 하지 않는 한 전세권은 매수인에게 인수되며, 반대로 배당요구를 하면 존속기간이 언제이든지 상관없이 전세권은 소멸하고 경매절차에서 전세금을

---

121) 이상태(李相泰), 전게서(前揭書), 338면.

반환받으며, 다만 전세금 중 경매절차에서 반환받지 못한 잔여금(殘餘金)이 있으면 그 범위에서 매수인에게 인수되는 것으로서, 전세권도 주택 및 상가건물임대차보호법과 그 요건 및 효과를 동일하게 규정한 셈이 되는 것이다(주임법 제3조의 5, 상임법 제8조).[122) 이로써 경매절차에서는 전세금의 引受 여부에 관하여 명세서에 적힌 배당요구 사실의 유무만을 보고도 판단할 수 있어서 경매절차가 간명하게 되었다.

전세권이 등기된 시기에 따라 전세권의 처리를 나누어 살펴보면 다음과 같다. ㉮ 우선 첫 경매개시결정등기 후에 등기된 전세권은 저당권 등에 대항 할 수 없으므로 존속기간에 상관없이 당연히 매각으로 소멸되고, 그 중 배당요구의 종기까지 배당요구를 한 경우에 한하여 법 제148조 2호에 의하여 배당받게 된다. ㉯ 첫 경매개시결정등기 전에 등기된 전세권 중 매각으로 소멸하는 저당권보다 뒤에 등기된 전세권은 저당권 등에 대항할 수 없으므로 존속기간에 상관없이 당연히 매각으로 소멸되고, 배당요구가 없더라도 배당받게 된다(법 제148조 4호). ㉰ 첫 경매개시결정등기 전에 등기된 전세권 중 매각으로 소멸하는 저당권보다 먼저 등기된 전세권 즉, 최선순위의 전세권으로서 배당요구 한 것은 매각으로 소멸하고 전세금을 배당받게 된다(법 제148조 4호). 단 대항력 있는 전세금 중 후순위권리자가 생긴 뒤 전세금이 인상된 경우에는 인상 전의 전세금만이 대항력이 있다할 것이고, 경매절차에서 반환받지 못한 잔여금은 매수인에게 인수된다할 것이다. ㉱ 위 ㉰의 최선순위의 전세권 중 배당요구 하지 아니하였거나 존속기간이 만료되지 아니한 것

---

122) 대판(大判) 2000. 6. 9, 99다15122.

은 전세권 자체가, 존속기간이 만료된 것은 전세금반환채권만이 각 매수인에게 인수(引受)되고, 어느 경우에나 배당받을 수 없다할 것이다. ㉤ 전세권자가 스스로 경매신청을 한 경우에는 어느 경우이든 전세권은 매각으로 소멸하고, 순위에 따라 배당을 받으며(법 제148조 1호), 최선순위 전세권으로서 배당받지 못한 전세금이 있으면 그 잔액은 매수인이 인수하게 된다.

② 전세권자(傳貰權者)의 배당요구(配當要求)

앞에서 논의한 바와 같이 최선순위 전세권자는 실체법상 소멸하였는지와 상관없이 경매절차에서 배당요구를 하여야만 배당절차에서 배당을 받게 되고, 전세권은 매각으로 소멸하는 것이 원칙인데, 이는 전세권을 목적으로 하는 저당권이 설정되어 있거나 전세금반환채권에 대한 제3자의 압류 등이 있은 후 전세권이 기간만료로 종료되어 소멸하더라도 마찬가지로서, 이 경우에도 전세권자가 배당요구 하거나 또는 전세권자에 대한 채권자가 대위하여 배당요구 하여야만 매각으로 소멸한다.

③ 전세금(傳貰金)이 분리 양도(分離 讓渡)된 경우(境遇)

전세권과 전세금이 분리 양도된 경우에는 주의하여야 한다. 본래 전세권이 담보물권적 성격도 가지는 이상 부종성(附從性)과 수반성(隨伴性)이 있는 것이므로 전세권은 그 담보하는 전세금반환채권과 분리하여 양도하는 것은 허용되지 않는다. 이와 같은 경우에는 채권양수인은 담보물권이 없는 무담보의 채권을 양수한 것이 되고, 채권의 처분에 따르지 않은 담보물권은 소멸한다.[123] 이에 반하여 피담보채권의 처분이 있음에도 불구하고 담보물권의 처분이 따르지 않는 특별한 사정이 있는 경우 즉, 전세권이 존속기간의 만료로 인하여 소멸된 경우에도 당해 전세권설정등기는 전세금반환채권을 담보하는 범위 내에서 등기부에 기재되어 있으므로 설정행위로 금지하지 않는 한 전세권의 이전등기는 가능하다는 견해가 있다.[124]

생각건대, 전세권설정계약이 존속기간의 만료나 합의해지 등으로 종료된 경우에도 전세권설정등기는 전세금반환채권을 담보하는 효력은 있다고 할 것이지만, 그 후 당사자 사이의 약정에 의하여 전세권의 처분이 따르지 않는 전세금반환채권만의 분리양도가 이루어진 경우에는 양수인(讓受人)은 유효하게 전세금반환채권을 양수하였다고 할 것이나, 담보물권이 없는 무담보의 채권을 양수한 것이 되므로, 이 경우에 양수인은 우선변제청구권이 없을 뿐 아니라, 별도로 집행력이 있는 정본 등에 의하여 배당요구 하지 아니하면 배당 자체를 받을 수 없다고 할 것이고, 한편 등기부상 남아 있는 전세권은 소멸하고 전세금반환채권은 없으므로 매수인에게 인수될 것도 없다할 것이다.[125]

---

123) 이상태(李相泰), 전게서(前揭書), 328면; 대판(大判) 1997. 7. 5, 97다29790; 同 1999. 2. 5, 97다33997.
124) 대법원(大法院), 2001. 12. 4, 등기선례(登記先例) 200112-1, 3402-782 질의회답(質疑回答), 존속기간(存續期間)이 만료(滿了)된 전세권(傳貰權)의 이전(移轉) 및 이해관계인(利害關係人) 참조.
125) 대판(大判) 1999. 2. 5, 97다33997.

128

④ 전세금(傳貰金)의 배당순위(配當順位)

전세권이 매각으로 소멸하는 경우에 전세권자와 저당권자 또는 가
등기 담보권자 사이의 배당순위는 그 등기의 선후(先後)에 의하여
결정된다. 전세권자가 매각대금에서 전세금을 반환받을 수 있는 경
우에는 배당표에 전세권자의 채권금액으로서는 전세금액을 적는다.
다만 전세권의 목적 부동산과 저당권의 그것이 동일한 경우에는
전세권자가 선순위 저당권의 목적 부동산을 위하여 지출한 필요비
(必要費)나 유익비(有益費)가 있다면 그 중 제3취득자의 비용상환청
구권에 해당하는 것(민법 제 367조)은 집행비용 다음 순위의 우선
변제청구권으로 인정되고, 전세보증금의 범위에 포함되지 않는다.

⑤ 전세권(傳貰權)을 목적(目的)으로 한 저당권(抵當權)

전세권이 기간만료로 종료된 경우, 전세권은 전세권설정등기의
말소등기 없이도 당연히 소멸되고, 저당권의 목적물인 전세권이 소
멸하면 저당권도 당연히 소멸하는 것이므로 전세권을 목적으로 한
저당권자는 전세권의 목적물인 부동산의 소유자에게 더 이상 저당
권을 주장할 수 없고, 이 경우 전세권에 대한 저당권자는 저당권의
목적물인 전세권에 갈음하여 존속하는 것으로 볼 수 있는 전세금반
환채권에 대하여 압류 및 추심명령 또는 전부명령을 받거나 제3자
가 전세금반환채권에 대하여 실시한 강제집행절차에서 배당요구를
하여야만 전세권설정자에 대하여 전세금의 지급을 구할 수 있게 되
고,126) 그렇지 아니하면 전세권을 목적으로 한 저당권이 설정된 경

우에도 전세권이 기간만료로 소멸되면 전세권설정자는 전세금반환
채권에 대한 제3자의 압류 등이 없는 한 전세권자에 대아어서만 전
세금반환의무를 부담하게 된다.[127]

⑥ 전세권(傳貰權)과 주택(住宅)・상가건물임대차보호법(商街建物賃貸借保護法)의 중첩적 적용(重疊的 適用)

전세권의 목적물이 주택이나 상가건물인 경우, 임차인으로서 우
선변제를 받을 수 있는 권리와 전세권자로서 우선변제를 받을 수
있는 권리는 근거규정 및 성립요건을 달리하는 별개의 것이므로,
전세권자가 주택임대차보호법상의 우선변제요건도 갖춘 경우에는
위 法에 의한 보호도 받게 된다.[128] 전세권자가 상가건물임대차보
호법의 우선변제요건을 갖춘 경우에도 달리 볼 이유가 없다. 따라
서 전세권등기일자로는 매각으로 소멸하는 것처럼 보이는 전세권이
라도 위각 법 소정의 대항요건을 갖춘 것으로서는 최선순위인 경우
에는 임차권자로서 저당권 등에 대항할 수 있게 됨을 유의하여야
한다.[129]

또한 집합건물이 아닌 지상건물과 그 부지 중 건물에만 전세권설
정등기를 한 경우라도 전세권자가 주택임대차보호법이나 상가건물
임대차보호법상의 우선변제권의 요건을 갖춘 경우에는 그 부지의

---

126) 민법(民法) 제370조, 제342조 및 法 제273조 각 참조.
127) 대판(大判) 1999. 9. 17, 98다31301; 대결(大決) 1995. 9. 18, 95마
     684.
128) 대판(大判) 1993. 12. 24, 93다39676.
129) 대판(大判) 1993. 11. 23, 93다10552; 동(同) 1993. 11. 23, 93다
     10569.

매각대금에서도 배당을 받게 되는 경우가 있고, 나아가 전세권설정
계약서에 날인된 등기소의 일부인도 확정일자로 보아야 하므로, 부
지의 매각대금에 대한 배당순위도 전세권등기 일자를 기준으로 하
여 판단하여야 하는 경우가 있다. 위와 같이 전세권이 경매로 인하
여 소멸하는 경우에는 그 배당에 있어서 전세권자와 저당권자 간의
순위는 그 등기의 선후(先後)에 의하여 결정되므로 전세권자는 위
기준에 따라 매각대금(賣却代金)으로부터 전세금의 반환을 받는다.
다만, 전세권이 기간만료 등으로 인하여 이미 소멸하였으나 전세금
이 아직 반환되지 아니하여 전세권설정등기가 말소되지 않고 있는
경우에도 전세권자는 그 등기의 선후에 따라 매각대금(賣却代金)으
로부터 전세금의 반환을 받는다(민법 제317조, 제536조).

(2) 주택(住宅)・상가건물임차보증금　채권금액(商街建物賃借
　　保證金 債權金額)

① 우선변제권(優先辨濟權)의 발생요건(發生要件)

　주택임차인의 임차보증금우선변제권(주임법 제3조의 2, 2항, 제8
조 1항)이나 상가건물임차인의 임차보증금우선변제권(상임법 제5조
2항, 제14조)은 그 요건이나 효력이 대동소이하고, 다만 임차한 건
물이 주거용 건물(주택)인지, 상가건물인지, 보호대상인 임차보증금
의 상한에 제한이 있는지, 소액보증금 최우선변제의 범위가 목적물
값의 2분의 1인지 3분의 1인지 및 법인이 그 적용대상인지 아닌지
에 차이가 있을 뿐이다.

우선변제청구권이 인정되는 경우와 요건을 보면 임대차의 종료나 임차건물의 명도는 요건이 아니며,[130] 위 우선변제청구권은 중복하여 행사할 수 있다.

㉮ 소액보증금(少額保證金) 최우선변제권(最優先辨濟權)의 요건(要件)

㉠ 배당요구의 종기까지 배당요구를 하였을 것
㉡ 보증금 액수가 소액보증금(주택임대차보호법시행령 제4조)에 해당할 것
㉢ 첫 경매개시결정등기 전에 대항요건을 갖췄을 것[131]
㉣ 배당요구의 종기까지 대항력을 유지할 것
㉤ 임차목적물에 관하여 소유권보존등기가 되어 있을 것

㉯ 확정일자(確定日字)를 갖춘 임차보증금채권(賃借保證金債權)의 우선변제권(優先辨濟權)의 요건(要件)

위 ㉮의 각 요건 중 ㉠, ㉣의 요건과 임대차계약서에 확정일자를 갖춰야 한다. 다만 이 확정일자를 갖춘 임차인으로서 배당을 받는 경우에도 위 ㉢의 요건 즉 첫 경매개시결정등기 전에 대항요건을

---

130) 주임법(住賃法) 제3조의 5, 제3조의 2, 3항, 상임법(商賃法) 제8조, 제5조 3항 각 참조.
131) 임차목적물(賃借目的物)의 점유(占有) 및 주택(住宅)의 경우(境遇) 주민등록(住民登錄), 상가건물(商街建物)의 경우 사업자등록(境遇 事業者登錄)의 신청(申請).

갖춰야 하는가에 대하여는, 소액보증금 최우선변제권의 경우와는 달리 첫 경매개시결정등기 이후에 갖추어도 된다.[132]

㉻ 임차권등기자(賃借權登記者)의 우선변제권(優先辨濟權)

㉠ 주택임대차보호법(주임법 제3조의 3) 또는 상가건물임대차보호법(상임법 제6조)에 따라 법원의 임차권등기명령에 의하여 등기되었거나 또는 임대차(賃貸借, 민법 제621조)의 규정에 의하여 등기된 임차권일 것[133]

㉡ 첫 경매개시결정등기 후에 등기된 임차인은 배당요구의 종기까지 배당요구를 하였을 것

등기된 임차권의 경우 법원의 임차권등기명령에 의하여 등기된 임차권인지 민법상 임대차계약(민법 제621조)에 의하여 등기된 임차권인지를 묻지 아니하고 등기된 때를 기준으로 담보권과 유사한 우선변제권을 취득하며,[134] 위 ㉠의 각 요건을 갖출 필요가 없다.[135]

---

132) 법원행정처(法院行政處), 전게민집(前揭民執, 임·상(臨·上)), 820면.
133) 주임법(住賃法) 제3조의 3, 5항, 제3조의 4, 1항, 상임법(商賃法) 제6조 5항, 제7조 1항 각 참조.
134) 다만, 임차인(賃借人)이 임차권등기(賃借權登記) 전에 이미 위 ㉠의 우선변제권(優先辨濟權)을 취득한 경우에는 그 우선변제권(優先辨濟權)은 그대로 유지되며, 임차권등기(賃借權登記) 이후에는 대항요건(對抗要件)을 상실(喪失)하더라도 이미 취득(取得)한 우선변제권(優先辨濟權)을 상실(喪失)하지 아니한다.
135) 법원행정처(法院行政處), 전게민집(前揭民執, 임·상(臨·上)), 821면.

② 우선변제권자(優先辨濟權者) 이외(以外)의 주택(住宅)·상가임차
보증금(商街賃借保證金) 채권자(債權者)의 배당요구(配當要求)

첫 경매개시결정등기 전에 등기된 임차권자는 민사집행법 상 당
연히 배당요구채권자(법 제148조 4호)에 해당하므로 배당요구가 필
요 없으나, 그 밖의 경우에는 배당요구의 종기까지 배당요구를 하
여야 한다. 각 임차보증금반환 채권자가 배당요구서에 붙여야 하는
배당요구의 자격을 소명하는 서면은 주택 또는 상가건물임대차계약
서, 주택은 전입 신고된 주민등록등·초본, 상가건물은 사업자등록
의 신청이 된 서면[136]이면 되고, 집행력 있는 정본이 필요한 것은
아니다. 임대차계약서는 보증금의 변동이 있는 경우에는 그 변동을
소명할 수 있는 모든 계약서를 제출하여야 하고, 확정일자가 있음
을 주장하는 경우에는 확정일자가 있는 것을 제출하여야 한다. 임
차목적물의 인도, 점유사실은 집행관의 현황조사에 의하여 소명되
므로 따로 소명할 필요가 없으나, 집행관의 현황조사보고서에 누락
된 경우에는 따로 인도, 점유사실을 소명하여야 한다.

한편, 주택의 임차인이 이해관계인으로서 권리신고를 한 경우에도
이를 배당요구로는 볼 수 없으므로 다시 배당요구 하여야 한다.[137]
상가건물의 임차인도 마찬가지로 보아야 한다. 다만 엄격한 의미의
배당요구가 없었다 하더라도 임차인이 권리신고를 하면서 위에서 설

---

136) 사업자등록증(事業者登錄證)이나 신청서면(申請書面).
137) 대법원(大法院), 1984. 9. 24, 송무심의(訟務審議) 제69호, 개정(改
    正) 88. 5. 4 민사(民事) 제556, 1992. 6. 16, 송무심의(訟務審議) 제
    77호, 주택임대차보호법(住宅賃貸借保護法) 제8조에 관한 질의회답
    (質疑回答)(송민(訟民) 84-10) 참조.

명한 배당요구의 자격을 소명하는 데 필요한 서면을 모두 첨부한 경우에는 그 실질을 보아 배당요구를 한 것으로 보아야 한다.

③ 기타(其他)의 주택(住宅)·상가건물(商街建物)의 임차인(賃借人)

주택임차인이란 당해 주택을 실제 주거용으로 사용·수익하기 위하여 임차한 자를 뜻하는 것이므로, 임대차계약의 주된 목적이 주택을 사용 수익하려는데 있는 것이 아니고, 소액임차인으로 보호받아 기존 채권을 회수하려는 데에 있는 경우에는 주택임대차보호법상의 소액임차인으로 보호받을 수 없다.[138] 다만 임대차의 주된 목적이 주택을 사용·수익하려는 데 있는 경우에는 채권자가 기존의 금전채권을 임차보증금으로 전환해 채무자와 임대차계약을 체결, 거주한 경우라 할지라도 임차인으로서 보호를 받을 수 있다.[139] 상가건물의 임차인에 대하여도 동일하게 판단하여야 한다.

한편, 임차인의 보증금에 대하여, 주택의 경우에는 그 보증금의 액수에 제한 없이 주택임대차보호법이 적용되어 우선변제권이 인정되고, 소액보증금의 우선변제권에 관하여만 보증금의 상한(上限)에 관한 제한이 있지만, 상가건물의 경우에는 대통령령으로 정한 보증금을 초과한 임차인에 대하여는 처음부터 상가건물임대차보호법의 적용 대상이 아니다.

임차인이 법인인 경우에도 적용되는가에 관하여, 주택임대차보호법

---

138) 대판(大判) 2001. 5. 8, 2001다14733.
139) 대판(大判) 2002. 1. 8, 2001다47535.

의 경우에는 법인이 대항요건인 같은 법 소정의 주민등록을 할 수 없
으므로 그 적용대상이 아님이 명백하나, 상가건물임대차보호법의 대
항요건인 사업자등록신청은 법인도 할 수 있을 뿐 아니라 상가건물임
대차보호법(상임법 제3조 1항)이 대항요건으로 사업자등록신청을 규
정하면서 법인세법의 규정(법인세법 제111조)에 의한 사업자등록신청
을 인정하고 있으므로 법인도 상가건물임대차보호법의 적용대상이다
(상임법 제4조 1항 1호).

④ 임차목적물(賃借目的物)의 인도(引渡), 점유(占有)

　주택임차인의 경우에 주택임대차보호법(주임법 제3조 1항)의 대항
력은 임차인이 당해 주택에 거주하면서 이를 직접 점유하는 경우뿐만
아니라 타인의 점유를 매개로 하여 이를 간접 점유하는 경우에도 인
정된다.

　주택임대차보호법상 소액임차인의 우선변제권의 요건인 주택의
점유(인도)의 존속기간의 종기에 관하여 대법원은 매각허가결정일
이라고 판시하였는데,[140] 구민소법하에서는 매각허가결정일이 배당
요구의 종기였던 점을 고려해 보면 이는 배당요구의 종기까지 위
요건을 유지하여야 한다는 취지로 보이므로 현행법에서는 법원이
정한 배당요구의 종기까지 위 요건을 유지하여야 할 것이다. 다만
주택임차권등기를 마친 후에는 그렇지 아니하다. 그리고 위의 요건
은 주택임대차보호법 제8조 1항의 소액보증금뿐 아니라 같은 법 제
3조의 2, 2항의 우선변제권에도 그대로 적용된다.[141] 상가건물임대

---

140) 대판(大判) 1997. 10. 10, 95다44597.

차보호법의 소액보증금과 같은 법의 우선변제권(상임법 제14조 1항, 제5조 2항)에도 그대로 준용된다.

⑤ 주민등록(住民登錄), 전입신고(轉入申告) 또는 사업자등록신청(事業者登錄申請)

㉮ 주민등록(住民登錄), 사업자등록신청(事業者登錄申請) 명의자(名義者)

주민등록은 임차인 본인의 주민등록만이 아니라 그 배우자나 자녀 등 가족의 주민등록을 포함한다.[142] 법인은 주민등록이 불가능하므로 법인이 주택을 임차하면서 그 소속 직원 명의로 주민등록을 전입신고하고 확정일자를 구비한 경우에도 주택임대차보호법 상 우선변제권은 인정되지 않는다.[143] 주민등록이 대항력의 요건을 충족시킬 수 있는 공시방법이 되려면 단순히 형식적으로 주민등록이 되어 있다는 것만으로는 부족하고, 주민등록에 의하여 표상(表象)되는 점유관계가 임차권을 매개로 하는 점유임을 제3자가 인식할 수 있는 정도는 되어야 하므로, 등기부상 소유자로 되어 있던 자가 소유권을 양도한 후에 임차권을 취득한 경우에 소유자로 등기되어 있는 상태에서는 주민등록이 주택임대차보호법 제3조 1항의 대항력 인정의 요건이 되는 적법한 공시방법으로서의 효력이 없고,[144] 이 경우

---

141) 법원행정처(法院行政處), 전게민집(前揭民執, 임·상(臨·上)), 823면.
142) 대판(大判) 1998. 6. 12, 98다5968.
143) 대판(大判) 1997. 7. 11, 96다72360.
144) 대판(大判) 1994. 4. 23, 98다32939.

새로운 소유자인 임대인 명의의 소유권이전등기가 된 날에야 비로소 유효한 공시방법이 된다할 것이므로 그 소유권이전등기일 익일부터 임차인으로서 대항력을 갖는다.[145] 상가건물에 대한 사업자등록신청에 대하여도 위 각 판례의 취지를 원용할 수 있다.

우선변제권의 요건인 주민등록의 존속기간에 관하여는 전에 논의한 주택의 인도 부분의 그것과 같다. 다만 상가건물임차인인 경우 대항요건을 사업자등록을 한 때로 규정하지 않고, 사업자등록을 신청한 때로 규정하고 있는데, 신청이란 1회적인 행위이고 계속적인 행위나 상태를 의미하는 것이 아닌데다가, 사업을 신규로 개시한 자는 사업장 관할세무서장에게 사업자등록을 하여야 하므로(부가가치세법 제5조 1항) 특별한 사정이 없는 한 사업자등록신청을 한 자는 사업을 하게 될 것이고, 단지 사업자가 사업자등록을 한 후 일정한 기간 내에 사업을 하지 않을 경우 직권 말소될 수 있으므로(부가가치세법 법 제5조 5항), 사업자등록의 유지를 대항력의 존속요건으로 보는 데 문제가 없다.

한편 임차인이 임차주택을 간접 점유하는 경우에는 주민등록의 적법여부에 관하여 주의하여야 한다. 즉 임차 주택에 실제로 거주하지 아니하는 간접점유자인 임차인은 주민등록의 대상이 되는 당해 주택에 주소 또는 거소를 가진 자(주민등록법 제6조 1항)가 아니어서 그 자의 주민등록은 주민등록법 소정의 적법한 주민등록이라고 할 수 없고, 따라서 간접 점유자에 불과한 임차인 자신의 주민등록으로는 대항력의 요건을 적법하게 갖추었다고 할 수 없으며, 임차인과의 점유매개관계에 기하여 당해 주택에 실제로 거주하는

---

145) 대판(大判) 2002. 2. 11, 99다59306.

직접점유자가 자신의 주민등록을 마친 경우에 한하여 비로소 그 임차인의 임대차가 제3자에 대하여 적법하게 대항력을 취득하는 것이다.146) 따라서 임차인이 임대인의 승낙을 받아 임차권을 양도하거나 전대(轉貸)한 경우에 임차인의 점유 및 주민등록과 전차인(轉借人)의 점유 및 주민등록이 계속된 경우에는 임차인이 종전에 취득한 대항력을 잃지 아니하고,147) 임차인이 임차주택을 직접 점유하여 거주하지 않고 간접 점유하여 자신의 주민등록을 이전하지 아니한 경우라 하더라도 그 전차인(轉借人)이 주택을 인도받아 자신의 주민등록을 마친 때에는 그 때로부터 임차인은 대항력을 취득한다.148) 위와 같은 판단은 상가건물의 임대차에도 그대로 원용된다.

㉯ 주민등록(住民登錄) 또는 사업자등록(事業者登錄) 할 사업장(事業場)의 주소(住所)

주민등록법시행령은 공공주택149)의 경우에는 지번(地番) 다음에 건축물관리대장에 근거한 공동주택의 명칭과 동·호수를 적도록 규정하고(주민등록법시행령 제9조 3항) 있으므로 공동주택은 위 방식에 따라 전입신고를 하여야 하고, 단독주택은 지번까지만 적으면 된다.

한편 상가건물이 구분소유의 대상인 경우에 사업자등록을 신청할 사업장의 주소에 관하여도 위와 같다.

---

146) 대판(大判) 2001. 1. 19, 2000다55645.
147) 대판(大判) 1988. 4. 25, 87다카2509.
148) 대판(大判) 1994. 6. 24, 94다3155.
149) 주택건설촉진법(住宅建設促進法) 제3조 3호, 건축법(建築法) 제2조 2항, 2호 각 참조.

㉘ 주민등록일(住民登錄日), 전입신고일(轉入申告日)의 판단기준(判
   斷基準)

주택의 경우 전산처리(電算處理)되는 주민등록표 등본의 변동 사
유란(事由欄)에는 전입일란(轉入日欄)과 변동일란(變動日欄)이 있는
데, 구주민등록법150)하에서는 그 중 변동일란(變動日欄)에 적힌 일
자가 전입신고일이고,151) 현행 주민등록법하에서는 그 중 전입일란
(轉入日欄)에 적힌 일자가 전입신고일이다.152)

한편 공동주택에 대한 전입 시(轉入 時)에 동·호수가 누락되었
다가 특수주소변경에 의하여 비로소 주민등록등본에 동·호수가 적
힌 경우에는, 그 특수주소변경은 어느 때 하는 것이고, 그 내용과
효력은 어떠한 지를 심리하여 판단하여야 한다.153)

⑥ 확정일자(確定日字)

확정일자란 증서에 관하여 그 작성한 일자에 관한 완전한 증거가
될 수 있는 것으로 법률상 인정되는 일자를 말하며, 당사자가 나중에
변경하는 것이 불가능한 확정된 일자를 가리킨다(민법 부칙 3조).154)

---

150) 1993. 12. 27. 법률(法律) 4608호로 개정(改正)되어 1994. 7. 1. 시
    행(施行)되기 전(前)의 주민등록법(住民登錄法).
151) 전입일란(轉入日欄)에 적힌 일자(日字)는 전출신고일(轉出申告日)의
    다음날이다.
152) 변동일란(變動日欄)에 적힌 일자(日字)는 주민등록(住民登錄)카드 정
    리일(整理日)이다.
153) 대판(大判) 1997. 2. 28, 96다46033.
154) 대판(大判) 1998. 10. 2, 98다28879.

140

주택임대차보호법(주임법 제3조의 2, 2항)은 임대차계약서에 확정일자를 갖출 것을 요구하고 있는데 위 법(法)이 확정일자를 요구하는 취지는 임대인과 임차인 사이의 담합으로 임대계약일자를 사후에 변경하는 것을 방지하고자함에 있으므로, ㉠ 공증인 사무소, 법무법인 또는 공증인가 합동법률사무소 등에서 임대차계약서를 공정증서로 작성하거나, ㉡ 사문서로 된 임대차계약서에 위 공증기관에서 확정일자 인(印)을 받거나, 법원이나 등기소, 동사무소의 공무원으로부터 확정일자 인(印)을 받은 경우뿐 아니라, ㉢ 임대차계약서 자체에 확정일자를 받지 않더라도 임대차계약서에 대하여 사서증서의 인증을 받아도 위 요건을 갖춘 것으로 보아야 하고(민법 부칙 제3조), 상가건물의 경우에도 같다. 확정일자를 받은 사실은 반드시 임대차계약서로만 입증하여야 하는 것은 아니고 공정증서대장 등 다른 방법으로 입증할 수 있다.[155)]

주의할 것은, 주택이나 상가건물의 임차인이 주택임대차보호법이나 상가건물임대차보호법의 우선변제요건을 갖추었을 뿐 아니라 전세권등기까지 한 경우에는 위 각 법에 의한 보호뿐 아니라 전세권자로서도 보호를 같이 받는 이상 집합건물이 아닌 지상건물과 그 부지 중 건물에만 전세권설정등기를 한 경우라도 전세권자가 위에서 논의한 주택임대차보호법이나 상가건물임대차보호법 상의 우선변제권의 요건을 갖춘 경우에는 전세권설정계약서에 날인된 등기소의 일부인도 확정일자로 보아야 하므로, 그 부지의 매각대금에서도 우선변제 받게 된다.

---

155) 대판(大判) 1996. 6. 25, 96다12474.

⑦ 소액임차인(少額賃借人)

㉮ 주택임차인(住宅賃借人)의 소액보증금(少額保證金)의 범위(範圍)

주택임차인의 주택에 대한 경매신청의 등기 전에 주택의 인도와 주민등록을 갖춘 때에는 보증금 중 일정액을 다른 담보물권자보다 우선하여 변제받을 권리가 있는데(주임법 제8조 1항), 우선변제를 받을 임차인 및 보증금 중 일정액의 범위와 기준은 주택 값의 2분의 1의 범위 안에서 수차례에 걸쳐 변동되었다(주임법 시행령 제4조).[156]

---

156) ㉠ 1984. 1. 1.부터 1987. 11. 30.까지, 서울특별시(特別市) 및 직할시(直轄市)는 300만 원 이하, 기타 지역(其他 地域)은 200만 원 이하, ㉡ 1987. 12. 1.부터 1990. 2. 18.까지, 서울특별시(特別市) 및 직할시(直轄市)는 500만 원 이하, 기타 지역은 500만 원 이하, ㉢ 1990. 2. 19.부터 1995.10. 18.까지, 서울특별시(特別市) 및 직할시(直轄市)는 2,000만 원 이하의 임차인(賃借人) 중 700만 원 한도, 기타 지역은 1,500만 원 이하의 임차인(賃借人) 중 500만 원 한도, ㉣ 1995. 10. 19.부터 2001. 9. 14.까지, 서울특별시(特別市) 및 광역시(廣域市)(郡 지역을 제외한다)는 3,000만 원 이하의 임차인(賃借人) 중 1,200만 원 한도, 기타 지역은 2,000만 원 이하의 임차인(賃借人) 중 800만 원 한도, ㉤ 2001. 9. 15.부터, 수도권정비계획법(首都圈整備計劃法)에 의한 수도권(首都圈) 중 과밀억제권역(過密抑制圈域, 수도권정비계획(首都圈整備計劃)법 시행령(施行令) 제6조 별표 1)은 4,000만 원 이하의 임차인(賃借人) 중 1,600만 원 한도(限度), 광역시(廣域市, 군 지역(郡 地域)과 인천광역시지역(仁川廣域市地域)을 제외한다)는 3,500만 원 이하의 임차인(賃借人) 중 1,400만 원 한도, 기타 지역(其他 地域)은 3,000만 원 이하의 임차인(賃借人) 중 1,200만 원 한도(限度).

㉯ 상가건물임차인(商街建物賃借人)의 소액보증금(少額保證金)

　상가건물임차인은 상가건물에 대한 경매신청의 등기 전에 건물의 인도와 사업자등록신청을 갖춘 때에는 보증금 중 일정액을 다른 담보물권자보다 우선하여 변제받을 권리가 있는데(상임법 제14조 1항), 우선변제를 받을 수 있는 매각대금은 주택과 달리 임대건물 값의 3분의 1(상임법 제13조 3항)이다.

㉰ 소액보증금(少額保證金) 한도(限度)의 변동(變動)과 선순위(先順位) 담보물권(擔保物權)

　소액보증금의 우선변제권을 인정하는 법률이 제정되기 전에 이미 성립한 담보권에 대하여 까지 우선변제권의 소급효(遡及效)가 미치는 것이 아님은 당연하다.157) 또한 주택임대차보호법 및 주택임대차보호법 시행령 부칙 ②항은 위와 같이 소액보증금의 액수를 변경함에 있어 소액보증금 액수가 위와 같이 변동되기 전의 담보물권 취득자에 대하여는 종전의 규정에 의하도록 하는 경과규정을 두고 있다. 따라서 현행법에서는 소액임차인에 해당하나 구법(舊法)에서는 소액임차인에 해당하지 아니하는데 담보물권은 구법에서 발생한 경우에는 구법 기준으로 소액임차인 여부를 판단하여야 하므로 그 담보물권자에 대하여는 소액임차인임을 주장할 수 없다. 예컨대 서울특별시 소재 주택에 1997. 1. 1. 설정된 근저당권의 권리자 갑(甲), 2001. 10. 1. 설정된 근저당권의 권리자 을(乙), 1998. 1. 1.

---

157) 대판(大判) 1990. 7. 10, 89다13155.

대항력을 갖춘 보증금 2,500만 원의 임차인 병(丙)과 보증금 3,500만 원의 임차인 정(丁)이 있는 경우를 보면, 갑(甲)에 대하여 병(丙)은 소액임차임을 주장할 수 있으나 정(丁)은 소액임차인임을 주장할 수 없으므로 1순위는 병(丙, 소액보증금 1,200만 원), 2순위는 갑(甲), 3순위는 병(丙, 소액보증금 증가분 400만 원), 정(丁, 소액보증금 1,600만 원), 4순위는 을(乙)이 된다.

그런데 위의 경우에 제2순위인 갑(甲)에게 배당하고 남은 잔액이 2,000만 원 미만이어서 병(丙)과 정(丁)의 동순위(3순위)채권을 동시에 만족시킬 수 없는 경우에는 병(丙)과 정(丁)에게 평등하게 배당하여야 하는데, 이 경우 배당방법에 관하여는 두 가지 방법이 있다. 위의 예(例)에서 갑(甲)의 2순위 채권에 배당하고 남은 잔액이 1,500만 원이라고 가정하면, 하나는 그 1,500만 원을 병(丙)의 400만 원과 정(丁)의 1,600만 원의 비율로 안분하는 것인데(안분배당), 이에 따르면 3순위에서 병(丙)은 300만 원, 정(丁)은 1,200만 원을 배당받게 되어 병(丙)과 정(丁)의 최종 배당액은 병(丙)은 1,500만 원, 정(丁)은 1,200만 원이 된다.

다른 하나는, 배당순위가 같고 채권금액이 같다면 평등배당 함이 원칙이고, 병(丙)과 정(丁)은 현행법상 소액보증금 1,600만 원에 대한 동순위의 소액임차인이므로 평등배당 하여야 하지만, 다만 법과 시행령의 부칙 경과규정에 의하여 갑(甲)과 그 갑(甲)에게 우선하는 병(丙)의 소액보증금 중 일부가 각각 병(丙)과 정(丁)의 1,600만 원인 소액임차인의 배당순위에 앞서게 되므로, 병(丙)과 정(丁)이 3순위로 평등배당을 받되, 병(丙)은 그 어떤 경우에도 1순위로 우선배당 받는 1,200만 원보다 적은 금액을 배당받는 일이 없어야 한다는

144

제한을 받는다. 따라서 위 방법에 의할 경우 3순위 배당에 있어서, 병(丙)이 1순위로 배당받은 1,200만 원에 달할 때까지 정(丁)에게 우선 1,200만 원을 배당하고 남은 잔액 300만 원을 다시 병(丙)과 정(丁)의 1,600만 원에 미달하는 각 금 400만 원의 비율대로(즉 150만 원씩) 안분배당하게 되므로 병(丙)과 정(丁)의 총 배당액은 각 1,350만 원씩이다. 후자의 배당방법이 타당하다.

한편, 위에서 말하는 담보물권에 저당권이나 가등기담보권은 포함되나 가압류는 포함되지 않는다. 확정일자를 갖춘 임차인이 포함되는지에 대하여 확정일자를 갖춘 임차인은 부동산담보권자에 유사한 지위에 있으므로 이를 긍정하여야 한다. 판례158)도 이를 긍정하고 있고, 실무도 이에 따른다.159)

상가건물임대차보호법 부칙 ②항은 임차보증금의 우선변제에 관한 상가건물임대차보호법 제5조, 제14조의 규정을 위 법 시행 당시 존속중인 임대차에 대하여도 적용하되, 위 법 시행 전에 물권을 취득한 제3자에 대하여는 효력이 없다고 하고 있으므로, 주택임대차에 관한 위의 기술내용이 그대로 적용된다.

㉑ 소액보증금(少額保證金) 해당(該當) 여부(與否)

하나의 주택에 임차인이 2인 이상이고, 이들이 그 주택에서 가정 공동생활을 하는 경우에는 이들을 1인의 임차인으로 보아야 하므로 (주임법 시행령 제3조 4항) 이들의 각 보증금을 합산하여 소액임차

---

158) 대판(大判) 1992. 10. 13, 92다30597.
159) 법원행정처(法院行政處), 전게민집(前揭民執), 임·상(臨·上) 829면.

인에 해당하는지 여부를 판단하여야 한다.

한편 주택임대차보호법[160]은 임차권등기명령에 의하여 임차권등기가 되었거나 민법상 임대차계약(민법 제621조)에 의하여 임차권등기가 된 주택[161]을 그 이후에 임차한 자는 소액보증금의 우선변제를 받을 권리가 없다고 규정하고 있고, 상가건물임대차보호법[162]도 위와 동일한 취지로 규정하고 있다. 또한 주택임대차보호법상의 대항력과 우선변제권의 두 가지 권리를 겸유(兼有)하고 있는 임차인이 우선변제권을 선택하여 제1의 경매절차에서 보증금전액에 대하여 배당요구를 하였으나, 보증금 전액을 배당받을 수 없었던 때에는 매수인에게 대항하여 이를 반환받을 때까지 임대차관계의 존속을 주장할 수 있을 뿐이고, 임차인이 우선변제권은 매각으로 인하여 소멸하는 것이므로 매각 후 새로 설정된 근저당권에 기한 제2의 경매절차에서는 우선변제권에 의한 배당을 받을 수 없는데,[163] 이는 상가건물임대차라고 달리 볼 이유가 없다.

주택의 경우 전대차(轉貸借)가 적법하고 전대인(轉貸人, 즉 임차인) 자신이 우선변제권 있는 소액임차인일 경우에 한하여 전차인(轉借人)도 소액보증인으로 본다.[164]

공동임대인 중 일부의 공유지분이 경매되는 경우에, 공동임대인의 보증금반환채무는 성질상 불가분채무이므로 공동임대인 중 1인의 공유지분에 대하여 경매절차가 진행되는 경우 소액임차인에 해

---

160) 주임법(住賃法) 제3조의 3, 6항, 제3조 4항, 1항 각 참조.
161) 임대차(賃貸借)의 목적(目的)이 주택(住宅)의 일부분(一部分)인
　　　경우에는 해당(該當) 부분(部分)에 한(限)한다.
162) 상임법(商賃法) 제6조 6항, 제7조 1항 각 참조.
163) 대판(大判) 2001. 3. 27, 98다4552.
164) 주(註) 137) 예규(例規) 참조.

당하는지 여부는 경매대상 공유지분에 상응하는 금액이 아니라, 임
차보증금 전액을 기준으로 하여 판단하여야 하고, 배당절차에 있어
서도 임차보증금 전액을 기준으로 배당하는 것이 타당하며, 실무도
이에 따르고 있다.[165)]

⑧ 우선변제청구권(優先辨濟請求權) 상호 간(相互 間)의 배당순위(配當順位)

㉮ 우선변제권(優先辨濟權)과 최우선변제권(最優先辨濟權)

주택의 경우, 확정일자를 갖춘 임차인은 권리자가 그 밖의 채권
자보다 우선하여 보증금을 변제받을 권리가 있는바, 이는 배당절차
에 있어서 확정일자를 갖춘 임차인은 담보물권자와 유사한 지위를
갖는다는 의미이다.[166)] 따라서 확정일자를 갖춘 임차인이 여러 명
있고 이들이 모두 저당권자에 우선하는 경우에는 각 임차인 별(別)
로 우선변제청구권을 인정하되, 그들 상호 간에는 대항력 및 확정
일자를 최종적으로 갖춘 순서대로 우열(優劣)관계를 정하고, 선순위
가압류권자가 있는 경우에는 확정일자를 갖춘 임차인은 가압류권자
에게 우선권을 주장 할 수 없고, 평등배당을 받는다.[167)]

소액임차인은 소액보증금 중 일정액을 다른 담보물권자나 국세,
지방세보다 우선하여 변제받고[168)] 확정일자를 갖춘 임차인이 소액

---

165) 법원행정처(法院行政處), 전게(前揭)민집(民執), 임·상(臨·上),
　　831면.
166) 註 158) 판례(判例)(대판(大判) 1992. 10. 13, 92다30597) 참조.
167) 註 158) 판례(判例)(대판(大判) 1992.10.13, 92다30597) 참조.

임차인의 지위를 겸하는 경우에는 양 지위를 모두 인정하여 배당을 한다. 즉, 먼저 소액임차인으로서 일정액을 우선 배당하고 그래도 남은 보증금이 있는 경우에는 그 금액부분에 대하여 확정일자를 갖춘 임차인으로서의 순위에 따라 배당을 한다.

상가건물의 경우에도 위에 기술한 내용이 그래도 적용된다.

㈎ 우선변제권(優先辨濟權)의 성립(成立) 시기(時期)

주택의 경우 소액임차인의 우선변제청구권은 소액임차인으로서 대항력이 생긴 때, 즉 주택의 인도와 주민등록을 마친 익일 오전 영시에 발생한다.[169] 상가건물의 경우에도 같다(상임법 제3조 1항 참조).

소액임차인으로서 우선 변제를 받기 위해서는 첫 경매개시결정등기 전에 위 요건을 갖추어야 하고,[170] 배당요구의 종기까지 위 요건을 유지하여야 한다.[171]

확정일자를 갖춘 임차인의 우선변제청구권은 대항요건 및 확정일자를 모두 갖춘 때에 발생한다. 확정일자를 갖춘 후 보증금을 인상한 경우 인상한 보증금에 대하여는 새로 확정일자를 갖춰야 그 때부터 우선변제청구권이 발생한다. 다만 임차권등기명령의 집행에 의한 임차권등기가 되면 임차인은 그때 대항력과 확정일자를 갖춘 임차인으로서의 우선변제청구권을 취득한다.[172] 주택의 임차인이

---

168) 최우선변제권(最優先辨濟權), 주임법(住賃法) 제8조 1항, 국기법(國基法) 제35조 1항 4호, 지세법(地稅法) 제31조 2항 4호 각 참조.
169) 대판(大判) 1999. 5. 25, 99다9981.
170) 주임법(住賃法) 제8조 1항, 상임법(商賃法) 제14조 1항 각 참조.
171) 주택(住宅)의 경우, 대판(大判) 1997. 10. 10, 95다44597.
172) 주임법(住賃法) 제3조의 2, 2항, 상임법(商賃法) 제5조 2항 각 참조.

임대차계약서에 확정일자를 갖춘 당일 또는 그 이후에 주택의 인도와 주민등록을 마친 경우에는 우선변제청구권은 주택의 인도와 주민등록을 마친 익일 영시(零時)에 발생한다.[173] 따라서 위와 같은 경우에는 인도와 주민등록을 마친 다음날 설정된 저당권과의 관계에서는 확정일자를 갖춘 임차인이 우선한다. 상가건물의 경우에도 같다(상임법 제3조 1항).

주택 또는 상가건물의 임차인으로서 대항요건을 갖춘 다음날 오전 영시 이후에 확정일자를 받았는데 확정일자를 받은 날에 저당권이 설정된 경우 확정일자를 받은 때와 저당권이 설정된 때가 명백히 판명되지 않는다면 임차인과 저당권자의 우선순위는 같으므로 평등하게 배당받는다. 이 때 근저당권자가 여러 명이고 여러 건의 근저당권자 모두에게 대하여 임차인의 우열이 판명되지 않는 경우에는 각 채권액에 비례하여 먼저 안분배당을 하고 저당권자 상호 간에는 선순위 저당권자가 후순위 저당권자의 배당액을 흡수하는 것으로 처리하는 것이 타당하다.[174]

확정일자를 갖춘 임차인으로서 배당받는 경우에는 소액임차인으로서 배당받는 경우와는 달리 경매개시결정등기 이후 위 요건을 유지하여야 함은 소액임차인의 경우와 같다.

---

173) 대판(大判) 1999. 3. 23, 98다46938.
174) 법원행정처(法院行政處), 전게민집(前揭民執), 임·상(臨·上), 833면.

㉰ 우선변제권(優先辨濟權)이 미치는 매각대금(賣却代金)의
　　범위(範圍)

　㉠ 대지(垈地)의 매각대금(賣却代金)

　주택의 임차인은 주택임대차보호법(주임법 제3조의 2, 2항)에 따라 대지를 포함한 주택의 매각대금에서 배당을 받는데, 이는 대지 및 건물에 관하여 경매 신청되었다가 대지 부분만이 낙찰되었거나,[175] 대지만이 경매신청 된 경우라도 마찬가지이고,[176] 대지와 건물에 대하여 따로 경매절차가 진행 중이라면, 양 절차 모두에서 배당받을 수 있다. 또한 소액임차인은 임차건물의 대지의 매각대금에서도 우선변제를 받을 수 있는데, 건물과 대지가 시기(時期)를 달리하여 따로 경매되는 경우에 소액임차권자는 각 경매절차에 모두 참가하여 우선변제를 받을 수 있다.[177] 다만 이러한 법리는 대지에 관한 저당권 설정 당시 이미 그 지상 건물이 존재하는 경우에만 적용될 수 있는 것이고, 저당권 설정 후에 비로소 건물이 신축된 경우에는 소액임차인은 대지의 환가대금에 대하여 우선변제를 받을 수 없다.[178] 그러나 토지에 관한 근저당권 설정 당시 그 지상에 건물의 규모, 종류가 외형상 예상할 수 있는 정도까지 건축이 진전되어 있는 경우에는 그 지상 건물의 소액임차인에게 대지의 매각대금에 대한 우선변제권을 인정하여야 한다.[179]

---

175) 대판(大判) 1996. 6. 14, 96다7595.
176) 대판(大判) 1999. 7. 23, 99다25532.
177) 註 137) 예규(例規) 참조.
178) 대판(大判) 1999. 7. 23, 99다25533.

150

다만 주택임대차보호법(주임법 제8조)의 규정에 의해 건물이나 토지의 매각대금에서 소액보증금의 우선변제를 받기 위해서는 그 임대차의 목적물인 주택에 관하여 그 임대차 후에 소유권보존등기가 되어 있어야 하고,[180) 상가건물의 임차인에 대하여도 위에 기술한 내용이 그대로 적용된다.

　ⓛ 주택(住宅) 값의 2분의 1 및 상가건물(商街建物) 값의 3분의 1
　　의 범위(範圍)

주택의 경우, 주택임대차보호법 소정의 우선변제권의 한도가 되는 주택 값의 2분의 1에서(주임법 제8조)「주택의 값」이라 함은 매각대금에다가 집행절차에서의 매수인이 납부한 매수보증금에 대한 배당기일까지의 이자, 몰수된 매수보증금 등을 포함한 금액에서 집행비용을 공제한 실제 배당할 금액이다.[181) 건물과 대지가 따로 매각되는 경우 소액임차인은 먼저 매각되는 목적물의 매각대금의 1/2 한도 안에서 다시 우선변제를 받는다.[182) 상가건물의 경우에도 위에 기술한 내용이 그대로 적용된다.

---

179) 대판(大判) 1992. 6. 12, 92다7221.
180) 대판(大判) 2001. 10. 30, 2001다39657; 법원행정처(法院行政處),
　　　전게민집(前揭民執), 임·상(臨·上), 834면.
181) 대판(大判) 2001. 4. 27, 2001다8974.
182) 註 137) 예규(例規) 참조.

⑨ 매수인(買受人)에게 인수(引受)되는 보증금(保證金)의 범위(範圍)

주택임대차보호법상의 대항력과 우선변제청구권의 두 가지 권리를 겸유(兼有)하고 있는 임차인이 먼저 우선변제청구권을 선택하여 임차주택에 대하여 진행되고 있는 매각절차에서 보증금 전액에 대하여 배당요구를 하였으나 그 순위에 따른 배당이 실시되었는데도 보증금 전액을 배당받지 못한 경우 매수인에게 대항할 수 있는 보증금잔액은 보증금 중 매각절차에서 올바른 배당순위에 따른 배당이 실시될 경우의 배당액을 공제한 나머지 금액을 의미하는 것이지 임차인이 배당절차에서 현실로 배당받은 금액을 공제한 나머지 금액을 의미하는 것은 아니라 할 것이므로, 임차인이 배당받을 수 있었던 금액이 현실로 배당받은 금액보다 많은 경우에는 임차인이 그 차액에 관하여는 과다 배당받은 후순위 배당채권자를 상대로 부당이득의 반환을 구하는 것은 별론으로 하고 매수인을 상대로 그 반환을 구할 수는 없다.[183] 그리고 위의 경우에 매수인에게 인수되는 보증금은 대항력 있는 보증금 즉, 보증금이 인상된 경우 후순위의 담보권자나 가압류권자가 생기기 전까지의 보증금을 한도로 하여야 한다.[184] 상가건물의 경우에도 위에 기술한 내용이 그대로 적용된다.

---

183) 대판(大判) 2001. 3. 23, 2000다30165.
184) 법원행정처(法院行政處), 전게민집(前揭民執), 임·상(臨·上), 835면.

3. 저당권(抵當權)의 채권금액(債權金額)

(1) 피담보채권(被擔保債權)의 범위(範圍)

① 원본(元本)과 이자(利子)

저당권의 피담보채권 중에서 우선변제를 받을 수 있는 범위는 원본, 이자, 위약금, 채무불이행으로 인한 손해배상(지연손해금), 저당권의 실행비용이다(민법 제360조). 저당권에 의하여 담보되는 원본(元本), 원금(元金)의 액과 변제기, 이자를 발생케 하는 특약이 있는 때에는 이율(利率), 발생기, 지급시기를 등기하여야 한다(부등법 제140조). 만약 이자의 약정여부, 이율에 관하여 등기가 없으면 이를 후순위권자나 제3취득자 등에게 대항할 수 없다. 다만, 이자의 약정에 관하여서만 등기가 있고 이율(利率)에 관하여 등기가 없으면 법정이율인 연5푼의 범위 내에서만 우선변제를 받을 수 있다(민법 제379조). 이자채권은 등기되어 있는 한 저당권에 의하여 무제한 담보되므로 연체된 이자 전액은 매각대금으로부터 우선변제 받을 수 있다. 이자의 이율은 소비대차계약(消費貸借契約) 체결 당시의 이자제한법(利子制限法) 및 대통령령인 이자제한법 제1조 1항의 최고이자율에 관한 규정의 제한이율의 범위[185] 내에서만 변제받을 수 있다. 그 후에 법령의 개정에 의하여 위 제한이율이 인상되었다

---

[185] 소비대차계약(消費貸借契約) 체결 당시 이자제한법(當時 利子制限法, 1998. 1. 13 법률(法律) 제5507호 폐지(廢止)이 시행되고 있었다면 이자제한법(利子制限法)에서 정(定)한 이율(利率)에 의(依)한다.

하더라도 일단 제한이율을 초과한 것으로서 무효가 된 이자약정은 유효로 되지 아니하므로 인상된 이율로 청구할 수 없고, 소비대차 계약 체결 당시의 제한이율의 범위 내에서만 청구할 수 있다.[186] 또한 법령의 개정에 의하여 제한이율이 인상된 후 채권자와 채무자 사이에 개정된 이율에 의하기로 하는 이자약정이 있었다 하더라도 이에 관여하지 아니한 물상보증인인 담보제공자(擔保提供者)에게는 그 효력이 미치지 아니한다.[187]

상사채권(商事債權)에 관하여는 이율, 발생기, 지급시기를 등기하여야 우선권을 주장할 수 있다(부등법 제140조). 만약 상사채권에 대한 이자라도 약정여부, 이율에 관하여 등기가 없으면 이를 후순위권자나 제3취득자 등에게 대항할 수 없다.

② 지연손해금(遲延損害金)

채무불이행으로 인한 손해배상 즉 이행기 이후의 遲延損害金(지연이자금)은 원금의 이행기를 경과한 후의 1년분에 한하여 우선변제를 받을 수 있다(민법 제360조 단서). 민법 제360조 단서의 제한범위초과액을 청구한 경우에 선순위 저당권자가 경매신청서나 배당요구서 또는 채권계산서로써 민법의 1년분의 지연손해금 제한범위를 초과하여 청구한 때의 처리방법에 관하여는 경우를 나누어 보아야 한다.

목적부동산에 후순위 담보권자나 조세채권자, 일반채권자의 배당

---

186) 대판(大判) 1973. 1. 16. 72다1131.
187) 대판(大判) 1970. 8. 31. 70다1159.

154

요구가 없는 경우에는 저당권자는 저당권설정자가 채무자이거나 물상보증인이거나를 불문하고 매각대금으로부터 위 초과액까지도 변제받을 수 있다. 왜냐하면 저당권의 우선변제권의 범위를 1년분의 지연손해금으로 제한하는 취지는 목적부동산에 대하여 이해관계를 가지는 후순위 담보권자나 전세권자, 조세채권자, 일반채권자 등이 있는 경우에 위 제3자와 위 저당권자와의 이해의 조화를 도모하기 위하여 위 제3자에 대한 관계에 있어서 그 우선권의 범위를 제한하는 것에 불과하고, 저당권자와 위 이해관계 있는 제3자가 아닌 저당권설정자인 채무자 또는 물상보증인과의 관계에 있어서는 그 우선권의 범위를 제한하는 것이 아니기 때문이다.

목적부동산에 관하여 저당권설정 후에 소유권을 취득한 제3취득자는 그 부동산으로 담보된 채권 즉 지연이자는 이행기 경과 후 1년분 내의 금액만을 변제하면 그 저당권의 소멸을 청구할 수 있으므로(민법 제364조), 이와 같은 제3취득자가 있는 경우에는 저당권자는 매각대금으로부터 1년분의 지연손해금의 제한범위를 초과하는 지연손해금을 변제받을 수 없고, 따라서 매각대금으로 민법 제360조의 제한범위 내의 피담보채권액을 배당하고 잔액이 있으면 채권자가 그 잔액을 압류나 가압류 등의 방법으로 전부(轉付) 또는 추심(推尋)하는 문제는 별론(別論)으로 하드라도 그 잔액은 제3취득자(소유자)에게 반환하여야 한다.[188]

목적부동산에 관하여 후순위권자, 예컨대 2번 저당권자, 전세권자, 조세채권자 등이 있는 경우에는 매각대금으로부터 선순위 저당권자에게 민법 제360조의 제한범위 내의 채권을 우선변제하고 잔

---

[188] 대결(大決) 1971. 5. 15, 71마251.

액이 있으면 이를 후순위권자에게 배당한 후, 다시 잔액이 있으면 1년분의 지연손해금의 제한을 초과하는 선순위권자의 채권의 변제에 충당하여야 한다.

목적부동산에 대한 후순위권자와 담보권을 가지지 않는 일반채권자에 대한 관계에 있어서는 선순위 저당권자가 위 제한범위 내에서 우선배당을 받고 잔액이 있으면 이를 후순위권자에게 배당한 후, 그래도 잔액이 있으면 그 잔액에 관하여 선순위 저당권자에게 위 제한범위 초과채권과 일반채권자의 채권을 같은 순위로 하여 안분비례(按分比例)에 의하여 배당을 한다.

또 일반채권자만 있는 경우에는 저당권자의 위 초과채권과 일반채권자의 채권은 같은 순위로 안분비례에 의하여 배당을 한다. 위와 같이 선순위 채권자에 대하여 배당을 하고 그 잔액에 관하여 후순위권자나 일반채권자에게 배당을 하는 경우에는 선순위 저당권자의 1년분의 지연손해금(민법 제360조) 내의 채권과 위 제한범위 초과채권은 배당순위가 틀리므로 배당표에 채권금액을 기재함에 있어서 위 제한범위 내의 채권액과 위 제한범위 초과 채권액을 별개의 란(欄)에 따로 기재하여야 한다.

한편, 공동저당권의 실행에 의하여 여러 개의 부동산이 때를 달리하여 경매되고, 매각대금을 각기 따로 배당하는 때에는 1년분의 지연손해금(민법 제360조 단서)으로 제한하고 있는 데 대하여 포괄적으로 적용하여야 한다. 예컨대, 먼저 경매가 실시된 부동산에 대한 매각대금에서 이행기일을 경과한 1년분의 지연손해금을 배당받은 채권자는 그 후 다시 원본의 잔액에 관하여 지연손해금이 생기더라도 그 이후의 배당에 있어서는 후순위 저당권자에 우선하여 위

최후의 1년분을 초과한 지연손해금의 배당을 받을 수 없다. 지연손해금은 원금채무의 불이행으로 법률상 당연히 발생하므로 그 특약이나 등기가 없더라도 법정이율의 범위 내에서는 청구할 수 있다. 약정이자에 관한 등기가 있으면 그 이율에 의하여 지연손해금이 당연히 발생한다. 지연손해금은 배당표의 「채권금액」란(欄) 중 「이자」란(欄)에 약정이자와 합산하여 기재한다.

③ 위약금(違約金)

위약금(違約金)의 등기에 관하여는 아무런 규정이 없으나 위약금의 특약이 있는 경우에는 그것이 손해배상액의 예정이든 아니든 간에 등기를 하여야만 저당권에 의하여 담보된다.

④ 저당권(抵當權)의 실행비용(實行費用)

저당권의 실행비용은 「경매의 비용」으로서 매각대금으로부터 우선적으로 공제되므로 배당표의 「집행비용」란(欄)에 기재할 것이고 각 채권자의 「채권금액」란(欄)에 기재해서는 안 된다. 다만, 경매진행 중에 담보권 실행 등의 경매 또는 강제경매신청을 하여 2중 개시결정을 받은 채권자의 그 경매신청에 소요된 비용은 배당표의 「채권금액」란(欄) 중 「비용」란(欄)에 기재한다.

⑤ 가등기담보권(假登記擔保權)에 의하여 담보(擔保)되는 채권(債權)의 범위(範圍)

가등기담보권에 의하여 담보되는 채권의 범위에 관하여도 1년분의 지연손해금에 관한 규정(민법 제360조)이 준용되는가에 관하여는 가등기담보는 담보가등기권리자가 그 선택에 따라 담보권을 실행하거나 목적부동산의 경매를 청구할 수 있고, 경매에 관하여는 담보가등기권리를 저당권으로 보기 때문에 이를 긍정하여야 한다.

한편, 채권자가 채무자가 제공하는 부동산을 담보로 매매예약에 기한 가등기를 마치고 돈을 대여한 후에 다시 같은 채무자에게 추가로 금원을 대여하는 경우, 그 추가 대여금에 관하여는 별도의 담보제공이 되어 있다거나 반대의 특약이 있다는 등 특별한 사정이 없다면 조리(條理)상 당사자의 의사는 추가되는 대여금 역시 기왕의 가등기부동산의 피담보채권(被擔保債權)에 포함시키려는 의사로 수수(收受)한 것이라고 보아야 한다.[189]

(2) 근저당권(根抵當權)의 피담보채권(被擔保債權)의 범위(範圍)

① 피담보채권(被擔保債權)의 범위(範圍)

근저당권(根抵當權)이라 함은 계속적인 거래관계로부터 발생하는 다수의 불특정채권을 장래의 결산기(決算期)에서 일정한 채권최고액 한도까지 담보하려는 저당권을 근저당이라 한다.[190] 근저당권이

---

189) 대판(大判) 1985. 12. 24. 85다카1362; 이상태(李相泰), 전게서(前揭書), 413면.
190) 이상태(李相泰), 전게서(前揭書), 444면.

158

담보하는 채권의 범위는 등기된 채권최고액을 한도로 하여 그 결산기에 현실적으로 존재하는 채권액의 전부에 미친다. 이자, 채무불이행으로 인한 손해배상, 위약금도 위 채권최고액에 포함되므로(민법 제357조 2항)191) 원금과 이자, 손해배상(지연손해금), 위약금 등을 합산하여 위 채권최고액의 범위 내에서만 근저당권의 효력이 미치며192) 이를 초과하는 부분은 우선변제를 받지 못한다.

그러나 근저당권의 실행비용(경매비용)은 채권최고액에 포함되지 아니한다.193) 이와 같이 손해배상도 근저당권의 채권최고액에 포함된다고 하는 이상 지연손해금은 1년분에 한정할 필요가 없으므로(민법 제360조 단서) 근저당권의 경우에는 그 적용이 없고, 반면에 근저당권의 결산기에 확정된 원금에 대하여 그 최고액을 초과하는 지연손해금은 1년분의 범위 내라도 이를 적용하여 위 최고액과 별도로 청구할 수는 없다할 것이다. 따라서 채권계산서와 증빙서류에 의해 근저당권(根抵當權)의 결산기에 확정된 총채권액이 채권최고액 범위 내의 액수이면 그 액수를, 총채권액이 최고액을 초과할 경우 물상보증인이나 후순위 담보권자, 제3취득자 등이 없을 때에는 최고액을 초과하는 금액이 있더라도 이는 근저당설정자에게 반환할 것은 아니고, 근저당권자의 채권최고액을 초과하는 채무의 변제에 충당하여야 하므로194) 그 최고액을 채권금액으로 하여 배당표에 기재한다. 또한 이와 같이 이자, 손해배상, 위약금이 채권최고액에 포함되므로 이자,

---

191) 대판(大判) 1957. 1. 10, 4289민상401.
192) 이상태(李相泰), 전게서(前揭書), 446면. 반대 견해(反對 見解)로는 이은영(李銀榮), 물권법(物權法)(서울: 박영사(博英社), 1998), 492면.
193) 대판(大判) 1971. 4. 6, 71다26; 대결(大決) 1971. 5. 15, 71마251.
194) 대판(大判) 1992. 5. 25, 92다1896.

지연손해금, 위약금의 약정사실이나 그 이율, 액수 등에 관하여 따로 등기할 필요가 없다. 따라서 이자 등의 약정에 관한 등기가 없어도 이러한 약정이 있었다는 것을 채권자인 근저당권자가 증명한 때에는 최고액의 범위 내에서 채권금액으로 인정할 수 있다. 다만, 채권최고액에 포함되는 이자의 이율은 이자제한법(利子制限法)이 폐지되기 전에는 이자제한법을 초과하게 되면 최고액에 포함되지 아니한다.[195] 이자제한법이 폐지(廢止)된 지금 약정이자는 최고액의 범위 내의 채권금액으로 인정하여야 할 것이다.

② 피담보채권(被擔保債權)의 확정(確定)

근저당권자 자신이 경매를 신청하려면 근저당권의 존속기간이 만료되거나 또는 그 기본이 되는 계속적 거래계약이 종료됨으로써 결산기가 도래되어 있음을 요하므로 경매신청서에는 이미 그 피담보채권액이 확정되어 있을 것이나, 다른 저당권자나 전세권자가 경매신청을 하거나 일반채권자가 강제경매신청을 한 경우에는 근저당권의 피담보채권이 언제 확정되는가가 문제된다. 바꾸어 말하면 근저당권자는 언제까지 발생한 원금과 이자, 지연손해금이나 위약금 등의 채권을 최고액에 포함시켜 매각대금으로부터 우선변제를 받게 되느냐이다. 이는 근저당권의 확정사유의 문제로서 우리 민법은 근저당권 확정사유에 관하여 아무런 규정을 두고 있지 않으므로 근저당권이 언제 확정되느냐는 이론에 의하여 해결할 수밖에 없다. 일

---

195) 대판(大判) 1969. 1. 28, 68다2294; 이상태(李相泰), 전게서(前揭書), 445면.

160

본은 1971년 민법의 개정으로 근저당권의 확정사유 및 시기에 관하여 여러 개의 조문을 두고 있다.[196]

근저당권설정계약(根抵當權設定契約)을 체결함에 있어서 다른 저당권자나 일반채권자로부터 경매신청이 있으면 당연히 그 근저당거래계약이 종료되어 결산기가 도래한다는 특약이 되어 있다면 이 특약에 의하여 다른 자의 경매신청이 있으면 계속적 거래계약은 종료되어 그 때를 기준으로 하여 피담보채권이 확정될 것이나, 이와 같은 특약이 없는 경우의 처리방법에 관하여 일본 개정 민법은 저당부동산에 대하여 제3자가 경매신청을 한 경우, 근저당권자가 경매절차개시가 있음을 안 날로부터 2주일이 경과한 때에 근저당권이 확정된다고 규정하고 있다.[197] 이러한 규정이 없는 우리나라 현행 민법 아래에서 어느 시점에 근저당권이 확정되는지 그 여부를 정하는 것은 매우 어려운 문제이다.

근저당권은 ㉠ 기본계약 체결 시 정한 결산기의 도래, ㉡ 근저당권의 존속기간의 만료 ㉢ 기본계약의 해제, 해지 시 근저당권이 확정된다는 견해가 있다.[198] 판례는 근저당권자가 피담보채무의 불이행을 이유로 경매를 신청한 경우에 근저당권의 피담보채권이 확정되는 시기는 경매신청 시(競賣申請 時)이고, 그 이후에 발생하는 원금채권은 그 근저당권에 의해 담보되지 않으며,[199] 다만 경매신청

---

196) 박준서(朴駿緒), 주석(註釋) 민법(民法) 물권법(物權法)(4)(이하(以下), 전게서(前揭書)(4)라 한다)(서울: 한국사법행정학회(韓國司法行政學會), 2001, 101면.
197) 일본 개정 민법(日本 改正 民法) 제398조의 20, 1항 4호 참조.
198) 이상태(李相泰), 전게서(前揭書), 446면; 곽윤직(郭潤直), 신정판(新訂版) 물권법(物權法)(서울; 박영사(博英社), 1999, 657면.
199) 대판(大判) 1996. 3. 8, 95다36596; 同 1997. 12. 9, 97다25521; 同

후의 지연손해금채권은 배당기일까지 청구금액을 확장할 수 있다고 한다.[200]

그리고 후순위 근저당권자가 경매를 신청한 경우, 선순위 근저당권의 피담보채권이 확정되는 시기는 그 근저당권이 소멸하는 때, 즉 매수인이 매각대금을 완납하는 때라고 한다.[201] 그렇게 해석하더라도 후순위 저당권자에게 불측(不測)의 손해를 주지 않으며, 선순위 근저당권자가 파악한 담보가치를 최대한 활용할 수 있도록 함이 타당하다는 것을 이유로 든다.

③ 채권최고액(債權最高額) 초과금액(超過金額)의 청구(請求)

근저당거래계약의 결산기(決算期)에 있어서 발생한 채권이 그 채권최고액을 초과하고 있고 근저당권자가 경매신청서 또는 채권계산서에 의하여 그 초과액까지도 청구하고 있을 경우에 목적부동산의 매각대금으로부터 그 최고액을 변제하고도 잔액이 있고, 그 잔액으로부터 변제받을 후순위권자도 없는 때에는 그 잔액으로부터 위 초과액을 변제받을 수 있는가에 관하여는 다음과 같이 경우를 나누어 보아야 한다.

근저당권설정자가 물상보증인이거나 또는 목적부동산에 관하여 제3취득자가 생긴 경우에는 위 잔액은 물상보증인인 근저당권설정자나 제3취득자에게 교부되어야 한다.[202] 근저당권설정자가 동시에

1998. 10. 27, 97다26104, 97다26111.
200) 대판(大判) 1991. 9. 10, 91다17979.
201) 대판(大判) 1999. 9. 21, 99다26085.
202) 대판(大判) 1974. 12. 10, 74다998; 대결(大決) 1971. 5. 15, 71마251.

채무자인 경우에 있어서는 근저당권의 채권최고액은 우선변제권의 범위를 한정할 뿐만 아니라 피담보채권에 관한 근저당권행사와 환가할 권리의 한도를 의미하는 것이므로 근저당권자는 후순위 담보권자 등 배당받을 제3자가 없더라도 최고액을 초과하는 채권을 당해 경매절차에서 경매대금으로부터 교부를 받을 수 있는지의 여부가 문제된다. 그러나 「원래 저당권은 원본, 이자, 위약금, 채무불이행으로 인한 손해배상 및 저당권의 실행비용을 담보하는 것이며, 이것이 근저당권에 있어서의 최고액을 초과하였다고 하더라도 근저당권자로서는 그 채무자와의 관계에 있어서 그 채무의 일부만을 받고 근저당권을 말소시켜야 할 이유가 없다.」203) 「또 근저당권에 의하여 담보되는 채권액의 범위에 관한 문제는 다음 순위 담보권자 또는 담보물건의 제3취득자에 대한 관계에 있어서만 거론될 수 있는 것이고 근저당권설정자 겸 채무자에 대한 관계에서는 적용되지 아니 한다.」는 취지의 대법원의 판례(判例)204)에 비추어 후순위권자가 없는 경우에는 최고액을 초과하는 채권도 매각대금(賣却代金)으로부터 변제받을 수 있다고 보아야 한다.

여러 사람의 담보권자가 최고액을 초과하여 배당요구를 한 경우, 각 담보권자의 최고액 초과부분 상호 간에는 우선순위가 없으므로 안분비례(按分比例)에 의하여 배당을 하여야 하며, 또 일반채권자만 있는 경우에는 최고액을 초과하는 채권과 일반채권자의 채권은 같은 순위로 안분비례(按分比例)에 의하여 배당을 하여야 한다.

---

203) 대결(大決) 1972. 1. 26, 71마1151; 대판(大判) 1981. 11. 10, 80다2712.
204) 대판(大判) 1972. 5. 23, 72다485; 72다486.

④ 피담보채권(被擔保債權)의 충당(充當)의 순서(順序)

매각대금(賣却代金)으로써 저당권자가 가지는 원금, 이자, 위약금, 손해배상, 강제집행실행비용 등을 전부 만족시킬 수 없는 때에는 강제집행 실행비용, 손해배상, 위약금, 이자, 원금의 순서로 충당한다(민법 제479조 1항).

⑤ 외화채권(外貨債權)·대체물채권(代替物債權)에 대(對)한
　 채권금액(債權金額)의 산정(算定)

가. 외화채권(外貨債權)

저당권의 피담보채권이 외화채권인 경우와 같이 다른 나라의 통화로 지급할 것을 목적으로 하는 채권, 즉 외화채권(外貨債權)이라고 할지라도 다수의 이해관계인의 이익을 조절하면서 신속하게 절차를 진행시켜야 하는 강제집행절차에 있어서는 반드시 내국통화로 환산한 금액을 지급한다. 채권의 목적이 다른 나라 통화(通貨)로 지급할 것인 경우 즉, 외화채권(外貨債權)인 때에는 채무자는 현실로 이행하는 때에 있어서 이행지(履行地)의 환금시가에 의하여 우리나라의 통화로 변제할 수 있으므로[205] 외화채권이 저당권의 피담보채권으로 된 때에는 배당기일에 있어서의 그 외화의 환금시가에 의한 한화(韓貨)로 환산한 액이 채권액으로 된다. 즉 배당기일에 있어서

---

205) 대판(大判) 1991.3.12, 90다2147; 대용급부권(代用給付權), 민법(民法) 제378조 참조.

의 당해 외화의 고객에 대한 전신환 매매율(賣買率)에 의한다. 단, 매도율(賣渡率)에 의할 것인가 매입율(買入率)에 의할 것인가의 문제가 있으나, 외화채권이 저당권의 피담보채권으로 된 때에는 외화채권자에게 유리하게 매도율에 의하는 것이 타당하고, 실무에서도 매도율을 적용하고 있다.[206)

나. 대체물채권(代替物債權)

저당권의 피담보채권은 반드시 금전채권에 한정되는 것이 아니고 백미 등 대체물의 일정수량의 지급채권과 같이 금전채권이 아닌 채권이라도 무방하며 다만, 이 경우에는 저당권설정등기신청서에 그 피담보채권 외에 그 「채권의 가격」 즉 그 채권을 금전으로 평가한 평가액을 적어야 하고 이를 등기부에 표시하게 된다(부등법 제143조). 이와 같이 대체물의 일정수량의 지급을 목적으로 하는 채권이 저당권의 피담보채권인 경우에 그 저당권의 실행으로 저당권자가 실제 변제받게 되는 것은 위 채권을 금전으로 평가한 금액일 것이므로 저당권자가 매각대금으로부터 변제받을 채권액 즉 배당표에 적을 채권금액은 어느 때를 기준으로 하여 산정할 것인가가 문제로 된다.

후순위 이해관계인이나 목적부동산의 제3취득자가 없는 경우에는 당초 당사자 사이에 약정된 변제기일의 시가로 산정한 가격을 채권액으로 보아야 한다.[207) 그러나 후순위의 이해관계인이나 제3취득자가 있는 경우에는 그 변제기일에 있어서의 시가로 산정한 가격이

---

206) 법원행정처(法院行政處), 전게민집(前揭民執), 임·상(臨·上), 870면.
207) 註 137) 예규(例規) 참조.

부동산등기법 제143조에 따라 등기부상 적은 「채권의 가격」을 초과하지 아니할 때에는 그 변제기일에 있어서의 시가 상당액을 채권금액으로 한다. 만약 그 변제기일에 있어서의 시가상당액이 등기부상의 「채권의 가격」을 초과한 때에는 그 초과분에 대하여는 저당권자는 후순위의 이해관계인이나 제3취득자에게 대항할 수 없고 따라서 저당권자에게는 등기부상의 「채권의 가격」만을 변제하고 잉여가 있을 때에는 그 잉여금은 후순위 담보권자나 제3취득자에게 교부하여야 한다.[208] 다만, 위 초과분은 일반채권자[209]의 채권에 대한 관계에 있어서는 민법 제360조를 초과하는 지연손해금의 경우와 마찬가지로 처리하는 것이 타당하다.

⑥ 불법 말소(不法 抹消)된 (근)저당권((根)抵當權)의 처리(處理)

저당권(근저당권)은 물권이므로 불법 말소되었다고 하더라도 권리가 소멸되는 것은 아니다.[210] 따라서 첫 경매개시결정등기 전에 등기되어 있던 저당권자는 회복등기가 되지 아니하였더라도 배당요구가 없이 당연히 배당을 받을 수 있는 자에 해당하므로 배당요구의 종기 이후라도 저당권이 불법 말소된 사실을 증명하여 배당받게 된다.

⑦ 전세권(傳貰權)을 목적(目的)으로 한 저당권(抵當權)의 피담보채권

---

208) 대판(大判) 1971. 3. 23, 70다2982; 대결(大決) 1980. 9. 18, 80마75.
209) 강제경매신청(强制競賣申請)에 의한 이중압류채권자(二重押留債權者), 배당요구채권자(配當要求債權者)를 말한다.
210) 대판(大判) 1998. 1. 23, 97다43406.

(被擔保債權)

전세권을 목적으로 저당권이 설정되어 있는데 전세권이 존속기간 만료로 종료된 경우, 전세금반환채권에 대한 제3자의 압류 등이 없는 한(限) 전세권설정자는 전세권자에 대하여만 전세금 반환의무를 부담한다.[211)]

(3) 가등기담보권(假登記擔保權)의 채권금액(債權金額)

① 피담보채권(被擔保債權)

가등기담보권자는 목적 부동산에 대한 강제경매나 임의경매절차에 참가하여 우선변제를 받을 수 있고, 이 경우에 순위는 가등기담보권을 저당권으로 보고 그 담보가등기가 된 때에 그 저당권의 설정등기가 행하여진 것으로 본다(가담법 제13조). 다만 저당권과는 달리 가등기담보권의 경우에는 첫 경매개시결정등기 전에 등기된 것으로서 매각에 의하여 소멸되는 때에도 채권신고의 최고기간까지 채권신고를 한 경우에 한하여 배당받을 수 있는데(가담법 제16조 2항), 이것은 가등기담보권의 경우 등기부에 담보목적의 가등기인 취지가 기재되어 있지 않고, 단지 소유권이전등기청구권보전을 위한 가등기라고만 기재되어 있어서 등기부에 적힌 내용만으로 그 가등기가 담보목적의 가등기인지 아닌 지의 여부를 알 수 없고, 또

---

211) 대결(大決) 1995. 9. 18, 95마684; 대판(大判) 1999. 9. 17, 98다 31301; 이상태(李相泰), 전게서(前揭書), 324면.

담보목적의 가등기라 하더라도 피담보채권의 공시가 없기 때문에 둔 규정이다. 그러므로 소유권이전청구권 가등기가 되어 있는 부동산에 관하여 경매개시결정이 있는 경우에는 집행법원은 가등기권리자에 대하여 그 가등기가 담보가등기인 때에는 그 내용 및 이자 기타의 부대채권을 포함한 채권의 존부(存否), 원인 및 수액을 담보가등기가 아닌 경우에는 그 내용을 법원에 신고할 것을 상당한 기간을 정하여 최고하여야 한다(가담법 제16조 1항).

최고(催告)는 경매개시결정에 의한 압류의 효력이 생긴 후 배당요구의 종기를 정한 직후에 하고, 최고에 따른 신고기간은 배당요구의 종기결정과 배당요구에 대한 최고(법 제84조 4항)와 마찬가지로 배당요구의 종기까지 하여야 할 것이다. 최고에 따른 신고기간을 배당요구의 종기보다 먼저 도래하는 날로 정하여 최고하였다고 하더라도 배당요구의 종기까지는 적법하게 채권신고를 할 수 있다. 나아가 만일 집행법원이 경매개시결정을 할 때 이 최고를 누락하였다면 배당요구의 종기 이후라도 다시 상당한 기간을 정하여 최고를 하여야 한다.

그런데 가등기의 내용이 밝혀지지 않고서는 잉여의 유무를 판단할 수 없으므로 가등기권자의 신고가 없는 경우에는 일단 그 가등기를 순수한 소유권이전청구권보전을 위한 가등기로 보고, 최우선순위의 가등기인 경우에는 이를 매수인에게 인수시키는 조건으로 경매절차를 속행하는 방법이 있다. 그러나 위의 경우, 매수를 원하는 사람이 없어서 사실상 경매가 이루어지지 않고 있는 실정이다. 따라서 가등기설정자를 신문하는 방법으로 가등기담보의 내용을 밝혀 경매를 진행하는 것이 경매신청인의 이익을 위한 길이라 할 것이다. 또한 이 가등기권자에 대한 최고는 그에게 미치는 영향이 크므로 가급적 서면에 의하여 최고를 함으로써 절차의 하자로 인한 불복신청을 차단함은 물론 경매의 지연이나 취소사유가 없도록 하여야 한다.

먼저 경매개시결정을 한 사건이 취하 등에 의하여 종료되고 뒤에 경매개시결정을 한 사건으로 경매를 속행하는 경우에 있어서는 앞의 압류와 뒤의 압류의 중간에 등기된 가등기권리자에 대하여도 소정의 최고를 해야 한다. 이 최고를 받은 가등기권리자는 법원이 정한 상당한 기간 내에 채권신고를 한 경우에 한하여 매각대금에서 배당을 받을 수 있는데(가담법 제16조 2항), 이와 관련하여 담보가등기로 밝혀지면 최고기간 내에 채권신고를 하지 않더라도 실권효(失權效)를 인정하지 않고 배당기일까지 배당요구가 들어오면 배당을 하여 주는 처리방식을 취하고 있으나,[212] 이러한 처리방식은 경매기일을 정하기 전에 잉여의 유무를 판단하는 자료를 수집하여 경매절차의 속행 여부를 결정짓기 위하여 규정한 위 최고제도(催告制度)의 본래의 취지에 어긋나므로 가등기채권자나 채무자를 신문하는 방법으로 그 내용과 채권액을 밝혀내어 강제집행의 원활한 진행을 도모하여야 할 것이다.

② 배당순위(配當順位)

가등기담보권자가 배당요구나 채권신고를 한 경우에는 그 순위에 따라 우선적으로 매각대금에서 배당받을 수 있다. 가등기담보권자

---

212) 법원행정처(法院行政處), 전게민집(前揭民執, 임・상(臨・上), 809면.

의 배당순위는 담보가등기가 된 때에 저당권의 설정등기가 행하여진 것으로 보아(가담법 제13조) 저당권의 배당순위를 정하는 것과 같은 판단을 하면 되지만, 권리신고를 하지 않아 담보가등기인지 소유권이전청구권가등기인지 알 수 없는 경우에는 일단 순위보전을 위한 가등기로 보아 처리한다. 따라서 그 가등기가 최선순위이면 매수인에게 그 부담이 인수되므로 배당 및 낙찰로 인한 소유권이전등기 시(時)에 가등기를 말소하여서는 아니 되고, 그 가등기보다 선순위의 담보권이나 또는 가압류가 있으면 함께 말소하되, 나중에 가등기권자가 부당이득반환청구를 하여 채권을 회수하는 문제는 별론으로 하고, 가등기가 말소되더라도 채권신고가 없으므로 배당을 해서는 안 된다(가담법 제16조 2항).

가등기담보권자가 배당절차에서 우선변제를 받을 수 있는 채권의 범위에 관하여 가등기담보 등에 관한 법률에 명문의 규정이 없다. 따라서 가등기담보권에 의하여 담보되는 채권의 범위에 관하여도 1년분의 지연손해금만 포함된다는 규정(민법 제360조)이 준용되는가에 관하여 담보목적의 가등기는 소유권이전을 위한 가등기의 형식을 취하고 있고, 담보목적에 필요한 범위 전부라 하여도 부당하지 않아서 이를 인정하여야 할 것이다.213)

(4) 담보권(擔保權) 등(等)이 경합(競合)하는 경우의 배당순위 (配當順位)

저당권 상호 간에는 저당권설정등기의 선후에 의하여 우선순위가

---

213) 법원행정처(法院行政處), 전게민집(前揭民執, 임·상(臨·上)), 810면.

정하여 진다(민법 제333조, 제370조). 저당권자와 전세권 및 등기된 임차권의 순위도 그 등기의 선후에 의하며, 저당권설정등기와 가등기담보권의 선후도 그 등기의 선후에 의한다(가담법 제13조). 다만, 주택임대차보호법과 상가건물임대차보호법 소정214)의 임차권의 경우에는 등기에 앞서 위 각 법조 소정의 요건을 갖춘 경우에는 그 때를 기준으로 선후를 판단하여야 할 것이다.

근저당권자인 신청채권자가 매각 대상 부동산에 관한 근저당권설정등기청구권을 보전하기 위하여 처분금지가처분등기를 하였는데, 위 가처분등기가 이루어지고 이에 기한 근저당권설정등기가 되기 전에 다른 채권자가 동일 부동산에 가압류를 하였고, 그 후에 가처분권자가 본안에서 승소하여 근저당권설정등기를 마친 경우에 위 가처분의 피보전권리는 대상 부동산에 관한 근저당권설정 등기청구권이므로 위 가처분 이후에 다른 채권자의 가압류등기를 하였더라도 위 가처분의 효력에 반하는 것은 아니므로 위 가처분에 기한 근저당권설정등기가 되어도 가압류등기는 말소되어서는 안 되며,215) 다만 가처분에 기하여 근저당권설정등기를 마친 근저당권자로서는 가처분의 순위보전효(順位保全效)에 의하여 자신의 가처분보다 후순위인 가압류권자에 대하여 우선 배당하여 줄 것을 주장할 수 있다.

(5) 담보권(擔保權) 등(等)의 효력(效力)이 미치는 매각(賣却) 부동산(不動産)

---

214) 주임법(住賃法) 제3조의 2, 상임법(商賃法) 제5조 각 참조.
215) 대법원(大法院) 등기예규(登記例規) 제883호(1997. 9. 11) 참조.

① 매각(賣却) 부동산(不動産)의 범위(範圍)

집합건물의 전유부분에만 설정된 저당권·전세권자가 대지사용권의 목적인 토지의 매각대금에서도 우선적으로 배당을 받을 수 있는지에 대하여, 저당권의 효력은 저당부동산에 종(從)된 권리에도 유추(類推) 적용되므로(민법 제358조 본문) 집합건물의 전유부분만에 관하여 설정된 저당권의 효력은 대지사용권을 분리처분 가능하도록 규약으로 정하는 등의 특별한 사정이 없는 한 대지사용권에도 미치고, 여기의 대지사용권에는 지상권 등 용익권 이외에 대지 소유권도 포함되며, 저당권자는 전체 매각대금 중 대지사용권에 대한 부분에 대하여도 다른 후순위 채권자에 우선하여 변제받는다.[216]

한편, 집합건물의 전유부분에 대한 전세권자는 건물부분에 대하여만 전세권설정등기를 할 수 있고 대지사용권의 목적인 토지에 대하여는 전세권설정등기를 할 수 없어서 전세권은 건물만에 관한 것이라는 취지의 부기등기를 하고 있지만,[217] 위 전세권의 효력이 대지사용권에 대하여도 미치므로 대지사용권의 매각대금 중에서도 전세권자에게 우선배당 하여야 한다.[218]

그리고 건물의 일부에 대한 전세권자는 전세권의 목적물이 아닌 나머지 건물부분에 대하여 경매신청권은 할 수 없지만,[219] 배당에

---

216) 이상태(李相泰), 전게서(前揭書), 338면.
217) 대법원(大法院), 등기예규(登記例規) 1986. 10. 13, 등기선례(登記先例) 1-424, 1986. 10. 13, 등기(登記) 제466호, 제574호 대지권등기(垈地權登記)가 된 구분건물(區分建物)에 對한 전세권설정등기(傳貰權設定登記) 참조.
218) 대판(大判) 1995. 8. 22, 94다12722.
219) 대결(大決) 1992. 3. 10, 91마256.

있어서 그 부동산 전부에 대하여 후순위 권리자 그 밖의 채권자보다 우선하여 배당을 받는다(민법 제303조).

② 담보권자(擔保權者)가 채권계산서(債權計算書) 부제출시(不提出時) 채권금액(債權金額)의 확정(確定)

이상의 권리 중 첫 경매개시결정등기 전에 등기되었고 매각으로 소멸하는 권리를 가진 채권자가 법원사무관 등의 채권신고의 최고를 송달받고 그에 대한 신고를 하지 아니한 때(법 제84조 4항)에는 그 채권자의 채권액은 등기부등본 등 집행기록에 있는 서류와 증빙에 따라 계산한다. 이 경우 다시 채권액을 추가하지 못한다(법 제84조 5항).

첫 경매개시결정등기 전에 등기된 근저당권자로서 압류채권자가 아닌 경우에는 채권최고액 범위 내에서는 배당요구의 종기 이후라도 채권계산서의 제출에 의하여 배당요구채권액을 확장할 수 있고,[220] 그 채권이 매각대금 지급 시까지 발생한 것이기만 하면 배당요구의 종기 이후에 발생하였다 하더라도 마찬가지이다.[221] 우선변제 받을 근저당권자(저당권자 포함)가 채권계산서를 제출하지 아니한 경우에는 등기부에 적힌 채권최고액(저당권인 경우에는 그 채권액)을 현실의 채권액으로 보아 배당한다. 이자는 배당기일까지의 이자가 포함되나, 정리회사 소유의 부동산에 대한 경매 시 공익채권과 정리채권의 배당절차가 다르므로, 공익채권자가 압류채권자이

---

220) 대판(大判) 1999. 1. 26, 98다2194.
221) 대판(大判) 1999. 9. 21, 99다26085.

거나 배당요구 하였을 경우에는, 그것이 공익채권인지 정리채권이지 구분하여야 하고, 특히 매각부동산에 대한 담보권의 경우에는 정리담보권에 속하는 이자와 공익채권 및 후순위 정리채권에 속하는 이자 등을 구분하여야 한다.

　정지조건이 성취되지 아니하였거나 기한이 도래하지 아니한 채권은 원래 강제집행은 물론 배당요구도 할 수 없고, 또한 담보권도 그 피담보채권이 위와 같은 이유로 이행기가 도래하지 아니한 경우에는 담보권을 실행할 수도 없으나, 이와 달리 담보권자가 단지 배당요구권자로서 배당에 참가하는 경우에는 정지조건이 성취되지 아니하였거나 기한이 도래하지 아니 하여도 배당을 받게 되는데, 그 이유는 다른 채권자에 의하여 개시된 경매절차에서도 부동산의 매각으로 인하여 담보권이 소멸하므로 배당을 받는 것까지 금지되는 것은 아니기 때문이다. 다만 담보권의 피담보채권의 이행기의 내용에 따라 배당절차에서는 배당액의 처리가 달라진다. 담보권의 피담보채권에 정지조건 또는 불확정기한이 붙어 있는 때에는 배당액으로 공탁하여야 한다(법 제160조 1항 1호). 그러나 확정기한이 붙은 채권으로 확정기한이 도래하지 않은 채권에 대하여는 명문의 규정이 없어서 문제이나 불확정기한이 붙은 채권에 관한 규정을 유추하여 배당액을 공탁하여야 한다.[222]

---

[222]　법원행정처(法院行政處), 전게민집(前揭民執, 임·상(臨·上)), 817면.

4. 저당목적물(抵當目的物)의 제3취득자(第3取得者)가 지출(支出)한 필요비(必要費)와 유익비(有益費)

저당권설정등기 후에 목적부동산의 제3취득자가(민법 제364조)[223] 그 부동산의 보존, 개량을 위하여 필요비(必要費) 또는 유익비(有益費)를 지출한 때에는 회복자(回復者)에 대하여 목적부동산이나 점유물을 보존하기 위하여 지출한 금전 기타 필요비의 상환을 청구할 수 있다는 규정과 점유자가 점유물을 개량하기 위하여 지출한 금액 기타 유익비에 관하여는 그 가액의 증가가 현존한 경우에 한하여 회복자의 선택에 좇아 그 지출금액이나 증가액의 상환을 청구할 수 있다는 규정[224]에 의하여 저당물의 매각대금에서 우선상환을 받을 수 있다(민법 제367조). 제3취득자가 저당부동산에 관하여 지출한 필요비, 유익비는 그 부동산의 가치의 유지, 증가를 위하여 지출된 일종의 공익비용이므로 이는 저당부동산의 환가대금에서 부담하여야 할 성질의 비용이고, 더욱이 제3취득자는 경매의 결과 그 권리를 상실하게 되므로 특별히 우선적으로 상환을 받도록 한 것이다(민법 제364조).

여기서 제3취득자의 범위에 관하여 대부분의 학설[225]은 사실상

---

223) 제3취득자(第3取得者)는 지상권자·전세권자·대항력(地上權者·傳貰權者·對抗力) 있는 임차권자(賃借權者)나 정당(正當)한 권원에 의하여 점유(占有)를 개시한 자를 말한다. 그러나 소유권(所有權)에 관하여는 견해(見解)의 대립(對立)이 있다. 註 225) 참조.
224) 민법(民法) 제203조 2항, 점유자(占有者)의 상환청구권(償還請求權).
225) 이상태(李相泰), 전게서(前揭書), 427면; 곽윤직(郭潤直), 전게서(前揭書), 634면.

이 문제에 관하여 언급하지 않고 있지만, 제3취득자의 비용상환청구권(민법 제367조)에 관한 규정 중 제3취득자는 제3취득자의 변제에 관한 규정(민법 제364조)에 있어서의 제3취득자의 범위와 동일하게 보는 견해가 있는가 하면,[226] 저당목적물의 소유권을 취득한 제3자는 제외된다는 견해[227]의 대립이 있다. 제3취득자의 비용상환청구권(민법 제367조)에 관한 규정 중 제3취득자는 제3취득자의 변제에 관한 규정(민법 제364조)에 있어서의 제3취득자의 범위와 동일하게 보아도 이해관계 있는 제3자에게 불칙의 손해를 줄 염려가 없다할 것이므로 전설(前說)이 타당하다.

위 제3자는 직접점유자에 한하는가 간접점유자도 적용이 있는 가에 대하여 직접 점유자가 아니라도 이 청구권을 인정하는 것이 타당하다고 본다.[228] 압류의 효력발생 후에 권리를 취득한 제3자에 대하여도 비용상환청구권을 인정하여야 할 것인가의 문제가 있으나, 저당부동산의 가치의 유지·증가를 위하여 제3취득자가 지출한 공익비용의 상환을 받게 하려는 취지에서 나온 규정임을 고려할 때 압류의 효력발생 전의 제3취득자인가 그 후의 제3취득자인가를 구별할 이유가 없으므로 압류의 효력발생 후의 제3취득자도 포함된다고 하여야 한다. 그러나 물상보증인이나 이와 유사한 지위에 있는 자는 위 비용상환청구권을 가지지 않고,[229] 또 제3취득자라고 할 수 없는 단순한 점유자도 위 비용상환청구권을 가지지 않는다.

---

226) 박준서(朴駿緒), 전게서(前揭書)(4), 234면.
227) 곽윤직(郭潤直) 편집대표(編輯代表), 민법주해(民法註解) Ⅶ(서울: 박영사(博英社), 1992), 156～157면.
228) 박준서(朴駿緒), 상게서(上揭書)(4), 234면.
229) 대판(大判) 1959. 5. 14, 4291민상(民上)302.

　제3취득자는 필요비 또는 유익비를 매각대금으로부터 상환 받기 위하여 필요비에 관하여는 지출한 금전, 유익비에 관하여는 지출한 금전 또는 부동산의 가액의 증가액, 다만 유익비에 관하여는 부동산의 가액의 증가가 현존하는 경우에 한하여 회복자의 선택에 좇아 그 지출금액이나 증가액의 상환을 청구할 수 있도록 되어 있으나(민법 제203조 2항), 경매절차에 있어서는 당연히 적은 쪽의 금액만을 상환 받을 수 있다할 것이므로 그 증가액을 증명하여 경매법원에 그 상환을 청구하여야 한다.

　따라서 배당표에는 필요비에 관하여는 그 지출이 증명된 금액, 유익비에 관하여도 그 지출액과 증가액 중 적은 금액을 기재한다. 다만, 경매절차에 있어서는 유익비 상환에 대한 상당기간의 허가(민법 제203조 3항)는 있을 수 없으므로 배당실시를 할 때에 유익비를 바로 제3취득자에게 교부하여야 한다.

　제3취득자가 필요비 또는 유익비를 경매절차에서 상환 받지 못한 경우에도 그 권리를 상실하는 것은 아니므로 동 금액에 관하여 배당을 받은 저당권자에 대하여 부당이득반환청구(不當利得返還請求)를 할 수 있다.

5. 근로자(勤勞者)의 임금(賃金)과 조세(租稅)의 채권금액(債權金額)

(1) 근로자(勤勞者)의 임금채권(賃金債權)

① 근로기준법(勤勞基準法)의 규정(規定)

㉮ 구근로기준법(舊勤勞基準法)의 규정(規定)

　구근로기준법[230]은 제30조의 2에서 「임금, 퇴직금, 재해보상금 기타 근로관계로 인한 채권은 사용자의 총재산에 대하여 질권 또는 저당권에 의하여 담보된 채권을 제외하고는 조세, 공과금 및 다른 채권에 우선하여 변제되어야 한다. 다만 질권 또는 저당권에 우선하는 조세, 공과금에 대하여는 그러하지 아니하다.」라고 규정하고, 2항은 「1항의 규정에 불구하고 최종 3월분의 임금과 퇴직금 및 재해보상금은 사용자의 총재산에 대하여 질권 또는 저당권에 의하여 담보된 채권, 조세, 공과금 및 다른 채권에 우선하여 변제되어야 한다.」라고 규정하고 있었다.[231]

㉯ 헌법재판소(憲法裁判所)의 헌법불합치 결정(憲法不合致 決定)

　그런데 헌법재판소는 1997. 8. 21. 구근로기준법 제30조의 2, 2항의 규정 중 「퇴직금」 부분에 대하여, 「근로자에게 그 퇴직금 전액에 대하여 질권자나 저당권자에 우선하는 변제수령권을 인정함으로써 결과적으로 질권자나 저당권자가 그 권리의 목적물로부터 거의 또는 전혀 변제를 받지 못하게 되는 경우에는, 그 질권이나 저당권의 본

---

230) 구근로기준법(舊勤勞基準法)이라 함은 1980. 12. 31. 신설(新設)되어 1997. 12. 24. 개정(改正)되기 전의 법(法)을 말한다.
231) 구근로기준법(舊勤勞基準法) 제30조의 2, 1987. 11. 28. 신설 당시(新設 當時)에는 최종(最終) 3월분의 임금(賃金)만 규정(規定)되어 있었으나 1989. 3. 29. 개정(改正)되면서 퇴직금(退職金) 및 재해보상금(災害補償金)이 추가(追加)되었다.

질적 내용을 이루는 우선변제 수령권이 형해화(形骸化)되므로 질권이나 저당권의 본질적 내용을 침해할 소지가 생기게 된다」는 취지로 헌법 불합치결정(憲法 不合致決定)을 하였다.[232]

㉰ 현행 근로기준법(現行 勤勞基準法)

1997. 12. 24. 개정된 근로기준법은 구근로기준법 제30조의 2, 2항을 개정하여, 질권이나 저당권에 의하여 담보된 채권보다 우선하여 변제받을 수 있는 퇴직금의 범위를 최종 3년간의 퇴직금으로 제한하고, 퇴직금은 계속 근로년수(勤勞年數) 1년에 대하여 30일분의 평균임금으로 계산하도록 하였다(근기법 제97조 2항, 3항). 다만 부칙에 경과규정을 두어, 개정법의 시행 전에 채용된 근로자로서 개정법 시행 후에 퇴직하는 근로자의 경우에는 1989. 3. 29. 이후부터 개정법 시행 전까지의 계속 근로 년수(年數)에 대한 퇴직금은 개정법 시행 후에 계속 근로년수에 대하여 발생하는 최종 3년간의 퇴직금을 합산한 금액을 우선변제의 대상으로 하며(근기법 부칙 제2조 2항), 계속 근로년수 1년에 대하여는 30일분의 평균임금으로 하되, 우선변제의 대상이 되는 퇴직금은 250일분의 평균임금을 초과할 수 없도록 하였다(근기법 부칙 제2조 3항, 4항).

② 배당요구서상(配當要求書上) 소명자료(疎明資料)

근로자가 집행법원에 근로기준법에 정해진 임금채권 우선변제권

---

232) 헌재결(憲裁決) 1997. 8. 21, 94헌바19; 95헌바34; 97헌가11.

에 기한 배당요구를 하는 경우에는(근기법 제37조), 판결 이유 중에 배당요구 채권이 우선변제권 있는 임금채권이라는 판단이 있는 법원의 확정판결이나 노동부 지방사무소에서 발급한 체불임금확인서 중 하나와 ㉮ 사용자가 교부한 국민연금보험료원천공제계산서(국민연금법 제77조) ㉯ 원천징수 의무자인 사업자로부터 교부받은 근로소득에 대한 원천징수영수증(소득세법 제143조) ㉰ 국민연금관리공단이 발급한 국민연금보험료 납부사실확인서(국민연금법 제75조) ㉱ 국민건강보험공단이 발급한 국민건강보험료납부사실 확인서(국민건강보험법 제62조) 중 하나를 소명자료로 첨부하여야 한다.

실무는 근로자가 임금채권 우선변제권에 기하여 배당요구를 하는 경우 그 채권자가 근로자라는 사실을 소명하는 자료와 미지급된 임금액을 소명하는 자료로 구분하여 따로 제출받아 왔다.[233]

③ 다수(多數) 근로자(勤勞者)의 배당요구(配當要求)

㉮ 대표자 선임(代表者 選任)

집행법원은 근로자들이 대표자를 선임하여 그에게 배당요구 및 임금채권 추심에 관한 일체의 권한을 위임하고 그와 같은 내용의 결의서나 위임장을 첨부하여 대표자 명의로 배당요구를 하는 경우 그 대표자 이외의 근로자의 배당요구로서는 효력이 없다는 사실 및 근로자 대표자가 사용자와 약속어음 공증서 등을 작성하고 그에 기

---

233) 대법원(大法院), 예규(例規) 1997. 10. 29, 송무(訟務) 제541호, 근로자(勤勞者)의 임금채권(賃金債權)에 對한 배당 시 유의사항(配當時 留意事項)(송민(訟民) 97-11) 참조.

하여 자신의 명의로 배당요구를 하는 경우 임금채권 우선변제권을 인정할 수 없다는 사실을 적절히 고지하는 것이 바람직하다.

㉯ 선정당사자(選定當事者)

경매절차에서 동일 채무자에 대하여 동종의 임금채권을 가지는 근로자들이 선정당사자를 선정하여 배당요구 하는 경우 선정당사자를 배당요구채권자로 인정한다. 근로자들이 선정당사자를 선정하여 (민소법 제53조 1항) 배당요구 한 경우에는 근로자들이 경매절차가 개시되기 전에 선정당사자 명의로 가압류를 한 경우에는[234] 선정당사자는 배당요구 할 때 선정당사자를 포함한 선정자의 이름, 주소를 적은 당사자선정서, 선정자별(別) 배당요구임금채권액을 적은 서면, 선정자별(別) 임금채권이 우선변제청구권이 있는 임금채권임을 소명하는 선정자 별 배당요구 임금채권액을 적은 서면을 제출하도록 하여야 한다. 그리고 배당표에는 선정당사자를 채권자로, 선정자별(選定者別) 임금 합계액을 채권액으로 각 적고, 배당표에 선정자 및 선정자 별 배당채권액 목록을 첨부한다. 또한 배당금의 지급은 배당금 출급명령서에 선정당사자를 채권자로 적고, 선정당사자에게 선정자들의 배당금 전액을 지급하면 된다.[235]

④ 최종(最終) 3월분(月分)의 임금(賃金)

---

234) 다만, 이 경우에 집행법원(執行法院)은 직권(職權)으로 근로자별(勤勞者別) 임금채권액(賃金債權額)을 조사(調査)하여야 한다.
235) 이때, 선정당사자(選定當事者)에게 근로자(勤勞者)들의 배당금 수령용 위임장(配當金 受領用 委任狀)의 제출(提出)을 요구(要求)하지 않는다.

　　최종 3월분의 임금채권의 범위는 퇴직의 시기를 묻지 아니하고 사용자로부터 지급받지 못한 최종 3월분의 임금을 말한다고 할 것이고, 반드시 사용자의 도산 등 사업 폐지 시(廢止 時)로부터 소급하여 3월 안에 퇴직한 근로자의 임금채권에 한정하여 보호하려는 취지는 아니라 할 것이다.[236]

⑤ 최종 3년간(最終 三年間)의 퇴직금(退職金)

　　개정 전의 구근로기준법 아래에서는 전체 퇴직금 중 퇴직금에 관한 우선변제권을 규정한 근로기준법의 시행일인 1989. 3. 29 이후 근무기간에 상응한 퇴직금 부분만이 구근로기준법(구근기법 제30조의 2, 2항) 소정의 우선변제의 대상으로 하였고, 이에 대하여 입사일로부터 퇴직일까지의 총퇴직금을 산정한 다음 입사일로부터 1989. 3. 29.까지의 퇴직금을 공제하는 방법으로 우선변제의 대상이 되는 퇴직금을 산정하였으나, 개정된 현행 근로기준법하에서는 같은 법 시행 전에 채용된 근로자로서 같은 법 시행 전까지의 계속 근로년수(勤勞年數)에 대한 퇴직금에 같은 법 시행 후 퇴직하는 근로자의 경우에는 1989. 3. 29. 이후부터 같은 법 시행 전까지의 계속 근로년수(勤勞年數)에 대한 퇴직금에다가 같은 법 시행 후의 계속 근로년수(勤勞年數)에 대하여 발생하는 최종 3년간의 퇴직금을 합산한 금액을 우선변제 받을 수 있다(근기법 부칙 제2조 2항). 우선변제의 대상이 되는 퇴직금은 계속 근로년수(勤勞年數) 1년에 대

---

236) 대판(大判) 1996. 2. 23, 95다48650.

하여 30일분의 평균임금으로 계산한 금액으로 하고 250일의 평균임금을 초과할 수 없다(근기법 부칙 제2조 3항, 4항).

⑥ 우선변제권(優先辨濟權)의 효력(效力)

㉮ 배당(配當)의 순위(順位)

위에 적은 최종 3월분의 임금, 최종 3년간의 퇴직금, 재해보상금은 저당권에 의하여 담보된 채권, 조세·공과금 및 일반채권보다는 선순위이나(근기법 제37조 2항), 주택임대차보호법(주임법 제8조)에 의한 소액보증금 반환청구채권과는 다 같은 우선채권으로서 동순위로 배당한다.[237] 강제집행절차나 담보권 실행 등에 관한 경매에서의 배당절차 중 배당순위에 관하여는 후술한다(본장 제3절 2 참조).

임금·퇴직금 기타 근로관계로 인한 채권 가운데 위에 적은 것을 제외한 것은 저당권에 의하여 담보되는 채권보다는 후순위이고, 당해세를 제외한 조세·공과금 및 일반채권보다는 선순위이다.[238] 다만 조세·공과금이 저당권에 우선하는 경우에는 조세·공과금, 저당권에 의하여 담보되는 채권, 임금의 순이다(근기법 제37조 1항 단서).

임금 등에 대한 지연손해금에 대하여는 우선변제권을 인정할 수 없으므로, 임금채권자들이 집행력 있는 정본으로써 배당요구를 하

---

237) 대법원(大法院), 예규(例規) 1991. 04. 10. 송무예규(訟務例規) 제322호, 부동산경매(不動産競賣)에서 우선채권간(優先債權間)의 배당순위(配當順位)(송민(訟民) 91-2) 참조.
238) 근기법(勤基法) 제37조 1항 本文, 국기법(國基法) 제35조 1항 5호, 지세법(地稅法) 제31조 2항 5호 각 참조.

는 경우에 원금만을 우선배당하고, 지연손해금은 일반채권자와 안분배당(按分配當)한다.[239]

우선변제권이 있는 임금채권을 대신 변제한 자는 채무자인 사용자에 대한 임금채권자로서 사용자의 총재산에 대한 강제집행절차나 임의경매절차에서 저당권의 피담보채권이나 일반채권보다 우선하여 변제받는다.[240] 특히 임금채권보장법(임금채권보장법 제6조)에 따라 노동부장관이 대신 지급한 임금 소위 체당금(替當金)에 대하여는 노동부장관이 당해 사업주에 대한 당해 근로자의 미지급임금 등의 청구권을 대위하고, 근로기준법(근기법 제37조 2항)의 규정에 의한 임금의 우선변제권은 대위되는 권리에 존속한다(임금채권보장법 제7조). 그런데 이와 관련하여 노동부장관이 체당금(替當金)을 지급함에 있어서 임금채권보장법(임금채권보장법 제6조 단서)에 따라 상한액을 제한하여 일부만 대신 지급한 경우, 예컨대 근로기준법(근기법 제37조 2항)의 최종 3월분의 임금, 최종 3년간의 퇴직금[241] 중 노동부장관이 상한액을 제한하여 일부만 대신 지급한 경우에는 잔여부분에 대하여 당해 우선변제권이 병존하게 된다. 이 경우 당해 근로자의 우선변제권과 노동부장관의 대위권에 기한 우선변제권은 근로자의 임금채권에 대하여 우선권을 부여한 취지로 보아 동순위라 할 것이다.

㉯ 수개(數個)의 부동산(不動産)이 매각(賣却)된 경우 임금채권(賃金

---

239) 대결(大決) 2000. 1. 28, 95마5143.
240) 대판(大判) 1996. 2. 23, 94다21160.
241) 재해보상금(災害補償金)은 체당금(替當金)이 아니다. 임금채권보장법(賃金債權保障法) 제6조 2항 참조.

債權)의 배당(配當)

근로기준법에 규정된 임금 등에 대한 우선특권은 사용자의 총재산에 존재하는 이른바 법정담보물권으로서, 사용자의 부동산이 여러 개인 경우에는 마치 그 부동산 전부에 대한 공동저당권자와 유사한 지위에 서게 되므로 사용자 소유의 여러 건의 부동산이 동시에 경매되어 그 매각대금을 동시에 배당하는 때에는 각 부동산의 매각대금에 비례하여 그 채권의 분담을 정하여야 한다. 나아가 사용자 소유의 여러 개의 부동산 중 일부가 먼저 경매되어 그 매각된 부동산의 저당권자가 위 여러 개의 부동산으로부터 임금채권이 동시에 배당되는 경우보다 불이익을 받은 경우에는 같은 조 2항 후문을 유추 적용(類推 適用)하여 위 저당권자로서는 임금채권자가 위 여러 개의 부동산으로부터 동시에 배당받았다면 다른 부동산의 매각대금에서 변제를 받을 수 있었던 금액의 한도에서 선순위자인 임금채권자를 대위하여 다른 부동산의 경매절차에서 우선하여 배당받을 수 있다.[242)

⑦ 임금 직접지급(賃金 直接支給)의 원칙(原則)과 배당(配當)

임금은 직접 근로자에게 그 전액을 지급하여야 한다(근기법 제42조 1항). 이를 임금 직접지급의 원칙이라 한다. 따라서 근로자가 임금채권을 양도한 경우에도 그 임금의 지급에 관하여는 근로기준법

---

242) 대판(大判) 1998. 12. 22, 97다9352; 同 2000. 9. 29, 2000다 32475.

(근기법 제42조 1항)에 정한 임금 직접지급의 원칙이 적용되어 사용자는 직접 근로자에게 임금을 지급하지 아니하면 안 되고, 그 결과 비록 적법 유효한 양수인이라도 스스로 사용자에 대하여 임금의 지급을 청구할 수 없으며, 그러한 법리는 근로자로부터 임금채권을 양도받았거나 추심을 위임받은 자가 사용자의 책임재산에 대하여 강제집행 신청을 한 후 또는 타인의 집행절차에서 배당을 요구하는 경우에도 그대로 적용된다.[243] 그러나 우선변제권이 있는 임금채권을 변제한 자가 사용자의 총재산에 대한 강제집행절차에서 임금채권자를 대위하는 경우에 근로자가 아닌 대위변제자에게 임금의 우선변제권을 인정하더라도 근로자에 대하여 임금이 직접 지급된 점에 비추어 이를 근로기준법(근기법 제42조 1항) 소정의 직접지급의 원칙에 위배된다고 할 수 없다.[244] 또한 위의 직접지급의 원칙은 임금채권 중 압류가 금지되지 아니한 부분(법 제246조 1항 4호)에 대하여 근로자의 채권자에 의하여 압류된 경우에는 적용되지 아니하므로, 근로자의 임금 우선변제권에 기한 배당요구에 따라 우선 지급할 배당금채권에 대하여 당해 근로자의 다른 채권자가 압류가 금지되지 아니한 부분에 관하여 추심명령이나 전부명령을 얻었을 경우에는 추심권자나 전부권자에게 지급하여야 한다.

한편, 임금채권을 압류함에 있어 압류금지채권(법 제246조 1항 4호)의 범위를 제한하지 아니하고 임금채권 전액에 대하여 압류가 있는 경우에 실무에서는 압류금지채권(법 제246조 1항 4호)에 해당하는 부분에 대하여는 압류가 무효이나 나머지 부분에 대하여는 유

---

243) 대판(大判) 1996. 3. 22, 95다2630.
244) 대판(大判) 1996. 2. 23, 94다21160.

효한 것으로 처리하는 것이 타당하다. 실무도 위와 같이 처리하고 있다.[245]

⑧ 우선변제권(優先辨濟權)의 적용 대상(適用 對象)

임금 우선변제청구권의 적용대상이 되는 사용자의 총재산이라 함은 근로계약의 당사자로서 임금채무를 1차적으로 부담하는 사업주인 사용자의 총재산을 의미한다고 할 것이고,[246] 따라서 사용자가 법인인 경우에는 법인 자체의 재산만을 가리키며, 법인의 대표자 등 사업경영 담당자의 개인 재산은 이에 포함되지 아니한다.

한편, 사용자가 재산을 취득하기 전에 설정된 담보권에 대하여는 임금채권의 우선변제청구권이 인정되지 않고, 또한 사용자의 재산이 제3자에게 양도된 경우 위 우선권은 그 재산에 대해 더 이상 추급(追及)할 수 없어 양수인의 양수재산에 대하여는 우선변제청구권이 인정되지 않는다.[247]

⑨ 우선변제권(優先辨濟權)을 피보전채권(被保全債權)으로 한 가압류(假押留)

우선변제청구권이 있는 임금채권자가 임금채권을 피보전권리로 하여 매각부동산에 관하여 첫 경매개시결정등기 전에 가압류집행을 한 경우에는 가압류권자로서는 배당요구가 있는 것으로 취급되게

---

245) 법원행정처(法院行政處), 전게민집(前揭民執, 임·상(臨·上), 842면.
246) 대판(大判) 1999. 2. 5, 97다48388.
247) 대판(大判) 1994. 1. 11, 93다30938.

되는 데, 이 경우 우선변제권이 있는 임금채권자로서의 소명은 배당표 확정시까지 소명하면 된다할 것이다.[248]

(2) 조세(租稅)의 채권금액(債權金額)

① 압류(押留)・교부청구(交付請求)

국세징수법(국징법　제56조)은 세무서장은 납세자가 강제집행을 받을 때에는 집행법원에 대하여 국세・가산금과 체납처분비의 교부를 청구하여야 한다고 규정하고, 지방세법(지세법　제28조)에 의하면 국세징수법의 준용에 의하여 지방세의 경우도 교부청구를 할 수 있다. 이와 같은 국세 등의 교부청구(交付請求)는 과세관청이 이미 진행 중인 강제환가절차에 가입하여 체납된 조세의 배당을 구하는 것으로서 강제집행에 있어서의 배당요구와 같은 성질이 있다.[249]

조세채권자로서 첫 경매개시결정등기 전에 압류를 한 자는 저당권・전세권, 그 밖의 우선변제청구권으로서 첫 경매개시결정등기 전에 등기되었고 매각으로 소멸하는 것을 가진 채권자(법 제148조 4호)에, 배당요구의 종기까지 새로 교부청구를 한 자는 배당요구의 종기까지 배당요구를 한 채권자(법 제148조 2호)에 각 해당하는바, 첫 경매개시결정등기 전에 체납처분에 의한 압류등기가 마쳐져 있는 경우와는 달리 첫 경매개시결정등기 후에 체납처분에 의한 압류등기가 마쳐지게 된 경우에는 조세채권자인 국가로서 경매법원에

---

248) 대판(大判) 2002. 5. 14, 2002다4870.
249) 임승순(任勝淳), 전게서(前揭書), 241면; 대판(大判) 2001. 11. 27, 99다22311.

배당요구의 종기까지 교부청구를 하여야만 배당을 받을 수 있다.[250] 국세징수법(국징법 제56조), 지방세법(지세법 제28조)의 교부청구뿐 아니라 법원이 국세징수법(국징법 제57조)의 참가압류의 통지를 받은 경우에도 교부청구와 마찬가지로 배당요구의 효력이 인정된다.

첫 경매개시결정등기 전에 압류를 한 조세채권자는 압류등기로써 교부청구의 효력이 있는 것이나, 그 경우에도 배당요구의 종기까지 교부청구나 그 세액을 알 수 있는 증빙서류를 제출하지 아니한 경우에는 압류등기를 집행기록에 나타난 증빙서류에 준하는 것으로 취급하여 압류등기 촉탁서에 의한 체납액을 조사하여 배당할 수 있을 뿐이고, 그 후 배당 시까지의 사이에 비로소 교부청구 된 세액은 그것이 실체법상의 다른 채권보다 우선하는 것인지 여부에 불구하고 배당할 수 없다할 것이다.[251] 다만 이와 같은 경우에 비록 배당요구의 종기 이전에 체납세액의 신고가 있었다고 하더라도, 조세채권자는 그 후 배당표가 작성될 때까지는 이를 보정하는 증빙서류 등을 다시 제출하여 수정 교부청구 할 수 있다고 할 것이며, 집행법원으로서는 특별한 사정이 없는 한 위 배당요구의 종기 전의 신고금액을 초과하는 금액에 대하여도 위 압류등기상의 청구금액의 범위 내에서는 배당표 작성 당시까지 제출한 서류와 증빙 등에 의하여 조세채권자가 배당받을 체납세액을 산정하여야 한다.[252]

② 조세 우선(租稅 優先)의 원칙(原則)

---

250) 대판(大判) 2001. 11. 27, 99다22311.
251) 대판(大判) 1997. 2. 14, 96다51585.
252) 대판(大判) 2002. 1. 25, 2001다11055.

국세, 지방세, 관세 및 그 가산금과 체납처분비는 다른 공과금 기타 채권에 우선하여 징수한다는 원칙을 조세채권우선의 원칙이라 한다.253) 조세채권의 우선에 관한 국세기본법과 지방세법의 규정에 문제가 있고, 헌법에 위반되는지의 여부와 그 개선방향에 관하여는 이 책의 제5장에서 논의한다.

㉮ 저당권 등(抵當權 等)과 조세(租稅)의 우선관계(優先關係)

조세와 저당권·전세권의 피담보채권, 확정일자(確定日字)를 갖춘 임차인(賃借人) 또는 등기(登記)된 임차인(賃借人)의 우선변제권(優先辨濟權) 사이의 우선순위는 조세의 법정기일과 설정등기일의 선후를 따져 정한다.254) 저당권 등의 설정일과 조세의 법정기일이 같은 날인 경우에는 동순위로 배당하여야 할 것이다. 왜냐하면 양 채권의 순위를 가릴 수 있는 길이 없고, 조세채권이 우선한다고 하면 조세채권의 액이 많은 경우에 저당권자가 불측(不測)의 손해를 입을 수 있기 때문이다.

㉯ 압류(押留)와 법정기일(法定期日)의 소급효(遡及效)

국세나 지방세의 법정기일은 각 조세의 종류마다 달리 규정하고 있다.255) 다만 국세의 경우 국세징수법에 의하여 확정 전 보전압류

---

253) 국징법(國徵法) 제35조 1항, 지세법(地稅法) 제31조 1항, 관세법(關稅法) 제3조 2항 각 참조.
254) 대판(大判) 1992. 10. 13, 92다30597.

를 한 때(국징법 제24조 2항)에는 그 보전압류 이후 발생한 체납된 국세 및 가산금은 보전압류 등기일을 법정기일로 본다.[256] 개정된 지방세법은 국세기본법과 동일하게 규정하고 있으므로[257] 국세에 관한 위 원칙이 그대로 지방세에 적용된다.

㉰ 조세 상호 간(租稅 相互 間)의 우열(優劣)

㉠ 압류선착주의(押留先着主義)

조세는 원칙적으로 교부 청구의 선후에 관계없이 같은 순위로써 그 사이에는 우선관계가 없다고 할 것이지만, 1개의 부동산에 대하여 체납처분의 일환으로 압류(참가압류를 포함한다)가 행하여졌을 때 그 압류에 관계되는 조세는 국세나 지방세를 막론하고 교부청구한 다른 조세보다 우선한다.[258] 이를 압류선착주의라고 한다. 부동산경매절차에서 관세의 교부청구를 하는 경우에는 그 부동산이 관세 미납물품일 여지는 없고 당연히 국세징수의 예(例)에 의하여 관세의 우선순위는 국세기본법에 의할 국세와 같은 순위로 하고(관세법 제3조 2항), 이때 다른 조세와의 사이에서는 압류선착주의의 적용여부

---

255) 국기법(國基法) 제35조 1항 3호, 지세법(地稅法) 제31조 2항 3호 각 참조.
256) 국기법(國基法) 제35조 1항 3호 바목, 국징법(國徵法) 제24조 2항 각 참조.
257) 국기법(國基法) 제35조 1항 3호 바목, 지세법(地稅法) 제31조 2항 3호 마목 각 참조.
258) 대판(大判) 1994. 9. 13, 94누1944; 국기법(國基法) 제36조 1항, 지세법(地稅法) 제34조 1항 각 참조.

가 문제된다. 이 압류선착주의가 강제경매나 임의경매절차에 의하여 환가(換價)할 때에도 그대로 적용되느냐에 관해 문제가 있다.

부동산에 관하여는 환가 단계에까지 경매절차와 체납처분절차의 병존(竝存)을 허용하고 있으며, 경매절차에 있어서도 조세 상호 간의 통일적 조절이 여전히 필요한 이상 압류선착주의의 적용을 배제할 이유는 없고, 이때 압류의 효력은 등기 후의 체납액에도 미치므로 압류선착주의가 적용된다할 것이다.

ⓛ 납세담보(納稅擔保)

납세담보로 제공된 재산을 매각하였을 때에는 피담보국세와 그에 대한 가산금 및 체납처분비는 압류 여부에 관계없이 매각대금 중에서 다른 국세·가산금·체납처분비에 우선하여 징수하며(국기법 제37조), 이 점은 지방세에 대한 납세담보의 경우에도 마찬가지이다(지세법 제35조). 또한 납세담보로 제공된 재산에 관하여 경매가 실행된 경우에 이미 그 재산에 선순위 저당권·전세권 등이 설정되어 있는 경우에는 담보재산이 납세의무자의 소유인 경우에는 조세채권의 법정기일이 담보권의 등기일자와 같거나 앞선 경우와 당해세의 경우에는 그 조세채권이 우선하고, 담보재산이 제3자의 소유인 경우에는 그 조세채권은 선순위의 담보권보다 항상 후순위라 할 것이다.

㉱ 가산세 등(加算稅 等)의 징수(徵收)와 배당순위(配當順位)

가산세(加算稅)[259]는 가산금과는 달리 납세의무자가 세법에 의한 신고의무, 보고의무, 징수의무를 이행하지 아니하거나 위반하는 경우에 그에 대한 행정벌적(行政罰的)인 성격으로 부과되는 것으로 본세의 산출세액에 가산하여 본세의 명목으로 징수하는 것이다. 가산세도 가산금과 마찬가지로 본세의 법정기일이 아닌 가산세 자체의 법정기일을 기준으로 담보권과의 우선관계를 결정하여야 한다.[260]

가산금(加算金)이란 국세 등을 납부기한까지 납부하지 아니한 때에 국세징수법 등에 의하여 고지세액에 가산하여 징수하는 금액(가산금)과 납부기한 경과 후 일정기한까지 납부하지 아니한 때에 그 금액에 다시 가산하여 징수하는 금액(중가산금)을 말한다(국기법 제2조 5호). 특정의 조세채권에 관하여 조세의 본세와 가산금[261] 및 체납처분비 전부를 충당하기에 부족한 경우에는 체납처분비, 가산금, 본세의 순으로 징수한다.[262] 그런데 위 각 조항은 조세에 관한 충당의 순서를 정한 것에 불과하고, 다른 담보권과의 우열관계를 정한 것은 아니다. 따라서 가산금 채권과 저당권 등에 의하여 담보되는 채권의 우선관계도 역시 가산금 자체의 법정기일을 기준으로 결정하여야 한다.[263]

체납처분비는 체납처분의 집행에 소요되는 비용이긴 하지만 강제집행절차 또는 임의경매절차에 참가하여 배당을 받는 경우에는 조세 자체가 저당권 등에 우선하더라도 체납처분비는 저당권 등에 우

---

259) 국기법(國基法) 제2조 4호, 지세법(地稅法) 제1조 1항 13의 2호 각 참조.
260) 대판(大判) 1998. 9. 8, 97다12037; 同 2002. 2. 8, 2001다94018.
261) 국기법(國基法) 제2조 5호, 지세법(地稅法) 제1조 1항 13호 각 참조.
262) 국징법(國徵法) 제4조, 지세법(地稅法) 제33조 1항 각 참조.
263) 국기법(國基法) 제35조 1항 3호, 지세법(地稅法) 제31조 2항 3호 각 참조.

선하지 못하고 공과금 기타의 채권에 우선하여 배당받을 수 있다할
것이다.

㉣ 압류효력(押留效力)과 세액(稅額)의 확정(確定)

국세징수법(국징법 제47조 2항)은 체납처분 압류의 효력범위를
확장하여, 부동산·공장재단 등과 같이 등기나 등록에 의하여 권리
관계가 공시되는 재산에 대하여 한 압류는 당해 압류재산의 소유권
이 이전되기 전에 법정기일이 도래한 국세에 대한 체납액에 대하여
도 그 효력이 미친다고 규정하고 있다(국기법 제35조 1항). 참가압
류의 경우에도 이 규정이 적용되어 참가압류등기 이후 발생한 체납
액에 대하여도 효력이 미친다.[264] 그러나 압류의 효력확장에 관한
위 규정의 취지는 국세징수의 확보를 위한 정책적 고려에 기인한
것으로 한번 압류등기를 하면 동일한 자에 대하여 압류등기 이후에
발생한 체납세액에 대하여도 새로운 압류등기를 거칠 필요 없이 당
연히 압류의 효력이 미친다는 것일 뿐이고, 그 압류에 의해 그 후
에 발생한 국세채권에 특별한 우선적 효력을 인정하는 것은 아니라
고 할 것이고,[265] 체납처분에 의한 압류는 사법상(私法上)의 강제
집행절차에 있어서는 배당요구의 효력이 있음에 그치는 것이며 또
배당에서 우선순위를 정하는 데 적용될 만한 다른 규정도 없는 이
상, 체납처분의 압류등기 이후에 설정된 저당권 등 담보물권과의
우선순위는 국세기본법 제35조와 지방세법 제31조의 원칙으로 돌아

---

264) 대판(大判) 1994. 9. 13, 94누1944.
265) 대판(大判) 1988. 1. 19, 87누827.

가야 한다는 것이 실무이다.266) 이에 의하면 압류등기 이후에 발생한 체납세액도 배당요구의 종기까지 교부청구를 하여야 하고 배당요구의 종기 이후 배당기일까지 사이에 비로소 교부청구(交付請求)된 세액은 배당할 수 없으며, 압류등기 이후에 발생한 체납세액과 담보권과의 우선순위를 가릴 때에는 각 체납세액의 법정기일과 담보권 등기일(登記日)의 선후를 비교하여 그 우선순위를 결정하여야 할 것이다. 압류된 조세채권에 관하여 배당요구의 종기까지 교부청구나 그 세액을 알 수 있는 증빙서류가 전혀 제출되지 아니한 경우에는 압류등기를 집행기록에 나타난 증빙서류에 준하는 것으로 취급하여 압류등기 촉탁서에 의한 체납액을 조사하여 배당할 수 있을 뿐이고, 그 후 배당 시까지의 사이에 비로소 교부청구 된 세액은 그것이 실체법상의 다른 채권보다 우선하는 것인지 여부를 불구하고 이를 배당할 수 없으며,267) 다만 비록 배당요구의 종기 이전에 체납세액의 신고가 있었다고 하더라도 조세채권자는 그 후 배당표가 작성될 때까지는 이를 보정하는 증빙서류 등을 다시 제출하여 수정 교부청구 할 수 있다고 할 것이며, 경매법원으로서는 특별한 사정이 없는 한 위 배당요구의 종기 전의 신고금액을 초과하는 금액에 대하여도 위 압류등기상의 청구금액의 범위 내에서는 배당표 작성 당시까지 제출한 서류와 증빙 등에 의하여 조세채권자가 배당받을 체납세액을 산정하여야 한다.268)

266) 법원행정처(法院行政處), 전게민집(前揭民執, 임 · 상(臨 · 上), 849면.
267) 대판(大判) 1997. 2. 14, 96다51585.
268) 대판(大判) 2002. 1. 25, 2001다11055.

㉑ 부동산(不動産)의 양도(讓渡)와 조세채권(租稅債權)

부동산이 양도되어 제3자가 소유권을 취득한 경우, 양도 이전에 양도인의 체납국세에 관하여 체납처분 등으로 압류를 한 바 없다면 양도인에 대한 체납국세는 낙찰대금에서 우선배당을 받을 수 없는 것이 원칙이고,[269] 저당권이 설정된 부동산이 양도되었을 경우 양수인(讓受人)인 제3자에게 부과된 조세는 그 법정기일이 저당권의 설정 前이라고 하더라도 저당권에 대하여는 우선권이 없다.[270]

③ 당해세 우선(當該稅 優先)

㉮ 의의(意義)

당해세는 매각부동산 자체에 대하여 부과된 조세와 가산금으로서, 그 법정기일 전에 설정된 저당권 등으로 담보한 피담보채권보다 우선하는데[271] 이를 당해세 우선(當該稅 優先)의 원칙(原則)이라 한다.[272] 이 원칙은 公示를 수반하는 담보물권과 관련하여 거래의 안전을 보장하려는 사법적(私法的) 요청과 조세채권의 실현을 확보하려는 공익적(公益的) 요청을 적절하게 조화시키려는 데 그 입법취지가 있으므로, 당해세가 담보물권에 의하여 담보되는 채권에 우

---

269) 대판(大判) 1998. 8. 21, 98다24396.
270) 대판(大判) 1972. 1. 31, 71다2266.
271) 국기법(國基法) 제35조 1항 3호, 지세법(地稅法) 제31조 2항 3호 각
     참조.
272) 임승순(任勝淳), 전게서(前揭書), 223면.

선한다고 하더라도 이로써 담보물권의 본질적 내용까지 침해되어서는 아니 되고, 따라서 위에서 말하는 「그 재산에 대하여 부과된 국세」라 함은 담보물권을 취득하는 사람이 장래 그 재산에 대하여 부과될 것을 상당한 정도로 예측할 수 있는 것으로서 오로지 당해 재산을 소유하고 있는 것 자체에 담세력(擔稅力)을 인정하여 부과되는 국세만을 의미하는 것으로 보아야 한다.[273]

지방세에 대하여도 지방세법 제31조 2항 3호에서 당해세 우선의 원칙을 규정하였다가 1991. 12. 14. 개정하면서 동 원칙을 폐지하였는데, 1995. 12. 6. 법률 제4995호로 지방세법을 개정하면서 당해세 우선의 원칙에 대한 규정을 부활시켜(시행일은 1996. 1. 1.) 오늘에 이르고 있다.

한편, 어떤 조세가 당해세에 해당되는지에 관한 구체적·세부적 판단문제는 개별법령의 해석·적용의 권한을 가진 법원의 영역에 속한다할 것이다.[274]

㉯ 종류(種類)

㉠ 국세(國稅)

국세에 관하여 국세기본법 시행령(국기법 시행령 제18조 1항)은 상속세·증여세·재평가세를 당해세로 규정하고 있다. 상속세, 증

---

273) 대판(大判)(全) 1999. 3. 18, 96다23184; 同 2002. 2. 8, 2001다 74018.
274) 헌재결(憲裁決) 1999. 5. 27, 97헌바889; 98헌바90; 同 2001. 2. 22, 99헌바44.

여세에 대하여 이는 과세물건에 대한 재산세라기보다는 권리변동을 대상으로 하여 부과되는 것이므로 이를 당해세로 인정하면 담보물권의 본질적 내용을 침해할 우려가 있어 위헌의 소지가 있으나, 증여세는 그 부동산 자체에 부과된 이른바 당해세에 해당한다고 할 것이다.[275] 증여세나 이와 유사한 상속세가 경매물건에 대한 당해세에 해당하는지에 관하여는 신중한 판단이 요청된다.

부동산을 매수한 후 소유권이전등기를 하지 아니한 채 수증자(受贈者) 앞으로 직접 소유권이전등기를 한 것을 과세대상으로 삼아 부과된 증여세는 당해세에 해당하지만, 매각재산의 취득자금을 증여받은 것으로 추정하여 그 재산의 취득자금에 대하여 부과하는 증여세는 당해세라고 할 수 없다.[276] 매각재산 자체가 증여된 경우에 한하여 그 재산에 부과된 증여세가 당해세에 해당한다는 것이다. 또한 부동산에 대하여 근저당권설정 이전에 이루어진 증여를 원인으로 하여 부과된 증여세는 위 부동산 자체에 관하여 부과된 것이고, 근저당권설정 당시 이미 등기부 상 증여를 원인으로 하여 근저당설정자 명의로 소유권이전등기가 마쳐져 있었으므로 근저당권자로서는 장래 이 증여를 과세원인으로 하여 증여세가 부과될 것을 상당한 정도로 예측할 수 있다고 봄이 상당할 것이고, 따라서 위 증여세는 당해세에 해당한다.[277]

상속세에 관하여는, 국세에 대하여 우선적으로 보호되는 저당권으로 담보된 채권이라 함은 원래 저당권설정 당시의 저당권자와 저당권설정자와의 관계를 기본으로 하여 그 설정자와의 납세의무를

---

275) 대판(大判) 1999. 8. 20, 99다6135.
276) 대판(大判) 1996. 3. 12, 95다47831.
277) 대판(大判) 2001. 1. 30, 2000다47972.

기준으로 한 것이라고 해석되므로, 저당권설정자가 그 피담보채권에 우선하여 징수당할 아무런 조세의 체납도 없는 상태에서 사망한 경우에 그 상속인에 대하여 부과한 국세인 상속세는 이를 당해세라 하여 우선 징수할 수 없다.[278]

한편 당해세와 저당권의 우선관계에 관하여 법문의 형식으로만 보면 납세의무자가 누구인지 또는 저당권이 설정되어 있는지의 여부와 관계없이 우선 징수되는 것으로서 저당 목적물이 양도된 사실에 불구하고 양수인의 당해세에 대하여도 우선하는가에 대하여 문제가 있으나, 저당권설정자에게 부과된 세금에 한하여 우선할 수 있고 양수인에게 부과된 증여세라든가 설정자의 사망으로 인하여 그 상속인에게 부과된 상속세와 같은 당해세는 기존의 저당권자에 우선하여 징수할 수 없다 할 것이다.[279]

ⓛ 지방세(地方稅)

지방세에 관하여는 지방세법에 그 재산에 대하여 부과된 지방세와 가산금이라는 표현을 사용할 뿐 하위 법령에도 당해세의 종류에 관한 아무런 규정을 두고 있지 않은 반면, 헌법재판소는 당해세 우선의 원칙에 관한 규정의 위헌여부가 문제가 된 사건에서,[280] 조세는 과세물건을 기준으로 할 때 소득세·재산세·소비세 및 유통세로 분류되는데 이중에서 당해세 우선의 원칙을 취하더라도 담보물권의 본질적 내용을 침해한다거나 과도하게 제한하는 것으로 볼 수 없는 것은

---

278) 대판(大判) 1996. 7. 12, 96다21058.
279) 대판(大判) 1995. 4. 7, 94다11835.
280) 헌재결(憲裁決) 1994. 8. 31, 91허가1.

당해 재산의 소유 그 자체 즉 어떤 사람이 당해 재산을 소유하고 있다는 사실 그 자체에 담세력(擔稅力)을 인정하여 부과하는 강학상(講學上)의 재산세에 한한다고 판시(判示)하면서, 지방세 중에서 취득세·등록세·면허세에 대하여는 헌법 규정상 당해세 우선의 원칙을 적용할 수 없고, 재산세 및 자동차세와 같이 강학상(講學上) 재산세에 한하여 당해세 우선의 원칙을 적용할 경우 헌법위반의 문제는 생길 수 없다고 판시(判示)하였다. 그런데 1996. 12. 31. 대통령령 제15211호로 개정된 지방세법 시행령은 당해세에 관한 규정(지방세법 제14조의 4)을 신설하여 당해세의 종류로 취득세·등록세·재산세·자동차세·종합토지세·도시계획세 및 공동시설세를 규정하고 있다. 위 헌법재판소의 결정에 비추어 볼 때, 지방세 중에서 재산세와 자동차세가 당해세에 해당하는 것은 명백하다.

　종합토지세는 그 과세표준이 종합합산과세표준·별도합산과세표준 및 분리과세표준으로 나누어지는데, 종합합산과세표준과 별도합산과세표준의 경우에는 납세의무자가 소유하고 있는 전국의 모든 토지 중 건축물의 부속 토지 여부에 따라 각각 그 가액을 합산하는 것이므로 당해 토지만이 유일한 과세대상이 되지 않는 한 그 전부를 당해세로 보기는 어렵고, 이 경우에는 보정을 통하여 당해 부동산에 관한 종합토지세액 상당만을 가려내어 배당하여야 할 것이다.[281] 분리과세표준의 경우에는 당해 부동산에 관한 것인 한(限) 당해세로 인정하는 데에 어려움이 없다. 또한 도시계획세는 도시계획구역 안의 토지 또는 건축물을 과세대상으로 하는 것이므로 당해세에 해당하고, 소방공동시설세도 당해세에 해당한다.[282] 그러나

---

[281] 대판(大判) 2001. 2. 23, 2000다58088.

취득세와 등록세는 위 헌법재판소의 결정취지에 비추어 당해세로 인정하지 않는 것이 타당하고, 실무도 이에 따르고 있다.[283]

㉰ 당해세(當該稅)의 순위(順位)

당해세는 최우선순위의 임금채권과 소액임차인의 보증금을 제외하고는 어떠한 채권에 대하여도 우선한다. 그런데 당해세, 소액임대차보증금 및 선순위 저당권의 순위가 서로 상충되는 경우, 예를 들면 1998. 1. 1. 설정된 근저당권, 당해세, 주택임대차보호법에 의한 보증금 4,000만 원의 임차인이 있을 경우에, 임차인의 소액보증금 1,600만 원은 당해세에 우선하고, 당해세는 근저당권에 우선하며, 근저당권은 소액보증금에 우선하여 3자 간에 순환적인 우선관계가 성립하는 경우에는 순환배당·흡수배당의 예에 따라 배당한다.

㉱ 지방세법(地方稅法)의 개정(改正)과 우선(優先)하는 당해세(當該稅)의 범위(範圍)

지방세에 관하여 당초 당해세 우선의 원칙을 규정하였다가(지세법 제31조 2항) 1992. 1. 1.부터 시행된 개정 지방세법에서 당해세 우선의 원칙에 관한 규정을 삭제하였고, 1995. 12. 22. 지방세법이 다시 개정(시행일은 1996. 1. 1.)되면서 당해세 우선의 원칙이 새로이 규정됨에 따라 어느 시점의 당해세에 대하여 신법을 적용할 것

---

282) 대판(大判) 2002. 2. 28, 2001다74018.
283) 법원행정처(法院行政處), 전게민집(前揭民執, 임·상(臨·上)), 853면.

인가가 문제되는바, 개정법 부칙은 이 법 시행당시 종전의 규정에 의하여 부과 또는 감면하였거나 부과 또는 감면하여야 할 지방세에 대하여는 종전의 예에 의한다고 규정(개정 지방세법 부칙 제8조)하고 있으므로 이에 따라 개정법의 시행일인 1996. 1. 1. 이후에 납세의무가 성립하는 당해세, 즉 1996년도 분부터 신법에 의하여 당해세 우선의 원칙이 적용된다.

한편 1996. 1. 1. 이후 납세의무가 성립한 당해세가 그 이전에 성립된 저당권 등에 우선할 수 있는지가 역시 문제인바, 이에 관하여 대법원은 당해세는 위 개정법 시행 이전에 이미 설정된 근저당권의 피담보채권에 대하여 우선할 수 없다고 판시하였다.[284] 또한 1996. 1. 1. 이후에 성립한 당해세가 1992. 1. 1. 이전[285]에 설정된 저당권 등에 우선하는지 여부에 관하여 문제되나, 이미 법 개정으로 폐지된 규정이 그 후 다시 개정되었다고 하여 그 효력이 부활한다고 보기는 어렵다.[286]

한편, 법원은 관할관청의 교부청구서상으로 세목·과세대상·법정기일 등이 불분명한 경우에는 주관 공무소에 미리 보정을 요구하여 당해세에 해당하는지 여부를 확인·정리하여야 한다.

(3) 체납처분(滯納處分)의 예(例)에 의해 징수(徵收)하는 공과금 채권금액(公課金 債權金額)

① 공과금(公課金)의 의의(意義)

---

284) 대판(大判) 1999. 3. 12, 98다59125.
285) 당해세(當該稅)에 관(關)한 규정(規定)이 폐지(廢止)되기 전(前).
286) 법원행정처(法院行政處), 전게민집(前揭民執, 임·상(臨·上)), 854면.

전술한 조세·가산금 및 체납처분비 이외의 채권이면서 국세징수법 상의 체납처분의 예에 의하여 징수할 수 있는 채권을 통상 공과금이라고 부르는데(국기법 제2조 8호, 지세법 제31조 1항), 여기에는 징수(徵收) 순위가 일반채권자보다 앞서는 것과 그렇지 아니한 것이 있고, 전자 중에도 납부기한에 따라 담보권과의 우선순위가 달라지는 것과 그렇지 아니한 것이 있는데, 어느 것이나 이들 징수금이 미납된 경우 국세징수법 상의 체납처분의 예(例)에 의한 압류·참가압류 및 교부청구가 가능하고, 압류의 배당요구적 효력, 배당요구의 종기까지 교부청구(배당요구)의 요부, 그 방법 및 교부청구하지 아니한 경우의 효과는 조세의 그것과 같다.

②   구국민의료보험료(舊國民醫療保險料)·건강보험료(健康保險料)
       와   연금보험료(年金保險料)

구국민의료보험법상의[287] 의료보험료와 구국민의료보험법 및 구의료보험법을 대체한 국민건강보험법상의[288] 국민건강보험료, 그리고 국민연금법상의[289] 연금보험료 등은 그 납부기한 전에 설정된 저당권 등과 기타 일반채권에 대하여는 우선하여 배당하여야 한다. 다만 위 보험료 등이 납부기한 후에 설정된 저당권 등 보다 우선한

---

287) 구국민의료보험법(舊國民醫療保險法)은 1999. 2. 28. 법률(法律) 제5854호로 제정된 국민건강보험법 부칙(國民健康保險法 附則) 제2조로 폐지(廢止)된 것을 말한다.
288) 1999. 2. 8. 법률(法律) 제5854호로 제정(制定)되어 2000. 7. 1.부터 시행(施行)되고 있다.
289) 2000. 12. 23. 법률(法律) 제6286호로 개정(改正)되기 전의 것.

다고 하여도 조세보다 우선하는 것은 아니므로, 위 보험료의 납부기한 후에 설정된 저당권보다 후순위의 조세가 있을 경우에는 저당권보다 우선하는 보험료채권과 저당권부채권 및 저당권보다 후순위의 조세채권 사이에 순환관계가 성립한다.

③ 산업재해보상보험료(産業災害補償保險料)와 징수금(徵收金), 구의료보험료(舊醫療保險料), 구연금보험료(舊年金保險料)

산업재해보상보험법(동법 제74조, 제76조), 구의료보험법[290], 구국민연금법은[291] 위 각 법에 의하여 징수하여야 할 보험료 및 징수금의 징수순위에 관하여 국세 및 지방세의 다음으로 하도록 규정하는 한편, 징수절차는 국세체납처분의 예에 의하도록 규정하고 있을 뿐이고, 달리 국세우선에 관한 국세기본법 제35조 1항 3호를 준용할 수 있는 근거는 두고 있지 않다. 그리하여 이들 공과금채권과 저당권에 의하여 담보되는 채권의 우선순위에 관하여는 문제가 있다. 의료보험료와 저당권에 의하여 담보되는 채권의 우선순위에 관하여 의료보험료의 징수절차에 국세기본법(국기법 제35조) 또는 지방세법(지세법 제31조)의 규정을 준용하게 되면 저당권의 설정시기와 의료보험료 등의 지급기한 여하에 따라서는 의료보험료 등의 우선순위가 국세, 지방세에 우선하는 결과가 되는 수도 있게 되어 의료보험법(동법 제56

---

290) 1999. 2. 8. 법률(法律) 제5854호로 제정된 국민건강보험법 부칙(國民健康保險法 附則) 제2조로 폐지(廢止)된 것(구의료보험법(舊醫療保險法) 제56조 3항, 제58조 각 참조.
291) 2000. 12. 23. 법률(法律) 제6286호로 개정(改正)되기 전(前)의 것 구국민연금법(舊國民年金法) 제79조 3항, 제81조

조)에 반하게 되어 공과금채권의 발생시기와 저당권설정등기의 선후에 의하여 결정할 것이 아니다.[292]

산업재해보상보험법에 의한 보험료에 관하여, 산업재해보상보험료의 징수 우선순위를 국세, 지방세 다음으로 한다고 규정한 것은 산업재해보상보험료의 징수순위를 각종 공과금과 일반채권보다 우선순위에 있음을 정한 것으로 보아야 할 것이고, 여기에서 국세, 지방세는 저당권부채권보다 후순위인 국세, 지방세를 의미한다고 보아야 할 것이므로 저당권 등에 의하여 담보되는 채권에 우선하여 징수할 수 없다할 것이다.[293] 위 보험료 등의 채권은 그 납부기한이 저당권 설정시보다 선후인지 여부는 고려하지 않고, 조세와 저당권자 다음 순위로 배당하고 일반채권자와의 관계에서만 우선하여 배당하여야 할 것이다. 실무도 위와 같이 처리하고 있다.[294]

한편, 구국민연금법상 보험료 등의 징수권자가 국세체납처분의 예에 따라 압류등기를 한 후 근저당권을 취득한 자가 있는 경우의 배당순위에 관하여, 양자 사이에 안분배당을 하여야 하고,[295] 산업재해보상보험법상 보험료의 압류권자는 근저당권자보다 우선한다.[296] 압류등기가 먼저 되었다면 그 압류의 효력으로 인해 근저당권은 압류채권자에 대한 관계에서 상대적으로 무효가 되어 일반채권자에 불과하게 되므로 보험료 등 채권이 근저당권보다 우선하여 배당받아야 할 것이다. 다만 위 각 보험료 등의 채권에는 압류선착

---

292) 대판(大判) 1988. 9. 27, 87다카428.
293) 대판(大判) 1990. 3. 9, 89다카17898.
294) 법원행정처(法院行政處), 전게민집(前揭民執, 임·상(臨·上), 856면.
295) 대판(大判) 1997. 2. 28, 96다50063.
296) 대판(大判) 1998. 11. 3, 98다26149.

주의를 규정하고 있는 국세기본법 제6조 1항이 적용된다고 볼 근거가 없으므로 위 각 보험료 등의 채권의 징수를 위한 압류가 먼저 되었다고 하여 조세채권보다 앞서는 것은 아니다. 따라서 저당권보다 후순위의 조세채권이 있을 경우에는 저당권보다 앞선 위 각 보험료 등의 채권과 저당권채권 및 저당권보다 후순위의 조세채권 사이에 순환관계가 성립한다할 것이다.

④　과태료(過怠料)와　국유재산법상(國有財産法上)의　사용료(使用料)·대부료(貸付料)·변상금채권(辨償金債權)[297]

위의 각 채권도 그 징수는 국세징수법에 의한 체납처분의 징수절차에 의하나, 의료보험법 및 산업재해보상보험법 상의 보험료 등과 같이 우선순위에 관한 특별한 규정을 두고 있지 않으므로 원칙적으로 일반채권과 같은 순위로 배당받게 된다. 따라서 조세에 관한 우선징수의 원칙(국기법 제36조 1항, 지세법 제34조 1항)은 그 적용이 없고, 다만 일반 채권과 동일한 순위로 배당받을 뿐이다. 과태료 중 검사의 집행명령에 의하여 집행하는 것은 후술하는 재산형·과태료에 속하고, 여기서는 행정관청이 일단 부과한 것을 그 상대방이 다투지 아니함으로써 그대로 확정되어 버린 과태료로서 그 집행에 관하여는 개별법(個別法)에서 대부분 국세 또는 지방세체납처분의 예에 의하여 징수하도록 규정하고 있다.[298]

---

297) 국유재산법(國有財産法) 제25조 3항, 제38조 3항, 제51조 3항 각 참조.
298) 건축법(建築法) 제82조 5항, 도로교통법(道路交通法) 제115조의 2, 5항 등 참조.

(4) 재산형(財産刑)·과태료 등(過怠料 等)

벌금, 과료, 추징, 과태료, 소송비용, 비용배상 또는 가납(假納)의 재판은 검사의 명령에 의하여 집행한다.[299] 이 중 과태료는 금전벌(金錢罰)의 일종으로서 그 부과기관 및 확정절차에 따라 두 가지로 나누어지는데, 하나는 법원의 과태료재판에 의하여 확정되는 과태료이고, 다른 하나는 행정관청이 일단 부과한 것을 그 상대방이 다투지 아니함으로써 그대로 확정된 과태료이다. 전자의 집행에 관하여는 민사집행법(법 제60조), 비송사건절차법(비송법 제249조), 형사소송법(형소법 제477조) 등에서 규정하고 있는 반면, 후자에 관하여는 개별법(個別法)에서 대부분 국세 또는 지방세체납처분의 예(例)에 의하여 징수하도록 규정하고 있어 전술한 국세에 관하여 설명한 부분과 중복되므로 여기서는 전자의 것만 기술한다.

검사의 명령에 의하여 집행하는 위 각 채권도 배당요구의 종기까지 배당요구를 하여야 하는데, 배당요구의 자격을 소명하는 서면으로는 검사의 집행명령등본 또는 사본과 집행하여야 할 채권의 내용이 적힌 재판서의 등본 또는 사본을 제출하면 된다.

한편, 위 각 채권의 채권자는 국가이지만 집행권한이 검사에게 있으므로 검사가 집행신청 또는 배당요구 할 때는 집행채권자 또는 배당요구권자를 ***지방검찰청 검사 ***로만 표시한다.[300] 재산형

---

299) 법(法) 제60조, 형소법(刑訴法) 제477조 1항, 비송법(非訟法) 제249조 1항 각 참조.

300) 대법원(大法院), 예규(例規) 1964. 03. 13, 송무(訟務) 제48호, 벌과금징수(罰科金徵收)를 위(爲)한 강제경매신청(强制競賣申請)의 적격자(適格者, 송민(訟民) 64-2) 참조.

이나 과태료는 조세라든가 특별한 공과금과는 달리 우선배당에 관한 아무런 규정이 없으므로 일반 채권과 같은 순위로 배당 받는다 할 것이다.

第3節 배당순위(配當順位)와 배당비율(配當比率) 및 배당액(配當額)

1. 배당순위(配當順位)

(1) 순위(順位)의 결정(決定)

　집행법원의 배당절차에 있어서의 배당순위에 관하여는 민사집행법에 특별한 명문의 규정이 없다. 따라서 배당참가채권자가 모두 일반채권자라면 채권발생의 선후에 불구하고 평등한 비율(比率)로 배당순위가 결정되겠지만 민법과 상법 그 밖의 법률의 규정에 의하여 우선순위가 정하여져 있는 경우(법 제145조)에는 그에 따라 배당순위가 결정되므로 일반채권자의 배당순위는 자연 뒤로 물러나게 되어 예측할 수 없는 손해를 입게 된다. 민사집행법이 배당순위에 관하여 민법과 상법 그 밖의 법률의 규정에 일임하고(법 제145조 2항), 명문으로 배당순위를 정하지 않는 것이 옳은 입법이라 하기는 어렵다. 민법이나 상법 그 밖의 법률의 규정에 따른 우선변제권의 존재를 알지 못한 일반채권자들이 부동산 등의 강제경매 신청을 하였다가 경매진행 중에 뜻밖의 우선변제권자가 나타나서 남을 가망이 없는 경우의 경매에 해당되어 경매신청이 취소된다든가(법 제102조) 또는 경매신청 채권자가 우선변제권자(優先辨濟權者)의 채권에 먼저 배당하고 나머지가 없거나 그 금액이 적어서 청구금액을 모두 변제받지 못하는 경우가 발생하게 된다. 일반채권자가 부동산 등 강제경매를 신청하기에 앞서 목적부동산 위에 민법과 상법 그 밖의 법률에 의하여 우선변제권을 가진 채권자가 존재하는지를 미리 알았더라면 경매신청을 하지 않았을 것인데, 이를 알지 못한 상태에서 경매신청을 하여 위에 든 불측(不測)의 손해를 입게 되었다면 강제집행신청 채권자로서는 억울하지 않을 수 없다. 여기서 이와 같은 사태를 미리 방지할 방안을 마련할 필요가 있다. 물론 배당표가 작성된 후 그에 대한 불복방법으로 배당표에 대한 이의나 우선권 등을 주장하는 소, 배당이의의 소에 의하여 구제받을 수는 있지만, 이런 불복방법은 사후적 구제책에 지나지 않을 뿐 아니라 이를 위하여 많은 비용과 시간이 소요된다.

배당순위(配當順位)를 결정함에 있어서는 강제집행의 목적물이 부동산이냐, 부동산인 경우에도 강제경매냐 담보권 실행 등을 위한 경매냐에 따라 달라지고, 유체동산에 대한 강제집행절차에서 다수의 채권자가 경합하여 협의가 성립되지 아니하거나 매각대금으로 다수 채권자의 채권을 모두 만족시킬 수 없을 때 매각대금을 공탁하는 등의 경우, 그리고 채권에 대한 강제집행절차에서 압류가 경합되거나 제3채무자가 채무자에 대한 채무의 변제를 위하여 공탁한 경우에 각 개시되는 배당절차에서의 배당순위와 배당액이 달라진다.

(2) 부동산(不動産) 강제집행상(强制執行上) 배당순위(配當順位)

① 조세채권(租稅債權)의 법정기일 전(法定期日 前)에 저당권 등(抵

當權 等)이 설정(設定)된 경우

(가) 제1순위: 집행비용.

(나) 제2순위: 저당물의 제3취득자가 그 부동산의 보존·개량을
위하여 지출한 필요비·유익비(민법 제367조).

(다) 제3순위: 소액 주택·상가임차보증금 채권,[301] 최종 3월분
임금과 최종 3년간의 퇴직금 및 재해보상금.[302]
이들 채권이 서로 경합하는 경우에는 동등한 순위
의 채권으로 보아 배당한다.[303]

확정일자를 갖춘 주택 또는 상가건물의 임차보증금반환채권(주임
법 제3조의 2, 1항, 상임법 제5조 2항), 임차권등기 된 주택 또는
상가건물의 임차보증금반환채권은 저당권부채권과 같은 성질의 채
권으로 취급한다. 다만 임차권등기 된 경우 그 등기 전에 대항요건
과 확정일자를 모두 갖춘 경우에는 등기된 때가 아니라 위 요건을
모두 갖춘 때의 순위가 인정된다.

(라) 제4순위: 집행(執行)의 목적물(目的物)에 대하여 부과된 당해

---

301) 주임법(住賃法) 제8조 1항, 상임법(商賃法) 제14조 1항, 국기법(國基
法) 제35조 1항 4호, 지세법(地稅法) 제31조 2항 4호 각 참조.
302) 근기법(勤基法) 제37조 2항, 국기법(國基法) 제35조 1항 5호, 지세
법(地稅法) 제31조 2항 5호, 단 최종 3년간의 퇴직금은 1997. 12.
24. 개정된 근로기준법 부칙(勤勞基準法 附則) 제2조에 의하여 개
정 근로기준법(改正 勤勞基準法)의 시행(施行) 전에 퇴직(退職)한
근로자(勤勞者)의 경우에는 특칙(特則)이 있다.
303) 주 281) 참조.

세(當該稅)인 국세·지방세(國稅·地方稅)와 가산금
(加算金).[304]

(마) 제5순위: 국세(國稅) 및 지방세(地方稅)의 법정기일 전에 설정
등기 된 저당권·전세권에 의하여 담보되는 채권.[305]

(바) 제6순위: 근로기준법(勤勞基準法) 제37조 2항의 임금 등을 제
외한 임금, 기타 근로관계로 인한 채권(근기법 제37
조 1항).

(사) 제7순위: 국세·지방세 및 이에 관한 체납처분비, 가산금 등
의 징수금.[306]

(아) 제8순위: 국세 및 지방세의 다음 순위로 징수하게 되는 공
과금 중 산업재해보상보험료, 국민건강보험료, 국
민연금보험료, 고용보험료, 의료보험료, 국민의료
보험료[307]

(자) 제9순위: 일반 채권자의 채권과 재산형·과태료 및 국유재산
법 상의 사용료·대부료·변상금채권.

---

304) 국기법(國基法) 제35조 1항 3호, 지세법(地稅法) 제31조 2항 3호
각 참조.
305) 주 274) 판례(判例) 참조.
306) 국기법(國基法) 제35조, 지세법(地稅法) 제31조 각 참조.
307) 단(但), 납부기한(納付期限)과 관련(關聯)하여 예외 규정(例外 規定)
이 있다.

212

② 가압류(假押留) 또는 압류 후(押留 後)에 저당권 등(抵當權 等)이
  설정(設定)된 경우

(가) 가압류 후 설정(假押留 後 設定)된 저당권자(抵當權者)에 의
    (依)하여 경매신청(競賣申請)이 된 경우.

가압류(假押留) 후에 1번 저당권(抵當權) 및 2번 저당권(抵當權)이
설정되어 있던 중 위 1번 또는 2번 저당권자(抵當權者)에 의하여 경
매신청(競賣申請)이 된 경우에 위 3인 간의 배당순위는 가압류채권
자와 각 저당권자는 같은 순위로서 각 채권액에 따라 안분비례(按分
比例)에 의해 배당(配當)을 받되 1번 저당권은 2번 저당권에 우선하
므로 1번 저당권자는 2번 저당권자가 받을 배당액으로부터 자기의
채권액을 만족시킬 때까지 이를 흡수하여 변제를 받을 수 있다. 예
컨대 배당할 금액이 금200만 원이고, 가압류채권자 갑(甲)의 채권이
금50만 원, 1번 저당권자 을(乙)의 채권이 금150만 원, 2번 저당권자
병(丙)의 채권이 300만 원이라면 갑·을·병(甲·乙·丙)의 배당액
은 각 채권액에 따라 안분비례(按分比例)되므로 갑(甲)은 금20만 원
(200×50/50＋150＋300), 을(乙)은 금60만 원(200×150/50＋150＋
300), 병(丙)은 금120만 원(200×300/50＋150＋300)을 각 배당받아
야 할 것이나, 을(乙)은 병(丙)에 우선하는 자인데 그 채권액 전부를
만족시키지 못하므로 그 채권액 금150만 원과 위 배당액 금60만 원
과의 차액 금90만 원은 병(丙)의 배당액으로부터 흡수하여 만족을
얻는다. 따라서 갑(甲)은 금20만 원, 을(乙)은 금150만 원, 병(丙)은
금30만 원(120-90)을 각 배당받게 된다.

(나) 가압류(假押留) 후 설정(設定)된 저당권자(抵當權者)의 경매
절차(競賣節次)에 집행권원(執行權原)을 가진 채권자(債權者)
가 강제경매신청(强制競賣申請)한 경우.

가압류 후에 그 부동산에 저당권설정등기를 한 저당권자의 신청
에 의하여 경매절차 진행 중 집행력 있는 정본을 가진 다른 채권자
가 강제경매 신청을 하여 압류가 경합된 경우에 가압류채권자 갑
(甲), 가압류 후의 저당권자 을(乙), 2중 압류채권자 병(丙), 3인 간
의 순위는 저당권자 을(乙)은 그 저당권으로써 가압류채권자 갑(甲)
에게 대항할 수 없으므로 일반채권자와 동일한 지위에 서지만, 을
(乙)은 그 저당권으로써 병(丙)에 대항할 수 있으므로 갑·을·병
(甲·乙·丙)은 평등하게 취급되어 그 채권액에 비례하여 안분배당
을 받되 을(乙)은 병(丙)이 받을 배당액으로부터 자기의 채권액이
만족할 때까지 이를 흡수하여 배당받는다. 결국 전술한 가압류채권
자와 그 가압류등기 후의 1번, 2번 저당권자 간의 배당관계와 동일
하게 된다.

(다) 가압류 후 저당권(假押留 後 抵當權)이 설정(設定)되고, 그
가압류(假押留)가 본압류(本押留)로 전이(轉移)하여 경매개시
결정(競賣開始決定)이 된 뒤 일반채권자(一般債權者)가 배당
요구(配當要求)를 한 경우.

1순위로 가압류등기(假押留登記)가 있은 후에 저당권설정 등기(抵
當權設定 登記)가 있고 그 후에 가압류(假押留)로 이행하여 경매개시

214

결정(競賣開始決定)이 된 뒤 다시 다른 일반채권자(一般債權者)가 배당요구(配當要求)를 한 경우, 배당순위는 예컨대, 매각대금은 금160만 원이고, 가압류채권자 갑(甲)의 채권은 금80만 원, 저당권자 을(乙)의 채권은 금100만 원, 배당요구채권자 병(丙)의 채권은 금140만 원이라고 하면, 실무는 을(乙)이 본압류전에 설정등기 된 저당권자라는 이유로 따로 배당요구를 하지 아니한 경우에도 배당요구를 한 경우와 마찬가지로 취급하므로 매각대금 160만 원을 1단계로 갑, 을, 병(甲, 乙, 丙) 3인에게 갑(甲) 40만 원, 을(乙) 50만 원, 병(丙) 70만 원씩 안분배당하고, 2단계로 을(乙)은 병(丙)에 대하여 우선변제권이 있으므로 을(乙)의 피담보채권액 중 1단계에서 배당받지 못한 부족분 50만 원을 병(丙)의 안분액으로부터 흡수한다. 그 결과 갑(甲)은 40만 원, 을(乙)은 100만 원(50만 원＋50만 원), 병(丙)은 20만 원(70만 원－50만 원)을 최종적으로 배당받게 된다.

  (라) 배당(配當)의 순환관계(循環關係)

  마지막으로 배당의 순환관계(循環關係, 또는 윤환관계(輪環關係))가 생기는 경우가 있는바, 예를 들면 소액임차인에게 우선변제권이 인정되기 1984. 1. 1. 전에 설정등기 된 저당권자 갑(甲), 조세채권자(당해세) 을(乙), 소액임차인 병(丙), 3인 간의 우선관계는 갑(甲)은 병(丙)보다, 병(丙)은 을(乙)보다, 을(乙)은 갑(甲)보다 우선하게 되어 끝없이 순환관계가 되풀이된다. 이와 같은 경우에 있어서의 배당방법에 관하여, 실무는 먼저 갑, 을, 병(甲, 乙, 丙) 3인 간에 채권액 비례에 따라 안분한 후(제1단계), 갑, 을, 병(甲, 乙, 丙)은 모두 우선변제권이 있으므로 각각 자신의 채권액 중 1단계에서 안분 받지 못한 금액(부족액)에 달할 때까지 자신에게 뒤처지는 채권자의 안분액으로부터 흡수(2단계)하여 배당하는 안분후흡수방법(按分後吸收方法)에 의하고 있다. 안분후흡수방법에 의할 경우 제2단계에서 후순위자의 안분액을 흡수함에 있어서 흡수할 금액은 자신의 채권액 중 제1단계에서 안분 받지 못한 부족액과 제1단계에서 후순위자에게 안분된 금액을 각 한도로 한다. 안분후흡수방법에 의하면, 교부할 금액이 금200만 원이고 위 저당권자 갑(甲)의 채권이 금50만 원, 조세권자 을(乙)의 당해세 채권이 금150만 원, 소액임차인 병(丙)의 채권이 금300만 원이라고 하면 갑, 을, 병(甲, 乙, 丙) 세 사람을 평등하게 취급하여 각 채권액에 응하여 갑(甲)은 금20만 원, 을(乙)은 금60만 원, 병(丙)은 금120만 원으로 안분한 후(제1단계), 저당권자 갑(甲)은 소액임차인 병(丙)에 우선하므로 갑(甲)이 청구금액 중 1차로 배당받지 못한 금30만 원을 병(丙)으로부터 흡수하고, 소액임차인 병(丙)은 조세채권자 을(乙)에 우선하므로 같은 방식으로 을(乙)로부터 금60만 원을 흡수하고, 조세채권자 을(乙)은 저당권자 갑(甲)에 우선하므로 마찬가지의 방식으로 갑(甲)으로부터 금20만 원을 흡수하고, 각 위 흡수된 부분은 갑, 을, 병(甲, 乙, 丙) 각자의 1차로 배당된 금액에서 공제된다(제2단계). 따라서 결국 갑(甲)은 금30만(원래의 배당액 금20만 원＋병(丙)으로부터 흡수한 금30만 원－을(乙)에게 흡수당한 금20만 원), 을(乙)은 금20만 원(원래의 배당액 금60만－병(丙)에게 흡수당한 금60만 원＋갑(甲)으로부터 흡수한 금20만 원), 병(丙)은 금150만 원(원래의 배당액 금120만 원－갑(甲)에게 흡수당한 금30만 원＋을(乙)로부터

흡수한 금60만 원)을 각 배당받게 된다.[308]

③ 조세채권(租稅債權)의 법정기일(확정일) 후 저당권(抵當權)이 설
   정(設定)된 경우.

(가) 제1, 2, 3순위: 앞에서 본 바와 같다.

(나) 제4순위: 조세 기타 이와 같은 순위의 징수금(당해세 포함).

(다) 제5순위: 조세(租稅) 다음 순위의 공과금(公課金) 중 납부기
            한이 저당권·전세권의 설정등기보다 앞서는 구국
            민의료보험법 상의 의료보험료, 국민보험법 상의
            건강보험료, 및 국민연금법 상의 연금보험료.

(라) 제6순위: 저당권·전세권(抵當權·傳貰權)에 의하여 담보(擔
            保)되는 채권.

(마) 제7순위: 임금(賃金) 기타 근로관계(勤勞關係)로 인한 채권.

(바) 제8순위: 조세채권(租稅債權) 다음 순위의 공과금(公課金) 중
            산업재해보상보험법상의 보험료 기타 징수금, 구
            의료보험법에 의한 의료보험료, 구국민연금법에
            의한 연금보험료 및 납부기한이 저당권·잔세권의
            설정등기보다 후인 구국민의료보험법상의 의료보
            험료, 국민건강보험법상의 건강보험료 및 국민연
            금법상의 연금보험료.

(사) 제9순위: 일반채권의 순위로 배당을 받게 된다.

---

308) 법원행정처(法院行政處), 전게민집(前揭民執, 임·상(臨·上), 895면.

④ 저당권 설정(抵當權 設定)이 없는 경우

(가) 제1, 2, 3순위: 앞의 경우와 같다.

(나) 제4순위: 임금 그 밖의 근로관계로 인한 채권.

(다) 제5순위: 조세 그 밖의 이와 동순위(同順位)의 징수금(徵收
金, 당해세 포함).

(라) 제6순위: 조세 다음 순위의 공과금.

(마) 제7순위: 일반채권.

(3) 채권(債權) 그 밖의 재산권(財産權)에 대한 집행(執行)

① 최우선 순위는 전술한 공익비용인 집행비용이다(법 제53조 1항).
② 제1순위: 최종 3월분의 노임 등 채권.

근로기준법의 적용을 받는 근로자의 근로관계로 인한 채권 중 최
종 3월분의 임금과 최종 3년간의 퇴직금(근기법 제37조 2항) 및 재
해보상금 채권은 사용자의 총재산에 대하여, 질권에 의하여 담보된
채권, 조세 공과금 및 다른 채권에 우선하여 배당한다.

③ 제2순위: 집행의 목적물에 대하여 부과된 관세(관세법 제3조
1항), 국세와 가산금(국세기본법 제35조 1항 3호),
지방세와 가산금(지방세법 제31조 2항 3호).[309]

---

309) 당해세(當該稅)인 관세(關稅)와 국세(國稅)가 경합(競合)되는 경우에
는 관세(關稅)가 우선(優先)한다(관세법(關稅法) 제3조 1, 2항 참조).

④ 제3순위 및 제4순위: 담보권(擔保權)(질권(質權), 우선특권 및 물상대위권(物上代位權))에 의하여 담보되는 채권; 지방세 등 지방자치단체의 징수금, 당해세 아닌 관세, 국세와 가산금.

담보권에 의하여 담보되는 채권과 당해세 아닌 관세, 국세와 가산금, 지방세과 가산금 채권은 그 성립시기의 선후에 의하여 우선순위가 결정된다. 즉 질권(質權) 등의 설정시기와 지방세의 과세기준일, 납세의무성립일, 국세에 관한 국세기본법 제35조의 법정기일[310]의 선후를 비교하여 먼저 성립된 것이 우선하게 된다.

담보권에 의하여 담보되는 채권 상호 간에도 질권 등의 설정의 선후에 의하여 우선순위가 정하여진다(민법 제333조). 질권과 저당권에 의한 물상대위의 우선순위에 관해서는 문제가 있으나, 물상대위에 의한 압류의 의미를 대위목적물의 특정에 구하고, 저당권의 공시가 물상대위권의 공시가 되어 저당권설정등기와 질권의 대항요건을 갖춘 시점에 의하여 결정한다. 반면에 교부청구 된 국세와 지방세 또는 그 상호 간에는 우열이 없고, 교부청구의 선후와 관계없이 같은 순위이다.

---

310) 자진신고납세(自進申告納稅)의 경우 신고일(申告日), 수시부과세(隨時賦課稅)의 경우 납세고지서 발송일(納稅告知書 發送日), 원천징수세(源泉徵收稅)의 경우 납세의무 확정일(納稅義務 確定日)이 법정기일(法定期日)이다.

⑤ 제5순위: 근로기준법(勤勞基準法) 제37조 2항의 채권 이외(債權 以外)의 근로관계채권(勤勞關係債權).

위 제1순위 임금 등 채권(최종 3월분의 임금 등 채권)을 제외한 근로관계 채권은 질권 등에 의하여 담보된 채권에는 후순위이나 조세 등 채권[311]에는 우선하고, 다만 담보권에 우선하는 조세 등에는 우선하지 못한다는 것이므로(근기법 제37조 1항), 질권과 조세채권의 우열을 따져 질권이 우선하는 경우에는 질권에 의하여 담보된 채권, 근로관계채권, 조세 등 채권의 순위가 되고, 조세 등 채권이 질권에 우선하는 때에는 조세 등 채권, 질권(質權)에 의하여 담보된 채권, 근로관계 채권의 순위로 배당된다. 조세채권 중 당해세가 있는 경우에는 당해세는 항상 질권 등에 우선하므로 위 예(例)에 의하여 제2순위는 당해세, 제3순위는 질권 등으로 담보된 채권, 제4순위는 근로관계채권, 제5순위는 기타의 조세 등 채권의 순위가 되거나, 제2순위는 당해세, 제3순위는 그 밖의 조세 등 채권, 제4순위는 질권 등에 의하여 담보된 채권, 제5순위는 근로관계채권의 순위가 된다.

배당에 참가한 채권 중 조세 등 채권이 없는 경우에는 근로관계채권은 항상 담보권에 의하여 담보된 채권의 다음 순위이고, 담보권에 의하여 담보된 채권이 없는 경우에는 근로관계채권은 항상 당해세를 포함한 조세 등 채권에 우선하게 된다.

⑥ 제6순위: 국세 및 지방세의 다음 순위로 징수하게 되는 공과금.

---

311) 위 제2순위인 당해세(當該稅)를 포함(包含)한다.

예컨대 산업재해보상보험료(산업재해보상보험법 제76조), 건강보험료(건강보험법 제73조) 등이 있다. 위와 같은 공과금채권은 항상 국세 등 채권보다 다음 순위일 뿐 아니라, 담보권으로 담보되는 채권이 국세 등 채권보다 다음 순위인 경우에도 담보권으로 담보되는 채권이나 근로관계채권에 우선하지 못한다.[312]

⑦ 제7순위: 일반채권자의 채권.

(4) 배당순위(配當順位)에 관한 특수(特殊)한 문제(問題)

① 공동저당(共同抵當)의 배당순위(配當順位)

가. 공동저당(共同抵當)의 설정(設定)

공동저당(共同抵當)이라 함은 동일한 채권을 담보하기 위하여 여러 개의 토지 또는 건물, 토지와 그 지상 건물, 여러 개의 공장재단(工場財團) 등에 설정된 저당권을 말하고, 동일한 채권이라 함은 동일 당사자 간에 동일 발생원인에 의하여 발생한 채권으로서 그 급여내용이 동일한 것을 말한다.[313] 공동저당은 반드시 각 부동산 위에 동시에 설정하여야 하는 것은 아니고, 이른바 추가담보로서 때를 달리하여 설정될 수도 있다. 또한 목적물은 모두 동일인의 소

---

312) 대판(大判) 1988. 9. 27, 87다카428.
313) 이상태(李相泰), 전게서(前揭書), 439면.

유에 속할 필요도 없고, 소유자가 다르더라도, 예컨대 채무자 및 물상보증인의 각 소유 부동산에 관하여 각각 저당권 설정을 하여도 무방하고 또 목적물에 있어서의 공동저당권(共同抵當權)의 순위가 반드시 동일할 필요도 없다. 예컨대 갑(甲) 부동산의 공동저당권은 제1순위이고, 을(乙) 부동산의 공동저당권은 제2순위라도 무방하다.

  공동저당(共同抵當)이라 하여 어떤 특별한 공시방법(公示方法)이 정하여져 있는 것은 아니고 각 목적물마다 일반원칙에 따라 저당권설정등기(抵當權設定登記)를 하면 된다. 다만 공동저당권의 각 목적부동산마다 저당권설정등기를 함에 있어서는 그 목적부동산이 4개 이하인 경우에는 각 설정등기마다 다른 목적부동산과 공동으로 저당권의 목적이 되어 있음을 표시하는 기재를 하여야 한다(부동산등기법 제149조). 즉 개개의 목적 부동산의 등기용지의 각 해당구(을구(乙區)) 사항란에 「공동담보 동번지의 토지 또는 건물」, 등기구획이 다른 공동담보 부동산은 「○○동 ○○번지 토지 또는 건물」로, 다른 등기소관할의 공동담보 부동산은 「○○군 ○○면 ○○리 ○○번지 토지 또는 건물」라고 표시한다. 또 공동저당권의 목적부동산이 5개 이상인 때에는 등기신청서에 공동담보목록(共同擔保目錄)을 첨부하여야 하고(부등법 제146조) 각 저당권설정등기마다 공동담보목록에 적힌 다른 부동산에 관한 권리가 함께 담보의 목적이라는 뜻을 기재하여야 한다(부등법 제150조). 즉 개개의 목적 부동산의 등기용지의 각 해당구 을구(乙區) 사항란에 「공동담보목록 제○○○호」라고 표시한다.314) 이 경우 공동담보목록(共同擔保目錄)은 이를 등기부의 일부로 보고, 이 기재는 이를 등기로 본다(부등법 제151

---

314) 부동산등기(不動産登記) 기재례(記載例) 74 참조.

조).

이미 설정된 저당권의 피담보채권(被擔保債權)을 위하여 다시 다른 목적물을 추가하여 공동저당으로 하는 경우(추가적 공동담보)에는 추가목적물에 대한 저당권설정등기와 종전의 저당권설정등기의 쌍방에 각 목적물이 공동저당의 목적이라는 것을 기재하여야 하며, 그 기재에 있어서는 창설적 공동저당권설정등기(創設的 共同抵當權設定登記)의 경우에 준하여 한다(부등법 제152조). 즉 새로 하는 설정등기에는 담보물추가의 경우 「○○번지 토지·건물의 담보물에 추가」, 또는 담보목록 제출의 추가설정의 경우 「○○번지 토지·건물의 담보목적에 추가, 공동담보목록 제○○○호」라고 기재하고 종전의 설정등기에는 부기등기(附記登記)로서 「1번 저당권담보추가 공동담보 ○○동 ○○번지 토지」, 또는 「1번 저당권추가 공동담보목록 제○○호」라고 기재하여 담보물이 추가되었음을 표시하여야 한다.[315]

공동저당권자(共同抵當權者)는 이른바 저당권의 불가분성(不可分性, 민법 제370조, 제321조)에 의하여 공동저당목적 부동산의 어느 것으로부터도 채권의 전부나 일부를 자유롭게 우선변제 받을 수 있으므로 저당권자의 의사 여하에 따라 다음 순위 저당권자, 물상보증인, 제3취득자에게 불공평한 결과를 초래하게 된다. 따라서 민법은 공동저당권자의 자유선택권을 원칙적으로 보장하면서도 공동저당권자의 의사에 의한 불공평한 결과를 방지하기 위하여 한편으로는 공동저당의 목적물 전부가 경매되어 경매대금을 동시에 배당하는 경우에 있어서는 각 부동산에 합리적으로 부담을 지도록 규정하고, 다른 한편으로는 일부의 부동산만이 경매되어 그 경매대금으로

---

315) 부동산등기 기재례(不動産登記 記載例) 76 참조.

부터 배당(변제)받은 경우에는 그로 인하여 불이익을 받은 다음 순위 저당권자(抵當權者)는 공동저당권자(共同抵當權者)가 가지는 다른 부동산의 저당권을 대위(代位)할 수 있는 규정을 두고 있다(민법 제368조).[316]

나. 공동저당권(共同抵當權)에 기(基)하여 동시배당(同時配當)을 할 경우

(가) 안분부담(按分負擔)의 원칙(原則)

㉮ 목적부동산(目的不動産)의 전부(全部)에 대한 경매대가(競賣代價)를 동시(同時)에 배당(配當)하는 경우

목적부동산(目的不動産)의 전부(全部)에 대한 경매대가(競賣代價)를 동시(同時)에 배당(配當)하는 경우에는 각 부동산의 경매대가(競賣代價)에 비례하여 그 채1권의 분담을 정한다(민법 제368조 1항).[317] 즉 동시배당의 경우에는 공동저당권자의 의사에 의하여 어느 특정 부동산의 경매대금으로부터 만족을 얻는 것은 허용되지 않고, 각 부동산의 경매대가(競賣代價)에 따라 공동저당권의 피담보채권(被擔保債權)의 부담을 안분할당(按分割當)하여 그 할당된 부담액에 한하여서만 각 부동산으로부터 우선변제를 받을 수 있고, 그 할당부담액을 초

---

316) 이상태(李相泰), 전게서(前揭書), 441면.
317) 이러한 민법(民法)의 규정(規定)은 민사집행법(民事執行法)의 배당절차(配當節次) 중 배당순위(配當順位)의 기준(基準)을 규정(規定)한 것으로서 절차법적 규정(節次法的 規定)이다.

과하는 부분은 다음 순위 저당권자의 변제에 충당한다. 예컨대 공동저당권자의 채권액이 금100만 원이고 공동저당의 목적인 A, B 부동산의 경매대가가 각각 x원, y원이라 한다면 A, B 각 부동산의 부담액은 A의 부담액＝금100만 원×x/x＋y, B의 부담액＝금100만 원×y/x＋y와 같은 수식에 의하여 산정한다.

　이와 같은 부담의 안분(按分)은 공동저당권의 목적부동산의 전부에 관하여 다음 순위 저당권이 존재하는 경우에 한하지 않고 목적부동산의 일부에만 다음 순위 저당권이 존재하는 경우에도 마찬가지로 각 부동산에 대한 부담을 안분(按分)하여야 한다. 그러나 공동저당권의 목적부동산 전부에 다음 순위 저당권자가 존재하지 아니하고 동시에 그 부동산의 소유자가 동일한 경우에는 1개의 부동산의 매각대금으로부터 공동저당권자의 채권전액(경매비용 포함)을 배당(변제)받을 수 있으면 과잉경매금지의 원칙에 따라 다른 부동산의 매각은 허용되지 아니하므로(법 제268조, 제124조), 부담의 안분(按分) 문제는 발생할 여지가 없게 된다. 다만, 이 경우에도 과잉경매로서 매각불허의 처리가 되지 아니하고 공동저당의 목적부동산의 전부에 관한 매각허가가 있어서 그 대금을 배당하는 때에는 안분부담(按分負擔)의 문제가 발생하게 된다.

㉯ 목적부동산(目的不動産) 3개 중 2개의 부동산(不動産)을 동시(同時)에 경매(競賣)한 경우.

　공동저당(共同抵當)의 목적부동산(目的不動産) A, B, C 중 A, B 2개의 부동산(不動産)을 동시(同時)에 경매(競賣)한 경우에도 공동저당권자는 A, B 부동산의 매각대금으로부터 민법 제368조 1항의 규정에 따라 채권전액을 변제받을 수 있다. A, B, C 3개의 부동산 가액에 의하여 안분할당 된 A, B 부동산의 부담액의 한도 내에서만 배당(변제)받는 것은 아니다.

(나) 각 부동산(各 不動産)의 경매대가(競賣代價)의 의미(意味)

공동저당과 대가의 배당(민법 제368조 1항)에서 말하는 「각 부동산의 경매대가(競賣代價)」라 함은 매각대금에서 당해 부동산이 부담할 경매비용, 제세·공과금과 선순위 저당권자의 채권 등 우선채권(優先債權)을 공제한 잔액을 말한다. 그런데 당해 경매절차에 있어서의 경매비용은 여러 개의 부동산 전부를 매각하기 위하여 소요된 포괄적인 액수이고, 각 부동산마다 개별적으로 구분하여 계산되는 것은 아니므로 「각 부동산의 경매대가」를 산정(算定)하려면 당해 부동산이 부담할 경매비용을 계산할 필요가 있다. 이 경우 그 계산방법에 관하여 일괄경매가 된 경우에 있어서는 총경매비용을 각 부동산의 최저경매가격 비율에 의하여 안분비례(按分比例)에 의하여 산출하도록 명문의 규정을 두고 있으나(법 제268조, 제147조 2항), 분할경매가 된 경우에는 이에 관한 규정이 없지만 총경매비용을 각 부동산의 매각대금에 응하여 안분비례(按分比例) 하여 각 부동산의 경매비용을 산출하는 것이 타당하고, 실무도 위와 같은 방법에 의하고 있다.[318]

---

318) 법원행정처(法院行政處), 전게민집(前揭民執, 임·상(臨·上)), 1037면.

예컨대 A, B 부동산의 매각대금이 각각 금200만 원, 금100만 원이고, 총경매비용이 금30만 원이었다면 A 부동산에 대한 경매비용은 금20만 원(30×200/300), B 부동산에 대한 경매비용은 금10만 원(30×100/300)이 되므로 A, B 부동산의 경매대가는 각각 금180만 원, 금90만 원이 된다. 다만, 위와 같은 경우라도 경매비용 중 절차를 공동으로 진행한 부분에 관하여서만 안분비례의 방법에 의하여 경매비용을 산출하고, 절차를 공동으로 진행하지 아니한 부분에 대한 비용, 예컨대 A 부동산에 관하여는 재경매(再競賣), B 부동산에 관하여는 신경매(新競賣)를 실시한 경우에, 재경매(再競賣) 또는 신경매(新競賣) 이후의 비용에 관하여는 당해 절차의 부동산이 부담하여야 하며, 또 공동저당 부동산 전부에 대하여 경매신청을 하였으나 그 중 일부 부동산이 법 제124조의 과잉경매에 의하여 매각불허가(賣却不許可)가 된 경우에는 불허가된 부동산에 고유한 절차비용은 경매신청인의 부담으로 돌아가므로 그 부분은 다른 부동산의 매각대금으로부터 공제하여 교부할 수 없다.

제세 기타 공과금도 이른바, 당해세를 제외하고는 공동저당 목적물의 소유자가 동일한 때에는 경매비용의 경우와 마찬가지로 각 매각대금에 응하여 안분비례 하여 각 부동산의 부담으로 한다. 그러나 목적물의 소유자가 각각 다른 때에는 안분부담(按分負擔)으로 할 것이 아니라 각 해당 부동산의 매각대금으로부터 제세공과금을 공제한 후 그 금액을 경매대가로 한다. 예컨대 A 부동산은 갑(甲) 소유, B 부동산은 을(乙) 소유인데 갑(甲)에 대한 재산세, 을(乙)에 대한 주민세가 교부청구 되었다면 A 부동산의 경매대가는 A 부동산의 매각대금에서 위 재산세액을 공제한 금액이, B 부동산의 경매대가는 B 부동산의 매각대금에서 위 주민세액을 공제한 금액이 된다.

  (다) 목적 부동산(目的 不動産)에 선순위(先順位)의 저당권(抵當
     權)이 있는 경우

  위의 경우에는 각 부동산의 매각대금에서 각 부동산의 경매비용을
공제하고, 다시 선순위 저당권자의 채권을 공제한 나머지 금액이 경
매대가로 된다. 예컨대 A, B, C 부동산의 매각대금이 각 금300만
원, 금200만 원, 금100만 원이고 A 부동산에 관하여 1번 저당권자
을(乙)이 금50만 원, B 부동산에 관하여 1번 저당권자 병(丙)이 금40
만 원의 채권을 가지고 있고 A, B, C 부동산이 부담할 경매비용이
각 금30만 원, 금20만 원, 금10만 원인 경우에 A, B, C 부동산의 경
매대가는 각 금220만 원(금300만 원 - 금30만 원 - 금50만 원), 금
140만 원(금200만 원 - 금20만 원 - 금40만 원), 금90만 원(금100만
원 - 금10만 원)이 된다.

  (라) 공동저당(共同抵當)과 매각대금(賣却代金)의 배당(配當), 차
     순위자(次順位者)의 대위(代位)의 적용범위(適用範圍)

  공동저당과 매각대금의 배당, 차순위자의 대위(代位)에 관한 규정
(민법 제368조 1항)은 원래 공동저당권자의 자의(恣意)를 배제하여
다음 순위 저당권자 사이의 이해의 조정을 도모하려는 것을 주된
목적으로 한 규정이나, 위 규정에는 공동저당권이 설정된 부동산의
전부 또는 일부에 관하여 다음 순위 저당권자가 존재하는 경우에

한하여 적용된다는 명문의 규정이 없으므로 각 부동산의 소유자가 다른 경우에도 위 규정이 적용될 뿐만 아니라 당해 부동산의 매각대금의 배당에 참여하는 다음 순위의 전세권자, 가압류채권자, 일반채권자(배당요구채권자)가 있는 경우에도 위 규정이 적용된다.[319]

(마) 동시배당(同時配當)의 실례(實例)

㉮ 공동저당권자(共同抵當權者)가 선순위(先順位)인 경우

각 부동산의 경매대가의 비율로 공동저당권자의 채권을 안분하여 각 부동산의 경매대가에 활당하고 나머지는 후순위권자에게 배당한다.

아래 〈설례(說例) 2〉의 경우 A, B, C 각 부동산의 매각대금은 각 매각대금에서 경매비용을 공제한 각 금450만 원, 금270만 원, 금180만 원이므로 공동저당권자 갑(甲)이 각 부동산으로부터 배당(변제)받을 금액은 A 부동산으로부터 금250만 원(500×450/450＋270＋180), B 부동산으로부터 금150만 원(500×270/450＋270＋180), C 부동산으로부터 금100만 원(500×180/450＋270＋180)이 되고, 따라서 각 부동산의 다음 순위 저당권자 을·병·정(乙·丙·丁)은 모두 만족을 얻게 되고 각 부동산에 관하여 잔액이 생기므로 이는 소유자에게 교부하거나 물상보증인에게 돌려준다(법 제147조 1항 4호).

---

319) 이상태(李相泰), 전게서(前揭書), 442면.

〈설례(說例) 2〉

부동산	경매대금	경매비용	순위 1번	순위 2번
A	500만 원	50만 원	공동저당권자 갑 500만 원	을 150만 원
B	300만 원	30만 원	갑 500만 원	병 100만 원
C	200만 원	20만 원	갑 500만 원	정 50만 원

(총경매비용이 100만 원이므로 각 경락대금에 비례하여 50만 원, 30만 원, 20만 원으로 안분 할당하였음)

위 〈설례(說例) 2〉에 있어서 만약 A 부동산에 순위 3번의 저당권자 무(戊)가 있고, 그의 채권액이 금70만 원인 경우에는 무(戊)는 금50만 원밖에 변제받지 못하고 후순위권자의 대위(代位)를 인정한 민법 제386조 2항은 위와 같은 경우에 적용될 규정이 아니므로 무(戊)는 변제받지 못한 나머지 금20만 원을 B, C 부동산의 잔여액으로부터 어떠한 방법으로도 만족을 얻을 수 없다. 다만, 무(戊)가 B, C 부동산의 소유자에 대한 채권자라면 별도로 배당요구를 하거나 위 잔여금의 반환청구권을 압류하거나 가압류(假押留)하여 만족을 받을 수 있음은 별론(別論)이다.[320]

㉯ 공동저당권자(共同抵當權者)가 후순위(後順位)인 경우

전술한 바와 같이 공동저당권이 순위 2번 또는 3번의 저당권인 경우에는 선순위권자(선순위 저당권자, 전세권자, 조세채권자)에게

---

320) 법원행정처(法院行政處), 전게민집(前揭民執, 임·상(臨·上)), 1038~1039면.

우선배당하고 잔액을 기준으로 하여 각 부동산의 부담액을 정한다.

아래 〈설례(說例) 3〉의 경우 선순위의 을·병·정(乙·丙·丁)은 각 그 채권전액을 교부받으면 그 결과 A 부동산의 경매대가는 300만 원(500-50-150), B 부동산의 경매대가는 180만 원(300-30-90), C 부동산의 경매대가는 120만 원(200-20-60)이므로 갑(甲)은 A 부동산으로부터 250만 원(500×300/300＋180＋120), B 부동산으로부터 150만 원(500×180/600), C 부동산으로부터 100만 원 (500×120/600)을 각 배당받게 되고, A, B, C 부동산에 관하여 각각 50만 원, 30만 원, 20만 원의 잔여액이 생기므로 이는 소유자에게 교부 또는 반환한다. 이러한 결과는 다음 〈설례 4〉에 있어서와 같이 공동저당권의 저당권이 공동저당물건의 일부에 관하여서만 순위 1번이고 나머지 일부에 관하여는 순위 2번인 경우의 배당에 있어서도 마찬가지이다.

〈설례(說例) 3〉

부동산	경매대금	경매비용	순위 1번	순위 2번
A	500만 원	50만 원	저당권자 을(乙) 150만 원	공동저당권자 갑(甲) 500만 원
B	300만 원	30만 원	저당권자 병(丙) 90만 원	병(丙) 100만 원
C	200만 원	20만 원	저당권자 정(丁) 60만 원	정(丁) 50만 원

〈설례(說例) 4〉

부동산	경매대금	순위 1번	순위 2번
A	500만 원	저당권자 을 150만 원	공동저당권자 갑 500만 원
B	300만 원	공동저당권자 갑 500만 원	저당권자 병 200만 원
C	200만 원	갑 500만 원	

(위 설례 중 경매대가는 편의상 경매비용을 공제한 잔액이라고 본다)

위 〈설례(說例) 4〉에 있어서 A 부동산의 경매대가는 300만 원 (500－200), B 부동산의 경매대가는 300만 원, C 부동산의 경매 대가는 200만 원이 되므로 공동저당권자 갑(甲)은 A 부동산으로 부터 금1.875.000원(500×300/300＋300＋200), B 부동산으로부 터 금1.875.000원(500×300/800), C 부동산으로부터 금125만 원 (500×200/800)을 각 배당받는다.[321]

㉔ 목적(目的) 부동산(不動産)의 일부(一部)에 공동저당권(共同抵當 權)과 동순위(同順位)의 채권자(債權者)가 있는 경우

---

321) 법원행정처(法院行政處), 전게민집(前揭民執, 임·상(臨·上)), 1039~ 1040면.

〈설례(說例) 5〉

부동산	경매대금	순위 1번	순위 2번
A	240만 원	공동저당권자 갑(甲) 200만 원	저당권자 병(丙) 300만 원
B	400만 원	공동저당권자 갑(甲) 200만 원 공동저당권설정 전의 가압류 채권자 을(乙) 300만 원	

(위 설례(說例) 중 경매대금은 편의상 경매비용을 공제한 잔액이라고 본다).

위 〈설례(說例) 5〉에 있어서 B 부동산의 가액 금400만 원을, 갑(甲)의 채권 금200만 원과 을(乙)의 채권 금300만 원간에 안분(按分)하여 갑(甲)의 채권액에 상응하는 금160만 원(400×200/200＋300)을, 갑(甲)에 대한 배당에 관한 한 B 부동산의 매각대금으로 보아, 갑(甲)의 채권 금200만 원을, A 부동산의 경매대가는 금240만 원과 B 부동산의 경매대가를 금160만 원에 할당하여 A 부동산의 부담액은 금120만 원(200×240/240＋160), B 부동산의 부담액은 금80만 원(200×160/400)으로 되고, 을(乙)은 B 부동산으로부터 금300만 원 전액을, 병(丙)은 A 부동산으로부터 금120만 원을 각 배당(변제)받고, B 부동산의 경매대가 중 잔여액 금20만 원은 잉여금으로써 소유자에게 교부 또는 반환한다. 또 위 〈설례(說例) 5〉에 있어서 공동저당권자(共同抵當權者) 갑(甲)의 채권이 금700만 원인 때에는 갑(甲)에 대한 배당에 있어서는 B 부동산의 경매대가는 금280만 원(400×700/700＋300)이 되므로, 이것과 A 부동산의 경매대가는 금240만 원을 기준으로 하여 산정한 갑(甲)에 대한 A 부동산의 부담액은 금3,230,769원(700×240/240＋280), B 부동산의 부

담액은 금3.769.231원(700×280/520)이 될 것이나, B 부동산의 경
매대가는 금280만 원에 불과하므로 결국 갑(甲)은 A 부동산으로부
터 금240만 원, B 부동산으로부터 금280만 원을 각 배당받게 되고
따라서 병(丙)은 전혀 변제를 받지 못하게 된다.[322]

㉣ 수개(數個)의 부동산(不動産)에 채권액(債權額)을 달리한 공동저
  당(共同抵當)이 설정(設定)된 경우

  공동저당권(共同抵當權)의 피담보채권(被擔保債權)은 동일한 채권
이어야 하나, 동일한 채권이 되기 위해서는 같은 당사자 간의 같은
발생원인에 기한 채권이면 족하므로 동일한 채권을 담보하는 한
(限) 여러 개의 부동산에 관하여 채권액을 달리하는 공동저당도 가
능하다. 예컨대 갑(甲) 저당권자(抵當權者)가 1개의 금전소비대차계
약으로 하는 금150만 원의 대여금채권에 관하여 A 부동산에 채권
액 금100만 원, B 부동산에 채권액 금150만 원으로 하여 각 저당
권(抵當權)을 설정한 경우에는 이는 공동저당권(共同抵當權)이 되
며, 이 경우에도 공동저당의 배당에 관한 규정(민법 368조 1항)이
적용된다.
  이 경우 각 부동산의 부담액의 결정방법에 관하여 ㉠ 각 저당권
에 공통하는 금액부분에 관하여서만 공동저당의 관계에 있는 것으
로 보아 부담액을 정하는 방법, ㉡ B 부동산 위의 저당권은 1개이
나 부담액의 산정에 있어서는 금100만 원을 피담보채권으로 하는

---

322) 법원행정처(法院行政處), 전게민집(前揭民執, 임·상(臨·上)), 1040~
    1041면.

저당권과 금50만 원을 피담보채권으로 하는 저당권이 같은 순위로 2개 존재한다고 보아 배당하는 방법이 있다. 위 ㉠의 방법에 따르면 A·B 부동산의 경매대가(競賣代價)가 각 금90만 원인 경우에 A·B 부동산에 공통하는 금100만 원을 A·B 양 부동산의 경매대가에 안분하여 각 금50만 원으로 그 부담액을 결정한 후, B 부동산에 관하여는 그 부담액 금50만 원과 잔액 금40만 원을 합하여 부담액으로 하고, A 부동산으로부터는 금50만 원 합계 금140만 원을 배당하게 된다.

그러나 위 ㉡의 방법에 따르면 먼저 B 부동산의 경매대가를 B 부동산 위의 같은 순위의 저당권의 피담보채권에 응하여 안분한다. 즉 금100만 원의 저당권에 대한 B 부동산의 경매대가는 $90 \times 100/100 + 50 = 60$만 원이 되고, 금50만 원의 저당권에 대한 B 부동산의 경매대가는 $90 \times 50/100 + 50 = 30$만 원이 되므로 위 각 경매대가를 기준으로 A·B 부동산에 공통하는 금100만 원의 채권에 대한 A·B 각 부동산의 부담액을 산정하면, A 부동산의 경매대가는 금90만 원, B 부동산의 경매대가는 금60만 원이므로 A 부동산의 부담액은 금60만 원($100 \times 90/90 + 60$), B 부동산의 부담액은 금40만 원($100 \times 90/90 + 60$)이 되는바, B 부동산 위의 금50만 원의 채권은 위에서 본 바와 같이 금30만 원 밖에 배당을 받지 못하고 금20만 원의 부족이 있게 되나, 위 금100만 원의 채권에 대한 B 부동산의 부담액은 위와 같이 금40만 원에 불과하여 오히려 금20만 원의 잉여가 있게 되므로 위 부족금 20만 원도 위 잉여액(剩餘額)으로부터 배당(변제)받게 되고, 잉여금이 없는 경우에는 다음 순위 저당권자의 배당액으로 흡수한다. 그 결과 A 부동산의 부담액은 금60만 원, B 부동산의 부담액은 금90만 원이 되어 갑(甲)은 합계 금150만 원의 배당을 받게 된다. ㉡의 계산방법이 타당하고 공평하다할 것이다. 실무도 ㉡의 방법에 의한다.[323)]

㉤ 수개(數個)의 공동저당권(共同抵當權)의 순위(順位)가 상이(相異)한 경우

〈설례(說例) 6〉

부동산	경락대금	순위 1번	순위 2번
A	X	갑(甲)의 공동저당권 100만 원	을(乙)의 공동저당권 180만 원
B	Y	을(乙)의 공동저당권 180만 원	갑(甲)의 공동저당권 100만 원

위 〈설례(說例) 6〉은 을(乙)이 B 부동산에 대하여 1번 저당권을 취득하고, 갑(甲)이 A, B 부동산에 대하여 공동저당권을 설정한 후, 을(乙)이 A 부동산에 대하여 추가로 B 부동산과의 공동저당권을 취득한 경우에 많이 발생한다.

이 경우에는 두 가지 방법이 있다. ㉠ 하나는, 시간적으로 먼저 성립한 공동저당을 기준으로 하여 순위를 정하고, 그 순위가 엇갈리게 된 원인이 된 추가적 다음 순위 저당권에 대하여는 공동저당으로서의 특별취급을 할 필요가 없다고 한다. 이 방법에 따르면 을(乙)은 우선 B 부동산에 대한 경매대가 Y로부터 우선배당을 받고, 갑(甲)은 그 나머지와 A 부동산에 대한 경매대가 X와의 비율에 따

---

323) 법원행정처(法院行政處), 전게민집(前揭民執, 임·상(臨·上)), 104
　　1~1042면.

236

라 배당을 받으며, 만일 X에 나머지가 있고 을(乙)이 Y로부터 변제
받지 못한 부족액이 있으면 위 남은 대가에서 부족액을 배당받게
될 뿐이고 서로 대위문제(代位問題)가 생길 여지가 없다.

　이에 대하여 ⓛ 공동저당(共同抵當)으로 성립된 시간적 선, 후(先,
後)를 따지지 말고 모두 공동저당으로 취급하여 다음과 같은 산식(算
式)에 의해서 각 부동산 별로 각 채권자에 대한 부담액을 산출하여
배당한다는 것이다. 즉, 우선 A 부동산 위의 을(乙)의 2번 저당권에
대한 경매대가를 a, B 부동산 위의 갑(甲)의 2번 저당권에 대한 경매
대가를 b라고 하면, $a = X - 100$만 원, $b = Y - 180$만 원이 되며, 이에
따른 A 부동산에 대한 갑(甲) 채권의 부담액은 금100만 원$\times (X/X +$
$b)$가 되고, 여기에 $b = y - 180$만 원을 대입하면 결국 금100만 원
$\times (X/X + Y - 180$만 원$)$이 된다. 같은 방식으로 B 부동산에 대한 갑
(甲)의 채권액의 부담액은 100만 원$\times (b/X + b) = 100$만 원$\times (Y - 180$
만 원$/X + Y - 180$만 원$)$이 되고, A 부동산에 대한 을(乙) 채권액의
부담액은 180만 원$\times (a/Y + a) = 180$만 원$\times (X - 100$만 원$/Y + X - 100$
만 원$)$이 되며 B 부동산에 대한 을(乙)의 채권액 부담액은 180만 원
$\times (Y/Y + X - 100$만 원이 되므로 이에 따라 배당을 한다는 것이
다.[324] ⓖ의 방법이 저당권의 순위는 등기의 선후에 의한다는 법문
에 충실하고, 형평의 원칙에 가깝다 할 것이다.

　㉾ 대위(代位)가 허용(許容)되지 않은 경우

---

324) 법원행정처(法院行政處), 전게민집(前揭民執, 임 · 상(臨 · 上)), 1043～
　　1044면.

〈설례(說例) 7〉

부동산	경매대금	순위 1번	순위 2번	일반 채권자
A	300만 원	공동저당권자 갑(甲) 300만 원	저당권자 을(乙) 200만 원	
B	200만 원	공동저당권자 갑(甲) 300만 원		병(丙)
C	100만 원	공동저당권자 갑(甲) 300만 원		정(丁)

위 〈설례(說例) 7〉과 같은 경우 A, B, C 각 부동산에 대한 경매대가가 동시에 배당되면, 갑은 A 부동산으로부터 금150만 원, B 부동산으로부터 금100만 원, C 부동산으로부터 금50만 원을 배당(配當)받고 완전한 만족을 얻는다. 한편, 을(乙)은 A 부동산으로부터 갑(甲)이 배당(配當)받고 남은 금150만 원을 배당(配當)받기는 하지만 나머지 금50만 원(＝200만 원－150만 원)은 배당(配當)받지 못한다. 이때 을(乙)은 B, C 부동산의 잔존가액(B는 200만 원－100만 원＝100만 원, C는 100만 원－50만 원＝50만 원)으로부터 배당(配當)받을 수 있는가. 이는 이시배당(異時配當)의 경우가 아니므로 부정하여야 한다.

그런데 위 〈설례(說例) 7〉에서 만약 갑(甲)이 B와 C에 대하여만 먼저 경매를 신청하였다면, 갑(甲)은 B로부터 금200만 원, C로부터 금100만 원을 배당받아 완전한 만족을 얻게 되고, 이에 따라 A 부동산 위의 갑(甲)의 공동저당권(共同抵當權)은 소멸하고 A 부동산 위의 을(乙)의 저당권은 순위가 상승하여 1번 저당권이 됨으로써 완전한 만족을 얻게 되어 갑(甲)이 어느 부동산에 대하여 먼저 경매를 신청하느냐에 따라 을(乙)의 이해가 엇갈리게 되나, 을(乙)이

A 부동산에 대해 2번 저당권을 설정한 때에는 갑(甲)의 공동저당권으로 인해 자기가 전액을 배당받을 수 없다는 점을 각오했을 것이므로 전자의 경우에 전액을 배당받지 못하게 되었다 하더라도 어쩔 수 없고, 후자의 경우는 우연한 사정에 의해 이익을 보게 된 것에 불과하다할 것이다.[325]

㉠ 동시배당 시 배당표 작성방법(同時配當 時 配當表 作成方法)

공동저당권의 목적부동산을 동시에 경매하여 배당하는 때에도 공동저당의 배당에 관한 규정(민법 제368조 1항)이 적용되어 공동저당권자의 채권을 각 부동산의 경매대가에 따라 안분비례 함에 있어서 각 채권자의 배당금액과 비용에 관한 계산관계가 복잡하여 이를 배당표에 모두 기재할 수 없으므로 그 계산관계를 명백히 하기 위하여 배당명세표(또는 배당계산표)를 별도로 작성하여 배당표에 첨부하고, 배당표에는 각 채권자에게 지급할 배당액만을 기재한다.

㉠ 이시배당(異時配當)의 경우

㉠ 차순위권자(次順位權者)의 대위권(代位權)

공동저당권의 목적부동산 일부만이 경매되어 그 경매대가를 먼저 배당하는 때에 공동저당권자는 그 대가로부터 채권금액을 배당받을

---

325) 법원행정처(法院行政處), 전게민집(前揭民執, 임·상(臨·上)), 1044면.

수 있으나, 이 경우, 그 경매한 부동산의 다음 순위 저당권자(抵當權者)는 앞 순위 저당권자가 공동저당 목적부동산 전부가 경매되어 동시에 배당을 하였더라면 다른 부동산의 경매대가에서 변제를 받을 수 있는 금액의 한도 내에서 선순위자를 대위(代位)하여 저당권을 행사할 수 있다(민법 제368조 2항).

민법 제368조 2항은 앞 순위의 공동저당권자가 공동저당 목적부동산의 일부에 관하여서만 경매신청을 한 경우라든가 또는 그 목적부동산 전부에 관하여 경매신청을 하였으나 과잉 매각되는 경우로써 매각불허가가 된 경우(법 제124조), 그 중의 일부 부동산에 대하여서만 매각이 허가되고 나머지에 대하여는 매각 불허가(賣却 不許可)가 된 결과, 매각된 일부 부동산의 경매대가만을 배당하는 경우에 다른 부동산이 부담하여야 할 채권액의 한도에서 다음 순위권자가 대위하는 것을 인정함으로써 다음 순위권자 상호 간의 이익의 조화를 유지하려는 취지에서 나온 규정이다.[326]

예컨대 갑(甲)이 금300만 원의 채권을 위하여 가격이 금400만 원인 A 부동산과 금200만 원인 B 부동산에 관하여 순위 1번의 공동저당권(共同抵當權)을 가지고 있고, 을(乙)이 금300만 원의 채권을 위하여 A 부동산에 관하여 2번 저당권을 가진 경우에 갑(甲)이 A 부동산만을 경매에 붙여 그 경매대가 금400만 원을 배당하는 때에는 이로부터 갑(甲)은 그 채권 금300만 원 전액을 배당(配當)받고, 을(乙)은 그 잔액 금100만 원 밖에 배당(配當)받지 못하게 되나, 만약 A · B 부동산이 동시에 경매되어 그 대금이 동시에 배당되었더라면 갑(甲)은 A 부동산의 대금으로부터 금200만 원, B 부

---

326) 이상태(李相泰), 전게서(前揭書), 441면.

동산의 대금으로부터 금100만 원의 배당을 받게 될 것이므로 B 부동산이 동시에 경매되었더라면 분할 부담하게 될 금100만 원에 관하여는 을(乙)은 갑(甲)을 대위하여 후일 B 부동산의 경매대가로부터 배당받을 수 있다.

이 이치(理致)는 B 부동산 위에 순위 2번의 다른 저당권자가 있는 경우에도 다를 바 없다. 이와 같은 대위(代位)의 문제는 B 부동산만이 대금 금200만 원에 매각되었다고 가정(假定)하는 경우에, 을(乙)이 배당받을 수 있는 금액을 규정한 것이며, 실제로는 B 부동산은 아직 경매되지 않은 상태에 있으므로 갑(甲)이 B 부동산으로부터 배당받을 수 있는 금액, 즉 을(乙)이 대위할 수 있는 범위는 B 부동산이 실제로 경매될 때까지는 판명되지 않는다. 따라서 A 부동산의 경매대가를 배당하는 경우에는 경매법원은 을(乙)의 대위의 문제를 고려할 필요 없이 갑(甲)에게 금300만 원, 을(乙)에게 그 잔액 금100만 원을 교부하여 사건을 종료하면 될 것이다.

다만, 그 후 B 부동산이 경매되어 그 대금을 배당하는 때에는 갑(甲)의 채권액을 이미 경매된 A 부동산의 경매대가와 B 부동산의 경매대가에 응하여 안분비례(按分比例) 하여 을(乙)에게 금100만 원을 배당하여야 할 것이다. 갑(甲)이 A 부동산의 경매대가에서 배당을 받은 사실은 을(乙)이 B 부동산에 대한 경매절차에서 증명하여야 하며, 법원이 직권으로 이 사실을 조사할 의무는 없다.

ⓒ 차순위자(次順位者)의 대위(代位)의 적용범위(適用範圍)

ⓐ 대위(代位)의 적용범위(適用範圍)

공동저당의 경우 차순위자의 대위(민법 제368조 2항)에 관한 규정은 앞 순위의 공동저당권자가 저당권을 실행하는 경우뿐만 아니라 다음 순위권자가 일부(一部)의 부동산에 관하여 저당권을 실행하는 경우 및 일반채권자가 일부(一部)의 부동산에 관하여 강제경매(强制競賣)를 신청한 경우에도 적용된다.

공동저당의 차순위자의 대위(민법 제368조 2항)에서 말하는 「차순위 저당권자(次順位 抵當權者)」라 함은 공동저당권자의 바로 다음 순위의 저당권자뿐만 아니라 기타의 후순위 담보권자로서 경매에 의하여 그 권리가 소멸되는 자 전부를 포함한다. 法文上으로는 「차순위 저당권자」로 되어 있으나 같은 순위의 저당권자도 이를 포함하는 개념으로 보아야한다.[327]

대위권(代位權)은 공동저당권자가 일부의 부동산의 경매대가로부터 그 채권의 전부를 배당받은 경우뿐만 아니라 그 채권의 일부만을 배당받은 경우에도 발생한다. 앞 순위의 공동저당권자가 일부의 부동산의 경매대가로부터 그 채권의 일부만을 배당받은 경우에는 그 앞 순위의 공동저당권자는 여전히 잔액채권에 관하여 경매되지 아니한 다른 부동산 위에 저당권을 보유하고 있으므로 다음 순위 저당권자의 대위권(代位權)은 앞 순위의 공동저당권자가 그 채권의 전부를 배당받을 것을 정지조건으로 하여 발생한다.

---

327) 이상태(李相泰), 전게서(前揭書), 441면.

〈설례(說例) 8〉

부동산	경락대금	순위 1번	순위 2번
A	300만 원	공동저당권자 갑(甲) 400만 원	저당권자 을(乙) 200만 원
B	200만 원	공동저당권자 갑(甲) 400만 원	

위 〈설례(說例) 8〉에 있어서 A 부동산만이 경매된 때에는 갑(甲)은 그 경매대가로부터 금300만 원의 배당을 받고도 아직 금100만 원의 채권이 남아 있으므로 을(乙)은 배당 받을 수 없다. 만약 A·B 부동산이 동시에 경매되어 그 대가가 동시에 배당되었더라면 갑(甲)은 A 부동산의 경매대가로부터 금240만 원(400×300/300＋200), B 부동산의 경매대가로부터 금160만 원(400×200/500)을 각 배당 받을 수 있었을 것이므로 을(乙)은 B 부동산 위의 갑(甲)의 공동저당권에 기하여 갑(甲)의 금100만 원의 잔액채권의 변제를 정지조건으로 하여 대위(代位)할 수 있다. 따라서 후일 B 부동산이 매각되어 경매대가가 금200만 원이라면 갑(甲)은 B 부동산의 분할부담액 금160만 원으로부터 위 잔액채권 금100만 원을 배당받고, 그 나머지 금60만 원을 을(乙)이 배당 받게 되며, 병(丙)은 금200만 원에서 금160만 원을 공제한 금40만 원을 배당받게 된다.

채권자 갑(甲)이 채무자 을(乙)의 부동산 및 물상보증인(또는 제3취득자) 병(丙)의 부동산에 관하여 1번 공동저당권을 가지고 있고, 을(乙)의 부동산에 관하여 다시 2번 저당권자 정(丁)이 있는 경우, 이때 갑(甲)이 병(丙)의 부동산에 관하여 먼저 저당권을 실행하고 그의 채권을 만족 받은 경우에는, 민법 제481조에 의해서 병(丙)이 갑(甲)을 대위하여 을(乙)의 부동산에 저당권을 실행할 수 있지만, 갑(甲)이 먼저 을(乙)의 부동산에 대하여 저당권을 실행하고 그의 채권을 만족 받은 경우에는 민법 제368조 2항에 의하여 병(丙)과 후순위저당권자 정(丁)과의 이익충돌이 일어나고, 누구를 더 우선시킬 것인가가 문제된다.

물상보증인(제3취득자 포함)은 채무자 소유물의 담보권을 믿고 자기 재산에 담보권을 설정하였으므로 민법 제481조는 이러한 신뢰를 보호하려는 것이며, 또한 민법 제368조 2항은 채무자 소유의 여러 부동산 위에 저당권이 설정된 경우에 한하여 적용되는 것이므로 물상보증인의 대위권을 우선시켜야 한다는 물상보증인대위권우선설이 있다.[328]

이에 반하여 물상보증인도 부동산 가액에 비례한 피담보채권의 안분배당액만큼 부담할 각오가 되어 있으므로 그 한도에 있어서는 후순위저당권자에 우선하지 못한다는 후순위저당권자대위우선설도 있다.[329]

물상보증인이나 제3취득자는 부동산의 가액에 비례한 피담보채권액의 가액만큼은 부담할 각오를 한 자로서, 물상보증인과 후순위저당권자와의 이익을 비교·교량 할 때 그 한도 내에서는 후순위저당권자를 우선시키는 것이 타당하다 하겠다.

ⓑ 대위(代位)의 효과(效果)

---

328) 대판(大判) 1994. 5. 10, 93다25471; 곽윤직(郭潤直), 전게서(前揭書), 486면.
329) 이상태(李相泰), 전게서(前揭書), 443면.

대위는 선순위의 공동저당권자의 저당권이 법률상 당연히 다음 순위 저당권자에게 이전하는 효과를 발생케 하고, 이때의 저당권의 이전은 법률의 규정에 의한 이전이므로 등기가 없어도 효력이 생긴다(민법 제187조).

따라서 이와 같은 경우에는 경매목적 부동산에 관한 공동저당권설정등기만 말소하고 다른 부동산에 관한 공동저당권설정등기는 말소하여서는 안 된다. 대위(代位)는 저당권의 이전(移轉)이고, 저당권의 이전은 부기등기(附記登記)에 의하므로 대위등기는 부기등기에 의하여야 한다(부등법 제156조의 2).

② 동일 절차(同一 節次)에서 이시배당(異時配當)

매수인이 매각대금을 지급하면 각 채권자에게 배당을 실시하게 되는바, 공동저당권(共同抵當權)의 목적인 여러 개의 부동산에 관하여 경매절차가 진행되어 그 중 일부의 부동산만이 매각되고, 그 대금이 법원에 지급된 때에는 다른 부동산이 매각되는 것을 기다리지 않고 매각된 부동산의 대금만에 관하여 배당을 실시할 수 있다. 이 경우 공동저당권자는 일부의 부동산의 매각대금으로부터 그 부동산의 분할부담액을 초과하여 저당권의 피담보채권(被擔保債權) 전액의 만족을 받을 수 있다. 그 결과로 먼저 매각된 부동산 위의 다음 순위 저당권자는 변제를 받지 못하게 되나, 전술한 바와 같이 공동저당의 대위에 관한 규정(민법 제368조 2항)에 의하여 다음 순위 저당권자는 앞 순위의 공동저당권자를 대위(代位)하여 다른 부동산에 대한 공동저당권자의 저당권을 행사할 수 있으므로 그 경매절차를 속행하여 다른 부동산의 매각대금으로부터 만족을 받게 된다.

그런데 공동저당권의 목적부동산이 소유자를 달리하는 경우, 예컨대 채무자 소유의 A 부동산과 물상보증인 소유의 B 부동산이 공동저당의 목적으로 된 경우에 배당의 시기에 관하여는 동시배당을 하는 방법과 수시배당을 하는 방법이 있다. 즉, 동시배당(同時配當)을 할 경우 앞서 본 바와 같이 목적부동산의 소유자가 다른 경우에는 공동저당의 대위에 관한 규정(민법 제368조 2항)에 의한 대위가 불가능하고, A 부동산의 대금만을 미리 배당하게 되면 A 부동산 위의 다음 순위 저당권자는 B 부동산의 대금으로부터 변제를 받을 수 없게 되어 그 이익이 침해받으므로 B 부동산의 매각허가를 기다려 A 부동산의 대금과 일괄하여 동시배당 하여야 하고, 이에 반하여 수시배당(隨時配當)을 할 경우는 A 부동산만이 매각되어 그 대금으로부터 저당권자의 채권금액을 배당(변제)받을 수 있으면 B 부동산의 경매는 불허될 것이며, 이미 A 부동산의 대금이 납부된 후에 이를 배당하지 아니하고 법원이 보관하고 있는 것은 부당하므로 B 부동산의 매각허가를 기다리지 말고 수시로 배당하는 것이 합리적이라고 한다.

생각건대, 위와 같은 경우, 다음 순위 저당권자 기타 이해관계인의 이익을 고려할 때 동시배당 하는 것이 타당하다 할 것이다.

③ 동시배당(同時配當)과 이시배당(異時配當)의 경합(競合)

아래 〈설례(說例) 9〉와 같은 경우에 A 내지 D부동산이 동시에 경매되어 배당된다고 가정하면 을(乙)의 공동저당채권액 금300만 원은 A와 D에 각 금100만 원과 금200만 원씩 안분배당(按分配當)되고, 갑(甲)의 공동저당채권액(共同抵當債權額) 금300만 원은 A에 금120만 원{300만 원×(300만 원-100만 원)}/{300만 원-100만 원+200만 원+100만 원)}, B에 금120만 원{300만 원×(200만 원/500만 원)}, C 에 금60만 원{300만 원×(100만 원/500만 원)}씩 할당되며, 병(丙)은 B 부동산에 대한 경매대가에서 금80만 원(200만 원-120만 원)을, 정(丁)은 C 부동산에 대한 경매대가에서 금40만 원(100만 원-60만 원)을 배당 받게 되나, 위와 같은 경우에 있어서 A, B, C 부동산만이 먼저 경매되어 배당이 된다면 갑(甲)의 입장에서는 동시배당(同時配當)이 되나, 을(乙)의 입장에서는 이시배당(異時配當)이 된다.

〈설례(說例) 9〉

부동산	경락대금	순 위 1 번	순 위 2 번
A	300만 원	공동저당권자 을(乙) 300만 원	공동저당권자 갑(甲) 300만 원
B	200만 원	공동저당권자 갑(甲) 300만 원	저당권자 병(丙) 200만 원
C	100만 원	공동저당권자 갑(甲) 300만 원	저당권자 정(丁) 100만 원
D	600만 원	공동저당권자 을(乙) 300만 원	

따라서 이 경우에 을(乙)은 A 부동산으로부터 금300만 원 전액을 배당 받게 되고, 갑(甲)은 B 부동산으로부터 금200만 원, C 부동산으로부터 금100만 원을 배당 받게 된다. 이에 대하여 갑(甲)은 B와

C로부터 각 그 할당액인 금120만 원과 금60만 원을 배당 받고 나머지 금120만 원은 A로부터 배당 받되 A의 경매대가는 모두 을(乙)에게 배당되어 갑(甲)으로서는 A로부터는 현실적으로 배당을 받을 수 없으므로 그 대신 을(乙)의 D 부동산 위의 권리에 대위(代位)한다고 하는 이론도 있을 수 있으나, 이는 현실적으로 변제를 받을 수 없는 부동산에 대해서까지 채권을 분담함으로써 공동저당권자(共同抵當權者) 갑(甲)에게 불이익을 강요하는 결과가 되어 이를 채용하기 어렵고, 따라서 일단 갑(甲)에게는 위에서 본 바와 같이 B와 C 부동산의 경매대가로 전액 배당을 할 것이나, 사실은 동시배당이 되었더라면 앞에서 본 바와 같이 공동저당권자(共同抵當權者) 을(乙)은 A와 D로부터 각 금100만 원과 금200만 원을, 그리고 공동저당권자 갑(甲)은 A와 B로부터 각 금120만 원, C로부터 금60만 원을 각 배당 받았을 터인데, A, B, C 부동산만 먼저 경매되어 공동저당권자(共同抵當權者) 을(乙)이 A 부동산으로부터만 전액 배당을 받아감으로써 을(乙)이 D 부동산으로부터 배당 받을 수 있는 금액 중 금120만 원에 한하여서는 차순위자의 대위권(민법 제368조 2항)에 의하여 A 부동산의 다음 순위 저당권자인 갑(甲)이 저당권(抵當權)을 행사할 수 있게 되었다할 것인데, 갑(甲)도 B, C, D 부동산(D는 대위(代位)에 의하여 이전(移轉)) 중 B, C 부동산으로부터만 전액 배당을 받아감으로써 갑(甲)의 D 부동산에 대한 저당권은 다시 각 B, C 부동산의 다음 순위 저당권자(抵當權者)인 병(丙), 정(丁)에게 이전되어 결국 병(丙), 정(丁)이 D 부동산에 대하여 앞에서 본 각 금80만 원과 금40만 원의 한도 내에서 저당권을 대위행사(代位行使) 할 수 있다.[330]

④ 특수(特殊)한 경우

가. 특수(特殊)한 배당(配當)

〈설례(說例) 10〉

부동산	경락대금	순 위 1 번	순 위 2 번
A	1,500만 원	공동저당권자 갑(甲) 1000만 원	공동저당권자 을(乙) 600만 원
B	300만 원	공동저당권자 병(丙) 400만 원	
C	1000만 원	공동저당권자 갑(甲) 1000만 원 공동저당권자 을(乙) 600만 원 공동저당권자 병(丙) 400만 원 갑, 을, 병(甲, 乙, 丙)은 동순위	

위 〈설례(說例) 10〉의 경우 A 부동산 위의 갑(甲)의 저당권과 C 부동산 위의 갑(甲)의 저당권은 공동저당의 관계에 있고, 을(乙)의 A 및 C에 대한 각 저당권과 병(丙)의 B 및 C에 대한 저당권도 같은 관계에 있다면, 이때에는 우선 C 부동산 위의 매각대금을 갑, 을, 병(甲, 乙, 丙)에게 할당하여 각 피담보채권(被擔保債權)액의 비율인 5:3:2의 비례에 따라 갑(甲)에게 금500만 원, 을(乙)에게 금300만 원, 병(丙)에게 금200만 원씩 배당한다.

다음으로 갑(甲) 채권을 A와 C 사이에 나누게 되는데 이 때는 그 채권 금1,000만 원을 A 부동산의 대금 금1,500만 원과 C 부동산의 대금 중 갑(甲)의 채권에 할당된 금500만 원의 비율에 따라 다시

---

330) 법원행정처(法院行政處), 전게민집(前揭民執, 임·상(臨·上)), 1052~
　　 1053면.

할당한다. 즉, 금1,000만 원×3/4=750만 원(A 부동산이 갑(甲) 채권을 위해 부담할 액수) 금1,000만 원×1/4=250만 원(C 부동산이 갑(甲) 채권을 위해 부담할 액수), 다음으로 을(乙)을 위한 A 부동산의 대가는 원래의 경매대가 금1500만 원으로부터 우선변제채권인 갑(甲) 채권에 변제된 금750만 원을 뺀 잔액 금750만 원이다. 따라서 금600만 원×750만 원/(300만 원+750만 원)=4,285,500원(A 부동산이 을(乙) 채권을 위해 부담할 액수) 금600만 원×300만 원/(300만 원+750만 원)=1,714,500원(C 부동산이 을(乙) 채권을 위해 부담할 액수), 한편 병(丙) 채권을 위한 할당액도 같은 방법으로 산정하면 금400만 원×300만 원/(200만 원+300만 원)=240만 원(B 부동산이 병(丙) 채권을 위해 부담할 액수)400만 원×200만 원/(200만 원+300만 원)=160만 원(C 부동산이 병(丙) 채권을 위해 부담할 액수)이 된다.[331]

나. 근저당권(根抵當權)의 공유자(共有者)에 대한 배당(配當)

근저당권(根抵當權)의 공유자(共有者)들 사이에 배당을 함에 있어서는 원칙적으로 각 공유자의 배당시점에서의 채권액의 비율에 따라 안분(按分)함이 타당하다. 예를 들면 갑(甲)과 을(乙)이 최고액 금1,000만 원의 근저당권을 공유하고 있을 때에 배당할 경우, 갑(甲)의 채권이 금800만 원, 을(乙)의 채권이 금600만 원이고, 당해 근저당권에 배당될 액이 금700만 원이라면 그 금700만 원을 갑(甲) 금400만 원{=700만 원×800/(800+600)}, 을(乙) 금300만 원{=

---

331) 법원행정처(法院行政處), 전게민집(前揭民執, 임·상(臨·上)), 1054면.

700만 원×600/(800＋600)}의 비율로 나눈다.

다. 채권자(債權者)와 대위변제자(代位辨濟者)와의 배당관계(配當關係)

　채권의 일부에 관하여 대위변제가 있는 때에는 대위자(代位者)는 그 변제한 금액에 비례하여 채권자와 함께 그 권리를 행사한다(민법 제483조 1항). 그러나 그 권리의 행사방법에는 두 가지가 있다. ㉮ 하나는, 대위자(代位者)는 그 변제한 금액에 비례하여 그 범위 내에서는 단독으로 저당권을 행사할 수 있고, 채권자와 평등한 입장에서 권리를 행사하는 방법이고, ㉯ 다른 하나는, 대위자(代位者)는 단독으로 대위한 권리를 행사할 수 없고, 채권자가 그 권리를 행사하는 경우에만 「채권자와 함께」 그 권리를 행사할 수 있으며, 또 이 경우에는 배당에 관하여 채권자를 우선시키는 방법이다.

　예컨대 금1,000만 원의 저당채권에 관하여 보증인이 금400만 원을 변제한 경우에, ㉮의 방법에 의하면 채권자 또는 보증인이 담보물건에 관하여 경매를 신청하여 경매대가 금500만 원을 얻은 때에는 채권자는 금300만 원, 보증인은 금200만 원의 배당을 받게 되나, ㉯의 방법에 의하면 채권자만이 경매를 신청할 수 있으며, 배당에 있어서도 채권자의 채권액에 우선적으로 충당을 하게 되므로 보증인은 배당을 받을 수 없게 된다. ㉮의 방법에 의하여 채권자나 보증인이 담보목적물에 대하여 경매를 신청할 수 있고, 매각대금으로 안분비례에 의하여 배당받는 것이 보증인의 대위권을 인정한 취지에 맞다.

라. 공장저당(工場抵當)의 배당(配當)

(가) 수개(數個)의 공장저당권 상호 간(工場抵當權 相互 間)의 배
당관계(配當關係)

공장저당법(工場抵當法) 소정의 목록 내용이 동일한 경우(공장저
당법(工場抵當法) 제7조), 즉, 공장에 속하는 동일한 토지 또는 건
물에 여러 개의 공장저당권(工場抵當權)이 설정되어 있는 경우에
그 설정등기를 함에 있어서 제출한 기계·기구 기타 공장의 공용물
에 관한 공장저당법 제7조 소정의 목록의 내용이 동일한 때, 예컨
대 어떤 공장 토지 위에 갑(甲)의 1번 공장저당권이 설정되고 그
공장에 설치된 기계·기구 A, B, C, D에 관하여 목록이 제출된 후
동일한 공장 토지 위에 을(乙)의 2번 공장저당권을 설정함에 있어
서 그 기계·기구 등의 변동이 없이 동일한 기계·기구 A, B, C,
D에 관하여서만 목록이 제출된 경우에는 그 여러 개의 공장저당권
의 우선순위는 보통의 저당권에 관한 민법의 규정(민법 제370조,
제333조)에 의하여 그 설정등기의 선후에 따라 결정된다. 따라서
그 저당목적물의 매각대금은 위 우선순위에 따라 배당하면 된다.

(나) 공장저당권 목록(工場抵當權 目錄)이 상이(相異)한 경우

동일한 공장의 토지나 건물에 설정된 여러 개의 공장저당권에 있
어서 제출된 공장저당법 제7조 소정의 목록이 서로 다른 때, 예컨
대 전례(前例)에서 1번 저당권설정에 있어서는 기계·기구 A, B,

C, D에 관하여 목록이 제출되고, 그 후 E, F라는 기계·기구의 증설이 있어서 2번 저당권설정에 있어서는 위 E, F에 관하여 추가로 목록이 제출된 경우, 또는 공장저당권설정 등기의 순서와 목록제출의 순서가 일치하지 않은 때, 예컨대 전례(前例)에서 2번 저당권 설정 시에 추가목록이 제출된 후 1번 저당권에 관하여 위 기계·기구 E, F의 추가에 의한 종전 목록의 변경등기가 행하여진 경우에는 그 목록 중 일치하지 아니한 부분의 기계·기구(전례(前例)에서 E, F의 기계·기구)에 대하여 어느 공장저당권이 우선하느냐에 따라 위 여러 개의 공장저당권(工場抵當權) 간의 배당관계가 달라진다.

이 경우의 당해 기계·기구 등에 대한 각 저당권 상호 간의 우선순위에 관하여 ㉮ 공장저당법 제7조 소정의 목록의 제출 내지 그 목록에의 기재는 공장저당권의 효력발생요건 내지 대항요건이므로 당해 기계·기구 등에 대한 저당권자 상호 간의 우선순위는 저당권설정등기의 선후에 불구하고, 위 목록의 제출이나 그 변경등기의 선후에 의하여 배당순위를 정하는 방법, 즉 전례(前例)에서 E, F의 기계·기구에 대하여는 2번 저당권자 을(乙)이 갑(甲)보다 우선시키는 방법과 ㉯ 위 목록의 제출은 공장저당권의 효력이 미치는 범위를 공시하는데 불과한 것이고, 그것 자체가 공장저당권의 효력발생요건이나 대항요건으로 되는 것은 아니므로 그 목록에의 기재나 그 변경등기의 선후에 관계없이 저당권설정등기의 선후에 의하여 우선순위를 결정하는 방법, 즉 전례(前例)에서 1번 저당권자 갑(甲)이 E, F의 기계·기구에 대하여도 2번 저당권자 을(乙)보다 우선시키는 방법이 있다.

위 ㉮의 방법에 의하면, 토지·건물에 대한 저당권의 순위와 기계·기구에 대한 저당권의 순위가 상이하게 되어 일괄경매와의 관계상 배당 시에 대단히 복잡한 문제가 발생한다. 즉 공장에 속하는 토지 또는 건물과 이에 설치된 기계·기구 기타 공장의 공용물은 이를 일괄하여 경매하여야 하므로 그 기계·기구 등은 토지 또는 건물과 일괄하여 최저매각대금이 정하여지고 또 일괄하여 매각대금의 신고를 받아 일괄하여 매각을 허가하여야 하는데,[332] 추가된 목록의 기계·기구(전례(前例)에 있어서 E. F의 기계·기구)에 대하여는 우선순위가 다르므로 매각대금의 배당을 위해서는 추가된 기계·기구의 매각대금과 종전의 기계·기구(전례(前例)에 있어서 A, B, C, D의 기계·기구)의 매각대금을 각별로 확정할 필요가 있는바, 일괄경매를 하면 추가된 기계·기구의 매각대금이 명확히 구별되지 아니하므로 곤란한 단점이 있다.

그러나 공장저당을 인정하는 취지나 공장저당법의 규정에 비추어보면(공장저당법 제10조), 이러한 경우에도 일괄경매를 하는 것이 타당하므로 이와 같이 일괄경매를 한 경우에는 배당을 위하여 부득이 각 물건별로 최저매각대금을 정하여 놓은 다음, 이 비율에 의하여 추가된 기계·기구의 매각대금을 결정하고 그 비례하여 결정된 대금을 기준으로 하여 저당권의 순위에 따라 배당할 수밖에 없다.

한편 위 ⑭의 방법에 의할 경우에는 추가된 기계·기구의 매각대금으로부터도 그 추가 전에 설정된 공장저당권의 피담보채권(被擔保債權)을 우선변제 받을 수 있으므로 배당에 있어서 위와 같은 복잡한 문제가 발생하지는 않는다.

생각건대 ⑭의 방법에 의할 경우 복잡한 문제가 발생하지 않아서

---

332) 대결(大決) 1971. 2. 19, 70마935.

좋으나 배당을 함에 있어 복잡하드라도 공장저당권자 상호 간의 이해를 적법하고 정의롭게 해결하는 것이 법원의 임무라는 점에서 보면 ㉮의 방법이 타당하다.

(다) 공장저당권(工場抵當權)과 저당권 간(抵當權 間)의 배당관계(配當關係)

공장저당권(工場抵當權)의 목적인 토지 또는 건물에 설정된 보통저당권(抵當權)과 공장저당권(工場抵當權) 간의 우선순위는 그 설정등기의 선후에 의하여 결정된다. 즉 공장에 속하는 토지나 건물에 관하여 앞 순위로 보통저당권이 설정된 후에 나중 순위자가 공장저당법(工場抵當法)에 의한 공장저당권을 설정한 경우, 또는 그 반대로 공장저당권이 설정된 후 그 목적 토지나 건물에 관하여 보통저당권이 설정된 경우에는 그 토지·건물에 관한 한 그 설정등기의 선후에 의하여 양자의 우선순위가 결정된다. 이와 같이 공장저당권과 보통 저당권이 경합된 경우에 앞 순위 또는 나중 순위의 보통 저당권자가 그 저당권의 실행으로서 경매신청을 한 경우에도 저당권의 목적이 되는 물건은 토지 또는 건물과 같이 하지 아니하면 압류, 가압류 또는 가처분의 목적으로 하지 못하고 토지·건물만을 분리 경매할 수 없으므로(공장저당법 제10조 2항 참조), 그 공장에 설치된 기계·기구 기타 공장의 공용물도 토지·건물과 일괄하여 경매하여야 한다. 이 경우 보통 저당권자는 경매신청 시에 공장저당권의 효력이 미치는 기계, 기구 등의 목록을 제출하여야 한다.

다만, 이 경우 보통 저당권자의 저당권의 효력은 공장에 설치된 기계·기구 기타 공장의 공용물에는 미치지 아니하므로 그 기계·기구 등의 매각대금에서 우선변제를 받을 권리는 없다. 따라서 공장저당권자와 보통 저당권자 사이의 배당을 위해서는 그 기계·기구 등의 매각대금을 토지나 건물 자체의 매각대금과 구별할 필요가 있는바, 이와 같은 경우 각 그 매각대금은 총매각대금을 각 목적물의 최저경매가격 비율에 의하여 안분(按分)한 금액으로 함이 타당하다(법 제147조 2항). 따라서 위와 같이 각 목적물 별로 매각대금을 구별할 필요가 있는 경우에는 각 목적물 별로 최저매각대금을 정하여 놓을 필요가 있으며, 이것도 전체 목적물에 대한 최저매각대금과 함께 공고하는 것이 타당하다.

⑤ 매각목적물(賣却目的物)이 일부지분(一部持分)인 경우 전체(全體)에 대한 선순위 권리자(先順位 權利者)에 대한 배당(配當)

부동산 전체에 대하여 최선순위의 근저당권이나 가압류 등이 있는데 그 근저당권자나 가압류권자가 아닌 다른 채권자의 경매신청에 의하여 경매가 개시되었고, 경매목적물이 일부 지분인데 위 선순위 권리를 매수인이 인수한다는 취지의 특별매각조건을 정하지 아니하고 매각한 경우에, 최선순위의 근저당권권자나 가압류권자에게 배당하여야 할 금액에 관하여, 근저당권의 채권최고액이나 가압류의 청구금액을 경매목적물인 지분에 상응한 비율로 안분한 금액으로 하는 방법과, 하나의 부동산을 지분으로 분할하여 매각할 경우에는 전체로 매각할 경우보다 저가로 매각되는데 근저당권자나 가압류권자는 전체를 매각할 때보다 불리하게 배당받아서는 안 된

다는 이유로 채권최고액이나 청구금액 전액에 대하여 우선적으로
배당받고, 다른 권리자와의 관계는 변제자의 대위문제로 해결하는
방법이 있는데, 가능하면 경매목적물이 고가로 매각되어 채권자에
게 만족을 주어야 한다는 점에서 보면 후자의 방법이 타당하다 하
겠다.

한편, 실무에서는 위와 같은 근저당권이나 가압류를 매수인이 인
수하도록 특별매각조건을 정하거나 또는 선순위 권리자로부터 근저
당권의 채권최고액이나 가압류의 청구금액 중 매각지분에 상응한
비율로 안분한 금액만을 배당받고 매각지분에 해당하는 권리를 일
부 말소하는데 동의한다는 각서를 받고 매각하고 있는데, 그 각서
대로 배당하면 될 것이다. 이러한 법리는 집합건물이 매각대상인
경우에 그 집합건물의 대지권의 목적인 토지 전체에 관한 별도등기
에 대하여도 그대로 적용된다할 것이다.[333]

⑥ 채권자취소권(債權者取消權)의 행사(行使)와 배당(配當)

가. 채권자취소권(債權者取消權)의 효력(效力)

채권자취소권(債權者取消權)이 행사된 경우 취소판결(取消判決)의
기판력(旣判力)은 그 취소권을 행사한 채권자와 그 상대방인 수익
자 또는 전득자(轉得者)와의 상대적인 관계에만 미칠 뿐 그 소송에
참가하지 아니한 채무자 또는 채무자와 수익자 사이의 법률관계에
는 미치지 아니하는 한편(상대적 무효설(相對的 無效說)),[334] 채권

---

333) 법원행정처(法院行政處), 전게민집(前揭民執, 임·상(臨·上)), 867면.

자취소권 행사에 의한 취소와 원상회복은 모든 채권자의 이익을 위하여 그 효력이 있는데(민법 제406조), 이로 인한 배당에서는 특수한 문제가 발생한다.

나. 원물반환(原物返還)의 경우

(가) 전 소유자(前 所有者) 앞으로 환원(還元) 후 취소채권자(取消債權者)에 의(依)하여 경매(競賣)가 개시(開始)된 경우

이 경우에는 채권자취소권을 행사한 취소채권자뿐만 아니라 다른 채권자도 배당에 참가할 수 있는데, 이 때 채권자취소권 행사의 효력을 받는 채권자의 범위(민법 제407조)와 관련하여, 재산을 반환한 수익자의 경우, 그가 사해행위 전의 채권자 중 1인이었던 경우에는 효력을 받으므로 배당에 참가할 수 있지만, 단순수익자로서 취소로 인하여 발생한 부당이득반환청구권이나 담보책임 추급권(追及權)에 기하여 배당요구를 하는 것을 이를 부정하여야 한다. 왜냐하면 취소소송은 취소채권자와 수익자 간에만 효력이 있기 때문이다.

(나) 전 소유자(前 所有者)에로 환원전(還元前)에 타채권자(他債權者)에 依하여 경매(競賣)가 개시(開始)된 경우

이 경우는 ㉮ 전소유자 명의로 있던 때 집행된 가압류가 사해행위 후 본압류로 전이되어 강제집행이 개시된 경우, ㉯ 전소유자 명

---

334) 대판(大判) 1988. 2. 23. 87다카1989; 同 2000. 12. 8. 98두11458.

의로 있던 때 설정된 근저당권에 기하여 임의경매가 개시된 경우, ㈐ 수익자에 대한 집행권원에 기하여 강제집행이 개시되었다든가 또는 수익자가 설정한 담보권에 기한 임의경매가 개시된 경우가 있다. 이 중 ㈎와 ㈏의 경우에 배당요구를 할 수 있는 채권자는 전술한 전소유자 앞으로 환원 후 취소채권자가 강제집행 하는 경우와 동일하다고 보아야 한다. 왜냐하면 이 경우 채권자취소판결은 형성판결로서 전소유자 앞으로 환원을 위한 등기가 없이도 물권변동의 효력이 생기고(민법 제187조), 특히 ㈎의 경우에는 매각대금이 지급되면 수익자 명의의 소유권이전등기는 말소 촉탁될 것이므로, 취소채권자 등이 이중경매신청을 하려는 것이 아닌 한, 환원을 위한 등기가 집행절차상 반드시 필요한 것은 아니기 때문이다.

한편, ㈐의 경우에는 취소채권자가 취소판결에 기하여 제3자 이의의 소를 제기하거나 수익자에 대한 담보권자를 상대로 따로 채권자취소권 등을 행사하여 담보권을 소멸시키는 것은 별론(別論)으로 하고, 수익자를 집행채무자로 한 경매절차에서 배당요구를 할 수는 없다.

(다) 수익자(受益者)에 대한 채권자(債權者)의 배당요구(配當要求)

위의 각 경우에 수익자에 대한 채권자가 배당요구를 한 때, 그 배당요구가 적법한가가 문제된다. 즉 전소유자에 대한 채권자들에게 배당하고 남은 잉여가 있어서 수익자에 대한 채권자도 배당요구를 한 경우, 그 잉여금을 배당재단으로 하여 수익자에 대한 채권자들에게 배당을 실시할 수 있는지가 문제된다.

이에 대하여는 수익자에 대한 채권자들은 수익자에 대한 잉여금 교부청구권을 집행목적으로 삼아야 하고, 따라서 경매절차에서의 배당절차가 아닌 금전채권에 대한 집행절차를 통하여 만족을 얻는 방법과 채권자취소판결의 효력에 관하여 상대적 무효설을 취하는 한 사해행위는 전소유자의 채권자들을 위한 공동담보가 되는 범위에서만 무효가 될 뿐이고, 따라서 전소유자의 채권자들을 모두 만족시키고 남은 금액에 대하여는 수익자의 부동산을 매각한 것과 다름없으므로 전소유자의 채권자들에게 배당하고 남은 잉여금은 수익자에 대한 채권자들에게 배당하는 방법이 있는데, 생각건대 수익자에 대한 채권자들이 잉여금으로부터 배당을 받게 되는 점에 있어서는 동일하고, 방법의 차이일 뿐이므로 어느 방법에 의하든 그렇게 문제가 되지 않는다.

다. 가액반환(價額返還)의 경우

가액반환을 명한 경우에는 취소채권자가 반환을 명한 금전의 수령권을 가지게 되므로[335] 이 가액반환 판결은 수익자에 대한 집행권원이 된다. 따라서 취소채권자는 이 가액반환 판결로써 사해행위의 목적부동산이 아닌 수익자의 다른 부동산에 대하여도 강제집행을 할 수 있고, 배당요구만을 할 수도 있다.

라. 사해행위(詐害行爲)가 담보권 설정행위(擔保權 設定行爲)인 경우

채무자의 특정채권자에 대한 담보권설정행위가 취소된 경우에는

---

335) 대판(大判) 1999. 9. 7, 98다41490; 同 2001. 2. 27, 2000다44348.

취소채권자 및 그 취소의 효력을 받는 다른 채권자에 대한 관계에서는 무효이므로 그 취소된 담보권자는 별도의 배당요구를 하여 배당요구채권자로서 배당받는 것은 별론(別論)으로 하드라도 담보권자로서는 배당받을 수 없다.

마. 잉여금(剩餘金)의 귀속(歸屬)

취소채권자 등이 수익자로부터 환원 받은 부동산에 대하여 강제집행을 실시하여 배당받고 남은 잉여금은 그 재산을 반환한 수익자에게 복귀시켜야지 채무자에게 지급하여서는 아니 된다.

2. 배당비율(配當比率)과 배당액(配當額)

(1) 부동산 등(不動産 等) 강제집행(强制執行)

부동산 등 강제집행에 있어서의 배당은 우선순위에 따라 선순위의 채권으로부터 순차로 전액을 배당한 다음, 잔액이 있으면 그 잔액에 관하여 일반채권자의 각 채권액에 따라 안분비례(按分比例)의 방법으로 배당(配當)한다. 따라서 배당순위가 동일한 배당가입 채권자 간에 있어서는 각 배당가입채권액은 같은 순위 채권합산액에 대한 백분율[336]이 배당비율로 된다.

---

336) 각 배당가입채권(各 配當加入債權)액/동순위 채권합산액(同順位 債權合算額)×100.

  그러나 선순위 채권은 후순위 채권에 우선하여 전액 배당하여야 하므로 그에 대한 배당률은 100으로 표시한다. 예컨대 배당할 금액이 금100만 원인데 배당가입채권으로서 국세채권이 금50만 원, 집행채권자의 채권이 금100만 원, 배당요구채권자의 채권이 금150만 원인 경우에 배당비율은 국세채권이 100%로 금50만 원, 집행채권자가 40%(100/250×100)로 금20만 원, 배당요구채권자가 60%(150/250×100)로 금30만 원 된다.

  배당비율(配當比率)은 배당액을 산출하는 기초가 되고, 같은 순위의 채권자에게 배당할 금액에 배당비율을 곱하여 산출된 금액이 배당액이 된다. 따라서 배당에 참가한 채권자가 모두 같은 순위인 때에는 바로 배당할 금액에 배당비율을 곱하면 배당액이 산출된다. 또 선순위(先順位) 채권자가 있는 경우에는 최선순위 채권으로부터 순차로 그 채권 금액을 배당하고 일반채권자에 대하여는 배당할 금액에서 선순위(先順位) 채권전액을 공제한 잔액에 관하여 위 배당비율에 따라 배당액을 산출한다. 전례(前例)에서 국세채권에 대한 배당액은 그 전액인 금50만 원이 되고, 집행채권자, 배당요구채권자에 대한 배당액은 금20만 원{(100－50)×40/100}및 금30만 원{(100－50)×60/100}이 되는 것이다.

  배당액은 편의상 원 이하를 사사오입하는 방식으로 계산하는바, 원 이하를 사사오입하기 위해서는 적어도 원 이하 1자리까지는 계산하여야 하므로 배당할 금액의 자리수를 참작하여 배당비율을 소수점 이하 몇 자리까지 표시하여야 할 것인가를 정하여야 한다. 매각대금으로 모든 채권자의 채권 및 집행비용을 변제하기에 충분한 경우에는 배당비율을 표시하지 아니하여도 무방하나, 실무에서는 모두 100으로 기재한다. 각 채권자에 대한 배당비율과 배당액의 산출내용을 명백하게 하기 위하여 별지(別紙)로 계산명세서(計算明細書)를 작성하여 배당표(配當表)에 첨부하는 것도 좋은 방법이다.

(2) 채권(債權) 그 밖의 재산권(財産權)에 대한 강제집행(强制執行)

채권(債權) 그 밖의 재산권(財産權)에 대한 강제집행(强制執行)에 있어서의 배당(配當)은 우선순위에 따라 선순위의 채권(債權)으로부터 순차로 전액을 배당한 다음 잔액이 있으면 그 잔액에 관하여 일반채권자의 각 채권액에 기하여 안분 배당한다. 각 채권자의 채권의 원본, 이자, 지연손해금, 비용 사이의 충당순서는 법정충당(민법 제477조 내지 제479조)의 규정에 따른다. 배당순위가 동일한 배당가입채권 간에 있어서는 각 배당가입채권액은 같은 순위 채권합산액에 대한 백분율[337]이 배당비율로 된다.

그러나 선순위 채권은 후순위 채권에 우선하여 전액 배당하여야 하므로 그에 대한 배당률은 100%로 표시한다. 예컨대 배당할 금액이 금200만 원인데 배당가입채권으로서 국세채권이 금100만 원, 압류채권자의 채권이 금200만 원, 배당요구채권자의 채권이 금300만 원인 경우에 배당비율은 국세채권이 100%, 압류채권자가 40%(100/250×100), 배당요구채권자가 60%(150/250×100)로 된다.

---

337) 註 336) 배당비율(配當比率) 참조.

(3) 일반채권자(一般債權者)의 채권(債權)에 대한 배당액(配當額)

　우선순위에 따라 선순위의 채권부터 전액을 배당할 액으로 하고, 잔액이 있으면 그에 대하여 일반채권자의 각 청구채권액에 따라 안분비례(按分比例)에 따라 배당(配當)하며, 배당액이 없는 채권자에 대하여는 령(零)으로 적는다. 가압류채권액도 잠정적으로 배당표에 표시되고, 그 배당액은 공탁하여야 한다(법 제160조, 제256조).

第4章 배당(配當)에 대(對)한 불복방법(不服方法)

第1節 배당표(配當表)에 대(對)한 이의(異議)

1. 의의(意義)

배당기일에 출석한 채무자는 채권자의 채권 또는 그 채권의 순위에 대하여 이의할 수 있고, 법원에 배당표원안이 비치된 이후 배당기일이 끝날 때까지 채권자의 채권 또는 그 채권의 순위에 대하여 서면으로 이의할 수 있으며, 기일에 출석한 채권자는 자기의 이해에 관계되는 범위 안에서는 다른 채권자를 상대로 그의 채권 또는 그 채권의 순위에 대하여 이의할 수 있는바, 이러한 채권자나 채무자가 하는 이의를 배당표에 대한 이의라 한다(법 제151조 1항 3항). 여기서 채무자라 함은 담보권실행 등의 경매에 있어서는 담보부동산의 소유자를 포함한다.

법원은 미리 작성한 배당표원안을 배당기일에 출석한 이해관계인과 배당을 요구한 채권자에게 열람시키고 그들을 심문하여 그 의견을 듣고 또 즉시 조사할 수 있는 서증을 조사한 다음, 이에 기하여 배당표원안에 대하여 추가, 정정할 것이 있으면 이를 하여 배당표를 완성·확정한다(법 제149조, 제150조). 배당표에 대하여 이의가 있으면 그 이의 있는 부분에 한하여 배당표는 확정되지 아니한다(법 제152조 3항). 배당기일에 출석한 이해관계인과 배당을 요구한 채권자의 합의가 있으면 법원은 이에 의하여 배당표를 작성하여야 한다(법 제150조 2항). 배당표에 대하여 이해관계인이나 배당요구채권자의 이의가 없으면 배당표는 그대로 확정되며 법원 및 각 채권자와 채무자는 이에 기속(羈束)된다.

동산집행에 있어서의 배당절차에서는 채무자는 배당표에 관하여 이의를 진술할 수 있다는 규정이 없으나, 부동산 등 강제집행의 배당절차에 있어서는 배당이 복잡하고 이해관계가 중대함에 비추어 채무자에게도 이의를 허용하고 있는 것이다.

이의할 수 있는 자가 기일 전에 미리 이의신청서를 제출하였더라도 그 자가 기일에 출석하지 아니하면 그 서면을 무시하고 배당을 실시하여야 한다. 이해관계인이 배당표에 대한 이의를 정당하다고 인정하거나 다른 방법으로 합의한 때에는 이에 따라 배당표를 경정(更正)하여 배당을 실시하여야 한다. 배당표에 대한 이의가 완결되지 아니한 때에는 이의가 없는 부분에 한하여 배당을 실시하여야 한다(법 제152조). 배당표에 대한 이의는 절차상의 이유에 기한 것과 실체상의 이유에 기한 것으로 나눌 수 있다. 실체상의 이유로 이의를 한 경우에는 배당이의의 소에 의하여 다투게 되므로 이 절에서는 절차상의 사유로 이의한 경우에 관하여서만 논의한다.

2. 절차상(節次上)의 하자(瑕疵)로 인(因)한 불복(不服)

(1) 사유(事由)

배당표에 대한 절차상의 사유(형식적 하자(形式的 瑕疵))에 기한 불복은 배당기일의 지정, 소환, 배당표의 작성방법 등 절차에 관한 사항을 불복의 이유로 하는 것이다. 예를 들면 ① 매각허가결정이 취소되었음에도 불구하고 배당기일을 지정하여 배당표를 작성하였다는 것 ② 최고가매수신청인에 대한 매각을 허가하지 아니하고, 새로 매각을 실시한 경우에 매각을 허가하지 아니한 매수신청인의 매수신청보증금을 배당할 금액에 산입하여 배당표를 작성하는 등 배당재단에 포함되어서는 안 될 금액을 배당하는 것으로 배당표가 작성되었다는 것 ③ 민사집행법 제147조에 위반하여 배당할 금액에 산입하여야 할 금액을 탈루하였다는 것 ④ 배당표의 작성이 민사집행법 제88조에 위반하여 배당요구의 종기까지 배당요구를 하지 아니하였다는 등의 사유로 배당표에 적을 수 없는 채권을 배당하는 것으로 배당표를 작성하였다는 것 ⑤ 자기의 채권이 배당표에 적히지 아니하였다는 것 ⑥ 배당표상에 기재에 탈루나 위산이 있다는 것 ⑦ 집행비용에 산입되어야 할 비용이 산입되지 아니하였다는 것 ⑧ 배당절차개시의 요건에 관하여 흠결(欠缺)이 있는 것 ⑨ 어느 채권자가 배당기일의 소환을 받지 아니한 것 ⑩ 배당기일이 배당표의 열람기간을 준수(遵守)하지 아니한 것(법 제149조 1항), ⑪ 집행비용의 공제범위가 부당 것(법 제53조), ⑫ 어느 채권자가 채권계산서 제출의 최고를 받지 아니한 것(법 제253조, 제84조 4항), 또는 적법하게 제출한 채권계산서 등을 무시하고 배당표를 작성한 것 ⑬ 어느 채권자의 채권이나 그에 대한 배당액이 배당표에 잘못 기재되었거나 기재되지 아니한 것, ⑭ 그 밖에 배당표의 기재에 탈누(脫漏)나 오산(誤算)이 있는 것 등이다.

(2) 성질(性質)

절차상의 사유로 하는 불복신청의 성질에 관하여서는 배당표의 법률적 성질과 관련하여 이론(異論)이 있다. 첫째의 견해는, 채권계산서 제출의 최고(催告)로부터 배당의 실시에 이르기까지의 배당절차는 강제집행의 방법이고, 배당표가 재판의 성질을 가지고 있지 아니하므로 위와 같은 형식적 하자(瑕疵)를 이유로 하는 때에는 우선 집행방법에 관한 이의(법 제16조 1항)를 신청할 것이며, 그 절차상의 이의에 대한 재판에 대하여 비로소 즉시항고(卽時抗告, 법 제15조)를 할 수 있다는 것이다.[338] 둘째의 견해는, 배당표가 배당기일에서 각 채권자의 진술을 거쳐 확정되면 이는 집행법원의 재판의 성질이 있는 것이므로 배당표의 작성절차에 있어서의 형식적 하자(瑕疵)는 즉시항고에 의하여 다툴 것이라 한다.[339] 셋째의 견해는, 배당표가 재판이 아니라는 점은 첫째의 견해와 같으나 배당기일이 열리는 경우에 따로 집행에 관한 이의를 인정할 실익이 없고, 배당

---

338) 이영섭(李英燮), 전게서(前揭書) Ⅱ, 188면; 궁협신언(宮脇辛彦), 전게서(前揭書), 468면; 일대결(日大決) 소화(昭和) 12(1937). 5. 26, 민집(民集) 16권, 657면.
339) 우리나라의 판례·학설(判例·學說)은 이 견해(見解)를 취(取)한 것은 없다.

표(配當表)의 작성절차에 관한 형식적 하자(形式的 瑕疵)에 대하여
서는 배당기일에서 진술하고, 배당법원이 그것을 정당하다고 인정
하면 배당기일을 연기하거나 배당표의 기재를 경정할 것이며, 그
진술이 이유가 없다고 인정되면 불복신청을 배척하는 재판을 하여
야 하고 배당절차를 속행할 것이나 불복신청인은 이 결정에 대하여
즉시항고(卽時抗告)로서 다툴 것이라고 한다.[340]

생각건대 이 형식상의 이의는 사실, 집행방법에 관한 이의에 속
하는 것이므로 배당기일에 있어서 이해관계인이 그와 같은 이의를
진술하는 것은 사전에 배당법원에 대하여 집행방법을 그르치지 말
라고 촉구(促求)하는 의미를 가지는데 불과한 것이고, 배당법원이
스스로 그 당부를 판단하여 그 형식상의 이의가 이유 없다고 인정
하면 배당을 실시할 수 있으며, 그때 이해관계인은 민사집행법 제
16조에 의하여 정식으로 집행에 관한 이의신청을 하는 수밖에 없
고, 기어이 배당표의 실시를 저지하려면 강제집행정지를 명하는 가
처분을 받아야 한다(법 제16조 2항, 제34조 2항). 따라서 첫째의
집행에 관한 이의설(異議說)이 논리적으로 타당하다.[341]

집행에 관한 이의를 배척하거나 인용(認容)하는 결정이 있으면 이
에 대하여 즉시항고를 할 수 있는 데, 이 때에 당연히 배당절차를 정
지하는 효력은 없으므로[342] 그 정지를 구하기 위하여서는 즉시항고

---

340) 겸자일(兼子一), 전게서(前揭書), 221면.
341) 광주고판(光州高判) 1989. 11. 2, 88나4422; 김상원(金祥源), 전게
서(前揭書) Ⅱ, 501면.
342) 法 제15조 6항 단서(但書)에서 말하는 집행정지(執行停止)의 효력
(效力)은 배당절차(配當節次) 자체(自體)의 정지(停止)에 미치는 것
은 아니다; 궁협신언(宮脇辛彦), 전게서(前揭書), 468면.

(卽時抗告)의 제기에 따른 가처분(假處分, 법 제15조 6항)이 있어야 한다. 집행방법에 관한 이의신청에 수반한 가처분이 없는 경우 배당이의의 소가 제기되지 않으면 배당이 실시된다. 집행에 관한 이의와 배당이의의 소는 그 목적, 성질, 절차, 구조를 달리하기 때문에 중복하여 제기할 수 있고, 배당이의의 소제기 후에 집행에 관한 이의도 할 수 있다.343) 배당표 상의 절차적 하자가 배당표의 실질적 내용에도 관련되는 경우에는 그것에 의하여 불이익을 받는 채권자는 집행에 관한 이의신청에 덧붙여 배당이의의 소를 제기하는 것도 허용된다. 이는 이의를 신청한 채권자의 배당액의 정당성에 대하여 기판력(旣判力)을 수반하지 않는 집행에 관한 이의의 재판에 의하는 것보다는 기판력(旣判力)을 수반하는 판결(判決)인 배당이의의 소에 의하는 것이 보다 근본적인 해결방법이기 때문이다.

(3) 이의신청(異議申請)의 방법(方法)

이의(異議)는 반드시 채무자, 채권자가 배당기일(配當期日)에 출석하여 진술(陳述)하여야 한다(법 제151조 1항). 이의신청을 함에 있어서는 어느 채권에 대하여 어느 한도에서 그 존재 또는 우선권을 다투는가. 즉 어떻게 배당표의 기재의 경정을 요구하는가를 구체적으로 명시하여야 하나, 반드시 그 이유를 밝히거나 이유에 대한 증거를 제출할 필요는 없다. 이의의 신청은 구술(口述)로써만 할 수 있다. 미리 서면을 제출하였다 하더라도 배당기일에 출석하지 아니하면 아무 소용이 없다. 그 서면은 배당기일에 출석하지 아니

---

343) 동경고판(東京高判) 소화(昭和) 56(1981). 10. 13.

하면 안 되기 때문이다.344) 부동산집행에 관하여 민사집행법 제151조 1항, 2항이 「출석한 채무자 및 각 채권자는…… 이의를 신청할 수 있다」고 한 것은 배당표에 관한 이의는 배당기일에 출석하여 구두로 하여야 한다는 취지라고 보아야 하므로 기일에 출석하지 아니하고 미리 서면으로 제출하는 이의는 부적법(不適法)한 것이 된다.

채권의 강제집행에 있어서의 이의신청은 민사집행법 제256조가 부동산의 강제집행에 관한 규정을 준용하고 있으므로 부동산 강제집행과 마찬가지로 기일에 출석하지 아니한 채권자는 배당표의 실시에 동의한 것으로 의제(擬制)되므로 채권자는 기일에 출석하여 이의를 진술하여야 한다.

이의신청은 어떤 채권에 대하여 어떠한 한도에서 그 존재 또는 우선권을 다투고, 그 결과 어떻게 배당표의 기재를 고칠 것인가 하는 배당이의의 범위를 구체적으로 적시하여야 한다. 배당기일에서는 이의의 범위만을 명시하는 것으로 족하고, 그 이유를 설시(說示)하거나 이유에 관한 입증자료를 제출할 필요는 없다. 이의의 정당 여부는 별도로 배당이의 소송의 판결절차에서 판가름 짓기로 예정되어 있는 터이므로 이유의 기재와 입증은 그 소송절차에서 하도록 미루는 것이 합리적이기 때문이고, 이의신청에서 이유를 기재하였더라도 법원은 이에 구속되지 않는다.345)

---

344) 대판(大判) 1981. 1. 27, 79다1846.
345) 중야정일랑(中野貞一郎), 전게서(前揭書), 384면.

(4) 신청권자(申請權者)

　불복을 신청할 수 있는 자는 배당절차에 관여하는 채권자와 채무자이다.

　배당절차의 이해관계인이 아닌 채권자는 이의신청권(異議申請權)이 없다. 채무자는 배당표의 작성절차의 형식적 하자(瑕疵)에 관하여 불복을 주장할 수 있으나 실체적 하자(瑕疵)에 기한 배당이의신청은 할 수 없다.346) 배당기일에 각 채권자에 대한 배당액의 부담에 관하여 의견을 진술하더라도 이는 배당표의 확정(確定)이나 배당의 실시에 대하여 아무 영향을 주지 아니하고, 배당법원 또는 각 채권자의 참고가 될 뿐이다. 채무자는 배당절차 내에서 채권자의 채권 또는 그 채권의 순위에 대한 것 외에 우선변제청구권자(優先辨濟請求權者)에 대하여는 채무부존재확인소송(債務不存在確認訴訟), 이른바 집행권원(執行權原)을 가진 채권자에 대하여는 청구이의(請求異議)의 소(訴) 등으로 다투지 아니하면 안 된다. 전술한 바와 같이 제3자는 제3자 이의의 소(법 제48조)에 의하여 배당절차

---

346) 독일(獨逸)에서도 이의는 다른 채권자(債權者)로 말미암아 자신의 채권만족(債權滿足)을 받을 권리가 위협받는 배당참가권자(配當參加權者)가 제기할 수 있을 뿐 채무자는 이의적격자(異議適格者)가 아니다(독일 민사소송법(獨逸 民事訴訟法) 제876조). 일본의 구민사소송법(舊民事訴訟法)에서는 채권집행(債權執行)에 있어서 채무자의 배당이의신청(配當異議申請)이 허용되지 않았으나, 일본 민사집행법(日本 民事執行法)에서는 채무자(債務者)에게도 이의신청권(異議申請權)을 부여(附與)하고 있다(일본 민사집행법(日本 民事執行法) 제166조 2항, 제89조 각 참조.; 중야정일랑(中野貞一郎), 전게서(前揭書), 382면.

밖에서 권리구제절차를 취할 수밖에 없다. 채무자나 제3자는 배당이의소송이나 부당이득반환(不當利得返還) 소송에서 보조참가(補助參加)를 할 수 있다.

(5) 신청(申請)의 시기(時期)

채무자가 채권자의 채권 또는 그 채권의 순위에 관하여 이의할 경우에는 반드시 배당기일에 출석하여 구술(口述)로 이의를 하여야 하나,347) 채무자가 법원에 배당표원안이 비치된 이후 배당기일이 끝날 때까지 사이에 위와 같은 사유로 이의를 할 경우에는 서면으로 할 수 있다(법 제151조 2항). 독일 민사소송법 제877조 1항은 이에 대칭(對稱)되는 우리 민사집행법 제153조 1항과 달리 「기일에 출석하지 아니하거나 기일 전에 법원에 이의를 제기하지 아니한 채권자는 배당표의 실시에 동의한 것으로 본다」고 되어 있어서 배당표의 비치 후 배당기일 전에도 이의를 제기할 수 있도록 입법화 되어 있는데,348) 우리 민사집행법도 위 입법례(立法例)를 따른 것이다.

---

347) 대판(大判) 1981. 1. 27, 79다1846. 이 판례(判例)의 입장(立場)과 달리 배당표 열람(配當表 閱覽) 후에는 배당기일 전에(配當期日 前)도 이의신청(異議申請)을 할 수 있다는 견해(見解)로는 이재성(李在性), 배당표(配當表)에 대한 이의신청(異議申請)의 방법(方法), 한국사법행정학회(韓國司法行政學會), 1981, 55면.

348) 일본(日本)에서도 절차위배(節次違背)에 대한 집행이의(執行異議)는 배당기일 전(配當期日 前)에 신청(申請)할 수 있으나, 배당기일(配當期日)에서의 배당이의(配當異議)는 배당기일(配當期日)에만 할 수 있다고 되어 있다. 더욱이 우리법과 달리 배당표(配當表)는 배당기일(配當期日)에 작성(作成)되기 때문에 배당표(配當表)가 작성(作成)된 후가 아니면 배당표(配當表)에 대한 이의(異議)가 성립(成立)될

3. 이의(異議)에 대한 법원(法院)의 조치(措置)

배당기일에 채무자 또는 채권자가 위와 같은 위법을 주장하여 이의를 진술하는 것은 사전에 법원에 대하여 집행방법 상의 위법에 대한 시정을 촉구하는데 불과하므로 법원은 그 이의가 정당하다고 인정하면 그 절차의 위법을 시정하고 이의가 이유 없다고 인정하면 응답하지 아니한 채 배당표를 확정하여 배당을 실시할 수 있다. 이때 배당표의 실시를 정지하기 위해서는 집행정지의 가처분을 받아 법원에 제출하여야 한다(법 제16조 2항, 제34조 2항).

배당표에 관한 이의는 매각허가에 관한 이의와 마찬가지로 독립한 신청으로서의 성질이 있는 것이 아니라 배당기일에 있어서의 이해관계인의 의견진술에 불과하므로 배당기일에 있어서 이의의 신청이 있고, 배당법원이 그 이의에 대하여 정당하다고 결정한 때에는 그 취지에 따라 배당기일을 변경하거나 배당표의 기재를 정정한다. 배당표(配當表)를 정정한 때, 정정(訂正)으로 인하여 불이익을 받는 채권자가 출석하고 그 동의가 있으면 기일을 진행할 수 있을 것이나, 그렇지 않으면 새로운 기일을 지정하여 정정된 배당표를 열람토록 하지 않으면 안 된다. 집행에 관한 이의가 인용되어 배당표를 바꾸는 배당절차가 개시된 경우라도 배당기일에 정정된 배당표에 불복이 있는 채권자는 배당표에 대한 이의를 신청할 수 있고, 배당이의의 소도 제기할 수 있다.

수 없다. 중야정일랑(中野貞一郎), 전게서(前揭書), 369면·383면.

4. 이의(異議)의 효과(效果)

(1) 채무자(債務者)의 이의(異議)

집행력 있는 정본을 가진 채권자의 채권에 대하여 채무자가 이의신청을 한 경우에는 그 채권자가 이의를 정당하다고 인정하는 경우를 제외하고는 채무자는 그 집행력을 배제하기 위하여 청구이의(請求異議)의 소(訴)를 제기하여야 하고(법 제44조), 배당절차를 정지하여 배당표의 변경을 구하기 위하여서는 집행의 일시 정지를 명하는 재판(법 제46조) 또는 이의의 재판에 있어서 집행정지가처분(執行停止假處分)의 명령이나 그 인가·변경재판(認可·變更裁判, 법 제47조)을 얻어 이를 집행법원에 제출하여야 한다. 따라서 채무자가 이의를 진술한 것만으로써는 배당정지의 효력이 생기지 아니하므로 위 집행정지의 가처분 재판정본의 제출이 없으면 그대로 배당절차를 속행(續行)한다.

집행할 수 없는 채권 즉 집행력 있는 정본을 가지지 아니한 채권자의 채권이나 부동산 위의 담보권자의 채권에 대하여 채무자가 이의신청을 한 경우에는 이의가 기일에 완결되지 아니하면 그 부분에 대하여는 배당의 실시가 일시 유보되고 이의신청을 한 채무자가 배당이의(配當異議)의 소(訴, 법 제154조)를 제기하여 집행법원에 증명하면 그 부분의 배당액은 공탁된다. 다만, 집행력 있는 정본 없이 배당을 요구하였는데 집행법원이 이중경매신청 등의 통지(법 제89조)를 하지 않았기 때문에 채무자가 이의를 할 수 없었다면 이의를 한 채무자가 소송을 제기하여야 하는 것이 아니라 채권자가 집행력 있는 정본을 얻어내기 위한 소송을 제기하여야 한다.

(2) 채권자(債權者)의 이의(異議)

이의가 기일에 완결되지 아니한 때에는 이의(異議) 있는 채권에 대한 배당의 실시가 일시 유보되고 이의신청 채권자가 배당이의(配當異議)의 소를 제기하고 배당기일로부터 7일 이내에 그 소제기(訴提起)를 법원에 증명하면 그 부분의 배당액은 공탁되나, 그 증명이 없이 이 기간을 도과(到過)한 경우에는 이의에 불구하고 배당이 실시된다(법 제154조 3항). 이 배당이의신청(配當異議申請)은 배당표가 원안대로 확정되고 또 그대로 배당이 실시되는 것을 막는 효력이 있다. 배당기일에 소환을 받고 출석하지 아니하면 배당표의 실시에 동의한 것으로 간주되기 때문에 그 후에는 이의를 신청할 수 없다. 형식상의 이의의 경우에는 배당법원이 스스로 그 당부(當否)를 심사할 수 있으나, 실질상의 이의인 경우에는 배당법원은 그 당부를 스스로 심사할 권능이 없고, 그것은 배당이의(配當異議)의 소로서 별도로 일반법원이 판결절차에 따라 심판하게 되는 것이므로 실질상의 이의가 있으면 배당을 실시할 수는 없는 것이다. 형식상 적법한 실질상의 이의가 있는데도 불구하고 그것을 무시하고 배당표(配當表)를 실시하려고 든다면 그 배당표의 실시도 하나의 위법한 집행행위일 것이므로 이해관계인(利害關係人)은 다시 집행방법에 관한 이의신청을 할 수밖에 없고, 그 배당표의 실시를 저지하려면 집행정지를 명하는 가처분(假處分, 법 제16조 2항, 제34조 2항)을 받아야 한다.

(3) 이의(異議)의 취하(取下)

배당기일에서 완결되지 아니한 배당이의(配當異議)는 그 신청인이 배당기일의 종료전이거나 종료된 뒤에라도 배당법원에 대한 진술(陳述)로써 이를 취하(取下)하거나 철회(撤回)할 수 있다. 이 철회로써 배당이의의 신청은 없었던 상태로 돌아가기 때문에 그 이의에 관계있는 부분의 배당도 바로 실시할 수 있게 된다.

5. 이의신청(異議申請)에 대한 타 채권자(他 債權者)의 진술 등(陳述 等)

(1) 타 채권자(他 債權者)의 진술(陳述)

이의신청이 있는 경우에 이의에 관계된 채권자는 바로 그 이의에 대하여 승인하는가 아니면 否認하는가를 진술을 하지 아니하면 안된다(법 제152조 1항). 여기서 「다른 채권자」라고 하는 것은 배당이의에 의하여 자기의 배당액이 줄어들게 되는 채권자를 뜻하며 단순히 이의신청을 한 채권자 이외의 채권자를 지칭하는 것은 아니다. 따라서 배당표의 변경이 어느 채권자와 관계가 있는지는 이의(異議)를 통하여 명확히 인식(認識)될 수 있어야 한다. 불특정(不特定)한 이의는 허용되지 않는다.

이의에 의하여 불이익을 받는 상대방 채권자가 이의를 정당한 것으로 인정하면 배당법원은 이의의 내용에 따라 배당표를 경정하고 배당을 실시한다. 그리고 이의신청인과 상대방 채권자와의 사이에 다른 방법에 따른 합의가 성립한 때에는 배당법원은 마찬가지로 그 합의한 내용에 따라 배당표를 경정하고 배당을 실시한다(법 제152조 2항). 이 합의의 결과 이의신청인이 이의를 한 것보다 적은 범위의 금액을 배당받게 되는 것으로 양보한 때에는 이의신청의 일부 철회로 볼 수 있을 것이고, 반대로 상대방 채권자가 배당표에 기재된 것보다 적은 금액을 배당받는 것으로 만족한 때에는 배당받을 권리의 일부 포기(抛棄)로 볼 수 있다.

배당기일에 출석하지 아니한 채권자가 다른 채권자의 이의신청에 관계있는 때, 다시 말하면 배당이의에 의하여 자기에 대한 배당액이 줄어들 때에는 그 채권자는 배당이의의 신청을 모르고 있는 것으로서 배당이의를 정당한 것으로 승인하지 아니한 것으로 본다(법 제153조 2항). 그러나 배당기일에 출석한 상대방 채권자가 배당이의에 대하여 아무런 진술을 하지 아니한 때에는 문제가 있다. 이 경우 법원은 그 이의에 대한 진술을 촉구(促求)하고 그럼에도 불구하고 아무런 진술을 하지 않을 때에는 민사소송법(民事訴訟法) 제139조 1항의 의제자백에 준하여 배당이의를 승인한 것으로 인정할 것이라는 견해가 있다.[349] 생각건대 아무런 진술을 하지 않는다고 해서 이의신청을 승인한 것으로 볼 수는 없다. 상대방 채권자가 배당기일에 출석하지 아니한 경우(법 제153조 2항)보다 불이익으로 취급할 수 없고, 또한 여기서 문제되는 것은 배당이의를 이유 있게 하는 사실의 인부(認否)가 아니고 다른 채권자가 요구한 대로 자기에 대한 배당액이 줄어드는 것을 승인(承認)하는가 부인(否認)하는

---

349) 겸자일(兼子一), 전게서(前揭書), 222면.

가 하는 문제이기 때문에 배당이의를 승인한 것으로 인정하는 것은 무리라고 생각된다.[350]

채무자는 채권자의 이의신청(異議申請)에 대하여 반대진술(反對陳述)을 하거나 또는 그 이의신청에 동의하여 배당표를 경정하거나 할 수는 없다. 왜냐하면 채권자의 이의신청에 대하여 그 상대방 되는 채권자가 반대진술을 하고 또는 이의를 정당하다고 인정하고 또 다른 방법으로 배당표에 대하여 합의를 할 수 있음으로 여기에 채무자가 간여할 바 못되는 것이기 때문이다.

(2) 불출석 채권자(不出席 債權者)와 배당표(配當表), 타 채권자(他 債權者)의 이의신청(異議申請)

배당기일에 출석하지 아니한 채권자가 있을 때에 그 채권자는 배당표(配當表)대로 배당을 실시하는데 동의(同意)한 것으로 본다(법 제153조 2항). 채권자는 배당표의 비치로 열람의 기회가 있고 배당기일의 소환에 따라 출석할 기회가 있으므로 기일에 소환을 받고도 출석하지 아니한 때에는 배당표의 기재를 승인한 것으로 보게 되는 것이다. 배당기일에서 채권자가 이의를 진술하지 아니한 때에도 배당법원이 작성한 배당표가 그대로 확정되어 그에 따라 배당을 실시하게 된다. 불출석(不出席) 채권자가 실체법상의 부당이득반환청구권(不當利得返還請求權)도 상실하는가에 관하여서는 나중에 논의한다.

배당기일에 출석하지 아니한 채권자가 동의한 것으로 보는 배당표는 당초의 배당표의 기재에 대한 것이므로 배당표에 대한 절차상

---

350) 궁협신언(宮脇辛彦), 전게서(前揭書), 471면.

의 불복신청에 의하여 배당표를 그 채권자의 불이익으로 경정한 경우에는 새로 배당기일을 지정하여 경정된 배당표의 열람을 할 기회를 주지 않으면 안 된다.

이의신청(異議申請)에 관하여 이해관계가 있는 다른 채권자가 출석하고 있으면 그로 하여금 이의에 대한 인부(認否)를 진술하도록 해야 한다(법 제152조 2항). 그 채권자가 인부(認否)를 하지 아니한 때에는 법원은 소송지휘권을 발동하여 인부를 석명(釋明)할 수 있다. 이의에 관하여 이해관계가 있는 채권자가 이의를 정당하다고 인정하면 법원은 이의의 내용에 따라 배당표를 경정(更正)하여야 한다(법 제152조 2항). 이의신청을 정당하다고 인정할 수 있는 자는 이의신청에 관계되는 채권자에 한하는 것이고 채무자라든가 또는 그 이의신청에 관계없는 다른 채권자는 이의를 승인할 자격이 없다. 이의를 정당한 것으로 인정한 경우가 아니더라도 이의를 신청한 채권자와 그 이의에 관계있는 상대방 채권자 사이에 다른 방법으로 합의가 성립되면 법원은 그 합의내용(合意內容)에 따라서 배당표(配當表)를 경정(更正)하여야 한다(법 제152조 2항).

채무자는 채권자의 이의신청에 대하여 반대진술을 하거나 또는 그 이의신청에 동의하여 배당표를 경정할 수 없다. 이와 같이 이의를 정당한 것으로 인정하거나 다른 방법으로 합의(合意)된 때는 이의가 완결되어 경정된 배당표에 따라 배당을 실시하게 된다. 이의가 완결되지 아니하면 이의가 없는 부분에 한하여 배당을 실시한다(법 제152조 3항).

(3) 이의(異議)의 소제기 증명(訴提起 證明)과 철회(撤回)

기일에 이의가 완결되지 아니한 경우에는 이의신청을 한 채권자단, 집행정본(執行正本) 없는 채권자와 채무자는 배당기일로부터 7일 이내에 이의신청에 의하여 불이익을 입게 될 다른 채권자를 상대로 배당이의소송을 제기하고 또 그 소제기 사실을 배당법원에 증명하지 않으면 아니 된다(법 제154조 3항). 소제기의 증명은 수소법원의 소제기 증명서(訴提起 證明書), 변론기일소환장 등을 제출하는 방법으로 한다. 제소증명의 방법에는 특별한 제한이 없다. 수소법원의 소제기 증명에 의하는 것이 보통이다.

7일의 기간 내에 제소하고 그 취지를 증명하도록 한 것은 배당절차를 신속하게 종료시켜 근거(根據)없는 배당이의의 신청에 의하여 채권자의 배당실시가 지연되거나 권리가 방해되는 것을 방지하고자 하는 취지에서 나온 것이다. 이 법정기간은 법원에서나 당사자가 연장할 수 없고 또한 불변기간(不變期間, Notfrist)이 아니기 때문에 소송행위(訴訟行爲)의 추완(追完, 민소법 제173조)도 허용되지 않는다.

집행법원은 이의신청채권자가 소정 기간 내에 관할법원에 이의의 소를 제기하였는지, 그 소가 이의신청과 관계가 있는 적법(適法)한 소(訴)인지를 심사하여야 하며, 소의 내용이 위와 같은 사항을 구비하지 않은 때에는 그 소제기의 증명은 배당의 실시를 유보(留保)하는 효력을 가지지 아니한다. 이의의 소가 소정 기간 내에 제기되었으나 그 소제기 증명서(訴提起 證明書)를 소정 기간 경과 후에 제출한 경우에도 아직 배당이 실시되지 아니하였으면 기간을 준수한 경우와 마찬가지로 취급함이 상당하다. 위 규정이 배당절차의 신속을 도모하려는 취지에서 나온 것은 분명하나 제소증명의 추완(追完)을 절대적으로 허용하지 않는다고 해석할 명확한 근거는 찾아보기 어렵고, 현재 배당이의소송이 계속 중인 사실이 배당실시 전에 배당법원에 증명되었음에도 불구(不拘)하고 단지 형식상 그 증명절차가 법정기간의 경과 후에 행하여졌다는 사실만으로 언제나 바로 배당을 실시할 수 있다는 것은 법정기간 내에 소를 제기한 이의(異議)있는 채권자에게 가혹하여 부당하고, 채권자 평등주의를 취하고 있는 현행 민사집행법의 취지 및 형평(衡平)의 관념에 적합하지 않다.

집행법원이 심사할 사항은 당사자, 증명서의 법정기간내의 제출 등 형식적인 것에 한하고 이의(異議)의 동일성(同一性) 등에 미치지는 않는다. 위 기간내의 제소가 증명되면 그 소송은 연기적(延期的) 효력을 갖는다. 그러나 이의신청채권자가 위 기간(期間) 내에 소제기의 증명을 하지 못한 때에는 이의신청은 배당을 유보케 하는 효력을 잃으므로 배당법원(配當法院)은 배당표에 대한 이의가 없는 것으로 다루어 유보한 배당을 실시한다. 이의신청채권자는 위의 배당표에 대하여 불복신청을 할 수 있다. 배당을 실시한 후에는 채권자는 오로지 부당이득반환(不當利得返還)의 소(訴)로서만 자신의 권익을 옹호할 수 있다.

소제기 증명을 하지 아니한 경우에는 법원은 이의(異議)를 취하(取下)한 것으로 간주(看做)하고 유보되었던 배당을 실시하여야 한다(법 제154조 3항).

이의신청채권자는 서면 또는 구술(口述)로 이의(異議)를 철회(撤回)할 수 있다. 이의가 철회되면 이의에 의하여 유보되었던 배당을 실시하여야 한다. 한편 채권자 또는 채무자가 배당이의의 소를 제기한 후에 이의신청만 취하하고 배당이의의 소를 취하하지 않은 경우에는 배당이의의 소는 부적법(不適法)하여 각하(却下)를 면할 수 없다. 그러나 채무자가 청구이의의 소를 제기한 경우에는 이의신청의 취하만으로 집행권원(執行權原)의 집행력의 배제를 구할 이익이 없다고 단정할 수 없으므로 채무자가 소를 취하하지 않는 이상 청구이의 소송은 유지되어야 하고, 배당도 집행정지서면이 제출되어 있는 한 이를 실시하여서는 안 된다.

第2節 우선권(優先權)을 주장(主張)하는 소(訴)

1. 의의(意義)

채권자가 배당기일에 출석하여 배당에 관한 이의를 하고, 7일의 제소기간 내에 배당이의의 소를 제기하지 아니하였더라도 배당표에 따른 배당을 받은 채권자에 대하여 訴로써 우선권 및 그 밖의 권리를 행사할 수 있는 데(법 제155조), 이것을 우선권 등을 주장하는 소라 한다.

2. 본소(本訴)의 당사자(當事者)와 관할·소송절차(管轄·訴訟節次)

(1) 당사자(當事者)

우선권(優先權) 등을 주장하는 소(訴)에 있어서 원고적격(原告適格)이 있는 자는 배당절차에 참가한 채권자로서 배당표에 대하여 이의를 신청한 자가 된다.[351] 배당절차에 참가한 채권자로서 배당표에 대하여 이의를 신청한 자, 이의의 신청을 취하한 자, 적법(適法)한 소환을 받고서도 배당기일에 출석하지 아니하여 배당표를 승인한 것으로 의제(擬制)되는 자(법 제153조), 그리고 배당이의소송의 변론기일에 출석하지 아니하여 소취하(訴取下)로 의제(擬制)된 자(법 158조)가 우선권 등을 주장하는 소의 정당한 당사자가 된다. 피고는 그 이의의 대상이 된 채권자로서 배당을 받은 자이다. 배당절차에 참가한 채권자로써 이의를 하지 아니한 자(법 제160조)는 부당이득반환청구의 원고 적격이 있을지 모르나, 우선권 등을 주장하는 소의 원고적격은 없다.[352]

---

351) 채무자(債務者)는 배당기일(配當期日)에 이의(異議, 법(法) 제154조 1항)를 신청(申請)하지 아니하였다 하더라도 부존재(不存在)의 채권(債權)에 기(基)하여 배당(配當)을 받은 채권자(債權者)에 대하여 부당이득반환청구권(不當利得返還請求權)이 있다. 이에 관(關)하여는 후(後)에 논의(論議)한다.

352) 김상원(金祥源), 전게서(前揭書) Ⅱ, 523면.

(2) 관할(管轄) 및 소송절차(訴訟節次)

① 우선권(優先權)을 주장하는 소는 집행관계소송(執行關係訴訟)이 아니므로 일반의 임의관할(任意管轄)이며 소송절차도 통상의 판결절차(判決節次)에 따른다.

② 우선권을 주장하는 소의 권리는 채권자가 질권(質權), 양도담보권(讓渡擔保權) 기타의 우선변제권(優先辨濟權)을 행사할 수 있는 경우뿐만 아니라(민법 1052조 2항) 우선변제권(優先辨濟權)이 없는 일반채권자도 허위가공(虛僞架空)의 채권이나 이미 변제 등에 의하여 소멸한 채권에 기하여 강제집행을 하거나 배당요구를 하여 부당하게 배당을 받은 다른 채권자에 대하여 배당절차에서 배당받은 배당액을 부당이득으로 그 반환을 청구할 수 있다.[353] 원고는 본소(本訴)의 청구원인으로서 피고가 배당절차에서 원고가 받게 될 배당액을 수령하였다는 것, 그 배당액의 수령에 관하여 법률상의 원인이 없다는 것을 주장하여야 한다.

3. 우선권 등(優先權 等)을 주장(主張)하는 소와(訴) 배당이의(配當異議)의 소(訴)와의 관계(關係)

우선권 등을 주장하는 소는 배당기일에 출석한 채권자가 배당표

---

[353] 궁협신언(宮脇辛彦), 전게서(前揭書), 497면; 중야정일랑(中野貞一郎), 전게서(前揭書), 386면.

에 대하여 실체상의 이유로 이의를 한 후, 7일의 제소기간 내에 배당이의의 소를 제기하지 아니한 경우에 제기하는 소이고, 배당이의의 소는 배당기일에 출석한 이해관계인이 집행권원의 정본을 가지지 아니한 가압류채권자를 제외한 채권자[354]에 대하여 이의한 채무자와 다른 채권자에 대하여 이의한 채권자가 7일의 제소기간 내에 제기하는 소를 말하며, 부당이득반환청구의 소는 법률상 원인 없이 타인의 재산 또는 노무로 인하여 이익을 얻고 이로 인하여 타인에게 손해를 가한 자에게 그 이익의 반환을 요구하는 민법의 규정에 의한 청구권이다(민법 제741조). 위 세 가지 소는 모두 그 제기요건이 다르다.

우선권 등을 주장하는 소나 배당이의의 소를 제기하지 아니한 이해관계인이 별소로 부당이득반환 청구의 소를 제기할 수 있는가.

우선권 등을 주장하는 소나 배당이의의 소를 제기한 이해관계인이 그 소송에서 패소한 경우에도 그 기판력에 배치되는 별도의 부당이득반환청구를 할 수 있는가. 이에 대하여는 후에 논의한다.

---

354) 확정판결(確定判決), 가집행선고(假執行宣告)가 있는 판결(判決), 지급명령(支給命令), 확정(確定)된 이행권고 명령(履行勸告 命令), 조정조서(調停調書), 집행력(執行力) 있는 공정증서(公正證書)에 의하여 강제집행신청(强制執行申請)을 한 자(者)를 제외(除外)한 민법·상법(民法·商法) 그 밖의 법률(法律)에 의한 권원(權源, 저당권 등(抵當權 等))으로 강제집행(强制執行)을 한 者(者)를 말한다(法 제154조 참조).

第3節 배당이의(配當異議)의 소(訴)

1. 의의(意義)와 성질(性質)

(1) 의의(意義)

집행력 있는 권원의 정본을 가지지 아니한, 가압류채권자를 제외한 채권자에 대하여 이의한 채무자와 다른 채권자에 대하여 이의한 채권자는 배당이의의 소를 제기하여야 한다. 배당표 기재의 실체적(實體的) 당부(當否)를 에워싼 분쟁(紛爭)은 배당기일에 출석한 이해관계인이 구술로 배당에 관한 이의를 하고, 7일의 제소기간 내에 배당이의(配當異議)의 소(訴)를 제기하여 필요적(必要的) 구두변론(口頭辯論)을 거쳐 판결(判決)로 해결되는 데 이것을 배당이의의 소라 한다.

배당이의의 소는 배당기일에 배당표에 대한 실체상의 이의가 완결되지 않은 경우에 이의의 해결방법으로 마련된 소송절차이다. 배당이의소송에서는 채권자가 배당기일에서 배당표에 따른 채권자의 채권의 존부(存否), 범위(範圍), 순위(順位) 등에 관하여 신청한 실체상의 이의사유가 있는 경우에 한하여 이를 다툴 수 있는 것이고, 자기의 채권이 배당표에서 제외되었음을 이유로 하는 등의 이의는 그 성질상 법원의 배당실시절차에 위법이 있음을 내세우는 것으로서 집행방법에 대한 이의 등에 의하여 이를 다투어야 한다.[355] 배당법원은 각 채권자에게 최고하여 계산서를 제출케 하는 등 그 주

장에 따라 배당표를 작성하여 배당절차에 관여한 각 채권자로 하여
금 다른 채권자의 채권에 대한 존부(存否), 태양(態樣) 등에 대한
정보를 알도록 하여 채권자 상호 간의 이해조정을 꾀하고 있고, 이
에 따라 각 채권자에게 배당표에 대한 실질상의 이의를 신청할 수
있게 하는바, 이 이의신청에 대하여서도 우선 다른 채권자에게 임
의적 처분을 인정하여 다른 채권자가 이의를 정당하다고 인정하거
나 다른 방법으로 합의가 성립되면 그 배당표는 이의나 합의된 내
용에 따라 경정되어 확정되고(법 제152조 2항), 이에 따른 해결이
성취되지 아니한 때에는 배당이의의 소송절차에서 궁극적으로 판단
을 하게 된다. 이 소송이 배당이의소송(配當異議訴訟)인 것이다.

배당기일에 이의신청을 한 채권자가 그 기일로부터 7일 이내에
배당이의소송을 제기한 증명을 제출하지 못하면 일단 유보된 배당
절차가 다시 속행되어 배당이 실시되기 때문에, 이 소송은 배당절
차에 있어 각 채권자 간의 분쟁해결의 방법일 뿐만 아니라 배당의
실시를 막는데 필요 불가결(必要 不可缺)한 수단이기도 하다. 배당
절차는 배당재단의 분배를 목적으로 하는 하나의 통일적 절차이기
때문에 이에 관련한 분쟁은 그 절차 안에서 간이 신속하게, 그리고
공평하게 종국적으로 해결케 하는 것이 이상(理想)이긴 하나 배당
이의소송의 수소법원(受訴法院)과 배당법원(配當法院)이 제도적으로
나 사실상으로나 동일하지 않을 수 있고, 배당절차 내에서 배당채
권의 존부(存否), 범위(範圍), 순위(順位) 등 실체상의 분쟁을 해결
하는 것은 반드시 적절한 것은 아니다. 이는 배당표가 주로 채권자
로부터 제출된 배당요구신청이나 계산서·기타 증빙서류 등을 토대

---

355) 서울 민지판(民地判) 1986. 9. 24, 86나814.

로 하여 잠정적으로 작성하는 것이므로 그 실체적 진실여부를 가리는 것은 결코 간단한 일이 아니기 때문이다.

　배당이의소송(配當異議訴訟)이 다른 집행관계소송(執行關係訴訟)과 같이 집행절차의 한 단계로서 배당절차로부터 떨어져 나간 독립의 소송이라 할 것이므로 배당표의 실체적 당부를 에워싼 분쟁을 배당절차와 분리된 독립의 소송인 배당이의소송이나 청구이의소송(請求異議訴訟)에 연결시키는 것은 입법론적으로 결코 바람직하다 할 수 없다. 특히, 일반 채권자에 대하여 다른 채권자의 존재 및 그 채권 내지 이에 대한 배당액을 배당기일 전에 인식할 수 있다는 것은 그리 쉬운 일이 아니다. 그럼에도 불구하고 배당기일에 바로 배당이의신청을 하고, 더 나아가 배당기일로부터 1주일 내에 제소증명을 하지 않으면 안 된다는 것은 무리를 수반하고 있는 입법이므로 이를 지양(止揚)하는 대책을 강구하여야 할 것이다.

(2) 성질(性質)

　배당이의(配當異議)의 소(訴)의 성질에 관하여서는 다음과 같이 견해가 나뉘어져 있다.

① 형성소송설(形成訴訟說)

　배당이의소송(配當異議訴訟)은 이의(異議)있는 채권자가 실체 상 권리가 있다는 것을 전제로 하여 배당법원이 작성한 배당표의 변경을 명하는 판결 또는 이를 취소하여 새로운 배당표의 작성을 명하

는 판결(判決, 법 157조)을 구하는 소송법상의 형성소송(形成訴訟)이라고 한다.356)

② 확인소송설(確認訴訟說)

이 견해(見解)는 배당이의소송(配當異議訴訟)을 배당절차상의 배당청구권(配當請求權)의 확인(確認) 내지 배당절차의 소송상의 위법의 확인을 구하는 확인소송(確認訴訟)이라 한다. 실체상의 권리주장이 아니고, 그 실체상의 권리에 기한 소송상의 권리주장이라고 하는 점에서는 형성소송설(形成訴訟說)과 입장을 같이 하나, 배당표의 변경·취소(變更·取消)가 이의 인용 판결(異議 認容 判決)의 내용을 이루는 것이 아니고, 배당이의소송(配當異議訴訟)을 배당기일에서의 이의(異議)의 당부(當否), 이의의 대상인 채권의 존부(存否), 범위(範圍), 순위(順位)의 확인을 구하는 확인소송(確認訴訟)이라고 한다.357) 확인의 대상이 소송상의 권리인 배당청구권(配當請求權)이 아니고 실체적 배당청구권(實體的 配當請求權)이라고 하는 점에서 소송상 확인소송설과 입장을 달리하는 입장이 있다.358)

③ 구제소송설(救濟訴訟說)

이에 반하여 배당이의의 소는 채권 내지 담보권의 확인과 배당표의 변경 내지 실효라고 하는 확인기능과 형성기능을 병유하는 특수

---

356) 방순원·김광연(方順元·金光年), 전게서(前揭書), 348면.
357) 이영섭(李英燮), 전게서(前揭書) Ⅱ, 179면.
358) 겸자일(兼子一), 전게서(前揭書), 225면(面).

한 구제소송이라고 하는 주장이 있다.[359]

④ 검토(檢討)

　이와 같이 배당이의소송(配當異議訴訟)의 소(訴)의 성질(性質)을 논하는 실익은 주로 그 판결의 기판력(旣判力)의 객관적(客觀的) 범위, 구체적으로는 패소한 당사자가 상대 당사자를 상대로 수령한 배당금을 부당이득(不當利得)으로서 반환청구(返還請求) 할 수 있느냐에 있다.

　생각건대, 배당이의의 소송에서 패소한 당사자가 상대 당사자를 상대로 수령한 배당금을 부당이득으로 반환청구 할 수 있게 하는 것이 이의신청인을 구제하는 폭이 넓기 때문에 형성소송설(形成訴訟說)이나 구제소송설(救濟訴訟說) 중 이를 인정하는 說이 타당하다.

---

359) 오석락(吳錫洛), 배당이의소송(配當異議訴訟, 이하, 전게논문(前揭論文) 1이라 한다), 민사재판(民事裁判)의 제 문제(諸 問題) 1권, 한국사법행정학회(韓國司法行政學會), 1977. 6, 290면; 同, 배당표(配當表)의 하자(瑕疵)에 대한 불복방법(不服方法, 이하, 전게논문(前揭論文) 2라 한다), 고시계(考試界) 20권 5호, 1975. 5, 42면.

2. 배당이의(配當異議)의 소(訴)와 부당이득반환청구(不當利得返還請求)의 소(訴)와의 관계(關係)

(1) 양소(兩訴)의 이동(異同)

배당기일에 이의를 신청한 채권자가 배당이의를 하면 배당의 실시가 유보되며, 그 목적을 이루기 위하여서는 7일 이내에 배당이의의 소(訴)를 제기하여야 한다. 이의신청채권자가 7일 이내에 배당이의의 소를 제기하면 자기 채권에 대한 우위를 주장하여 제기하는 우선권 등을 주장하는 소(訴)를 제기할 수 없다함은 전술한 바와 같다. 배당이의의 소제기 기간 내에 소를 제기하였다는 증명을 하지 못하면 유보된 배당이 실시되지만 이의신청을 해 놓으면, 위의 소를 제기하지 아니하였더라도 우선권 등의 소를 제기하는데 지장은 없다. 배당이의의 소를 제기하였다면 배당의 실시가 유보되지만, 우선권 등을 주당하는 소를 제기하였다고 하여 배당의 실시가 유보되지 않는다.

배당이의(配當異議)의 소(訴)는 배당을 연기하여 배당절차에 있어서의 불공평을 바로 잡고자 하는 것이므로 배당이의소송의 단계에서는 배당표는 원고, 피고의 관계에서 미확정이고, 피고의 배당수령권(配當收領權)도 또한 미확정인 상태로 있게 된다. 반면에 우선권을 주장하는 소의 단계에서는 배당표가 확정된 후로서 피고의 배당수령권(配當收領權)도 확정되어 있다.

채권자가 배당기일에 출석하여 배당표에 대한 이의를 한 후 7일의 제소기간 내에 배당이의의 소를 제기하였다면 그 소송절차에서 우선권(優先權) 등을 주장하는 소(訴)의 제기 이유를 주장 입증할 수 있다. 따라서 우선권 등을 주장하는 소는 배당절차에서 이의를 제기한 후 7일의 소제기기간을 준수하지 못한 경우에 제기할 수 있으므로 이를 준수하였다면 배당이의의 소가 제기되었을 것이고, 이로써 우선권 등을 주장하는 소의 제기요건이 충족되었다 할 것이어서 배당이의의 소와 우선권 등을 주장하는 소는 절차상의 앞뒤만 다를 뿐 동일한 소라 하여도 무방하다.[360]

이에 반하여 부당이득반환청구는 법률상 원인 없이 타인의 재산이나 노무로 인하여 이익을 얻고, 이로 인하여 타인에게 손해를 가한 자가 취득한 이익의 반환을 청구하는(민법 제741조) 실체법상 청구권이다.

따라서 전자는 민사집행법상 인정하는 절차법적 소권(訴權)이라면, 후자는 실체법적 청구권이라는 점이 다르고, 그 소송의 절차나 요건도 상이하다.

---

360) 배당이의(配當異議)의 소(訴)와 우선권(優先權) 등을 주장하는 소(訴)는 이해관계인(利害關係人)이 배당절차(配當節次)에서 구술(口述)로 이의신청(異議申請)을 하여야 하는 요건(要件)은 동일(同一)하다. 그러나 배당이의(配當異議)의 소(訴)는 7일의 제소기간 내(提訴期間 內)에 소장(訴狀)을 법원(法院)에 제출하였고, 우선권(優先權) 등을 주장(主張)하는 소(訴)는 이를 접수하지 않아서 제기(提起)한다는 점이 다르지만, 양소(兩訴)는 소송절차상(訴訟節次上)의 소(訴)라는 점(點)에서 동일(同一)하고, 배당이의(配當異議)의 소(訴)가 제기(提起)되면 우선권 등(優先權 等)을 주장(主張)하는 소(訴)의 청구원인(請求原因)에 대하여도 주장·입증(主張·立證)하여야 할 것이므로 양소(兩訴)는 동일(同一)한 절차상(節次上)의 불복방법(不服方法)이다.

(2) 이의(異議)하지 않은 자(者)의 부당이득반환청구(不當利得返還請求)의 가부(可否)

강제집행의 이해관계인이 배당기일에 출석하지 아니하였거나 출석하였더라도 이의를 하지 않은 경우에 이해관계인은 소송절차상의 이의가 아닌 실체법상 부당이득반환청구를 할 수 있는가가 문제되고, 이에 대하여 견해의 대립이 있다.

① 적극설(積極說)

적극설은 이해관계인이 배당기일에 출석하지 아니하였거나 출석하였더라도 이의를 하지 않은 경우에 부당이득반환청구의 소를 별개로써 제기할 수 있다는 것으로서, 배당표의 확정 및 그 실시는 단지 강제집행절차의 종료를 의미하는 것일 뿐 그것으로 실체권(實體權)인 채권의 존부(存否)까지 확정하지는 아니하므로 채권자가 배당기일에 이의를 신청하지 않고, 또 기일에 출석하지 아니하였다 하더라도 배당표에 실체적으로 부당한 것이 있다면 자기가 받을 수 있었던 배당액을 부당하게 수령한 다른 채권자에 대하여 부당이득으로 그 반환을 청구할 수 있다. 부당이득반환청구권은 실체법상 권리이고(민법 제741조), 배당이의의 소(법 제154조)는 순수한 절차법적(節次法的) 내용을 갖는 것이므로 양소는 별개로써 양립할 수 있다는 입장이다.[361] 대구고등법원(大邱高等法院, 1986. 11. 19, 86

---

361) 대판(大判) 1988. 11. 8, 86다카2949(원판결(原判決) 대구고판(大邱高判) 1986. 11. 19, 86나823); 궁협신언(宮脇辛彦), 전게서(前揭書),

나823)이 「원고들의 대리인이 배당기일에 출석하여 배당표의 실시에 이의가 없다고 진술하여 배당표를 그대로 확정하게 한 이상 그 배당표(配當表)대로 배당을 실시한 것이 실질적으로 원고들의 우선권을 침해한 결과가 되었다 하더라도, 원고들은 더 이상 부당이득반환청구(不當利得返還請求)로 배당금의 반환을 청구할 수 있는 권리를 상실하였다」고 판단하였음에 대하여,362) 대법원(大法院)은 「확정된 배당표에 의하여 배당을 실시하는 것은 실체법상의 권리를 확정하는 것이 아니므로 배당을 받아야 할 자가 배당을 받지 못하고 배당을 받지 못할 자가 배당을 받은 경우에는 배당에 관하여 이의를 한 여부 또는 형식상 배당절차가 확정되었는가의 여부에 관계없이 배당을 받지 못한 우선채권자(優先債權者)는 부당이득반환청구권(不當利得返還請求權)이 있다」고 하여 원심판결을 파기함으로써 적극설(積極說)을 지지하였다.

② 소극설(消極說)

다른 하나는 위의 경우에 부당이득반환청구(不當利得返還請求)를

497면; 일대판(日大判) 소화(昭和) 16(1941). 12. 5, 민집(民集) 20권, 1449면은 채권자(債權者)가 배당(配當)에 관하여 이의(異議)를 진술(陳述)하였는가 아니하였는가는 부당이득반환청구(不當利得返還請求)의 권리(權利)에 아무 영향(影響)이 없다고 한다.
362) 위 원심법원(原審法院)의 판결(判決)은 덧붙여 배당표(配當表)에 대한 이의(異議)가 순 소송적(順 訴訟的)인 효과(效果)를 노리는 것이고, 실체법상(實體法上)의 권리(權利)와 관계가 없다고 하지만, 배당표(配當表)를 그대로 실시(實施)하라고 승인(承認)하고 나서 후일에 그 배당(配當)이 잘못되었다고 주장하는 것은 금반언(禁反言)의 원칙(原則)에서도 용인(容認)할 수 없다고 하였다.

할 수 없다는 것으로서 채권자가 배당기일에 이의를 진술하지 않고 또 기일에 출석하지 아니한 때에는 그 채권자는 배당표의 실시에 동의한 것으로 간주되기 때문에 후에 그 배당표의 기재에 잘못이 있음을 알게 될 경우에도 채권 또는 우선적 권리 없이 배당을 받은 자에 대하여 실체법상으로 우선권주장(優先權主張)의 소(訴)라고 할 수 있는 부당이득반환청구의 소를 제기할 수 없다고 한다. 배당기일에 출석하지 아니함으로써 배당표의 실시에 동의한 것으로 의제(擬制)된 채권자나 기일에 출석하여 이의를 하지 아니하고 배당표를 그대로 확정(確定)하게 한 채권자는 후일에 그 배당이 잘못되었다고 주장할 수 없으며, 배당표에 대한 이의가 소송법적(訴訟法的)인 효과를 노리는 것이고, 실체법상의 권리와 관계가 없는 것이기는 하지만, 일단 배당표를 그대로 승인하고 나서 뒤에 그 배당이 잘못되었다고 주장하는 것은 금반언(禁反言)의 원칙에 반하기 때문이라는 것이다.363) 배당표에는 배당액이나 순위를 확정하는 기판력(旣判力)은 인정되지 않으나, 적극설(積極說)과 같이 배당기일에 이의를 진술하지 아니하여 배당표가 확정되었음에도 불구하고 별도의 부당이득반환청구(不當利得返還請求)를 인정하는 것은 배당표에 의한 배당의 결과를 불안정하게 할 뿐만 아니라 배당기일의 절차를 실질적으로 무위(無爲)에 그치게 하고, 그로서 부당이득반환 소송의 응소(應訴)의 부담(負擔)을 상대방에게 지우는 결과가 되어 부당하다. 또한, 이해관계인이 스스로의 권리를 주장할 수 있는 기회를 전혀 이용하지 않고 배당절차를 종료시킨 후 그 결과를 부당이득반

---

363) 중야정일랑(中野貞一郎), 전게서(前揭書), 388면; 근등숭청(近藤崇晴), 전게서(前揭書), 355면.

환의 소로서 뒤집는다는 것은 곤란하며, 더욱이 배당표는 실체법의 규정에 따라서만 작성되는 것은 아니고, 전 채권자의 합의가 있으면 그 사적 처분에 따라 작성하지 않으면 안 되는 것이기 때문이며(법 제222조 1항), 배당이의의 신청 등을 하지 않은 채권자는 배당표의 기재를 다투지 않는다는 취지의 소극적 처분을 한 것으로 평가할 수 있고, 또 배당이의 신청 등이 없는 경우에는 집행법원에는 배당표에 기하여 배당을 실시하여야 할 의무가 있기 때문에 이것에 기하여 배당금의 교부를 받는 것은 채권자 사이의 조정의 관계에 있어서는 절차상이나 실체상으로도 정당한 것으로 법률상의 원인을 결한 부당이득이라고는 할 수 없다. 따라서 배당이의의 신청을 하지 않은 채권자에게는 실체적으로 정당하지 않은 배당표에 기하여 배당이 실시되었다 하여 후일 채권자에 대하여 부당이득의 반환을 청구할 권리는 없다. 다만, 예외적으로 배당기일에 자기의 귀책사유(歸責事由)가 아닌 이유로 이의를 진술하지 못한 경우에는 부당이득반환청구권(不當利得返還請求權)을 인정하여야 한다고 한다. 예컨대 배당기일소환장의 송달이 되지 않았기 때문에 배당기일에 출석할 수 없는 때나 배당이의의 신청을 하는 것이 사기(詐欺) 또는 강박(强迫)에 의하여 방해를 받을 때에는 그 채권자는 후일 부당이득의 반환을 청구할 수 있다는 것이다.[364]

③ 검토(檢討)

집행절차의 이해관계인이 배당기일에 출석하지 못한 경우는 물

---

364) 근등숭청(近藤崇晴), 전게서(前揭書), 357면.

론, 배당기일에 출석하였더라도 배당표상 배당받을 채권자가 정확하게 우선권이 있는지, 우선권이 없는 일반채권자라도 가장채권자인지의 여부를 신속하게 확인·조사할 길이 보장되어 있지 않은 현행 민사집행법하에서는 단순히 배당기일에 출석하지 않거나 출석하였더라도 이의를 하지 않았다는 사실만으로 부당이득반환청구권을 인정하지 않는다면 나중에 확인·조사의 방법이나 우연히 한 기회에 배당받은 채권자가 우선권 없는 자였다거나 가장채권자로써 배당을 받아간 사실을 알게 된 경우에 구제할 길이 막히게 되므로 이런 사정이 있다면 부당이득반환청구를 인정하여도 무방하다. 따라서 적극설이 타당하다.

(3) 배당이의(配當異議)의 소 패소(訴 敗訴) 후 실체법상(實體法上)의 권리주장 여부(權利主張 與否)

배당기일에 출석한 이해관계인이 배당표에 대하여 이의를 한 후 7일의 제소기간 내에 배당이의(配當異議)의 소(訴)를 제기하여 수행한 결과 원고가 패소판결(敗訴判決)이 확정된 후에도, 그 원고가 다시 실체법상의 권리를 주장하여 그 배당액(配當額)에 관하여 부당이득반환청구(不當利得返還請求)를 할 수 있는가가 문제된다. 이 문제는 배당이의(配當異議)의 소(訴)의 성질(性質)과 관련하여 견해가 나뉘고 있다.

① 적극설(積極說)

배당이의(配當異議)의 소(訴)의 판결이 배당에 관한 이의권(異議權)의 확인(確認) 내지 형성(形成)에 그치는 것이고, 그에 따라 반사적으로 강제집행절차가 진행될 뿐 실체법상의 권리까지 변동시키는 것이 아니므로 본안(本案)의 패소판결(敗訴判決)이 있은 후에도 다시 실체법상(實體法上)의 소(訴)를 제기할 수 있다고 한다. 채권자가 배당이의의 소를 제기하여 그 확정판결에 의하여 확정한 배당표에 의하여 배당이 실시된 경우에도 위의 판결(判決) 내지 배당표(配當表)는 실체법상의 권리를 확정 형성하는 것은 아니므로 채권자는 그 후에 실체상의 부당이득반환청구(不當利得返還請求)의 소(訴)를 제기할 수 있다.[365] 다만, 실체법상 우선변제청구권이 있는 채권자라도 그가 적법한 배당요구를 하지 아니하여 배당에서 제외된 경우에는 배당받은 후순위 채권자를 상대로 부당이득의 반환을 청구할 수 없으므로[366] 적어도 적법한 배당요구를 한 채권자만이 부당이득반환청구의 소를 제기할 수 있다는 것이다.

② 소극설(消極說)

이에 대하여 배당이의(配當異議)의 소(訴)가 배당표에 대한 이의

---

365) 대판(大判) 2001. 2. 13, 99다26948; 동 1998. 10. 2, 98다 27197; 同 1991. 6. 28, 91다5327; 同 1977. 2. 22, 76다2894; 同 1964. 7. 14, 63다839; 일대판(日大判) 소화(昭和) 16. 12. 5.; 궁협행언(宮脇幸彦), 전게서(前揭書), 497面.
366) 대판(大判) 1998. 10. 13, 98다 12379.

자체를 목적으로 하는 소송이기는 하지만, 그 본안판결(本案判決)은 결국 실체적인 채권의 존부(存否)나 순위 등에 의하여 결론이 나게 되고, 그 본안소송(本案訴訟)에서 채권의 존부(存否) 또는 순위(順位)가 판가름 난 뒤에 다시 동일 당사자 간에 실체법상의 소라고 하는 이유로 이미 판가름 난 채권의 존부(存否)나 순위(順位)를 다툴 수 있다고 하는 것은 부당하고, 따라서 배당이의의 소의 본안판결(本案判決)이 있는 때에는 이의의 대상이 되었던 채권의 존부(存否)와 순위 등에 관한 다툼은 종국적으로 해결된 것으로 취급하여 실체법상의 소(訴)로도 다툴 수 없다는 견해(見解)를 소극설(消極說)이라 한다.367) 이 견해는 채권자가 배당이의를 한 후 배당이의소송을 제기하여 그 확정판결에 의하여 확정된 배당표에 따라 배당을 받은 경우에도 마찬가지로 실권(失權)의 효과가 생겨서, 채권자는 그 후 다시 부당이득반환청구(不當利得返還請求)의 소(訴)를 제기할 수 없다고 한다. 이 문제는 배당이의 소의 법적 성질과 밀접하게 관련되는 바, 배당이의 소의 실체적 배당수령권(配當受領權)의 존부(存否)에 대하여 기판력(旣判力)이 미친다면, 배당이의(配當異議)의 소(訴)에서 패소한 당사자는 바로 부당이득반환청구소송(不當利得返還請求訴訟)을 제기할 수 없다할 것이나, 확정판결설(確定判決說)을 취하지 않을 경우에는 부당이득반환청구 소송을 제기할 수 있다고 한다.

③ 검토(檢討)

배당이의(配當異議)의 소(訴)의 판결은 배당에 관한 이의권(異議

---

367) 겸자일(兼子一), 전게서(前揭書), 222面.

權)의 확인(確認) 내지 형성(形成)에 그치는 것이고, 그에 따라 반사적으로 강제집행절차가 진행될 뿐 실체법상의 권리까지 변동시키는 것이 아니므로 배당이의의 소의 패소판결(敗訴判決)이 있은 후에도 다시 실체법상(實體法上)의 부당이득반환 청구의 소를 제기할 수 있다는 적극설이 타당하다.

3. 소송절차(訴訟節次)

(1) 소(訴)의 이익(利益)

배당이의소송(配當異議訴訟)을 제기하기 위하여서는 배당기일에 채권자가 출석하여 다른 채권자의 채권의 존부(存否), 순위 등에 대하여 이의가 있어야 하며, 그 이의가 인용되면 자기(自己)의 배당액(配當額)에 대하여 증가(增加)가 있어야 한다. 배당기일에 다른 채권자가 이의의 주장 사실이 정당하다고 하거나 그렇지 않다고 하더라도 채권자 간에 배당에 관하여 합의가 성립된 때에는 그 채권자 사이에는 이의권(異議權)이 소멸되고 배당표는 확정되므로 소의 이익이 없게 된다. 채권자가 배당이의를 한 후 이를 취하하였으나, 배당이의의 소를 취하하지 않는 경우에는 배당이의의 소는 부적법(不適法)한 것으로 각하를 면할 수 없다. 그리고 배당기일에 적법한 이의신청이 있으면 배당절차가 정지되고 이의가 완결되지 않는 부분은 배당이의소송에서의 판결결과에 따라 배당을 하여야 할 것이지만, 배당법원이 잘못하여 이의가 완결되지 아니한 부분까지도 배당을 하였더라도 부당이득반환청구의 소를 제기하는 것은 별론(別論)으로 하고 그때에는 배당이의소송(配當異議訴訟)을 제기할 수 없다.[368] 배당절차가 종결되면 배당이의소송은 더 이상 허용되지 않고 이미 계속 중인 배당이의소송은 부당이득반환소송으로 변경할 수 있다. 왜냐하면 배당이의소송은 계류 중인 배당절차와 밀접한 관계에 있기 때문이다.

배당이의소송(配當異議訴訟)은 유일하게 주어진 특별한 권리구제수단이다. 배당이의소송을 제기하여야 할 경우에는 단순한 실체법상 권리존부확인(權利存否確認)이라든가 부당이득반환청구(不當利得返還請求)는 권리보호의 이익이 없고, 배당금의 지급에 있어 동의를 구하는 소송도 권리보호 이익이 없다. 왜냐하면 배당금의 지급은 직권으로 행하여지는 것이고, 불이익을 입은 자는 배당이의소송을 통하여서만 소기의 목적을 달성할 수 있기 때문이다.

(2) 소송물(訴訟物)의 값

배당이의소송(配當異議訴訟)의 이익(利益)은 이의가 인용될 경우, 배당표의 변경 또는 새로운 배당표의 작성에 의하여 원고가 받게 될 증가배당액이므로 소송물(訴訟物) 값은 당초의 배당표에 의한 원고에 대한 배당액과 변경된 또는 새로운 배당표의 작성에 의한 배당액과의 차액을 표준(標準)으로 한다. 그 값의 산정에 있어서 이자, 지연손해금, 비용의 청구에 대한 배당액 부분도 소송물 값에 포함되어야 한다(민소법 제24조 2항).

---

368) 대판(大判) 1965. 5. 31, 65다647.

(3) 출소기간(出訴期間)

　　배당이의소송의 출소기간은 배당기일부터 7일임이 법 제154조 3항에 의하여 뚜렷하나, 이는 특수한 출소기간으로서 이 기간을 도과하여 제기한 배당이의소송도 적법하며, 기간도과(期間到過)를 이유로 막 바로 부적법(不適法)한 소(訴)라 하여 각하(却下)할 것이 아니다. 그러나 기간이 경과하여 제기한 소는 배당실시를 중지시킬 수 없으므로 여기에는 집행의 정지가 필요하다. 다만, 출소기간(出訴期間)을 지나 제기된 소는 배당의 실시로 인하여 배당절차가 종료되면 권리보호의 이익이 없이 부적법(不適法)한 소가 되나, 이 경우에는 그 청구를 부당이득반환청구로 변경하여야 한다.

(4) 관할(管轄)

① 배당이의소송은 배당법원의 전속관할(專屬管轄)에 속한다(법 제156조, 제21조). 이 소송기관으로서의 배당법원은 집행기관으로서의 배당법원과는 제도상 분리된다. 여기서의 배당법원은 현재 배당절차를 집행기관으로서 담당하는 법원이 속하는 관할로서의 법원에 속하는 재판기관인 법원을 지칭한다. 법원조직법(法院組織法) 제32조에 규정된 합의부(合議部)의 재판권에 속하는 사건을 제외하고는 지방법원이 재판할 모든 사건은 지방법원 단독판사의 재판권에 속하므로 배당이의소송 사건은 단독판사의 관할에 속하고, 따라서 배당이의소송도 지방법원 단독판사의 관할에 속한다. 그러나 법원조직법(法院組織法) 제

32조 1항 2호, 그리고 2002. 6. 28. 자로 개정된 민사 및 가사소송의 사물관할에 관한 규칙 제2조 1항의 규정에 의하여 소송목적의 값이 금1억 원을 초과하는 경우에는 합의부가 관할하게 되는데 배당이의소송에 있어 소송물 값에 불구하고 단독판사의 관할로 하는 것은 곤란하므로 그 소송물이 단독판사의 관할에 속하지 아니할 때에는 그 배당법원의 소재지를 관할하는 법원의 합의부가 이를 관할하도록 하였다(법 제156조 1항). 이 경우에도 이의한 사람과 상대방이 이의에 관하여 단독판사로부터 재판을 받을 것을 합의한 경우에는 그에 의할 수 있다(법 제156조 3항).

② 그런데 여러 개의 배당이의소송이 제기된 경우에 1개의 소를 합의법원이 관할하는 때에는 기타의 다른 소도 또한 관할한다(법 제156조 2항). 배당표에 대한 이의의 효력은 상대적이고 배당이의소송도 배당에 관여한 모든 채권자 사이에 합일적(合一的)으로 해결되어야 할 성질의 것은 아닌 이의신청채권자와 그 상대방인 채권자 사이에 해결할 문제이므로 이의신청채권자가 수인이 있을 때 어떤 사건은 합의부관할에 속하고 또 어떤 것은 단독판사의 관할에 속할 수도 있어서 동일한 배당사건에서 파생된 배당이의소송을 여러 다른 법원에서 심판하게 하는 것은 바람직하지 못하므로 이와 같은 경우 합의부법원(合議部法院)이 다른 사건도 관할할 수 있게 한 것이다.

③ 전속관할(專屬管轄)의 경우 합의관할(合意管轄, 민소법 제29조), 변론관할(辯論管轄, 민소법 제30조)[369]의 적용(適用)이

---

369) 구민사소송법(舊民事訴訟法) 제27조에서는 응소관할(應訴管轄)이라

배제되나, 배당이의소송에 있어서는 예외적으로 원, 피고의 합의가 있는 경우 합의부관할에 속한 사건도 단독판사인 배당법원에서 재판할 수 있다함은 전술한 바와 같다. 소송물 값의 다소에 따라 합의사건인가 단독사건인가의 구별이 있으나 소송당사자의 의사를 존중하여 합의사건이라 할지라도 배당법원인 단독판사로부터 재판(裁判)받기를 원할 때에는 이를 거부할 필요가 없는 것이다.

(5) 당사자적격(當事者適格)

① 원고적격(原告適格)

원고로서의 당사자적격(當事者適格)이 있는 자는 배당기일에 출석하여 배당이의를 신청한 채권자이다. 다른 채권자의 이의신청에 가담한 채권자도 마찬가지로 원고가 될 수 있다. 배당기일에 출석하지 아니한 채권자는 배당표의 실시에 동의한 것으로 의제(擬制)되기 때문에(법 제153조 2항) 원고가 될 수 없고, 서면에 의하여 이의를 신청한 채권자도 마찬가지이다. 기일에 출석하더라고 이의를 진술하지 아니한 자도 원고가 될 수 없다. 이의신청채권자가 여러 사람 있는 때에는 공동소송인으로 공동원고(共同原告)가 된다(민소법 제65조 후단). 예를 들면 이의의 대상이 된 하나의 채권에 대하여 여러 사람의 채권자가 그 채권자에의 배당액을 각자의 채권액에 따라 재배당(再配當)을 구하는 경우와 같은 것이다. 여러 개의 배당이의

는 용어(用語)를 쓰고 있다.

판결(配當異議判決)이 내용적으로 통일되지 않을 수 있는 곤란함을 사전에 방지하기 위하여 동일 배당표에 대한 여러 개의 배당이의소송은 가능한 한 변론을 병합하여 공통으로 심리, 판결하는 것이 기대되나, 이러한 경우에도 각 원고는 자기와의 관계에서 피고에의 배당액을 다투어 개별적 상대적으로 만족을 얻기 때문에 필요적공동소송(必要的共同訴訟)이 아니다. 현재 배당표상 배당을 받을 채권자가 아니라고 하더라도 배당이의소송에서 승소하면 배당을 받을 수 있는 지위에 있는 채권자도 원고가 될 수 있으나, 승소하더라도 배당을 받을 수 없는 채권자는 소(訴)의 이익(利益)이 없으므로 원고가 될 수 없다. 집행력(執行力)있는 정본에 의하지 않고 배당요구를 한 채권에 대하여 이의를 신청한 경우에도 언제나 이의신청채권자가 본안(本案)의 소(訴)를 제기하지 않으면 안 되는 것은 정리채권확정이나(회사정리법 제147조, 제152조) 파산채권확정소송(破産債權確定訴訟)의 경우와 다르다(파산법(破産法) 제217조 1항, 제221조).

가압류채권자에 대한 배당액은 공탁하게 되어 있으므로(법 제160조 1항 2호) 배당요구를 한 채권자와 구별할 이유가 없고, 따라서 압류채권자에게 대항할 수 있는 가압류채권자는 배당이의를 하여 배당이의의 소의 원고가 될 수 있다. 원고적격(原告適格)을 갖고 있는 자의 채권자도 채권자대위권(債權者代位權)에 기하여 배당이의의 소를 제기할 수 있다.

② 피고적격(被告適格)

피고로서의 당사자적격(當事者適格)이 있는 자는 배당이의의 상대방 채권자로서 그 이의를 정당한 것으로 승인하지 아니한 자(법 제152조 1항, 제153조 2항), 다시 말하자면 배당이의에 의하여 자기에 대한 배당액이 줄어지는 모든 상대방 채권자이다. 이 소송은 이의 신청을 한 자와 그 이의 신청을 정당하지 않다고 주장한 상대방 채권자와의 소송이고 배당을 받을 채권자 전원 또는 배당에 이해관계를 가지는 전원을 상대로 할 필요는 없다. 따라서 필요적공동소송(必要的共同訴訟)이 아님은 물론 다른 채권자와 반드시 동일하게 확정지어야 하는 성질을 가진 것도 아니다. 이의의 상대방이 여러 사람일 경우에도 그들을 공동피고로 할 수는 있으나, 이는 앞서 말한 바와 같이 필요적공동소송(必要的共同訴訟)이 아니고 통상(通常)의 공동소송(共同訴訟)이다.[370] 예컨대 자기의 우선변제청구권이 배당표에 참작되지 않는 것을 부당하다고 하여 배당이의의 신청을 한 채권자가 배당을 받는 다른 일반채권자 전원을 피고로 하여 배당이의의 소를 제기하는 때이다.

③ 보조참가(補助參加)

채권자는 다른 채권자가 제기한 배당이의소송(配當異議訴訟)에 보조참가(補助參加)를 할 이익이 있는 것이 원칙이다. 배당이의소송(配當異議訴訟)은 계쟁(係爭) 배당액에 있어서 이의당사자 간에 상대적 해결을 도모하는데 그치므로 그 판결은 다른 채권자의 배당액에 영향을 미치지 않고, 따라서 배당이의를 신청하지 않은 채권자

---

370) 오석락(吳錫洛), 전게논문(前揭論文) 2, 302면; 동, 전게논문(同, 前揭論文) 1, 45면.

는 배당이의소송의 결과에 하등 법률상의 이해관계를 갖고 있지 않기 때문이다. 그러나 예외로 같은 채권자에 대하여 다른 채권자 여러 사람이 各別로 이의의 소송을 제기한 경우와 같이, 그 결과에 따라서는 자기가 제기한 배당이의소송에 있어서의 승소의 결과 피고에의 배당액으로부터 감소된 부분이 자기에게 귀속되어야 할 것인데 별개의 소(訴)로 인해 그 귀속액(歸屬額)이 감소되는 경우에는 그 별개의 소의(訴) 피고 측을 위하여 보조참가(補助參加)를 인정하여야 한다.

채무자는 배당이의소송의 당사자적격(當事者適格)이 없다. 그러나 채무자는 각 채권자가 정당한 배당액을 수령하는데 있어 이해관계가 있으므로 정당한 배당수령권자라고 생각되는 당사자 측에 보조참가를 할 수 있을 것이다. 정당한 채권자가 배당을 수령할 수 없게 되어서는 채무자가 다시 변제를 하지 않으면 안 되는 지위에 놓이기 때문이다. 채무자는 이의의 상대방이 집행권원이 있는 채권자인 경우 청구이의의 소를 제기할 수 있다. 청구이의의 소의 제기에 수반하는 잠정처분(暫定處分)으로서의 집행정지(執行停止)의 재판이 제출된 경우에는 피고로 되는 채권자에 대한 배당표 기재의 배당액에 상당하는 금액은 공탁(供託)된다.

(6) 소송(訴訟)의 진행(進行)

① 청구(請求)의 취지(趣旨)와 원인(原因)

가. 청구(請求)의 취지(趣旨)

배당이의소송에 있어서의 청구의 취지는 원고가 이의신청을 한 대로 배당이 실시되는 것을 구하는 것이므로, 배당기일에 신청한 배당이의의 범위 내에서 원고가 본래의 배당표에서 보다 더 배당을 받게 될 금액을 명시하여야 한다.[371] 그런데 이에 따라 피고에 대한 배당액의 감소가 표리관계(表裏關係)에 있으므로 피고의 감소될 금액도 표시하여 자기에게 이익이 되도록 배당표의 변경을 구하는 것이 실무(實務)의 관행(慣行)이다.[372] 보통 00지방법원 2002타기 00호 배당절차 또는 2002타경 00호 부동산강제경매 사건에 관하여 같은 법원이 작성한 배당표 가운데 원고에 대한 배당액 00원을 00원으로, 피고에 대한 배당액 00원을 00원으로 경정한다. 또는 00지방법원 91타경 00호 담보권 실행 등 경매사건에 관하여 같은 법원이 작성한 배당표를 취소하고 각 채권자의 채권액에 비례하여 이를 배당한다는 등의 청구취지(請求趣旨)를 쓴다.[373]

---

371) 대판(大判) 2000. 6. 9, 99다70983.

372) 법원행정처(法院行政處), 전게민집(前揭民執, 임·상(臨·上)), 929면.

373) 형성소송설(形成訴訟說)에 있어서는 배당표(配當表)의 취소청구권(取消請求權)이 소송물(訴訟物)이라고 할 수 있으나 확인소송설(確認訴訟說)의 견해(見解)에서는 「배당표(配當表) 가운데 피고(被告)에 대한 배당액(配當額) 000원은 원고(原告)에게 귀속(歸屬)함을 확인(確認)한다」는 취지(趣旨)의 판결(判決)을 구하(求)는 형식(形式)이 된다.

나. 청구원인(請求原因)

청구원인은 청구(請求)의 취지(趣旨)를 유지하기 위하여 필요한 사실관계 또는 법률관계가 될 것이다. 배당이의신청에서 이유를 붙였다 하더라도 배당이의소송의 이유는 이와 같을 필요는 없다. 원고의 공격방법으로서는 원고의 이익이 되도록 배당표의 변경을 가져오게 하는 모든 사유, 다시 말하자면 피고가 배당표(配當表)대로 배당액을 수령할 수 없고 또 원고에게 보다 많은 배당액이 주어져야 할 근거(根據)가 되는 모든 사유를 주장할 수 있다. 이러한 사유는 피고에 대한 배당액이 실체적으로 보아 부당하게 많은 경우와 원고에 대한 배당액이 실체적으로 보아 부당하게 적은 두 경우이다.

피고 측에 존재하는 사유로서는 피고의 채권이 당초부터 존재하지 않는다던가 존재하더라도 이미 변제 기타의 사유로 소멸되었다는 것,[374] 피고의 채권이 채권양도(債權讓渡) 등으로 타인에게 귀속한 것, 피고의 채권에 우선권이 있다고 한 배당법원의 판단이 부당하다는 것, 피고의 우선권이 부정한 방법으로 사취(詐取)되었다는 것, 피고(被告)의 압류(押留) 또는 배당요구(配當要求)가 무효(無效)라는 것, 피고의 압류를 취소하는 재판이 있다는 것 등이다. 원고 측에 존재하는 사유로서는 원고의 채권이 법률의 규정에 따른 선순위에 의하여 우선권이 있다는 것, 예컨대 원고의 채권에 대하여 질권이 있음에도 불구하고 배당법원에 의하여 무시되었다는 것, 매각

---

374) 우선변제권(優先辨濟權) 있는 배당요구채권(配當要求債權)이 이미 변제(辨濟)된 것으로 증명(證明)되어 배당이의(配當異議)에 의하여 재배당(再配當)을 한 사례(事例)로 서울고판(高判) 86. 1. 28, 84나3231.

대금의 배당에 관하여 전부(全部) 또는 일부(一部)를 우선케 하는 합의가 있었다는 것이라 하여 피고와의 사이에 원고에 배당표의 변경으로 가져오는 한 배당이의의 소가 집행법원의 절차상 하자에 기할 수도 있다.

② 원고(原告)의 공격방법(攻擊方法)

원고는 채무자가 피고에 대하여 가지고 있는 모든 항변을 제출할 수 있다. 즉 원고는 채권자대위권(債權者代位權, 민법 제404조)에 기하여 채무자가 피고인 채권자에게 대항할 수 있는 모든 권리(權利), 예컨대 취소권(取消權, 민법 제140조, 제141조), 해지·해제권(解止·解除權, 민법 제543조, 제570조), 상계권(相計權, 민법 제492조) 등의 형성권(形成權)을 행사할 수 있다. 채권자취소의 소로써 통정허위표시를 취소하지 않았다하더라도 배당이의의 소로써 그 무효를 주장할 수 있다.375)

피고가 그 채권에 대하여 채무자에 대한 확정판결(確定判決) 기타 기판력(旣判力) 있는 집행권원을 가지고 있는 경우 원고가 그 집행권원의 기판력(旣判力)에 구속되는가, 즉 그 표준시 이전에(법 제44조 2항) 생긴 사유를 주장할 수 있는가 하는 문제가 있다. 긍정설(肯定說)은 채무명의의 기판력은 그 소송당사자와 승계인 사이에만 미치는 것이므로 이를 제3자인 원고에게 확장(擴張)할 수 있는 법정의 이유가 없다고 함에 대하여,376) 부정설(否定說)은 원고

---

375) 대판(大判) 2001. 5. 8, 2000다9611.
376) 오석낙(吳錫洛), 전제논문(前提論文) 1, 302면.

312

에게 전소(前訴)에 있어서의 다른 당사자 간의 확정판결 등 기판력
자체가 직접 미치는 것은 아니나 원고를 비롯한 일반 채권자는 다
른 채권자와 채무자와의 법률관계에 당연히 간섭할 수 없고 따라서
채무자가 그 기판력에 구속되는 상태에 있음을 승인하고 들어가지
않으면 안 된다는 점에서 기판력의 반사효(反射效)를 받으므로 그
기판력의 표준시(標準時)보다 뒤에 생긴 실체상의 사유를 주장하여
피고의 채권에 대한 존부(存否)라든가 채권액을 다툴 수 있음에 지
나지 않는다고 한다.377)

생각건대, 반사효(反射效)라고 하는 판결에 대한 효력의 제3자에
의 확장이론(擴張理論) 그 자체가 아직 확립된 바 없으므로 그에
동조하기 어렵고 실제 다른 채권자와 채무자가 내통하여 허위가장
채권(虛僞假裝債權)에 대한 기판력 있는 집행권원을 조작하는 사례
가 적지 아니한데 다른 채권자가 그 기판력 또는 반사효(反射效)
때문에 다른 채권자에 대한 배당액을 줄일 수 없다고 해서는 배당
이의소송의 입법취지에도 어긋나는 결과가 되는 것이므로 긍정설
(肯定說)이 타당하다. 그리고 파산법(破産法) 제221조의 취지를 여
기에 유추할 수는 없다. 왜냐하면 파산채권확정소송에는 파산채권
자체의 확정을 목적으로 하여 그 판결의 효력이 파산채권자 전원에
미치는데 반하여, 강제집행의 배당이의소송에는 특정채권자가 받을
배당액의 다툼을 이의신청 채권자와의 사이에 상대적으로 해결하는
것에 그치는 점에서 사정이 다르다.

---

377) 우리나라의 판례(判例)나 학설(學說)은 이 견해(見解)를 취(取)하는
　　것이 없다(파산법(破産法) 제221조 참조).

③ 피고(被告)의 공격방법(攻擊方法)

피고의 공격방법(攻擊方法)으로서는 원고가 공격방법으로서 주장한 것처럼 모든 실체적 하자를 주장할 수 있다. 따라서 피고는 원고의 채권이 존재하지 아니한다는 것,[378] 그 압류나 배당요구가 무효라는 것도 주장할 수 있다. 피고도 또한 원고처럼 배당기일 후에 생긴 사유를 주장할 수 있다. 또한 채권자대위권(債權者代位權)에 기하여 채무자가 원고에 대하여 갖고 있는 항변을 주장할 수 있다.

원고가 채무자와의 관계에서 집행권원(執行權原)을 가진 채권자인 경우 피고가 채무자에 대한 집행권원(執行權原)의 기판력(旣判力)에 구속되지 않는다 할 것이다.

④ 입증책임(立證責任)

원고의 공격(攻擊)방법으로서 주장하는 사유에 대하여서나 피고의 공격방법으로서 주장한 사실에 대하여서의 입증책임(立證責任)의 분배(分配)는 일반 소송의 원칙에 따른다. 통상(通常)의 소송(訴訟)에 있어서는 채권자가 원고로 되지만 배당이의소송에서는 이의신청의 상대방 채권자가 피고로 된다. 그리하여 배당채권에 있어서 권리근거사실(權利根據事實, 배당표의 성립사실)의 거증책임(擧證責任)은 피고인 채권자에게 있고(抗辯), 권리의 장해 또는 소멸사유를 구성하는 사실의 거증책임(擧證責任)은 원고에게 있다(재항변(再抗辯)). 따라서 원고는 배당이의사유를 구성사실(構成事實)에 대하여

---

378) 대판(大判) 2001. 2. 9, 2000다41844.

주장·증명하지 않으면 안 된다. 예컨대 상대방의 채권이 가장(假
裝)된 것을 주장하여 배당이의를 신청한 채권자는 통정허위사실에
대하여 입증책임이 있다.[379] 한편, 피고는 위의 권리근거사실 외에
원고의 채권에 대한 소멸(消滅), 변경(變更) 또는 장애(障碍)가 되는
사실을 증명하여야 한다.

⑤ 소의(訴) 변경(變更)

배당이의의 소가 제기기간 내에 제기되지 않았다든가, 기간 내에
제소가 되었으나 집행법원에 대한 제소 등의 증명이 기간을 경과한
경우에는 부당이득반환청구소송으로 변경할 수 있다. 배당이의의
소나 부당이득반환청구의 소는 배당금 수령권의 존부라고 하는 동
일한 이익에 청구의 기초를 둔 것이기 때문이다.[380] 따라서 소의
변경이 배당이의의 소의 첫 변론기일 전에 된 경우에는 원고가 첫
변론기일에 출석하기 아니한 때에도 소를 취하한 것으로 보아서는
안 된다(법 제157조). 다만 소의 변경 전에 원고가 첫 변론기일에
출석하지 아니하여 이미 소취하의 효력이 발생한 뒤에는 소를 변경
할 여지가 없다.

한편 배당이의의 소송 계속 도중 청구가 감축된 경우에는 그 감
축된 범위에서 소의 일부취하로 보아야 한다. 한편 취하된 부분에
대하여는 소가 처음부터 계속되지 아니한 것으로 보게 되므로(민소
법 제267조 1항), 결국 감축된 부분에 대하여는 처음부터 배당이의

---

379) 대판(大判) 1997. 11. 14, 97다32178.
380) 대판(大判) 2000. 1. 21, 99다3501.

의 소가 제기되지 아니한 것으로서, 배당이의의 소제기 기간이 지난 뒤에는 피고의 배당액 중 청구감축 된 부분에 해당하는 배당액은 배당을 실시할 수 있다.

　같은 법리로 적법한 배당이의의 제소기간이 지나기 전에는 배당기일에 이의를 한 범위 내에서 청구의 확장이 가능할 것이나, 제소기간이 지난 뒤에 청구의 확장이 있는 경우, 그 확장된 부분의 효력은 결국 배당이의의 제소기간이 지난 뒤에 제기된 배당이의의 소가 될 것이므로 부적법한 소가 된다.

⑥ 심리(審理)

　여러 개의 배당이의의 소가 제기된 경우에 한 개의 소를 합의부가 관할하는 때에는 그 밖의 소도 함께 관할한다(법 제156조 2항). 이의한 사람과 상대방이 이의에 관하여 단독판사의 재판을 받을 것을 합의한 경우에는 그 사건의 단독판사가 심리하게 된, 사물관할이 같은 사건으로서 여러 개의 사건 사이에 당사자의 지위가 공통됨으로 인하여 재판 결과대로 배당을 실시하기 위해서는 집행법원이 재배당절차를 걸쳐 배당표를 재조제하여야 할 가능성이 엿보이는 경우에는 동일한 재판부가 모아서 심리함이 타당하다.

　따라서 배당이의를 심리하는 경우에는 먼저 원고가 적법하게 이의를 하였는지 뿐만 아니라 이의를 한 사람이 더 있는지, 누구에 대하여 이의를 하였는지까지 모두 조사하여, 갑이(甲) 을에(乙) 대하여 이의를 하고, 병도(丙) 을에(乙) 대하여 이의를 하였는데 소를 따로 제기한 것과 같은 경우에는 모아서 심리하여야 한다.

⑦ 재판상(裁判上) 화해(和解), 청구(請求)의 포기(抛棄), 인낙(認諾)

배당이의소송에서도 재판상 화해(和解)나 청구(請求)의 포기(抛棄), 인낙(認諾)이 가능한지에 관하여는 배당이의소송의 성질을 보는 관점에 따라 다르다. 본소(本訴)의 성질을 확인소송이라고 본다면 용이하게 이를 인정함이 가능할 것이나, 형성소송설(形成訴訟說)을 취하는 입장에서는 다른 집행법에서의 소송, 예를 들면 청구이의의 소, 제3자이의의 소(訴) 등과 같이 당사자의 의미를 배제하고 배당표의 취소 변경의 권한을 수소법원에만 부여한 것이라고 본다면 소극적으로 해하여야 할 것이다.

생각건대 다른 집행법에서의 소송이 집행권원(執行權原)의 집행력(執行力)의 배제(排除)라고 하는 실체법상의 권리와 완전히 분리된 집행절차상의 효력의 소멸을 그 작용으로 하고 있으므로 배당기일에 관계되는 각 채권자의 합의를 인정하고, 합의가 성립되면 배당표를 경정하여 배당을 실시하는 것이 허용되고, 당사자의 화해(和解), 청구(請求)의 포기(抛棄), 인낙(認諾) 등에 의하여 본소를 종료시키는 것도 가능하다할 것이다. 왜냐하면, 계쟁(係爭) 배당액에 관한 한 소송상 화해(和解), 청구(請求)의 포기(抛棄), 인낙(認諾)을 인정하여도 다른 채권자를 해하는 결과로 되지는 않으므로 이를 인정하여도 무방하다.

(7) 판결(判決)

배당이의의 소에 대한 판결에는 배당액의 계쟁부분(係爭部分)에 관계하여 배당을 받을 채권자와 그 수액을 정하여야 한다. 이를 정하는 것이 적당하지 아니하다고 인정한 때에는 판결에 배당표의 재조제(再調製)와 다른 배당절차를 명하여야 한다.

① 판결(判決)의 태양(態樣)

가. 원고 패소(原告 敗訴), 각하(却下), 기각판결(棄却判決)

　배당이의소송도 일반소송과 마찬가지로 소송요건이 갖추어지지 않으면 부적합한 소이므로 각하(却下)하는 판결을 하여야 한다. 이 소각하의 판결이 확정되면 처음부터 채권자가 이의를 신청하였으나 이의소송을 제기하지 아니한 것과 같은 것으로 된다. 이 경우 배당법원은 당초에 작성한 배당표에 따라 배당을 실시할 수 있게 된다. 원고의 배당이의가 이유 없을 때에는 청구기각의 판결을 한다. 이 경우에도 당초의 배당표가 그대로 확정된다.

나. 원고 승소(原告 勝訴), 인용판결(認容判決)

　원고의 배당이의가 전부(全部) 또는 일부(一部) 그 이유(理由) 있는 경우에는 종국판결로써 그 이유 있는 한도에서 배당표상의 피고에 대한 배당액을 취소(取消)함과 동시에 그 배당액에 관하여 어떤 채권자에게 어느 정도의 액을 지급하는가를 구체적으로 판결(判決)하여야 한다.

318

② 판결(判決)의 내용(內容)

원고의 배당이의가 전부(全部) 또는 일부(一部) 그 이유(理由)있는 경우에는 종국판결로써 그 이유 있는 한도에서 배당표상의 피고에 대한 배당액을 취소(取消)함과 동시에 그 배당액에 관하여 어떤 채권자에게 어느 정도의 액을 지급하는가를 구체적으로 판결(判決)하여야 하는데 그 주문은 위 청구취지에서 본 바와 같이 「00지방법원 2002타기 00호 배당절차사건에 관하여 같은 법원이 작성한 배당표 중 피고에 대한 배당액 금00원을 취소하고 원고에 대한 배당액 금00원을 금00원으로 각 경정한다. 혹은 00법원 2002타경 00호 강제경매사건에 관하여 같은 법원이 작성한 배당표 중 원고에 대한 배당액 금00원을 금00원으로, 피고에 대한 배당액 금00원을 삭제하는 것으로 각 경정(更正)한다」로 된다. 그러나 다른 채권자로부터도 배당이의소송이 제기되어 그 소송이 계속 중 하나의 소송에 관하여 그 청구를 인용하는 취지의 판결을 하지 않으면 안 되게 된 경우 등 다른 소송과의 관계에서 구체적으로 배당표의 변경을 명하는 것이 상당하지 않다고 인정되는 경우에는 종국판결(終局判決)에서 배당이의를 인용하는 범위를 명백히 한 다음 배당표상의 피고에 대한 배당액을 취소함과 동시에 그 판단에 따라 새로이 배당표를 작성하고 다시 배당절차를 취하도록 명하는데 그친다. 배당이의를 인용하는 판결에는 가집행(假執行)의 선고(宣告)를 붙이지 못한다. 가집행선고(假執行宣告)를 부치더라도 배당이의의 소의 제기에 수반된 공탁에 대하여 공탁의 사유가 소멸한 때에 해당하는 것으로 보는가가 의문이고, 배당을 실시한 후의 원상회복(原狀回復)도 곤란하기 때문이다.

③ 배당이의(配當異議)를 인용(認容)하는 경우 배당표(配當表) 변경
   (變更)의 한도(限度)

청구를 인용(認容)하는 판결에 있어서는, 첫째 청구의 인용에 의
하여 피고가 잃는 배당이익(配當利益)은 누구에게 귀속(歸屬)하는가
하는 문제이고, 둘째 원고에 대한 배당액의 계산의 문제이다.

가. 배당이의(配當異議)로 인한(因) 이익(利益)의 귀속문제(歸屬問題)

원고인 어느 채권자의 이의가 인용된 경우에 있어서 피고가 배당을
수령할 수 없게 되더라도 그 가운데서 원고에게 배당할 비율의 금액
을 원고에게 할당함에 그치고 다른 채권자의 배당액은 이로 인하여
아무 영향을 받지 아니한다. 판결은 배당이의의 신청을 하지 않은 다
른 채권자에 영향을 미치지 않고 전적으로 원, 피고인 양 채권자(兩
債權者) 사이에 상대적으로 배당이익의 귀속을 변경하면 족하다. 절
차상도 파산채권의 확정과 같이 채무자의 총재산과의 관계에서 총채
권자(總債權者)에 대한 배당의 기초가 되는 채권액을 확정한다고 하
는 구조를 취하는 것이 아니기 때문에 개별 배당재단과의 관계에서
계쟁(係爭) 배당액에 대하여서만 계쟁(係爭) 채권자 사이에 있어서의
귀속을 조정하면 충분하다.

나. 원고(原告)에 대한 배당액(配當額) 계산(計算)의 문제(問題)

예컨대 배당재산의 총액이 금150만 원이고 배당에 참가한 각 채

권자 갑, 을, 병(甲, 乙, 丙)의 채권액이 어느 것이나 금100만 원으로서 배당표에서 갑, 을, 병(甲, 乙, 丙)의 배당액이 각 금50만 원으로 되었는데 갑(甲)이 을(乙)을 피고로 하여 배당이의소송을 제기하고 을(乙)의 채권이 존재하지 않음을 주장하여 甲의 청구가 모두 인용되었다고 하면, 이때 원고에게 배당할 비율의 금액을 원고에게 돌리는데 그치고 다른 채권자의 배당액은 이로써 아무 영향을 받지 아니하므로 갑, 병(甲, 丙) 사이에서 각 채권액에 따라 금150만 원의 배당재단을 안분(按分)하여 우선 갑(甲)의 배당액은 금75만 원으로 결정되나, 한편 병(丙)의 배당액은 여전히 금50만 원이 된다. 그리하여 배당이의소송의 판결에 있어서 갑(甲)에게 금25만 원을 증액(增額)한 금75만 원을 배당하는 취지의 배당표의 변경을 명함에 그치고 을(乙)에 대한 배당액 금50만 원 가운데 잔액 금25만 원은 그대로 을(乙)의 배당액으로 남기는 것으로 하는가가 문제된다.

생각건대 배당이의소송에서의 원고 승소판결을 하는 경우에는 배당이의에 관계없는 다른 채권자에 대한 배당액을 고려함이 없이 그 배당액을 원고의 채권액의 한도로 원고의 배당액에 그대로 채우는 취지의 배당표의 변경을 명하여야 한다. 위의 설예(說例)에서 갑(甲)은 금50만 원 증액한 금100만 원의 배당액을 수령할 수 있는 취지의 배당표의 변경을 명하는 것이 되나, 병(丙)의 배당액은 여전히 금50만 원임에 변함이 없기 때문이다.

④ 판결(判決)의 효력(效力)

가. 주관적 범위(主觀的 範圍)

배당이의소송의 종국판결은 대립하는 채권자인 원고와 피고 사이의 배당액을 둘러싼 분쟁을 상대적으로 해결하는 것에 지나지 아니하므로 그 판결의 효력은 그들 당사자 사이에만 생기고(상대효(相對效)의 원칙(原則)) 다른 채권자나 채무자에게 기판력(旣判力)이나 형성력(形成力)이 미치지 아니한다.

나. 객관적 범위(客觀的 範圍)

(가) 배당표의 변경 또는 신배당표의 재조제(再調製)를 위하여 배당표를 취소하는 판결의 확정과 동시에 당초 배당표는 해당부분의 한도에서 실효(失效)한다. 이는 판결의 형성력(形成力)이다. 배당이의소송은 채권의 실체적 존부에 관한 소송이나 형식적으로는 배당표에 관한 것이다. 그래서 주문에서 배당표를 변경하고, 변경할 수 없는 때에는 배당표의 재조제(再調製)를 위하여 배당표를 취소하여야 한다. 계쟁 배당액에 대하여 판결의 취지에 따라 다시 배당을 실시하기 위하여 다시 집행법원에 의한 배당표 기재의 변경 내지 배당표의 재조제를 필요로 한다. 배당이의소송의 본안판결이 확정되면 당초 배당표에 기재된 피고의 채권에 대한 배당액과 원고와의 관계에 있어서 법적으로 정당한 배당상태와의 불일치에 관한 존부(存否)의 판단에 관하여 기판력(旣判力)이 발생(發生)한다.

(나) 배당이의소송의 성질론(性質論)의 차이가 단적으로 나타나는 것은 본소의 판결의 객관적 범위의 문제, 즉 배당이의(配當異議)의 소(訴)의 판결이 어떠한 청구권의 존부를 확정하는가, 보다 구체적으로는 배당이의(配當異議)의 소(訴)에서 패소한 원고가 자기의 우선적 채권에 기하여 배당을 받은 다른 채권자에 대하여 부당이득반환청구소송을 제기하는 것이 가능한가 하는 점이다.

형성소송설(形成訴訟說)에 의하면, 배당이의(配當異議)의 소의(訴) 소송물은 배당표(配當表) 변경청구권(變更請求權)이라고 하는 소송법상의 형성권(形成權)이므로, 그 존부(存否)의 확정은 실체상의 권리의 존부(存否)를 확정하는 것은 아니라고 하고, 확정소송설(確定訴訟說)이나 구제소송설(救濟訴訟說)에 의하면, 배당이의(配當異議)의 소의(訴) 소송물은 배당청구권의 기초인 실체상의 채권이므로, 실체법상의 권리 그것의 존부(存否)를 확정한다고 하는 것이다. 그러므로 원칙적으로, 형성소송설(形成訴訟說)에 의하면 위 부당이득반환청구(不當利得返還請求)는 인정되고, 확인소송설(確認訴訟說) 및 구제소송설(救濟訴訟說)에 의하면 이것이 부정(否定)되는 것으로 된다.

그러나 형성소송설(形成訴訟說)을 취하면서도 배당표에 대한 이의를 진술하지 아니하거나 또는 기일에 출석하지 아니한 채권자에 대하여는 후에 실체상의 채권을 주장하는 것이 허용되지 않는다는 견해를 취하는 입장에서는 배당이의(配當異議)의 소(訴)를 제기하여 패소한 자는 더욱 강한 이유로서 똑같은 취급을 하여야 할 것이고, 또한 배당이의의 소에 관하여 규정한 민사집행법 제155조의 반대해석에 의하여도 실권의 효과가 인정된다고 한다. 한편, 확인소송설 및 구제소송설에 있어서도, 확인의 대상을 배당액청구권이라고 한다면, 본소 판결의 확정의 효력은 배당액청구권이라고 하는 소송법상의 권리에 그치고, 실체상의 권리에는 미치지 않는 것이므로, 반드시 부당이득반환청구권(不當利得返還請求權)을 부정하는 것이라고는 말할 수 없다.

　배당이의소송은 소송상의 형성판결에 불과하고 채권자의 실체상의 우선권의 유무 및 순위를 확정하는 효력을 가지는 것은 아니라는 이유로 배당이의소송의 피고로서 패소한 채권자가 그 소송의 원고로서 승소한 이의신청채권자를 상대로 제기한 부당이득반환청구소송(不當利得返還請求 訴訟)에서 배당수령액(配當受領額)에 관하여 부당이득의 성립을 인정하고 있다.381)

　생각건대 배당이의소송의 성질에 관하여 형성소송설을 취하더라도 형성판결에 기판력(旣判力)을 인정하는 방향으로 나아가도 되지 않나 생각된다(법 제156조 2항). 즉 원고의 청구를 인용하는 종국판결에 있어서 형성요건 내지 형성원인이 되는 원고 또는 피고의 실체적 배당수령권(配當收領權)의 존부(存否)에 대하여 기판력이 미친다고 해석하는 것이다. 그리하여 배당이의소송의 청구원인이 피고에 대한 배당액이 실제적으로 부당하게 많다고 하는 경우와 원고에 대한 배당액이 실제적으로 부당하게 적다고 하는 경우, 그 어느 것인가에 따라 전자는 피고의 실체적 배당수령권(配當收領權)의 부존재(不存在)에 대하여, 후자(後者)는 원고의 실체적 배당수령권(實體的 配當收領權)의 존재(存在)에 대하여 각 기판력(旣判力)이 생긴다고 하는 것이다.382) 설사 배당이의판결의 기판력(旣判力)이 집행법(執行法)

---

381) 일대판(日大判) 소화(昭和) 18(1943). 3. 3.

상의 이의권(異議權)의 존부(存否)의 판단에 관하여서만 생기는 것이라 하더라도, 패소한 당사자가 후일 상대방에 대하여 이의사유와 동일한 사유로 부당이득의 반환을 청구할 수 있다고 하거나 경정된 배당표에 의한 배당액의 수령을 부당이득으로 주장할 수 있다고 하면 똑같은 분쟁을 다시 되풀이하는 것에 불과하여 부당하므로 배당이의의 소에 대한 판결은 적어도 부당이득의 반환청구와 관련하여 승소한 당사자가 받은 배당액의 존재를 확정하는 한도에서는 기판력(旣判力)이 생긴다고 하여야 하고 따라서 그 범위에서는 별도의 부당이득반환청구의 소를 제기할 수 없을 것이나, 위 범위를 벗어나 실체법상의 부당이득에 대하여는 이를 소구할 수 있다할 것이다.

(다) 여러 명의 채권자가 제기한 배당이의소송이 경합된 경우에는 배당표의 경정 내지 신배당표의 작성에 있어 여러 개의 판결의 내용을 통합하지 않으면 안 되는 경우가 발생한다. 각 다른 채권자가 다른 채권자를 피고로 하여 배당이의소송을 제기하여 경합하는 경우에는 이해관계가 상충하는 범위에서 처음의 배당단계로 되돌아가서 여러 개의 배당이의의 소에서 승소한 각 당사자들이 직접 독립적으로 배당순위나 배당받을 금액에 대하여 정하여야 한다.

⑤ 배당이의(配當異議)의 소송(訴訟) 완결 후(完結 後) 공탁금(供託金, 배당금(配當金)의 처리(處理)

배당이의(配當異議)의 소의(訴) 제기에 수반(隨伴)하여 공탁(供託)된 배당금은 배당이의소송(配當異議訴訟)의 완결 후(完結 後) 그 소

---

382) 대판(大判) 2002. 1. 21, 99다3501.

송(訴訟)의 결과(結果)에 따라 다음과 같이 처리된다.

가. 배당이의소송(配當異議訴訟)에서의 원고 패소(原告 敗訴)

배당이의소송에 있어서의 원고 패소 즉 소각하(訴却下) 또는 청구기각(請求棄却)의 판결이 확정된 경우 혹은 청구포기(請求抛棄) 또는 소취하(訴取下)가 있는 경우 집행법원은 그 확정판결 내지 조서의 정본의 제출 등에 의한 증명으로 계쟁(係爭) 배당액에 대하여 당초 배당액대로 배당을 실시한다.

나. 전부(全部) 또는 일부승소(一部勝訴)

계쟁(係爭) 배당액에 대하여 배당표(配當表)를 변경하는 취지의 원고의 전부 또는 일부 승소판결이 확정된 경우 혹은 청구(請求)의 인낙(認諾) 또는 배당액을 변경하는 내용의 소송상 화해가 성립한 경우에는 집행법원은 그 확정판결 내지 조서의 정본의 제출 등에 의한 증명으로 그 내용에 따른 배당표를 경정하여 그에 따라 배당을 실시한다. 이의 소송의 당사자가 아닌 다른 채권자가 받는 배당액은 그 당초 배당대로 유지된다.

다. 배당표(配當表)의 재조제(再調製)

배당이의소송에 있어서 새로운 배당표의 작성을 위하여 배당표를 취소하는 판결이 확정된 때에는 당초의 배당표는 배당이의 인용의 한도 내에서 실효(失效)되고 신배당표에 의한 재편성이 필요하다. 그래서 집행법원은 다시 배당기일을 지정하여 인용된 배당이의에 관계있는 채권자 및 채무자를 소환하여 새로운 배당표(配當表)를 작성한다. 다만 이 절차는 한정된 범위에서 종전 배당절차의 계속일 수밖에 없고, 신배당표의 작성절차에 관여할 수 있는 채권자는 배당이의소송의 판결의 효력 내지 부수적 효과를 받는 자에 한한다. 새로이 조제된 배당표에 대하여도 다시 이의를 신청할 수 있으나 이 이의는 새로운 배당표에 참가할 수 있는 채권자에 한한다.

동일 계쟁(係爭) 배당부분에 대하여 다른 배당이의소송이 별도(別途)로 계속 중인 경우에는 신배당표의 작성은 모든 소송의 완결을 기다렸다가 하지 않으면 안 된다. 여러 명의 채권자가 제기한 배당이의소송이 경합하는 경우 배당표의 경정 내지 배당표의 재조제(再調製)에 있어서 여러 개의 판결의 내용을 통합하지 않으면 안 되기 때문이다. 병합된 경우 통상공동소송(通常共同訴訟)이기 때문에 변론주의의 적용 상 다른 판단을 할 가능성이 있고, 각 원고에 대하여 내용적으로 일치하지 않는 판결이 경합하는 경우가 발생할 수 있다. 예컨대 배당재단 금300만 원을 채권자 갑(甲, 채권액 100만 원), 을(乙, 채권액 200만 원), 병(丙, 채권액 300만 원)에 대하여 갑(甲)에게 금50만 원, 을(乙)에게 금100만 원, 병(丙)에게 금150만 원으로 하는 배당표가 작성된 경우 갑(甲)과 병(丙)이 각 을(乙)에 대하여 배당이의의 소를 제기하여 양소(兩訴)에 있어서 을(乙)의 채권의 부존재(不存在)가 인정되어 갑, 을(甲, 乙) 사이에는 갑(甲)의 배당액을 금100만 원, 을(乙)의 배당액을 금50만 원으로 변경하는 판결이 있고 병, 을(丙, 乙) 사이에는 을(乙)의 배당액이 0원, 병

(丙)의 배당액을 금250만 원으로 경정되는 판결이 있은 뒤 모두 확
정되면 집행법원은 양판결의 내용을 통합하여 갑(甲)의 배당액을
금75만 원, 을(乙)의 배당액을 0원, 병(丙)의 배당액을 금225만 원
으로 경정하면 된다. 여기서 갑, 을(甲, 乙) 사이의 판결에는 을(乙)
의 채권액을 금100만 원으로 보아 갑(甲) 및 을(乙)의 배당액을 각
각 금75만 원으로 변경하는 판결(甲의 일부승소)이 있고, 병, 을
(丙, 乙) 사이에는 을(乙)의 채권을 부존재(不存在)로 보아 을(乙)의
배당액을 0원, 병(丙)의 배당액을 금250만 원으로 변경하는 취지의
판결이 있으면, 을(乙)의 병(丙)에 대한 전부패소를 갑(甲)에 대하여
는 적용할 수 없기 때문에 갑(甲)의 배당액을 금62만5천 원, 을(乙)
의 배당액을 금37만5천 원, 丙의 배당액을 금200만 원으로 한다.
신배당표는 당초의 배당표와 배당이의 인용판결의 내용을 기초(基
礎)로 작성한다.

4. 소취하(訴取下)의 의제(擬制)

(1) 의의(意義)

이의(異議)를 신청한 채권자가 이의소송(異議訴訟)의 최초의 변론
기일에 출석하지 아니한 때에는 소를(訴) 취하(取下)한 것으로 보는
것이 소취하의 의제이다.

배당이의의 소송절차는 일반 민사소송절차와 같은바, 최초의 변
론기일에 원고가 불출석한 때에는 배당이의소송의 변론개시를 못하

게 하는 것이므로 소송, 나아가서 배당절차를 신속하게 종료하기 위한 규정이 배당이의의 소의 취하간주(取下看做, 법 제158조) 규정이다. 1960. 4. 4. 제547호로 민사소송법 제정당시에는 「이의(異議)를 당하여 소를(訴) 제기(提起)한 채권자」로 규정하였다가(구민사소송법 제596조), 1963. 12. 13 법률 제1499호로 개정되면서 「이의(異議)를 신청한 채권자」로, 2002. 1. 26. 법률 제6627호로 현행법이 전문 제정되면서 「이의한 사람」이라고 문구를 바꾼 것이다. 소취하(訴取下)의 의제(擬制)는 법률상 당연히 된다.[383] 따라서 수소법원이 속행기일을 정한 경우에도 그 소취하(訴取下)의 의제의 효과는 지속된다 할 것이다.

(2) 변론기일(辯論期日)에 불출석(不出席)

여기서 최초의 변론기일이란 최초로 지정된 변론기일을 말하는 것이 아니라 변론을 실제로 하게 된 최초의 기일을 말한다. 또한 제1심의 최초의 변론기일을 말하는 것이고, 항소심의 기일은 최초이건 아니건 간에 본조(本條)의 적용이 없다. 제1심 판결까지에 이른 이상 항소심의 제1회 기일의 결석에 의하여 바로 원고의 배당이의의 의사의 포기를 인정할 수는 없다. 제1심의 최초의 변론기일이므로 제2회 이후의 변론기일에도 역시 적용이 없다. 변론기일뿐만 아니라 변론의 준비기일(準備期日)도 포함된다. 배당이의의 소취하간주(訴取下看做)에 관한 규정은 배당이의소송에 있어서의 변론의 촉진을 목적으로 하는 것으로서 양쪽 당사자가 변론기일에 2회 불

---

383) 대판(大判) 1969. 3. 4, 68다1756.

출석하거나 출석하였더라도 변론하지 아니한 후 1월 내에 기일지정 신청을 하지 아니하여 소를 취하한 것으로 본다는 규정의 특별규정 (민소법 제268조)이라고 볼 수 있으므로 원고가 변론기일에 출석하지 아니한 경우뿐만 아니라 출석하여도 변론을 하지 아니하거나 퇴정(退廷)을 한 경우도 포함된다할 것이다. 원고에 대하여 변론기일의 소환은 적법하게 이루어져야 하며, 가령 그 소환이 공시송달(公示送達)의 방법으로 행하여진 때에도 소취하(訴取下)의 의제를 인정할 수 있다.

원고와 피고 쌍방이 출석하지 아니한 경우에도 적용되는가 하는 문제에 관하여 배당이의의 소의 취하간주 규정(법 제158조)이 민사소송법 제268조 3항의 특별규정이므로 원고가 제1심의 최초(最初)의 변론기일에 출석하지 아니하고 피고가 출석한 경우에만 적용된다. 그러나 원고가 출석하지 아니한 이상 피고의 출석여부를 따질 것 없이 소취하 간주(訴取下 看做)로 볼 것이라고 한다. 배당이의(配當異議)의 소(訴)를 제기한 원고의 불출석에 대하여 제재를 가하겠다는 취지가 우연히 피고도 동시에 불출석한 것에 의하여 영향을 받아야 할 이유가 없기 때문이다.384)

---

384) 대판(大判) 1967. 6. 27, 67다796.

第5章 배당절차(配當節次)의 문제점(問題點)과 개선방향(改善方向)

第1節 배당절차(配當節次)의 문제점(問題點)

1. 집행비용(執行費用)에 관한 문제점(問題點)

배당절차는 경매신청채권자 등이 국가가 관장하는 경매절차를 통하여 경매목적물을 환가(換價)한 후 얻은 매각대금으로 다수의 채권자의 채권액을 만족시킬 수 없는 경우나 유체동산에 대한 강제집행에서 다수의 채권자가 경합하는 경우에 배당에 참가한 모든 채권자를 만족하게 할 수 없고, 매각허가(賣却許可)된 날로부터 2주일 내에 채권자 사이에 배당협의가 이루어지지 않은 경우(법 제222조 1항), 집행관이 여러 채권자를 위하여 동시에 금전을 압류한 때 매각대금을 공탁한 경우(법 제222조 2항), 그리고 채권자가 추심명령에 의하여 채권액을 추심한 후 이를 법원에 신고하기 전에 다른 압류·가압류 또는 배당요구가 있어서 채권자가 추심한 금액을 바로 공탁하고 그 사유를 신고한 경우(법 제236조), 특별한 현금화 방법(법 제241조)에 의하여 현금화된 금전을 법원에 제출한 때에 각 민법·상법 그 밖의 법률에 따라 배당순위와 배당액을 정하여 매각대금을 분배하는 절차이므로 채권자들의 배당순위가 공평하고 정당하게 결정되어야 하고, 그러기 위해서는 민법·상법 그 밖의 법률에 규정된 우선변제청구권자가 누구인지를 확정하여야 한다.

부동산, 자동차, 중기, 선박, 항공기, 채권 그 밖의 재산권에 대한 담보권 실행 등을 위한 경매에서의 집행비용은 특별한 규정이 있는 경우를 제외하고는 부동산 강제경매를 준용하고 있으므로 부동산 등 강제경매절차에 대한 집행비용의 문제점이 된다.[385]

유체동산에 대한 강제집행의 경우, 다수의 채권자가 경합하여 배당에 참가한 모든 채권자를 만족하게 할 수 없더라도 매각허가(賣却許可)된 날로부터 2주일 내에 채권자 사이에 배당협의가 이루어진 경우에는 그 배당협의에 따라 집행관이 배당을 실시하게 되므로 문제될 것이 없다(법 제222조 1항).

부동산강제집행의 경우 집행권원(執行權原)을 가지고 있는 채권자가 관할 법원에 일정한 사항을 기재한 강제경매신청서를 접수하면 법원은 경매개시결정을 함과 아울러 공시방법이 정해져 있는 목적물의 경우 등기나 등록관서에 압류등기의 촉탁을 하고, 나아가 법원은 집행관에게 부동산 등에 대한 현황조사와 감정평가를 명함으로써 경매절차를 진행된다. 그 당시까지만 해도 경매신청채권자는 강제경매 목적물에 대하여 민법·상법 그 밖의 법률인 주택·상가임대차보호법이나 근로기준법에 따른 우선권자의 존재에 대하여 전혀 알지 못하고 현황조사비나 감정료, 공고료, 경매수수료 등 담보권의 피담보채권이나 집행권원의 채권액에 따라 정도의 차이는

---

385) 권광중(權光重), 강제집행법(强制執行法)의 개정방향(改正方向); 특(特)히 환가방법(換價方法)과 절차(節次)의 문제점(問題點)을 중심(中心)으로, 법률자문위원회 논설집(法律諮問委員會 論說執) 8집, 1984. 9, 173면.

있지만 적게는 백만 원에서 수백만 원에 이르는 경매비용을 예납(豫納)하게 된다. 그런 후 법원의 현황조사 결과 강제집행의 목적물이 멸실 되었다던가(법 제96조), 채무자가 그 목적물의 소유권을 상실하였다던가, 법령에 의하여 강제집행이 금지되어 있는 각 경우에 채권자의 경매신청은 취소를 면치 못하고 인지대, 등록세, 교육세라든가 현황조사비, 감정료, 송달료 중 일부금은 소모되어 반환받지 못한다.

설사 경매신청이 취소되지 않더라도 부동산등기부에 기재되어 있지 않은 부동산 위의 권리자로서 그 권리를 증명한 자가 있거나 민법이나 상법 그 밖의 법률에 의하여 우선변제청구권을 가진 자가 출현하면 경매목적물을 매각하더라도 경매채권자에게 채권액을 만족시킬 만큼 배당될지 의문이고, 그럴 여지가 없으면 남을 가망이 없다는 이유로 경매는 취소된다. 그러면 이미 예납한 집행비용 중 소비한 금원은 이를 돌려받을 방법이 없다. 이를 면하기 위하여 채권자는 우선변제청구권자의 채권에 우선 충당(변제)하고 채권자에게 돌아갈 금액이 있을 가액에 매수신고를 하여야 하고, 그 경우 채권자는 시가보다 비싸게 목적물을 매수하게 된다(법 제102조).

이러한 위험을 예방하기 위하여 경매신청 채권자는 채무자의 책임재산에 대한 보이지 않는 조세와 같은 우선변제청구권자를 미리 알아내야 한다. 채권자가 이를 위하여 공과주무관서에 다니면서 직접 확인한다 하드라도 채무자의 체납공과금을 알아낼 방법도 없다. 오로지 법원의 현황조사 결과와 공과금 주무관서에 보낸 조회의 결과에 의존하는 수밖에 없게 된다.[386]

---

386) 손한기(孫漢琦), 민사소송법 개정작업(民事訴訟法 改正作業)의 방향

2. 조세우선주의(租稅優先主義)의 문제점(問題點)

조세채권우선의 원칙이라 함은 조세채권은 민사집행법에 의한 강제집행절차나 공매절차에서 일정한 요건에 해당하는 경우(국기법 제35조 및 지세법 제31조)를 제외하고는 민법·상법 그 밖의 법률에 의한 우선변제청구권자보다 우선적으로 변제 받는다는 원칙을 말한다.[387]

본고 제3장, 제3절, 1. 배당순위에서 보는 바와 같이 조세채권이 당해세인 경우에는 집행비용과 저당물의 제3취득자가 그 부동산의 보존·개량을 위하여 지출한 필요비·유익비, 그리고 소액 주택·상가임차보증금 채권, 최종 3월분 임금과 최종 3년간의 퇴직금 및 재해보상금의 다음 순위로, 당해세가 아닌 경우에는 국세 및 지방세의 법정기일 전에 설정된 저당권 등 채권, 근로기준법 제37조 2항의 임금 등을 제외한 임금 기타 근로관계로 인한 채권의 다음순위로 배당 받는다. 따라서 민법·상법 그 밖의 법률에 의한 우선변제청구권을 가지지 않은 일반채권자가 강제집행을 실시하더라도 조세채권이 존재하고 있다면 결국 일반채권자는 남을 가망이 없는 경우에 해당되어 경매가 취소된다(법 제102조).

일반채권자가 등기·등록으로 공시된 담보물권의 피담보채권으로 인해 남을 가망이 없다는 이유로 강제집행이 취소된다면 일반채권자가 이를 감당할 각오로 강제집행을 진행하였다 할 것이므로 문제

(方向)과 그 주요내용(主要內容), 한양대법학논총(漢陽大法學論叢) 14집, 1997. 10, 311면.
387) 임승순(任勝淳), 전게서(前揭書), 218면.

될 것은 없다. 저당물의 제3취득자로서 그 부동산의 보존·개량을 위하여 지출한 필요비(必要費)·유익비채권(有益費債權), 소액 주택·상가임차보증금 채권, 최종 3월분 임금과 최종 3년간의 퇴직금 및 재해보상금 채권의 경우, 사회적 약자로써 배분적정의(配分的正義)의 실현 차원에서 우선변제청구권을 부여하고 있으므로 강제집행채권자로서는 강제집행절차에서 그들의 출현을 수인(受忍)할 수밖에 없다. 그러나 그 채권액이 공시되어 있지 않은 조세채권의 경우에는 강제집행신청 전에 이해관계인으로써 채무자를 심문하는 방법이나 조세관청에 정보의 공개를 요구할 길이 전혀 없어서 일반채권자가 이를 알 수 없고, 그로 인한 피해는 심각할 수 없다. 이렇게 공시되지 않은 조세채권이 모든 국민은 법 앞에 평등하고, 누구든지 성별·종교(性別·宗敎) 또는 사회적 신분(社會的 身分)에 의하여 정치적·경제적·사회적·문화적 생활(政治的·經濟的·社會的·文化的 生活)의 모든 영역(領域)에 있어서 차별을 받지 아니한다(헌법 제11조)는 헌법에 위반되는 것은 아닌지 의문이다.[388]

---

388) 김권택(金權澤), 전게논문(前揭論文), 381면; 김용대(金容大), 국세우선권(國稅優先權)의 위헌 여부, 조세법연구(違憲 與否, 租稅法研究)(1), 1995. 8, 273면; 김정현(金鼎鉉), 경매절차(競賣節次)에 있어서 국세 등(國稅 等)의 배당관계(配當關係), 사법행정(司法行政) 10권(卷) 12호(號), 1969. 12, 60면; 송쌍종(宋雙鍾), 담보부채권(擔保附債權)에 대한 조세우선권규정(租稅優先權規定)의 문제점(問題點), 한국조세연구(韓國租稅研究) 제1권, 1985, 348면.

3. 가장채권자(假裝債權者)의 배당요구(配當要求)의 문제점(問題點)

　민사집행법은 배당절차에 있어서 배당순위에 대하여 명문의 규정이 없고, 단지 매각대금으로 배당에 참가한 모든 채권자를 만족하게 할 수 없는 때에는 법원은 민법·상법 그 밖의 법률에 의한 우선순위에 따라 배당을 하여야 한다고만 규정하고 있어서(법 제145조 2항) 강제경매와 같이 우선권이 없는 경매신청인이나 배당요구채권자, 그 밖의 이해관계인은 형식적인 현황조사 와 배당절차에 관한 규정만으로는 우선권자의 출현을 예측할 수 없기 때문에 채권자는 채권액을 모두 변제 받지 못하고 막대한 집행비용만을 소비하는 등의 손해를 입게 되는 것이 현실이다.

　현행 강제집행절차 중 배당절차에서 가장 암적인 장애물은 가장채권(假裝債權)에 기한 배당요구라 할 수 있다. 예를 들면 갑(甲)은 을(乙)에게 금500만 원을 대여하여 주었다가 을(乙)이 위 대여금을 변제하지 않자 을(乙)의 유체동산을 가압류하였다. 공교롭게도 을(乙)이 구입한 유체동산 등은 을(乙)이 갑(甲)으로부터 차용한 돈으로 구입한 것이고, 갑(甲)도 그 구입처를 알고 있어서 을(乙)의 소유물임을 쉽게 알 수 있었다. 가압류집행을 하자 병(丙)이 나타나서 그 유체동산은 자기 소유라고 주장하고 제3자이의의 소(訴)를 제기하므로 甲은 할 수 없이 그 소송에 응소하였고, 병(丙)은 그 소송에서 을(乙)로부터 돈1,000만 원을 받을 채권이 있었고, 이를 위하여 양도담보약정을 한 집행력 있는 소비대차공정증서를 제시하는 한편, 집행력 있는 소비대차공정증서를 가지고 갑

(甲)이 가압류한 유체동산에 대하여 강제집행을 하여 금100만 원에 매각되었다. 그리하여 매각대금 중 금67만 원은 병(丙)에게 배당되고 갑(甲)에게는 금33만 원이 배당되었는데 이에 대하여 갑(甲)과 병(丙)이 협의를 하지 않아서 집행관은 매각대금을 공탁하였으며(법 제222조), 법원이 진행한 배당절차에서 갑(甲)과 병(丙) 쌍방이 배당이의를 하는 바람에 그나마도 배당을 받지 못하게 되었다(법 제160조). 그러한 경우에 갑(甲)은 병(丙)을 상대로 한 배당이의(配當異議)의 소송(訴訟)에서 병(丙)이 가장채권자자라는 사실을 입증하면 승소할 수 있어서 매각대금을 모두 수령할 수 있지만 그 입증이 쉽지 않다.

위와 같은 경우에 가장채권자(假裝債權者) 병(丙)의 강제집행이 없었더라면 갑(甲)은 을(乙)로부터 대여금500만 원 중 금100만 원을 변제받을 수 있었는데 가장채권자(假裝債權者) 병(丙)의 출현으로 매득금(賣得金) 100만 원 중 3분지 1 상당액인 금33원만 변제받을 수 있게 되고 3분지 2 상당액인 금67만 원은 가장채권자(假裝債權者)의 손을 통하여 다시 채무자에게 되돌아가는 결과를 초래하게 된 것이다.389) 위와 유사한 예(例)는 우리나라 강제집행절차나 배당절차에서 흔히 볼 수 있는 일이다.

현행법상 가장채권자(假裝債權者)가 강제집행을 하거나 다른 사람의 강제집행절차에서 배당요구를 할 때, 진정(眞正)한 채권자(債權者)는 가장채권자를 경매절차에서부터 배제하려고 해도 이것이 쉽지 않고, 배당절차에서 배당표에 대한 이의를 하여야 한다. 그런

---

389) 손한기(孫漢琦), 소액집행(少額執行)의 특례(特例), 법조(法曹) 48권 11호, 1999. 11, 155면.

데 법원은 채권자와 채무자에게 보여주기 위하여 배당기일의 3일 전에 배당표원안(配當表原案)을 작성하여 법원에 비치하여야 하고, 이를 강제집행의 이해관계인에게 공개하여 열람에 제공하여야 하는데, 실무는 그렇게 하지 않고 배당기일에 비로소 출석한 이해관계인과 배당을 요구한 채권자에게 배당표 사본을 나누어 준 후 이들을 심문하여 배당표를 확정하고 있는 실정이다(법 제149조). 이러한 실무관행도 일반채권자(一般債權者)에게 불측(不測)의 손해를 가하는 요인으로 등장하고 있다. 실제문제로서 제3자인 진정채권자가 채무자와 가장채권자 사이의 채권이 가장된 것이고 실재하지 않는다고 하는 것을 채권자취소 소송절차에서 입증한다는 것은 그리 쉬운 일이 아니어서 배당이의의 소로 가장채권자(假裝債權者)의 배당요구(配當要求)를 봉쇄하는 것은 어려운 일이고, 가장채권자(假裝債權者)의 배당요구(配當要求)는 거의 매번 성공하여 진정채권자를 해(害)하게 된다.[390] 이들의 배당참가를 차단하는 방안으로서의 입법적 해결이 없는 것이 현실이다.

4. 배당순위(配當順位)와 배당액(配當額)의 결정(決定)에 따른 문제점(問題點)

강제집행은 채권자로 하여금 채무자의 의사에 반하여 집행권원의

---

390) 이재성(李在性), 강제집행제도(强制執行制度)의 문제점(問題點)과 그 개선방향(改善方向), 강제집행(强制執行), 임의경매(任意競賣)에 관한 제 문제(諸 問題)(상), 법관연수자료(法官硏修資料), 사법연수원(司法硏修院), 발행년도 미상(發行年度 未詳) 1987년?, 17～29면.

내용을 실현시키는 제도이고, 환가 후 배당절차에서는 소위 채권자평등주의를 취함으로써 집행력 있는 정본을 가지지 않는 채권자라도 다른 채권자의 강제집행절차에 참가하여 집행력 있는 정본을 가진 채권자와 동일한 순위로 채권액의 비율에 따른 배당을 받을 수가 있다. 이러한 배당제도를 무제한배당주의(無制限配當主義)라고 할 수 있다. 채권자평등주의를 채택하고 있는 결과 진실한 집행채권자가 경매의 취소로 인해 집행비용을 소비한다든가 우선변제청구권자의 출현으로 채권액에도 미치지 못하는 금액을 배당받는 경우가 적지 않고, 채권자가 채무자의 재산을 압류하여 이를 환가(換價)한 매각대금에서 채권의 만족을 얻기까지에는 상당한 시간이 소요된다.

　이처럼 시간과 비용을 들여서 환가(換價)해 놓은 매각대금으로부터 그때까지 방관하고 있던 다른 채권자가 그 강제집행절차에 편승하여 우선적으로 또는 평등하게 배당을 받아간다는 것은 불공평한 일이다. 채권자평등주의의 폐단은 악랄한 가장채권자가 정당한 채권자의 강제집행에 참가하는 경우에 더욱 두드러진다. 이 경우 정당한 채권자로서는 가장채권자의 실체를 밝혀내기란 여간 어려운 일이 아니기 때문에 가장채권에 의한 배당가입신청을 용이하게 저지할 수 있는 대안이 없다함과 위와 같은 폐단은 소액집행 즉 유체동산의 경매에 있어서 특히 심하게 나타난다 함도 전술한 바와 같다. 진실한 채권자가 적지 않은 시간과 비용을 들여 집행을 개시한 경우, 만족을 얻는 정도가 과연 어느 정도인지는 자료가 없어서 정확히 알 길이 없으나, 매각대금을 배당한 사건 중에서 약 반수 정도가 채권액의 2할5푼 이하의 배당을 받고 마는 것으로 나타나 있는데,391) 이처럼 채권자평등주의는 논리적으로나 이론상 우수하다

340

고 하는 주장이 없는 것은 아니지만 그 제도의 실제 운영 면에 있어서는 정당한 채권자를 잘 보호하지 못한다는 결함과 비난을 면하기 어렵다.392)

우선주의는 근면하고 권리를 민첩하게 행사한 채권자를 보다 잘 보호할 수 있다. 채권자가 채무자의 자산상태를 주의 깊게 지켜보고 적시(適時)에 채권의 추심이나 보전(保全)에 노력하였을 경우에는 압류물의 환가에 있어서도 그 채권자에게 우선권을 인정하는 것이 정의롭고 공평하다는 것이다. 그러나 엄격히 따져 볼 때에는 권리행사에 먼저 착수한다는 우연한 요소에 의하여 우선권이 좌우되는 수가 많으며, 채권자의 근면성의 문제를 떠나서 진실한 채권자를 동등하게 보호하는 것이 공평의 이념에 더 적합하다는 비판이 평등주의로부터 가해진다. 우선주의는 채무자를 초과압류의 위험에서부터 보호할 수 없다. 평등주의를 취하는 경우 나중에 얼마나 많은 채권자가 얼마만큼의 채권액으로 배당요구를 해 올지를 사전에 알 수가 없기 때문에 압류채권자는 압류의 범위를 무작정 확대시키려는 경향이 있어서 채무자를 파탄에 빠뜨릴 위험이 있다. 또한 우선주의는 집행절차를 간이화(簡易化)한다. 우선주의는 압류의 선후에 따라서 우선권을 인정하기 때문에 다른 채권자의 경합이 감소되고 배당절차에 있어서 이의가 줄어들게 된다. 그러나 평등주의에서는 각 채권자는 환가의 종료 시까지 절차에 경합참가(競合參加)하

---

391) 이석선(李石善), 강제집행법상(强制執行法上) 배당절차(配當節次)의 문제점(問題點)과 개선방안(改善方案), 법무부 법무자문위원회 논설집(法務部 法務諮問委員會 論說集) 제8집, 법무부(法務部), 1984, 88면.
392) 유택현, 강제집행(强制執行)의 이상(理想)과 채권자 평등주의(債權者平等主義), 사법행정 352호(司法行政 352號), 1990. 04, 39면.

게 되고, 쓸데없는 배당의 이의를 많이 하게 되어 절차의 진행이 복잡해지고 배당이 지연된다. 우선주의하에서는 채권자가 압류질권, 부동산의 압류, 가등기담보권 등을 먼저 취득하면 일단 우선권은 보장이 되므로 집행절차를 서두르지 아니하고 채무자의 임의변제(任意辨濟) 등을 기다리는 태도로 나올 수 있으므로 채무자는 시간적 여유를 가지고서 자기의 채무를 변제하여 강제집행을 면할 수 있다. 그 반면 평등주의에 있어서는 다른 경합채권자들의 배당참가를 막기 위하여 될 수 있는 한 신속히 강제집행을 진행하여 종료하려 하므로 위와 같은 효과를 기대할 수가 없다. 평등주의하에서는 어떤 채권자가 먼저 집행절차를 개시하더라도 다른 채권자도 스스로 그 집행절차에 가입하여 배당요구를 할 수 있으므로 구태여 각 채권자들이 채무자에게 조그마한 경제적 불안이 보인다고 하여 곧 성급하게 집행에 먼저 착수할 필요가 없으므로 무자비하게 집행을 하려는 경향을 배제할 수 있어서 채무자의 파탄을 촉진시키려는 것을 방지할 수 있다.

평등주의하에서는 배당의 효과가 파산의 경우와 비슷하므로 채권자들이 구태여 파산신청을 남용하여 사태를 혼란에 빠뜨릴 염려가 없으나, 우선주의의 경우 뒤늦은 채권자들이 먼저 강제집행을 착수하여 우선권을 파괴하려는 의도로 파산신청을 남용할 소지가 많다. 평등주의를 취하면 배당에 가입할 채권자가 많아 질 것을 두려워하여 채권자가 집행의 속행을 신속히 하는 경향이 있지만, 우선주의하에서는 채권자가 우선권을 얻는데 만족하고 집행의 진행을 게을리 할 폐단(弊端)이 있다.[393] 이러한 폐단을 예방하는 방안이나 입

---

393) 김홍규(金洪奎), 금전채권집행(金錢債權執行)에 있어서 우선주의(優

법적 해결이 요청된다할 것이다.

5. 배당(配當)에 대한 불복방법(不服方法)의 문제점(問題點)

현행 민사집행법은 채무자가 배당표원안이 법원에 비치된 이후 배당기일이 끝날 때까지 채권자의 채권 또는 그 채권의 순위에 대하여 서면으로 이의할 수 있는 경우(법 제151조 2항) 이외에는 채권자나 그 밖의 이해관계인이 배당표에 대한 이의를 하고자 할 경우에는 배당기일에 출석하여 채권자의 채권 또는 그 채권의 순위에 대하여 이의하거나 자기의 이해에 관계되는 범위 안에서 다른 채권자를 상대로 그의 채권 또는 그 채권의 순위에 대하여 이의할 수 있다(법 제151조 1항, 3항). 그리고 배당표에 대한 이의나 배당이의를 하고자 한 자는 배당기일에 법원에 출석하여 구두로 이의를 진술한 후 1주일 이내에 집행법원에 대하여 배당이의의 소를 제기하여야 하고, 이의한 자는 소제기 사실을 증명하는 서류를 법원에 제출하여야 하며, 채무자의 배당이의가 청구이의의 소를 수반하는 것이면 소제기 증명과 배당의 진행을 저지할 수 있는 집행정지재판의

先主義), 평등주의(平等主義), 집단우선주의(集團優先主義)의 비교연구(比較硏究), 민사법(民事法)의 제 문제(諸 問題), 온산방순원선생고희기념(溫山方順元先生古稀記念), 1984. 4, 537면; 김용욱(金容旭), 금전집행상 채권자(金錢執行上 債權者)의 경합(競合) : 우선주의(優先主義)와 평등주의(平等主義), 군단우선주의(群團優先主義), 고시연구(考試硏究) 16권(卷) 4호(號), 1989. 4, 124면.

정본을 제출하여야 한다. 이를 하지 아니한 때에는 이의를 취하한 것으로 본다(법 제154조). 법원에 출석하여 이의한 자가 7일 이내에 배당이의의 소를 제기하지 못한 경우에 한하여 우선권을 주장하는 소를 제기할 수 있다(법 제155조).

이러한 규정 때문에 집행채권자는 배당기일에 법정에 출석하여 법원이 사본하여 제공한 배당표를 보고 당일 이의를 한 후, 1주일 후에 다시 서면으로 배당이의의 소를 제기하여야 하는 불이익을 당하고 있다. 부득이한 사유나 그 밖의 사유로 배당기일에 출석하지 못한 이해관계인이 배당이의의 소를 제기할 길은 없는가가 문제가 된다.

第2節 배당절차(配當節次)의 개선방향(改善方向)

1. 집행채권자(執行債權者)의 집행비용(執行費用) 유예(猶豫) 및 절감방안(節減方案)

(1) 소송상 구조(訴訟上 救助)

민사소송비용이나 집행비용의 납입을 유예하는 방법으로 소송구조라는 제도가 있다. 소송구조라 함은 법원이 소송비용이나 집행비용을 지출할 자금능력이 부족한 사람의 신청에 따라 또는 직권으로 재판비

344

용의 납입유예, 변호사 및 집행관의 보수와 체당금(替當金)의 지급유
예, 소송비용의 담보면제, 대법원규칙이 정하는 그 밖의 비용을 지급
유예(支給猶豫) 하거나 면제해 주는 제도를 말한다.[394] 그것도 소송
구조를 신청한 사람이 패소할 것이 분명한 경우에는 소송구조를 받을
수 없다.[395]

　따라서 강제집행채권자가 집행비용을 지출할 능력이 부족한 경우
에는 소송구조신청을 하여 집행비용의 지급을 유예 받거나 면제받
을 수 있다(법 제23조). 집행채권자가 소송구조신청을 하면 법원은
집행채권자가 제출한 소명자료에 의하여 소송구조결정을 하게 되는
데, 만일 강제집행 목적물에 선순위 우선변제청구권자가 있거나 잉
여의 가망이 없어서 경매가 취소되어야 할 경우에는 구조결정을 취
소하여야 하고, 집행채권자는 유예된 집행비용을 납입하여야 한다
(민소법 제128조 이하, 법 제23조).[396]

　현행법상 집행채권자가 소송구조신청을 하여 집행비용의 지급을

---

394) 민소법(民訴法) 제128조 내지 133조, 법(法) 제23조 각 참조.
395) 송상현(宋相現), 전게서(前揭書), 511면; 동(同), 21세기를 향한 법률
　　구조제도(法律救助制度)의 발전방향(發展方向)(사회변동(社會變動)과
　　법률구조(法律救助)의 새로운 방향(方向)), 법률구조 통권(法律救助
　　通卷) 23호(겨울호), 1997. 11. 11면; 동(同), 법률구조제도(法律救助
　　制度)의 세계적 추세(世界的 趨勢)와 우리의 방향(方向), 저스티스
　　19권, 1986. 11. 34면; 양병회(梁炳晦), 전게서(前揭書), 256면; 동
　　(同), 소송상(訴訟上)의 구조, 고시연구(救助. 考試硏究) 13권 4호
　　(145호), 1986. 4. 112면; 동(同), 소송상 구조제도(訴訟上 救助制
　　度): 법무부(法務部)의 개정안(改正案)과 대비(對比), 고시연구(考試
　　硏究) 15권 10호(175호), 1988. 10. 129면.
396) 송상현(宋相現), 전게서(前揭書), 511~514면, 양병회(梁炳晦), 전게서
　　(前揭書), 256~258면.

유예 받거나 면제받은 사례는 전혀 없는 실정이고, 강제집행채권자
는 집행목적물이 양도되거나 선순위 담보물권 등이 설정되기 전에
신속하게 강제집행신청을 하여 투하된 자본을 회수하여야할 급박한
상황에 처하여 있는 것이 대부분인데, 그런 상황에서 집행비용의
지급유예를 받거나 면제받고자 오랜 시간이 소요되는 소송구조신청
을 선택하는 것이 효과적이고 그 실효성이 있는지는 심히 의심스럽
다할 것이나, 이의 활성화는 집행당사자나 법원의 적극적인 홍보와
소송구조신청 후 결정까지 절차를 신속하게 진행하려는 의지에 달
려있다 할 것이다.

(2) 우선변제청구권자(優先辨濟請求權者) 등(等) 사전 탐지제도 신설(事前 探知制度 新設)

경매신청 채권자가 집행권원(執行權原)에 의한 채권을 모두 만족
하지 못하는 경우막대한 집행비용을 예납(豫納)하면서도 집행권원
의 채권은 물론 집행비용마저 회수하지 못하는 사태를 막기 위해서
는 경매신청 채권자가 경매신청을 할 당시 일정한 구비서류를 갖춘
경매신청서와 정부수입인지, 등록세와 대법원 증지, 그리고 3-5회
분 송달료와 현황조사비용만을 예납하게 한 후, 법원은 경매개시결
정에 따른 압류등기 촉탁(법 제83조 1항)을 함과 아울러 집행관에
게 경매목적물에 대한 현황(現況)과 감정가(鑑定價)(현재의 거래가
격(去來價格)까지 포함하여) 및 민법과 상법 그 밖의 법률에 의하여
우선권 등이 있는 지를 면밀하게 조사(법 제85조)하게 하는 한편,
이를 위하여 경매목적물의 채무자나 소유자를 소환, 심문하여 우선

권자와 그 채권의 종류와 수액을 알아내고, 그 결과를 경매신청 채권자에게 서면으로 통지한다. 경매신청 채권자는 그 결과에 따라 경매의 속행을 원하는 경우에는 나머지 경매비용을 예납(豫納)하게 하여 경매절차를 속행하고, 이를 원치 않을 경우에는 경매신청을 취하하게 하며, 경매신청채권자가 일정한 기간 내에 강제집행신청을 취하(取下)하지 아니한 경우에는 법원이 직권으로 경매신청을 각하(却下)하는 결정을 하여 압류등기를 말소하는 방법을 입법화하여야 한다.

그렇게 되면 우선변제청구권이 없는 일반채권자가 우선변제청구권자의 예기치 않은 출현으로 인해 집행권원의 채권액에도 미치지 않은 무용의 경매를 위하여 많은 집행비용을 들여가면서 강제집행을 강행할 필요도 없고, 정확한 시가의 조사를 통해, 그리고 우선권자의 출현으로 인해 남을 가망이 없는 경우 법원에서 정한 매각대금보다 비싼 가격(價格)에 경매목적물을 낙찰 받는 불합리한 일은 발생하지 않을 것이다.

2. 조세채권(租稅債權)에 대한 우선권(優先權) 부여(賦與) 배제방안(排除方案)

조세채권은 강제집행절차에서 다른 일반채권(一般債權)과 경합(競合)하는 경우, 그 성립의 전후에 관계없이 우선적으로 징수할 수 있으므로 우선선변제청구권을 가지지 않은 일반채권자가 폐해를 입을 우려가 있다함은 전술한 바와 같다.

구국세기본법 제35조 제1항 제3호는 「국세납부기한으로부터 1년 전에 전세권·질권 또는 저당권의 설정을 ……」이라고 한 규정 중 「…… 으로부터 1년」이라는 부분은 헌법(憲法) 전문 제1조, 제10조, 제11조 제1항, 제23조 제1항, 제37조 제2항 단서, 제28조, 제59조의 규정에 위반된다는 헌법재판소의 위헌결정이[397] 있은 후 국세기본법 제37조는 1997. 12. 13 개정되어 제1항에서 국세·가산금 또는 체납처분비는 다른 공과금 기타의 채권에 우선하여 징수한다. 다만, 다음 각호의 1에 해당하는 공과금 기타의 채권에 대하여는 그러하지 아니하다고 규정하고 있다. ① 지방세 또는 공과금의 체납처분에 있어서 그 체납처분금액 중에서 국세·가산금 또는 체납처분비를 징수하는 경우에 그 지방세 또는 공과금의 가산금 또는 체납처분비 ② 강제집행·경매 또는 파산절차에 의한 재산의 매각에 있어서 그 매각금액 중에서 국세·가산금 또는 체납처분비를 징수하는 경우에 그 강제집행·경매 또는 파산절차에 소요된 비용 ③ 다음 각목의 1에 해당하는 기일(이하 "법정기일(法定期日)"이라 한다)전에 전세권·질권 또는 저당권의 설정을 등기 또는 등록한 사실이 대통령령이 정하는 바에 의하여 증명되는 재산의 매각에 있어서 그 매각금액 중에서 국세 또는 가산금[398]을 징수하는 경우에 그 전세권·질권(傳貰權·質權) 또는 저당권(抵當權)에 의하여 담보(擔保)된 채권(債權) ㉮ 과세표준과 세액의 신고에 의하여 납세의무가 확정되는 국세에[399] 있어서 신고한 당해 세액에 대하여는 그 신고

---

397) 헌재결(憲裁決), 1990. 9. 3, 89헌가95.
398) 그 재산(財産)에 대(對)하여 부과(賦課)된 국세(國稅)와 가산금(加算金)은 제외(除外)한다.
399) 중간예납(中間豫納)하는 법인세(法人稅)와 예정신고납부(豫定申告納

일(申告日) ㉯ 과세표준과 세액을 정부가 결정·경정 또는 수시부과결정 하는 경우에 고지한 당해 세액에 대하여는 그 납세고지서의 발송일(發送日) ㉰ 원천징수의무자 또는 납세조합으로부터 징수하는 국세와 인지세에 있어서는 가목 및 나목의 규정에 불구하고 그 납세의무의 확정일(確定日) ㉱ 제2차 납세의무자(보증인을 포함한다)의 재산에서 국세를 징수하는 경우에는 국세징수법 제12조의 규정에 의한 납부통지서의 발송일(發送日) ㉲ 양도담보재산에서 국세를 징수하는 경우에는 국세징수법 제13조의 규정에 의한 납부통지서의 발송일(發送日) ㉳ 국세징수법 제24조 제2항의 규정에 의하여 납세자의 재산을 압류한 경우에 그 압류와 관련하여 확정된 세액에 대하여는 가목 내지 마목의 규정에 불구하고 그 압류등기일(押留登記日) 또는 등록일(登錄日) ④ 주택임대차보호법 제8조가 적용되는 임대차관계에 있는 주택을 매각함에 있어서 그 매각금액 중에서 국세 또는 가산금을 징수하는 경우 임대차에 관한 보증금중 일정액으로서 동조의 규정에 의하여 임차인이 우선하여 변제받을 수 있는 금액에 관한 채권 ⑤ 사용자의 재산을 매각하거나 추심함에 있어서 그 매각금액 또는 추심금액 중에서 국세 또는 가산금을 징수하는 경우에 근로기준법 제37조의 규정에 의하여 국세 또는 가산금에 우선하여 변제되는 임금·퇴직금·재해보상금(賃金·退職金·災害補償金) 기타 근로관계(勤勞關係)로 인한 채권(債權), 납세의무자를 등기의무자로 하고 채무불이행을 정지조건으로 하는 대물변제(代物辨濟)의 예약(豫約)에 기하여 권리이전의 청구권의 보전을 위한 가등기(가등록을 포함한다. 이하 같다), 기타 이와 유사한 담보의 목

付)하는 부가가치세(附加價値稅)를 포함(包含)한다.

적으로 된 가등기가 되어 있는 재산을 압류하는 경우에 당해 가등기에 기한 본등기가 압류 후에 행하여진 때에는 그 가등기의 권리자는 그 재산에 대한 체납처분에 대하여 그 가등기에 기한 권리를 주장할 수 없다. 다만, 국세 또는 가산금400)의 법정기일 전에 가등기된 재산에 대하여는 그러하지 아니한다. 그리고 세무서장은 위에 규정한 가등기재산을 압류하거나 공매하는 때에는 그 뜻을 가등기권리자에게 지체 없이 통지하여야 한다. 세무서장은 납세자가 제3자와 통정하여 허위로 그 재산에 전세권·질권 또는 저당권의 설정계약, 가등기설정계약, 양도담보설정계약(국기법 제42조 2항)을 하고 그 등기(登記) 또는 등록(登錄)을 함으로써 당해 재산의 매각금액으로 국세 또는 가산금을 징수하기가 곤란하다고 인정하는 때에는 당해 행위의 취소를 법원에 청구할 수 있다.401) 이 경우 납세자가 국세의 법정기일(法定期日)전 1年 내에 대통령령이 정하는 친족 기타 특수관계인과 전세권·질권(傳貰權·質權) 또는 저당권(抵當權)의 설정계약, 가등기설정계약 또는 양도담보설정계약을 한 경우에는 통정한 허위계약으로 추정한다고 개정하였고, 지방세법에도 같은 규정을 두고 있지만(지세법 제31조), 여전히 위 국세기본법과 지방세법이 헌법에 위반된다할 것이다.

조세우선권은 조세채권의 구체적 집행에 있어서 최종적인 만족을 위한 수단이다. 조세채권은 납세자의 총재산을 목적물로 하여 법률상 당연히 발생하며 등기(登記)나 등록(登錄) 등 공시를 요하지 않고 원칙적으로 모든 채권에 우선한다. 이러한 의미에서 조세채권의 우

---

400) 주(註) 355) 참조.
401) 소위 민법(民法) 제406조의 채권자취소권(債權者取消權)의 행사(行使).

선권은 구민법상(舊民法上)의 선취득권(先取得權)과 유사한 성질을 갖지만 납세자의 총재산에 대하여 인정되고 국세의 법정일 전에 설정된 저당권 등에 의해 담보된 채권에 대해 열등한 지위를 갖는 것을 제외하고는 담보권의 유무를 불문한다는 점에서 그 효력은 구(舊)민법상의 선취득권(先取得權)보다 강력한 것이고, 납세자의 총재산에 대해 물적 담보(物的 擔保)로 되는 선취특권적 성질을 갖는다.[402]

조세우선권은 납세자 소유의 모든 재산에 관하여 등기·등록과 같이 공시방법이 필요 없을 뿐만 아니라 질권·저당권 등 담보물권(擔保物權)에 의하여 담보되는 채권에 대해서도 원칙적으로 그 적용이 있는 것이다. 국세에 관해서 이와 같은 우선권이 부여되는 것은 고도의 공익성에서 연유하는 것이며, 한편으로 사법상(私法上)의 일반채권은 원칙적으로 계약에 의하여 성립하는 까닭에 직접적으로는 어떤 형태이든 대상이 있을 뿐만 아니라 그 상대방을 선택할 수 있는 등 그 채권의 확보가 용이하다고 할 것이나 조세채권은 법률상 과세요건(法律上 課稅要件)의 충족(充足)에 따라 성립하는 것이므로(일률성·무선택성·필연성), 그 채권의 확보가 사법상의 일반채권에 비하여 상대적으로 어렵다고 할 수밖에 없고, 조세징수의 확보라는 점에서 불가피하다 할 것이라고 하면서 조세우선권은 존치되어야 한다고 주장하고 있다.[403]

그런가 하면 조세와 담보권의 우선순위 조정에 관하여 한계선을 긋는 효과적이고 합리적인 기준일(基準日) 선택은 입법자의 입법재량에 일단 맡겨야 할 성질의 것이고, 국세의 담보라는 공익과 담보

---

402) 김용대(金容大), 전게논문(前揭論文), 280~281면.
403) 대판(大判) 1983. 11. 20, 83다카1105.

권의 보호라는 사익(私益) 양자를 잘 저울질하여 조세우선의 원칙에 의한 재산권 피해를 최소화시키는 가장 적정한 기준은 재산권 제한에 관한 수단의 적정성, 피해의 최소성 및 법익의 형평성 평가는 입법자의 합리적인 판단에 맡겨야 할 것이지만, 국민의 재산권 보호라는 헌법적 관점에서 그 합리성에 대하여 상당한 의문이 있기는 하나 조세우선의 원칙이 위헌이라고까지는 할 수 없다고 주장한다.[404]

그러나 조세채권이 위에 든 이유로 우선권을 부여하는 것은 모순이다. 국가나 지방자치단체의 조세채권은 집행권원이 필요 없어서 신속하게 공권력에 의하여 공매나 체납처분을 실행하여 징수할 수 있고, 국가기관은 기간산업(基幹産業)과 국민 개개인의 모든 정보를 보유하고 있어서 조세채무자의 책임재산을 파악하기에 용이한 지위에 있고, 당해 부동산이 아니라도 공권력에 의해 조세채무자의 타 재산의 존재를 쉽게 탐지할 수 있으므로 조세채권에 우선권을 주지 않아도 된다.[405] 조세채권은 일반채권자가 이를 알 수 있는 공시방법이 없어서 일반채권자에게 불측(不測)의 손해를 줄 수 있으며, 조세채권에 대한 공매나 체납처분 시 민사집행법의 규정과 같이 민법·상법 그 밖의 법률에 의한 우선변제권자에게 배당요구의 종기를 정하여 공고하고, 이 사실을 통지할 법적근거가 없어서 공시방법에 의한 저당권자들 외에는 배당에 참가할 길이 없어서 조세채권은 사실상 우선변제 받게 되기 때문에 조세채권이 사회적 약자를 위한 배려차원에서나 헌법의 법 앞에 평등하다는 형평의 원칙에 입각하여 일반채

---

404) 김용대(金容大), 전게논문(前揭論文), 272면.
405) 상게논문(上揭論文), 273면.

권자와 평등하게 순위로 배당할 수 있도록 조세채권우선의 원칙
을 폐지하여야 할 것이다.

3. 가장채권자(假裝債權者)의 배당요구(配當要求) 배제방안(排除方案)

가장채권자(假裝債權者)의 배당요구를 봉쇄하기 위하여 1970년에 제정된 간이절차에 의한 민사분쟁사건처리특례법(폐지 1993. 3. 10 법률 제4544호)은 집행력 있는 정본에 의하지 아니하는 배당요구는 채권채무에 관하여 확정일자가 있는 증서소지자 또는 법원의 가압류명령을 받은 채권자 및 집행개시일 이전에 소를 제기한 채권자에 한하여 이를 할 수 있다(민사분쟁사건처리특례법 제5조 1항)고 규정하고, 위 확정일자는 가압류채권자가 본안소송(本案訴訟)을 제기한 날 또는 압류채권자를 위하여 공증인이 집행권원이 되는 증서를 작성한 날 이전에 받은 것에 한한다(민사분쟁사건처리특례법 제5조 2항)라는 규정을 두어 집행력 있는 정본에 의하지 아니하는 배당요구를 제한하게 하였다. 위 규정은 1972년부터 시행되었는데 배당요구채권자는 집행채권자가 집행권원을 얻기 위하여 소송을 제기하거나 공정증서의 작성을 촉탁하기 이전 일자로 채권증서에 확정일자인을 받아 둔다거나 집행개시일 이전에 소송을 제기하는 등 위 민사분쟁사건처리특례법에 의한 배당요구의 요건을 충족시키는 것은 거의 불가능하였으므로 최초 수년 동안은 배당요구사건이 격감하였다. 그러나 공정증서를 작성하여 집행력 있는 정본을 만드는 일은 채권자와 채무자가 공증사무소에 출석하여 약속어음공정증서나 소비대차공정증서를 작성한 후 1주일 후면 집행문을 부여받을 수 있기 때문에 민사분쟁사건처리특례법 시행 후 수년이 지나자 공정증서를 집행권원으로 하는 배당요구가 서서히 늘어나서 위 규정이 무색하게 되었다.

현재에 있어서도 비용이 저렴하게 드는 가장채권자의 배당요구는 주로 약속어음공정증서나 소비대차공정증서에 의하여 이루어지고, 가끔 (근)저당권 등 담보권이나 근로기준법의 대상이 되는 임금채권을 가장하여 배당요구를 함으로써 진정한 채권자의 강제집행을 방해하고, 채권액을 배당받지 못하게 하고 있다.

이를 방지하기 위하여 민사집행법은 경매개시결정에 따른 압류의 효력이 생긴 때(그 경매개시결정 전에 다른 경매개시결정이 있은 경우를 제외한다)에는 집행법원은 절차에 필요한 기간을 감안하여 배당요구를 할 수 있는 종기를 첫 매각기일 이전으로 정하고, 법원은 경매개시결정을 한 취지 및 배당요구의 종기를 공고하고, 매각으로 소멸하지 아니한 지상권·지역권·전세권 및 등기된 임차권자와 법원에 알려진 집행력 있는 정본을 가진 채권자, 경매개시결정이 등기된 뒤에 가압류를 한 채권자, 민법·상법 그 밖의 법률에 의하여 우선변제청구권이 있는 채권자에게 이를 고지하는 한편, 채권의 유무, 그 원인 및 액수(원금·이자·비용, 그 밖의 부대채권을 포함한다)를 배당요구의 종기까지 법원에 신고하도록 최고하도록 함으로써(법 제84조) 가장채권자를 색출할 수 있는 제도를 마련하였다.[406)

그렇다고 하여 배당요구 종기공고 제도가 가장채권자의 배당요구를 배제한다거나 예방할 수는 없고, 단지 강제집행신청채권자나 배당요구를 한 채권자로 하여금 배당요구를 한 채권자가 가장채권자

---

406) 국회법제사법위원회(國會法制司法委員會), 전게보고서(前揭報告書), 4면; 법원행정처(法院行政處), 전게해설(前揭解說), 94면.

일 것이라는 개연성을 가지고 이의 배제를 구할 시간을 부여한다는
데 그 의미가 있다할 것이다.

 가장채권자가 주로 공증사무소나 공증의 권한이 있는 합동법률사
무소에서 작성한 약속어음공정증서나 소비대차공정증서, 급조한
(근)저당권자나 주택임대차보호법 상 소액임차인을 가장하여 배당
에 참가한 점을 감안하면, 공증인법에 의한 공증인은 공정증서를
작성한 날로부터 7일(日)을 경과하지 아니하면 집행문을 부여할 수
없다(공증인법 제56조의 3)는 규정을 개정하여 부동산 등 모든 강
제집행의 경우 집행문은 공정증서를 작성한 날로부터 6개월이[407]
경과하지 아니하면 부여할 수 없도록 개정할 필요가 있고, 그렇지
않으면 위 공정증서의 액면금이나 (근)저당권·전세권의 피담보채
권이 일정한 금액 이상으로[408] 강제집행을 실시하거나 배당요구를
한 경우 법원은 당해 채권자로 하여금 그 자금의 출처 등을 소명하
게 하거나 심문·조사의 방법으로 그 진위를 확보하고, 그 소명자
료나 진술 등이 허위인 경우 일정한 형벌 등을 가하는 내용으로 민
사집행법을 개정하여야 할 것이다. 또한 경매개시결정 3-5개월 전
에 설정된 담보물권의 경우 배당에 참가하지 못하게 함으로써 경매
대상 목적물의 소유자나 채무자가 채무초과로 인해 강제집행을 당

---

407) 이 기간(期間)은 가장채권자(假裝債權者)의 강제집행(强制執行)이나
     배당요구(配當要求)를 제한(制限)하거나 배제(排除)할만한 期間(期
     間)으로 신축(伸縮)할 수 있을 것이다.
408) 예(例)컨대, 사회적·경제적 사정(社會的·經濟的 事情)에 의(依)하여
     금2,000만 원이 넘는 경우로 제한(制限)하고, 위 경우 이하라도 사정
     (事情)에 따라 법원(法院)이 가장채권자(假裝債權者)라고 의심할 상당
     (相當)한 이유(理由)가 있는 경우 직권(職權)으로 조회(照會) 등을 할
     수 있도록 하는 것이다.

할 때를 즈음하여 가장채권자를 급조하여 배당에 참가하는 길을 봉쇄하는 방법과 입법적 조치가 필요하다.

4. 집단우선주의(集團優先主義)의 채택방안(採擇方案)

배당절차에 있어서 배당순위와 배당액이 경우에 따라서는 평등하게, 경우에 따라서는 우선주의의 원칙아래 압류의 시간적 선후에 따라서 매각대금 등으로부터 만족을 얻는 순위를 달리하여 배당되기도 하고, 압류를 먼저 행한 채권자가 먼저 채권의 변제를 받고 남은 매각대금에서 늦게 집행절차에 참가한 채권자에게 주는 방법으로 분배하기도 한다. 우선주의는 「시간에 있어서 앞선 사람이 권리에 있어서 강하다」 또는 「먼저 방앗간에 온 사람이 먼저 방아를 찧는다」는 법언(法諺)에 의하여 대표되는 원칙이다. 우선주의(優先主義)의 근거를 보면 자신의 권리의 만족에 열심인 채권자에게 우선권을 인정하여 주는 것이 실질 상 공평하다는 점, 압류의 범위가 청구채권액 및 집행비용에 한정되므로 채무자를 파탄에 빠뜨릴 위험이 적다는 점 및 개별집행은 파산과는 별개의 제도이므로 파산에 있어서의 원칙인 평등주의를 채택하지 않을 수 있다는 점이다. 평등주의(平等主義)는 특히 실체법상 우선권이 인정되어 있지 아니한 집행채권자들을 평등하게 취급하여 압류채권자 및 집행절차의 일정한 단계까지 참가한 채권자는 모두 그 채권액에 안분비례(按分比例) 하여 집행대상의 매각대금을 배당받을 수 있게 하는 주의이다. 그 근거로서는 우연히 다른 채권자보다 먼저 압류하였다고 하여 우선권을 인정하는 것은 공평의 원칙에 반할 뿐만 아니라, 다른 채권자보다 먼저 압류를 행한 자가 반드시 권리의 만족에 열심인 자는 아니므로 적어도 집행절차가 종료할 때까지는 모든 채권자들을 평등하게 취급해야 한다는 것이다. 평등주의하에서는 강제집행절차에서 배당에 참가할 수 있는 채권자의 자격에 원칙적으로 제한이 없으므로 집행권원의 유무를 불문할 뿐만 아니라, 경우에 따라서는 정지조건부 채권자나 기한이 도래하지 않은 채권을 가진 채권자까지도 배당을 요구할 수 있다. 다시 말하여 우리나라의 현행 금전채권집행제도에 있어서는 일정한 시점까지 배당요구를 하는 제한적 평등주의가 채택되고 있는 것이다. 이리하여 채무자와 통모(通謀)한 허위 가장채권자(假裝債權者)의 배당요구로 말미암아 먼저 집행에 착수한 채권자가 만족을 얻지 못하는 경우가 허다하였으며, 특히 부동산에 대한 강제집행은 채무자의 쓸데없는 이의로 인하여 오랜 시간이 소요되는 폐단이 많았다. 현행 민사집행법은 우선주의와 평등주의를 반영한 입법을 하였으나 이 제도가 배당순위와 배당액을 정함에 있어서 정의를 구현할지는 미지수다.

한편, 집단우선주의(集團優先主義)는 독립된 제3의 제도가 아니라 우선주의와 평등주의를 절충한 입법형태라 할 수 있다. 집단우선주의에 의하면 상인(商人)에 대해서는 개별적인 강제집행은 허용되지 아니하고 파산(破産)만이 허용하고, 비상인(非商人)에 대하여는 집단우선주의에 입각한 개별집행만이 허용하며, 최초의 압류 후 일정한 기간(예컨대 30일) 내에 다른 압류가 있으면 이를 모두 제1군으로 하고, 다시 그 후에 압류한 채권자 및 일정한 기간(30일) 내에 절차에 가입한 채권자를 제2군으로 하여, 제1군에 속하는 채권자는 제2군에 속하는 채권자에 우선하여 집행대상의 매각대금으로부터 변제를 받고, 동일한 군단(群團) 내에 속하는 채권자 상호간에 있어서는 평등주의의 지배를 인정하는 제도인 것이다.

집단우선주의의 배당방식을 채택하면, 일반 채권자와 우선변제청구권자는 동일한 군단 내에서는 배당순위에 따라, 일반채권자 간에는 동순위로, 또 다음 군단 내에서도 같은 방법으로 배당을 하게 함으로써 먼저 강제집행을 실시하거나 배당에 참가한 일반채권자를 보호할 수 있게 된다는 것이다.

집단우선주의 제도는 평등주의와 우선주의 장·단점을 잘 조화시킬 수 있을 뿐만 아니라 평등주의 집행절차에 오랫동안 익숙해져 온 우리나라에서 전면적인 우선주의에로의 급전환은 자칫 잘못하면 혼란과 반발을 초래할 수도 있기 때문에 더욱 안성마춤이다. 또한 공평의 관점에서 한 사람의 채권자가 강제집행에 선착하였다고 하여 그 채권자에게 우선권을 인정하는 것은 불합리하기에 완전한 우선주의의 채택에는 망설이지 않을 수 없고, 그렇다고 평등주의에 입각한 현행제도를 그대로 유지할 수도 없다. 그리고 집단우선주의를 취하는 경우 하나의 집단(군단)을 형성하는 채권자를 최초의 압류일(押留日)로부터 며칠간으로 한정하느냐가 문제인데, 이 기간이 너무 길어질 경우에는 집단우선주의 실효를 거둘 수 없게 되는 경우도 있을 것이므로 위와 같이 10일 정도로 단축하는 것도 타당하리라고 본다.[409]

이를 채택하는 전제로 사회적 정의의 차원에서 약자, 즉 주택이나 상가건물의 소액임차인, 저당목적물의 제3취득자가 지출한 유익

---

409) 이석선(李石善), 전게논문(前揭論文), 95~96면.

비와 필요비, 근로자의 최우선임금 그리고, 등기나 등록 등의 방법으로 그 채권을 공시하는 우선변제청구채권자 이외에 공시방법에 의하지 아니한 우선변제청구권자에 관하여 규정한 특별법을 정리하여야 한다.410)

우리 민사집행법도 이에 관하여 배당요구의 종기를 정하는 방법으로 반영하긴 하였으나 미흡하므로 차제에 집단우선주의를 채택하는 입법을 하여 우선권이 없는 일반채권자등의 보호에 만전을 기하여야 할 것이다.

5. 배당(配當)에 대한 불복방법(不服方法)의 개선방향 (改善方向)

채무자는 법원에 배당표원안이 비치된 이후 배당기일이 끝날 때까지 채권자의 채권 또는 그 채권의 순위에 대하여 이의하는 경우에는 서면으로 할 수 있으나, 채권자의 경우에는 서면으로 배당표에 대한 이의나 배당이의의 소를 바로 제기할 길이 없다. 법원은 실무상 보통 배당표원안을 배당기일 3일 전에 작성하여 두었다가 배당기일에 배당법정에서 출석한 이해관계인에게 배당표 사본을 제시 교부하고, 배당표에 대하여 이의여부를 진술하게 한 후 배당표를 확정하고 있는 실정이다. 따라서 민사집행법 제149조를 「법원은 매각대금이 법원에 지급되면 지체 없이 배당표원안을 작성하여 배당기일 7일 전까지411) 경

---

410) 김홍규(金洪奎), 전게논문(前揭論文), 539면.
411) 이 기간(期間)은 법률(法律)이나 대법원(大法院) 규칙(規則)으로 신축(伸縮)할 수 있을 것이다.

매신청채권자, 배당요구채권자나 이해관계인에게 사본하여 송달하여야 한다」, 「이해관계인 등은 배당표 사본을 송달받은 날로부터 배당기일 7일 전까지412) 서면으로 배당표원안의 정정(訂正)을 요구할 수 있고, 법원이 전항의 정정신청을 받아들이지 않으면 이해관계인은 서면이나 배당기일에 출석하여 구술로 이의를 할 수 있다」, 「법원은 이해관계인이 배당기일에 구두로 이의를 한 경우에는 조서를 작성하여야 하고, 이 경우 이해관계인은 14일 이내에413) 서면으로 배당이의의 소를 제기하여, 그 서면을 법원에 제출하여야 한다」라고 개정하여 경매신청채권자나 배당요구채권자 및 이해관계인이 배당표원안에 대하여 그 정정(訂正)을 구하거나 채무자가 배당표에 대한 이의를 배당기일 외에서 서면으로 할 수 있도록 한 것과 같이 서면으로 이의신청을 하게 하거나 배당기일에 출석하여 구두로 이의를 할 수 있도록 하여 우선권 없는 일반채권자가 예기치 않은 우선권자의 출현으로 인하여 입을 손해에 대하여 적극적으로 대처하게 하여 배당표에 대한 이의나 우선권 등을 주장하는 소, 나아가 배당이의의 소가 사후적 구제책으로 전락하는 것을 방지하여야 할 것이다.

현행 민사집행법이 단행법으로 제정되었다고 하지만 구민사소송법의 강제집행편의 조문만 바꾸어 옮긴 흔적이 여기저기 보인다. 민사집행법을 법률적으로나 실무 면에서 민법·상법 그 밖의 법률에 의하여 우선변제청구권이 있는 자나 이를 가지지 않은 소수의 일반채권자 모두를 보호하고, 모든 국민이 법 앞에 평등하다는 이념을 구

---

412) 이 기간(期間)도 법률(法律)이나 대법원(大法院) 규칙(規則)으로 신축(伸縮)할 수 있도록 하면 될 것이다.
413) 이 기간(期間)은 법률(法律)이나 대법원(大法院) 규칙(規則)으로 신축(伸縮)할 수 있을 것이다.

현하여 평균적 정의와 배분적 정의가 조화된 제도로 정착시키고 집행절차나 배당절차가 논리적이고 합리적이며 소송경제적인 법이 되도록 입법적 제도화와 실무상 운영기술이 요구된다 할 것이다.

第6章 결론(結論)

　구민사소송법은 강제집행절차를 포함하여 1960년 민사소송법이 제정된 이후 1990년 경매법(競賣法)을 흡수하기 위하여 경매법을 개정한 것을 포함하여 12차례에 걸쳐 개정이 되기는 하였으나, 약 40년 동안 전면적인 개정이 이루어지지 아니하여 사회·경제적 발전에 따른 신속한 권리구제의 필요성에 부응하지 못하고 있다는 지적에 따라, 채무자 등의 제도남용에 의한 민사집행절차의 지연을 방지하고, 불량(不良) 채무자에 대한 철저한 책임추궁을 통하여 효율적(效率的)이고 신속한 권리구제방안을 마련함으로써 정의로운 신용사회를 이룩하는 한편, 강제집행을 통일적이며 일관되게 하기 위하여 민사집행부분을 민사소송법에서 분리하여「민사집행법(民事執行法)」이라는 제목으로 새로 제정하였다.

　강제집행절차는 채권자가 강제집행 목적부동산에 대하여 강제집행신청을 하면 그 목적물에 대하여 감정을 하고 그 결과에 따라 최저경매가격이 결정되고, 남을 가망이 없는 경우에는 경매가 취소된다. 남을 가망이 있는 경우에는 법원은 배당요구의 종기를 결정하여 경매기일을 지정·공고·통지하고 기간입찰이나 1기일 2회 입찰제도를 통화여 최고가 매수인의 신고가 있으면 경매목적물은 매각되고, 낙찰허가가 된 후 매수인이 일정한 기간 내에 매각대금을 납부하면 법원은 배당기일을 지정하여 배당요구 채권자나 그 밖의 이해관계인에게 채권계산서를 제출하라는 통지와 함께 배당기일 소환장을 송달한다. 채권계산서는 적어도 배당기일 7일 전까지 채권계산서를 제출하라고 통지를 하고, 법원은 비로소 배당요구채권자 등이 제출한 배당요구서와 채권계산서에 기재된 채권액과 이자 등을 참작하여 배당기일 3일 전까지 배당표를 작성하여 비치함으로써 채권자들의 열람에 제공하게 된다.

위와 같이 새로 제정된 민사집행법은 강제집행절차에 관하여는 비교적 상세하게 규정하였으나 배당절차 중 배당순위(配當順位) 등에 관하여는 직접적인 명문규정을 두지 않고, 민법·상법 그 밖의 법률의 규정에 의한 우선변제권에 따라 배당순위를 정하도록 하였다.

우선변제권이 없는 일반 채권자는 배당순위에 관하여 우선권이 있는 자가 누구인지를 알지 못하고 강제집행 신청을 하였다가 나중에 우선변제권자가 출현함으로써 우선변제권자의 채권에 충당하고 일반 채권자의 채권에 돌아갈 것이 없을 경우에는 남을 가망이 없다는 이유(법 제102조)로 강제집행이 취소되고, 경매신청 채권자는 막대한 경매비용만 소비하는가 하면 때에 따라서는 집행권원의 채권액에도 못 미치는 돈을 회수하는 등 불측(不測)의 손해를 입게 된다. 뿐 아니라 배당에 관한 불복방법에 관하여는 비교적 상세하게 규정하기는 하였으나, 위 불복방법에 의할 경우, 많은 비용과 시간을 필요로 하는 사후적 구제책으로 전락하는 폐단이 내포되어 있다.

법원은 배당표원안(법 제149조)을 배당기일 3일 전까지 작성·비치하도록 규정하고 있음에도 불구하고, 실무상 이해관계인에게 미리 그 배당표원안을 열람하여 주지 않고, 이해관계인이 배당기일 당일 법정에 출석한 경우, 그 사본을 교부하여 주면서 배당표에 대하여 이의를 하게하고, 이의가 없으면 배당표를 확정함은 물론, 이의를 한 이해관계인에게는 배당기일로부터 7일 이내에 소제기를 하여 그 증명을 배당법원에 제출하도록 함으로써 사전에 배당표에 대하여 검토할 시간적 여유를 주지 않고 있는 것도 큰 문제로 제기되고 있다.

민사집행법(民事執行法)상 집행법원의 배당절차는 부동산(법 제142조)이나 선박(법 제172조), 자동차, 건설기계 및 항공기(법 제187조)에 대한 강제경매, 위 목적물에 대한 담보권(擔保權) 실행 등을 위한 경매의 각 경우에(법(法) 제268조 내지 제270조, 제272조, 제273조 3항, 제274조 1항, 제275조) 경매의 목적물이 매각되어 매수인이 매각대금 등이 법원에 지급한 때에 민법·상법 그 밖의 법률에 따라 배당순위와 배당액을 정하여 매각대금을 분배하는 절차라 함은 기술한 바와 같다.

집행법원의 배당절차(配當節次)는 부동산, 선박, 자동차 등의 강제경매나 위 목적물에 대한 담보권(擔保權) 실행 등을 위한 경매에 있어서는 매각절차(賣却節次)를 진행한 집행법원이 전속(專屬)으로 관할(管轄)하지만(법 제21조), 유체동산을 경매하여 매각대금으로 배당에 참가한 모든 채권자를 만족하게 할 수 없고 매각 허가된 날부터 2주 이내에 채권자 사이에 배당협의가 이루어지지 아니한 때에 집행관이 매각대금을 공탁한 경우(법 제222조)와 채권자가 추심명령에 의하여 채권을 추심한 경우 이 사실을 법원에 신고하기 전에 다른 압류·가압류 또는 배당요구가 있어서 채권자가 추심한 금액을 바로 공탁하고 그 사유를 신고한 때(법 제236조), 또한 압류된 채권이 조건 또는 기한이 있거나, 반대의무의 이행과 관련되어 있는 경우 등에는 (법 제241조)에는 공탁하거나 매각대금을 지급한 법원의 기타집행과의 집행법원이 각 관할법원이 된다.

배당요구란 강제경매절차에서는 압류채권자 이외의 채권자가 경매절차에 참가(參加)하여 자기채권의 만족을 구(求)하는 집행행위를 말하고, 경매개시결정 등기되기 전에 가압류를 한 채권자나 담보권 등을 가진 자는 당연히 배당에 참가하고, 집행권원을 가진 채권자나 민법·상법 그 밖의 법률에 의하여 우선변제청구권이 있는 채권자(법 제88조 1항)는 배당요구를 하여야 한다.

금전채권(金錢債權)의 경우 환가방법으로 전부명령과 추심명령이 있으므로 집행권원을 가진 채권자(법 제247조 1항)나 민법, 상법 그 밖의 법률에 의하여 우선변제청구권을 가지고 있는 채권자는 별도의 집행권원을 얻어 전부명령이나 추심명령절차를 밟아서 압류의 경합이 되어야 배당철차의 이해관계인이 될 수 있고(법(法) 제229조 7항, 제235조, 제236조 2항, 제247조), 그 밖의 재산권(財産權)에 대한 강제집행(强制執行)절차에서도 민법, 상법 그 밖의 법률에 의하여 우선변제 청구권이 있는 채권자나 집행력 있는 정본을 가진 채권자(법 제247조 제1항)는 배당요구를 하여야 한다.

배당법원이 배당을 실시하기 위해서는 그 기초가 되는 배당표를 작성하여 각 채권자에게 매각대금 등을 배분하여야 할 것인바, 이를 위하여 배당법원은 첫 경매개시결정등기 전에 등기된 가압류채권자(假押留債權者), 저당권자(抵當權者), 전세권자(傳貰權者), 그 밖의 우선변제청구권으로서 첫 경매개시결정등기 전에 등기되었고, 매각으로 소멸하는 것을 가진 채권자 및 조세(租稅), 그 밖의 공과금을 주관하는 공공기관에 대하여 채권의 유무, 그 원인 및 액수(원금, 이자, 비용, 그 밖의 부대채권을 포함한다)를 배당요구의 종기(終期)까지 법원에 신고하도록 최고하여야 한다(법 제84조 4항).

채권자는 배당요구의 종기(終期)까지 그 채권의 원금, 이자, 비용 기타 부대채권에 관한 청구액을 기재한 계산서를 제출하도록 최고(催告)하는 서면을 송달하여야 한다.

배당의 실시는 배당표에 의한다. 배당표가 확정되기 전에는 배당표는 초안(Entwurf)에 불과하다. 배당표는 이해관계인에게 보여주기 위하여 배당기일 3일 전에 배당표 원안을 작성하여 법원에 비치하여야 한다. 출석한 이해관계인과 배당을 요구한 채권자가 합의한 때에는 이에 따라 배당표를 작성하여야 한다(법 제150조).

배당표에는 매각대금 또는 공탁금, 배당이유, 배당순위와 배당비율, 배당액, 채권자의 성명과 채권금액, 채권금액으로는 제3취득자가 지출한 필요비(必要費) 및 유익비(有益費), (근)저당권의 피담보채권을 기재하고, 채권액의 충당은 (근)저당권자가 가지는 원금, 이자, 위약금, 손해배상의 순이 된다. 채권액의 전부를 만족시킬 수 없는 때에는 강제집행실행비용, 손해배상, 위약금, 이자, 원금의 순서로 충당한다(민법 제479조 1항). 전세권(傳貰權)은 존속기간의 정함이 없거나 경매개시결정의 등기(법 제94조) 후 6월 이내에 그 기간이 만료되는 경우 또는 경매로 인하여 그보다 먼저 등기된 저당권이 소멸하는 경우에 한하여 소멸된다. 가압류채권자(假押留債權者)의 채권금액(債權金額)은 피보전권리에 표상된 채권액이 된다.

배당표에는 채권금액과 배당순위·배당비율 및 배당액을 적어야 하는 데 민사집행법에는 특히, 배당표에 기재할 채권금액으로 집행권원의 채권금액과 제3취득자의 필요비, 저당권의 채권금액, 가등기담보권과 전세권의 채권금액, 근로자의 임금과 조세의 채권금액은 어떻게 확정하고 무엇을 기준으로 기재하여야 하는지에 관하여 논의하였다. 그리고 민사집행법은 배당순위와 배당비율과 배당액에 대하여 규정한 바가 없어서 민법·상법 그 밖의 법률에 의하는 수밖에 없다(법 제145조).

배당순위는 매각재산(賣却財産)에 조세채권의 법정기일 전에 설정된 저당권·전세권에 의해 담보된 채권이 있는 경우와 매각재산에 조세채권(租稅債權)의 확정(確定)일 후 설정된 저당권에 의하여 담보되는 채권이 있는 경우, 매각재산에 저당권에 의하여 담보되는 채권이 없는 경우 및 채권(債權) 그 밖의 재산권(財産權)에 대한 강제집행(强制執行)에 있어서의 배당순위가 다르다.

공동저당(共同抵當)에 있어서의 배당순위(配當順位)는 동시배당(同時配當)을 할 경우와 이시배당을 할 경우에 각 다르고, 채권의 일부에 관하여 대위변제가 있는 때에는 대위자(代位者)는 그 변제한 가액에 비례하여 채권자와 함께 그 권리를 행사한다(민법 제483조 1항).

공장저당법(工場抵當法) 제7조 소정의 목록 내용이 동일한 경우 공장에 속하는 동일한 토지 또는 건물에 여러 개의 공장저당권(工場抵當權)이 설정되어 있는 경우에 그 설정등기를 함에 있어서 제출한 기계·기구 기타 공장의 공용물에 관한 공장저당법 제7조 소정의 목록의 내용이 동일한 때에는 그 여러 개의 공장저당권의 우선순위는 보통의 저당권에 관한 민법 제370조, 제333조의 규정에 의하여 그 설정등기의 선후에 따라 결정된다. 따라서 그 저당목적물의 매각대금은 위 우선순위에 따라 배당하면 된다. 공장저당법(工場抵當法) 제7조 소정의 목록의 내용이 다른 때에는 그 목록 중 일치하지 아니한 부분의 기계·기구에 대하여 어느 공장저당권이 우선하느냐에 따라 위 여러 개의 공장저당권(工場抵當權) 간의 배당관계가 달라진다.

부동산(不動産) 등(等) 강제경매(强制競賣)에 있어서의 배당비율(配當比率)과 배당액(配當額)은 우선순위에 따라 선순위의 채권으로부터 순차로 전액을 배당한 다음, 잔액이 있으면 그 잔액에 관하여 일반채권자의 각 채권액에 응하여 안분배당(按分配當) 하므로 배당순위가 동일한 배당가입채권 간에 있어서는 각 배당가입채권액의 동순위 채권합산액에 대한 백분율(각 배당가입채권액/동순위채권합산액×100)이 배당 비율로 된다.

채권(債權) 그 밖의 재산권(財産權)에 대한 강제집행(强制執行)의 배당절차(配當節次)(법(法) 제252)에 있어서의 배당비율(配當比率), 배당액(配當額)은 우선순위에 따라 선순위의 채권(債權)으로부터 순차로 전액을 배당한 다음 잔액이 있으면 그 잔액에 관하여 일반채권자의 각 채권액에 기하여 안분 배당한다. 각 채권자의 채권의 원본, 이자, 지연손해금, 비용 사이의 충당순서는 법정충당(민법 제477조 내지 제479조)의 규정에 따른다. 배당순위가 동일한 배당가입채권 간에 있어서는 각 배당가입채권액의 같은 순위 채권합산액에 대한 백분율(각 배당가입채권액/동순위 채권합산액×100)이 배당비율로 된다.

위와 같은 과정을 거쳐 배당표가 작성 확정되면 배당(配當)을 실시(實施)하기 위하여 배당기일(配當期日)을 지정하여 이해관계인을 소환(召喚)한 후 배당을 실시한다.

배당표에 대하여 절차상의 이유로 인한 불복신청을 하는 경우에는 배당표(配當表)에 대한(對) 이의(異議, 집행에 관한 이의)를, 배당기일에 출석한 이해관계인이 배당이의를 한 후 7일의 제소기간 내에 배당이의소송을 제기하지 않았다 하더라도 배당표에 따른 배당을 받은 다른 채권자에 대하여 소로서 우선권 및 그 밖의 권리를 행사할 수 있는데 이를 우선권을 주장하는 소라 한다.

배당기일에 출석한 이해관계인이 구술로 이의를 한 후 7일의 제소기간 내에 제기하는 소를 배당이의의 소라 한다. 배당이의의 소는 배당표 기재의 실체적 당부(實體的 當否)를 에워싼 분쟁(紛爭)해결의 방법이고, 필요적 구술변론(必要的 口述辯論)을 거쳐 판결(判決)로 해결하게 된다.

배당이의의 소는 채권자가 배당기일에서 배당표에 따른 채권자의 채권의 존부(存否), 범위(範圍), 순위(順位) 등에 관하여 신청한 실체상의 이의사유가 있는 경우에 한하여 이를 다툴 수 있다. 배당이의소송(配當異議訴訟)을 제기하기 위하여서는 배당기일에 채권자가 출석하여 다른 채권자의 채권의 존부(存否), 순위 등에 대하여 이의신청을 하여야 하며, 그 이의가 인용되면 자기(自己)의 배당액(配當額)에 대한 증가(增加)가 있어야 하고, 배당이의소송은 배당법원의 전속관할(專屬管轄)에 속한다(법 제156조, 제21조).

배당이의의 소도 통상의 민사소송이기 때문에 그 소송절차에는 민사소송법의 규정이 적용되나 변론기일에 있어서의 원고의 불출석 및 판결의 기재내용에 관하여는 특칙(特則)이 있다(법 제157조, 제158조). 배당이의소송에서도 재판상 화해(和解)나 청구(請求)의 포기(抛棄), 인낙(認諾)이 가능한지에 관하여는 배당이의소송의 성질을 보는 관점에 따라 다르다.

위에서 본바와 같이 집행법원의 배당절차 중 배당순위나 배당액은 민법·상법 그 밖의 법률에 의하여 결정된다. 우선변제권이 없는 일반채권자는 외부에 모습을 드러내지 않은 우선변제권자의 출현으로 인해 집행권원에 의한 채권을 모두 만족하지 못하는 경우가 발생하는가 하면 집행권원에 의한 채권은 고사하고라도 강제집행신청을 하면서 예납한 막대한 집행비용마저 소비하고 한 푼도 변제받지 못하는 경우가 많이 발생하게 된다. 민사집행법은 명문으로 배당순위에 대하여 규정한 바가 전혀 없어서 경매신청채권자가 경매절차의 진행 중에 비로소 우선권자를 알게 될 뿐 아니라 이해관계인이 배당기일에 출석한 후에 받아본 배당표 사본에 의해 비로소 배당순위와 배당금액을 알게 되고, 법정에서 구두로 이의신청을 한 후 7일 이내에 다시 서면으로 배당이의나 우선권 등을 주장하는 소를 제기하여 구제를 받아야 하고, 이를 위해서는 역시 막대한 소송비용과 시간을 소요되는 등, 여러 가지 문제점을 발견하게 된다. 특히 강제집행 채권자가 많은 집행비용(執行費用)을 예납하고 경매를 신청했다가 배당절차에 들어가 보지도 못하고 남을 가망이 없다는 이유로 경매신청이 취소되는 경우, 집행비용만 소비하는 것을 방지하기 위하여 소송구조의 방법이 있지만 채무자의 집행목적물에 대한 처분을 방지할 다급한 상항에 처한 집행채권자가 많은 시간이 소요되는 소송구조를 받기가 쉽지 않고 그 요건도 단순치가 않다. 따라서 강제집행 신청 후 환가절차에 본격적으로 돌입하기 전에 우선변제청구권자(優先辨濟請求權者)가 있는 지에 대하여 일반채권자가 미리 탐지(探知)하는 길을 입법화하자는 것이다. 위 탐지의 결과에 따라 채권자가 절차를 속행하든지 채권액을 충당할 길이 없다고 판단된 경우에는 채권자가 스스로 경매를 취하하거나 일정한 기간

내에 취하하지 아니한 경우 법원이 직권으로 경매신청을 각하하여 종결하는 제도(制度)를 신설(新設)해야 한다.

민법·상법 그 밖의 법률에 의한 우선변제청구권 중 사회정책적 견지에서 약자를 보호하고자 명문으로 규정한 것을 제외하고는 배당절차에 관하여 평등주의와 우선주의, 집단우선주의에 입각하여 배당하는 제도를 입법화할 필요가 있고, 조세채권(租稅債權)의 경우 법정일을 기준으로 하여 그 후의 채권자보다 우선적으로 변제받도록 규정을 폐지하고, 국세기본법이나 지방세법 상 조세채권도 일반 채권자와 평등하게 배당받도록 하는 등 조세관계법률을 개정하는 한편, 국가나 지방자치단체는 체납조세에 대하여는 공권력에 의한 공매나 체납처분의 절차를 통하여 추심하는 제도를 신설해야 한다.

가장채권자의 배당요구의 폐해(弊害)를 방지하기 위한 방안으로 공증인법을 개정하여 약속어음의 지급기일이 일람출급인 경우나 소비대차의 지급기일이 정하여지지 않은 경우에 공증한 날로부터 7일 이후에 부여하도록 되어 있는 집행문을 3∼5개월 이내에는 부여할 수 없도록 하는 한편, 경매개시결정 후에 가압류한 채권자나 강제집행 목적물에 대한 경매개시 전 3-5개월 이내에 설정된 담보물권자는 배당에 참가할 수 없도록 하거나 일정한 금원 이상의 집행권원에 의한 채권이나 (근)저당권, 전세권, 주택·상가 소액임차인 등, 가장채권자라고 의심할 만한 상당한 이유가 있는 경우에 법원은 직권으로 그 채권의 출처 등을 조사하는 방법으로 가장채권자의 강제집행이나 배당요구를 차단할 수 있도록 민사집행법을 개정하여야 한다.

그리고, 일반채권자의 강제집행이나 배당요구를 보호하는 차원에서 배당절차에 관하여 평등주의와 우선주의, 집단우선주의를 고루 채택하는 입법을 서둘러야 할 것이다.

배당표에 대한 이의의 경우, 채무자가 이의를 하고자 할 경우에는 배당기일에 출석하여 이의를 할 수 있지만, 출석하지 아니 하드라도 법원에 배당표원안이 비치된 이후 배당기일이 끝날 때까지 채권자의 채권 또는 그 채권의 순위에 대하여 서면으로 이의할 수 있지만, 채권자가 다른 채권자에 대하여 이의하고자 할 경우에는 서면으로 이의할 길이 없다.

배당이의의 소(법 제154조)는 배당표원안이 작성되고 배당기일에 채권자가 법정에 출석하여 법원이 사본하여 주는 배당표를 받아보고 나서 이의가 없는 경우 배당표는 확정되나, 이의가 있는 경우 구두로 이의신청을 하고 7일 이내에 서면으로 소(訴)를 제기하도록 하고 있다. 이는 사후적 구제책으로써 많은 비용과 시간이 소요되므로, 법원은 배당기일로부터 상당한 기간 안에 배당표원안의 작성하여 그 사본을 채권자 등 이해관계인에게 송달하고, 이를 받아본 이해관계인은 상당한 기간 내에 그 시정을 구하거나 배당표에 대한 이의나 배당이의의 소를 제기하고, 그 기간 내에 소를 제기하지 못한 채권자는 우선권을 주장하는 소를 제기할 수 있도록 민사집행법을 개정하여야 할 것이다.

이 책은 2002. 7. 1일 시행되고 있는 민사집행법 중 집행법원의 배당절차에 관하여 연구하다보니 새로운 민사집행법에 관한 깊이 있는 해설서 등이 거의 없는 관계로 구민사소송법 중 강제집행 편 가운데 집행법원의 배당절차에 관한 국내외의 단행본과 논문, 판례, 예규, 실무관행 등을 참작하여 기술하였다. 배당절차는 이해관계가 첨예하게 대립하는 다수의 채권자들에게 불만(不滿)없이 합리적(合理的)이고 공평하게 실시되어야 하는 것이 그 이상(理想)이고, 그러기 위해서는 위에 든 바와 같은 입법적·제도적 장치로의 과감한 전환을 시도하여야 할 것이다.

참고문헌(參考文獻)

1. 국내문헌(國內文獻)

가. 단행본(單行本)

강대성(姜大性), 민사집행법(民事執行法), 서울: 삼영사, 2002.

곽윤직(郭潤直), (신정판)물권법((新訂版)物權法), 서울: 박영사, 1999.

곽윤직(郭潤直) 편집대표(編輯代表), 민법주해(民法註解) Ⅶ, 서울: 박영사, 1992.

국회법제사법위원회(國會法制司法委員會), 민사집행법안심사보고서(民事執行法案審査報告書), 서울: 국회법제사법위원회, 2001.

김상원(金祥源), (주석)강제집행법(强制執行法) Ⅱ, 서울: 한국사법행정학회, 1993.

─────, (주석)강제집행법(强制執行法) Ⅲ, 서울: 한국사법행정학회, 1993.

김홍규(金洪奎), 민사소송법(民事訴訟法), 서울: 삼영사, 1998.

남기정(南基正), (신)강제집행법(强制執行法) 상, 서울: 법률문화원, 1996.

─────, (신)강제집행법(强制執行法) 중, 서울: 법률문화원, 1996.

─────, (신)강제집행법(强制執行法) 하, 서울: 법률문화원, 1997.

남기정(南基正)·남동현, 신 강제집행법(强制執行法) 강의(講義), 서울: 삼조사, 2001.

박두환(朴斗煥), 민사집행법(民事執行法), 서울: 법률서원, 2002.

박준서(朴駿緒), 주석 민법 물권법(註釋 民法 物權法)(3·4·5), 서울: 한국사법행정학회, 2001.

방순원·김광연(方順元·金光年), 민사소송법(하)(民事訴訟法(下)), 서울: 한국사법행정학회, 1993.

법원행정처(法院行政處), 민사집행법 해설(民事執行法 解說), 서울: 법원행정처, 2002.

----------, 민사소송법 해설(民事訴訟法 解說), 서울: 법원행정처, 2002.

----------, 법원실무제요(法院實務提要, (임시판(臨時版)) 민사집행법(民事執行法, (상·하)), 서울: 법원행정처, 2002.

----------, 법원실무제요(法院實務提要) 강제집행법(强制執行法, 상·하), 서울: 법원행정처, 1993.

----------, 외국재판자료집(外國裁判資料集, 3), 재판자료 제14집, 서울: 법원행정처, 1987.

----------, 강제집행(强制執行)·임의경매에 관한 제 문제(상·하), 재판자료 제35집·제36집, 서울: 법원행정처, 1992.

----------, 외국사법연수논집(外國司法硏修論集)(7·8), 서울: 법원행정처, 1989.

----------, 재판(裁判)자료 제35집·제36집, 제65집, 제71집·제72집, 제80집·제89집, 서울: 법원행정처, 1989.

──────────, 외국사법연수논집(外國司法硏修論集)(11), 서울: 법원행정처, 1994.

──────────, 재판(裁判)자료: 민사집행에 관한 제 문제(상·하), 서울: 법원행정처: 법원도서관, 1996.

──────────, 재판자료(裁判資料): 외국사법연수논집(12·13), 서울: 법원행정처, 1992.

──────────, 사법논집(司法論集) 제6집·제11집·제16집·제21집·제23집·제26집, 서울: 법원행정처. 1992.

서울지방법원, 개정판 파산사건실무(改訂版 破産事件實務), 서울: 서울지방법원, 2001.

손주찬(孫珠瓚), 제8정증보판 상법(商法)(상), 서울: 박영사. 1998.

송상현(宋相現). (신고) 민사소송법(民事訴訟法), 서울: 박영사. 2002.

양병회(梁炳晦), 민사소송법, 서울: 청림출판, 1998.

우홍구(禹洪九), 채병묵, 상법(商法), 서울: 진명문화사(進明文化社), 1982.

이상태(李相泰), (개정판)물권법((改訂版)物權法), 서울: 법원사, 2000.

이영섭(李英燮), (주석)강제집행법 상권, 서울: 한국사법행정학회, 1982.

─────, (주석)강제집행법 중권, 서울: 한국사법행정학회, 1982.

─────, (주석)강제집행법 하권, 서울: 한국사법행정학회, 1982.

이은영(李銀榮), 물권법, 서울: 박영사, 1998.

임승순(任勝淳), 2001년도 판 조세법, 서울: 박영사, 2001.

임치락(林致洛)·임종대·윤용식, 경매실무총람, 서울: 경제정보사, 1990.

청림각(靑林閣), 편저 판례총람 16-1(B) 민사소송법강제집행법, 서울: 청림각, 1992.

-----, 편저 판례총람 16-2(B) 민사소송법강제집행법, 서울: 청림각, 1992.

최정렬·임치락(崔正烈·林致洛), 경매총람, 서울: 백영사, 1992.

나. 논문(論文)

권광중(權光重), 강제집행법(强制執行法)의 개정방향(改正方向): 특히 환가방법(換價方法)과 절차(節次)의 문제점(問題點)을 중심(中心)으로, 법률자문위원회 논설집(法律諮問委員會 論說執) 8집, 1984. 9

김교창(金敎昌), 의료보험료(醫療保險料)의 일반채권(一般債權)에 대한 우선권(優先權), 대한변호사협회지(大韓辯護士協會誌) 149호, 1989. 1.

김권택(金權澤), 강제집행(强制執行)에 있어서의 각종(各種) 우선채권(優先債權), 재판자료(裁判資料) 36집(輯), 법원행정처, 1987. 7.

김백영(金白暎), 의료보험료(醫療保險料)의 우선징수권유무(優先徵收權有無), 판례월보(判例月報) 222호(號), 1989. 3.

김용욱(金容旭), 금전집행상(金錢執行上) 채권자(債權者)의 경합(競合): 우선주의(優先主義)와 평등주의(平等主義), 군단우선주의(群團優先主義), 고시연구(考試研究) 16권(卷) 4호(號),

1989. 4.

—————, 채무명의(債務名義) 없는 채권자(債權者)의 배당참가(配當參加), 고시연구(考試研究) 18권(卷) 12호(號), 1991. 12.

김용대(金容大), 국세우선권(國稅優先權)의 위헌 여부(違憲 與否), 조세법연구(租稅法研究)(1), 1995. 8.

김정현(金鼎鉉), 경매절차(競賣節次)에 있어서 국세 등(國稅 等)의 배당관계(配當關係), 사법행정(司法行政) 10권(卷) 12호(號), 1969. 12.

김홍규(金洪奎), 금전채권집행(金錢債權執行)에 있어서 우선주의(優先主義), 평등주의(平等主義), 집단우선주의(集團優先主義)의 비교연구(比較研究), 민사법(民事法)의 제 문제(諸 問題): 온산방순원선생고희기념(溫山方順元先生古稀記念), 1984. 4.

—————, 금전채권집행(金錢債權執行)에 있어서 군단우선주의(群團優先主義) 1, 고시계(考試界) 31권(卷) 10호(號), 1986. 10.

—————, 금전채권집행(金錢債權執行)에 있어서 군단우선주의(群團優先主義) 2, 고시계(考試界) 31권(卷) 11호(號), 1986. 11.

남기정(南基正), 개정강제집행법상(改正强制執行法上) 배당참가채권자(配當參加債權者)의 범위(範圍), 법조(法曹) 39권(卷) 10호(號), 1990. 10.

—————, 가압류 채권(假押留 債權)에의 배당액 공탁금(配當額 供託金)의 귀속(歸屬), 법조(法曹) 31권(卷) 10호(號), 1982. 10.

배태연(裵台淵), 부동산(不動産)의 압류·가압류 후(押留·假押留 後)에 설정된 담보물권(擔保物權)의 효력(效力)과 배당우선순위(配當優先順位), 사법논집 제21집, 법원도서관, 1990. 12.

서기석(徐基錫), 배당절차(配當節次)에 있어서 임차인(賃借人)의 지위(地位): 주택임대차보호법상 대항력(住宅賃貸借保護法上 對抗力)의 인정(認定)부에 관하여, 판례(判例)와 실무(實務), 1997. 9.

─────, 청구금액(請求金額)의 확장(擴張)과 배당(配當) 후 부당이득반환청구(不當利得返還請求)의 허부(許否): 배당절차 종료(配當節次 終了) 후 채권자(債權者)의 부당이득반환청구(不當利得返還請求), 판례실무연구(判例實務硏究) Ⅱ, 1997. 9.

손한기(孫漢琦), 민사소송법(民事訴訟法) 개정작업(改正作業)의 방향(方向)과 그 주요내용(主要內容), 한양대 법학논총(法學論叢) 14집, 1997. 10.

─────, 소액집행(少額執行)의 특례(特例), 법조(法曹) 48권 11호, 1999. 11.

송상현(宋相現), 선박우선특권(船舶優先特權)의 소멸(消滅)에 관하여, 민사판례연구(民事判例硏究) 4권, 1982. 5.

─────, 21세기를 향한 법률구조제도(法律救助制度)의 발전방향(發展方向)(사회변동(社會變動)과 법률구조(法律救助)의 새로운 방향(方向)), 법률구조 통권(法律救助 通卷) 23호(겨울호), 1997. 11.

─────, 선박우선특권(船舶優先特權) 있는 채권(債權)의 일고찰(一考察): 영미법(英美法)과 관련(關聯)하여, 민사판례연구(民事判例硏究) 3권, 1981. 4.

─────, 선박우선특권(船舶優先特權) 있는 채권(債權)의 일고찰(一考察), 서울대(大) 법학(法學) 20권 2호(43호) 1980. 5.

─────, 법률구조제도(法律救助制度)의　세계적　추세(世界的　趨勢)와 우리의 방향(方向), 저스티스 19권, 1986. 11.

송쌍종(宋雙鍾), 담보부채권(擔保附債權)에 대한 조세우선권규정(租稅優先權規定)의 문제점(問題點), 한국조세연구(韓國租稅硏究) 제1권, 1985.

양병회(梁炳晦), 소송상(訴訟上)의　구조(救助),　고시연구(考試硏究) 13권 4호(145호), 1986. 4.

─────, 소송상(訴訟上)의 구조제도(救助制度): 법무부(法務部)의 개정안(改正案)과 대비(對比), 고시연구(考試硏究) 15권 10호(175호) 1988. 10.

─────, 당사자 쌍방(當事者 雙方)의 기일해태(期日懈怠), 고시계(考試界) 28권 11호(321호), 1983. 11.

─────, 김두년, 채권자취소소송(債權者取消訴訟)에 있어서의 주장·입증책임(主張·立證責任)에 관한 연구(硏究), 일람법학(一覽法學) 1권, 1996. 8.

오석락(吳錫洛), 배당표(配當表)의 하자(瑕疵)에 대한(對) 불복방법(不服方法), 고시계(考試界) 20권(卷) 5호(號), 1975. 5.

─────, 배당이의소송(配當異議訴訟, (민사재판(民事裁判)의 제 문제(諸 問題) 1권(卷)), 한국사법행정학회(韓國司法行政學會), 1977. 6

오재창(吳在昌), 금전채권(金錢債權)에 관한 강제집행(强制執行)과 배당절차(配當節次)에 있어서의 문제점(問題點), 경영법무 No.69, 1999. 12.

─────, 강제집행(强制執行)의 배당절차(配當節次)에 있어서 배당금

382

　　(配當金)의 공탁(供託), 경영법무 No.70, 2000. 1.

유택현, 강제집행(强制執行)의 이상(理想)과 채권자 평등주의(債權者平等主義), 사법행정(司法行政) 352호(號), 1990. 4.

이상태(李相泰), 물상보증인(物上保證人)과 제3취득자 사이의 법정대위관계(法定代位關係), 고시연구(考試研究) 22권 5호(254호) 1995. 5.

─────, 전세목적물(傳貰目的物)의 양도(讓渡)와 전세금반환의무(傳貰金返還義務), 민사판례연구(民事判例研究) 23권, 2001. 2.

─────, 저당부동산(抵當不動産)을 취득(取得)한 제3취득자의 지위(地位)에 관한 연구(研究), 일람법학(一覽法學) 1권, 1996. 8.

─────, 전세권(傳貰權)의 소멸(消滅)의 해석론(解釋論), 일람법학(一覽法學) 5권, 2000. 12.

이석선(李石善), 강제집행법상(强制執行法上) 배당절차(配當節次)의 문제점(問題點)과 개선방안(改善方案), 법무자문위원회논설집(法務諮問委員會論說集) 8집(輯), 법무부, 1984. 8.

이영섭(李英燮), 강제집행(强制執行)에서 평등배당주의(平等配當主義), 사법행정(司法行政) 58호, 1965. 11.

이재성(李在性), 강제집행제도(强制執行制度)의 문제점(問題點)과 그 개선방안(改善方案), 강제집행(强制執行)·임의경매(任意競賣)에 관한 제 문제(諸 問題)(상): 법관연수자료(法官研修資料), 사법연수원(司法研修院), 연도불명(年度不明).

─────, 배당요구(配當要求)의 시한(時限)에 관하여, 민사재판(民事裁判)의 이론(理論)과 실제(實際) 2권, 1976. 9.

－－－－－, 배당표(配當表)에 대한 이의신청(異議申請)의 방법(方法), 사법행정(司法行政) 248호, 1981. 8.

이주흥(李宙興), 청구금액(請求金額)의 확장(擴張)과 배당(配當) 후 부당이득반환청구(不當利得返還請求)의 허부(許否): 배당절차(配當節次)와 관련된 부당이득반환청구(不當利得返還請求), 판례실무연구 Ⅱ, 1997. 9.

이홍기, 배당절차(配當節次)에 있어서 조세채권(租稅債權)의 우선권(優先權), 판례와 실무, 1997. 9.

정동윤(鄭東潤), 청구금액(請求金額)의 확장(擴張)과 배당(配當) 후 부당이득반환청구(不當利得返還請求)의 허부(許否): 배당절차종료(配當節次終了) 후의 부당이득반환청구(不當利得返還請求)에 관하여, 판례실무연구 Ⅱ, 1997. 9.

조철호(趙哲晧), 배당절차 종료(配當節次 終了) 후 채권자(債權者)의 부당이득반환청구(不當利得返還請求), 부동산경매절차(不動産競賣節次)에서 배당요구(配當要求)를 하지 아니한 임금채권자(賃金債權者)를 중심으로, 재판과 판례 7집, 1998. 12.

채영수(蔡永洙), 배당이의(配當異議)와 부당이득반환청구(不當利得返還請求), 대법원판례해설(大法院判例解說) 10호, 법원도서관(法院圖書館), 1988. 12.

하경일(河慶一), 배당표(配當表)의 작성방법(作成方法)과 실무(實務), 경영법무 No.68, 1999. 11.

한종렬(韓宗烈), 배당절차(配當節次)에 있어서 몇 가지 문제점(問題點)에 관하여, 인권(人權)과 정의(正義), 270호, 1999. 2.

홍광식(洪光植), 배당절차(配當節次)에서 가압류채권자(假押留債權

者)의 채권(債權)을 위하여 그 몫에 해당하는 배당액이 공탁(供託)된 후, 가압류결정(假押留決定)이 취소(取消)되어 추가배당(追加配當)을 할 것인가의 여부(與否): 판례연구 1집, 1991. 1.

황병일(黃秉一), 배당표(配當表)와 실체법(實體法)상 권리확정(權利確定), 판례연구(判例研究) 12집, 1999. 1.

2. 일본문헌(日本文獻)

가. 단행본(單行本)

兼子一, 强制執行法·破産法, 東京: 弘文堂, 1987.

————, 强制執行法, 東京: 酒井書店, 1979.

宮脇幸彦, 法律學全集, 强制執行法(各論), 東京: 有斐閣, 1978.

吉野 衛·三宅弘人, 註釋民事執行法(1, 2, 3, 4, 5, 6, 7), 東京: 社團法人 金融財政事情研究會, 1990.

吉川大二郎, 强制執行法/東京: 法律文化社, 1979.

石川明, ドイツ强制執行法の改正, 東京: 信山社, 1998.

岩野徹, 註解强制執行法(3); 不動産執行, 東京: 第一法規, 1974.

鈴木忠一, (註解)强制執行法, 3(不動産執行)/東京: 第一法規, 1976.

中野貞一郎, 民事執行法(新訂四版), 東京: 靑林書院, 2001.

————————, (判例問題研究)强制執行法, 東京: 有斐閣, 1976.

나. 논문(論文)

加本一紀,　不動産競賣における配當(代金交付)上の諸問題,　判例タイムズ 35卷14號, 1984. 6.

近藤崇晴,　配當要求及び配當をめぐる諸問題: (新)實務民事訴訟講座 (12),　民事執行, 1984. 9

古島正彦,　債權執行における第三債務者の供託と配當に關する問題, 自由と正義 39卷10號, 1988. 10.

−−−−−,　配當をめぐる若干の問題点,　金融法務事情 1209號, 1989. 1.

大西武士,　債權差押手續における配當要求,　金融法務事情　1594號, 2000. 11.

德田和幸,　物上保證を受けた債務者による配當異議の訴えの可否, ジュリスト臨時增刊: 重要判例解說 1135號, 1998. 6.

東京地裁債權執行等手續研究會,　配當異議と配當異議訴訟,　判例タイムズ 43卷12號, 1992. 6.

−−−−−−−−−−−−−−−−−−−,　配當手續と弁濟金交付手續,　判例タイムズ 43卷 2號, 1992. 1.

東法子,　一般債權者の差押えと抵當權者の物上代位權にもとづく差押えの競合と優劣,　銀行法務 21 554號, 1998. 10.

峯俊之,　配當異議訴訟において,　被告たる根抵當權者が被擔保債權を不動産競賣手續で屆出をしていた債權から他の債權に變更することが許された事例,　例タイムズ 41卷25號, 1990. 10.

山本弘,　國稅徵收法22條5項の交付要求と民事執行法上の配當要求の終期, ジュリスト 914號, 1988. 8.

山田二郎, 國稅徵收法22條5項による交付要求の終期と同法82條の交付要求及び民事執行法上の配當要求の終期との關係, 判例タイムズ(臨時增刊): 主要民事判例解說 昭和62年度 677號, 1988. 12.

上北武男, 根抵當權の實行としての競賣を申し立てた債權者が, 申立書及び債權計算書に請求債權・被擔保債權の發生日を誤記していた場合, 配當の段階でこれを訂正することの可否及び要件, 判例時報 1445號, 1993. 4.

上原敏夫, 物上保證を受けた債務者による配當異議の訴え, 法律時報(別冊): 私法判例リマクス 16卷, 1998. 2.

上田正俊, 代位弁濟と配當 1, 判例タイムズ 39卷19號, 1988. 8.

小宮山澄枝, 抵當權特定承繼人の配當受領資格, 金融法務事情 1498號, 1997. 11.

彦坂孝孔, 1. 過少な配當を受けた一般債權者が配當異議の申出をしなかった場合と國家賠償請 求の可否(消極),

2. 右一般債權者の過分な配當を受けた債權者に對する不當利得返還請求の可否(消極), 判例タイムズ(臨時增刊): 主要民事判例解說平成3年度 43卷 22號, 1992. 9.

鹽崎勤, 債務者複數の根抵當權についての配當金が被擔保債權のすべてを消滅させるに足りない場合と被擔保債權への充當方法, 金融法務事情 1497號, 1997. 10.

池田辰夫, 配當異議訴訟をめぐる諸問題の現況, 判例タイムズ 41卷19號, 1990. 8

沖野眞巳, 不動産競賣手續において, 同一の擔保權者に對する配當金がその擔保權者の有する數個の被擔保債權のすべてを消滅させるに足りない場合には, 弁濟充當の指定に關する特約がなされていても, その配當金は民法489條ないし491の規定に從って右數個の債權に充當される, 法學協會雜誌 106卷 6號, 1989. 6.

矢吹勝啓, 破産宣告と配當手續, 判例タイムズ 39卷 9號, 1988. 4.

窪田正彦, 債權執行において, 第三債務者が供託をした後配當手續がなされるまでの間に債務者にき免責決定が 確定した場合の執行手續の歸す判例タイムズ(臨時增刊): 主要民事判例解說 平成8年度 945號, 1997. 9.

判例タイムズ社, 民法三八九條による土地及び建物の一括競賣がされた場合に, 建物が土地利用權のないときは土地については更地價格を最低賣却價額として定 めるべきであると主張して, 土地について建付地として減價された價格によって定められた個別の最低賣却價額(個別價額)を不服として, 配當額の變更を配當異議の訴えによって求めることは許されない: 判例タイムズ50卷10號, 1999. 5.

3. 독일문헌(獨逸文獻)

가. 단행본(單行本)

Baumbach, A./Lauterbach, W./AlbersJ./Hartmann, P., Komm. z. ZPO, 57. Aufl., 1999, Verlag C. H. Beck M nchen

388

Baumann, J./Brehm, W., Zwangsvollstreckung, 2. Aufl., 1982,
    Gieseking Verlag Bielefeld

Brox, H./Walker, W. -D., Zwangsvollstreckungsrecht, 6. Aufl.,
    1999, Carl Heymanns Verlag K ln

Jauernig, O., Zwangsvollstreckungsrecht und Insolvenzrecht,
    20. Aufl., 1996, Verlag C. H. Beck M nchen

Rosenberg, L./Gaul, H. -F./Schilken, E., Zwangsvollstreckun-
    gsrecht, 11. Aufl., 1997, Verlag C. H. Beck M nchen

Stein, F./Riedel, M.,(Hrsg), Zwangsversteigerung und Zwan-
    gsverwaltung, 8. Aufl., 1976, J. Schweitzer Verlag
    T bingen

Thomas, H./Putzo, H., ZPO, 23. Aufl., 2000, Verlag C. H. Beck
    M nchen

Z ller, R., Kommentar zur ZPO, 21. Aufl., 1999, Verlag Dr.
    O. Schmidt K ln

나. 논문(論文)

Donath, Roland, Der anspruch auf berschußbeteiligung, AcP
    Bd. 193/H. 5.

Esch, G nter, Die Unterbeteiligung an Handelsgesellscha-
    ftsanteilen, NJW Jg. 17/H. 20.

Krah, Roloff, Die Unterbeteiligung an einem Mitunternehmeranteil im Steuerrecht, NJW Jg. 18/H. 20.

Pfister, Wolfgang, Rehabilitierung—Eine Zwischenbilanz, Deutsche Richterzeitung, Jg. 69, H.11.

Schmidt, Karsten, Die Eigenkapitalausstattung der Unternehmen als rechtspolitisches Problem, JZ Jg. 39/H. 17.

Yessiou·Faltsi, P., Das Ausgleichsprinzip im griechischen Zwangsvollstreckungsrecht im Unterschied zum deutschen Priorit tsprinzip, ZZP Bd. 106/H. 2

Wieser, Eberhard, Das Verteilungsverfahren als Zwangsvollstreckung, ZZP Bd. 103.

부록

민사집행법(民事執行法)

[일부개정 2005.1.27 법률 7358호]

제1편 총칙

제1조 (목적) 이 법은 강제집행, 담보권 실행을 위한 경매, 민법·상법, 그 밖의 법률의 규정에 의한 경매(이하 "민사집행"이라 한다) 및 보전처분의 절차를 규정함을 목적으로 한다.

제2조 (집행실시자) 민사집행은 이 법에 특별한 규정이 없으면 집행관이 실시한다.

제3조 (집행법원) ①이 법에서 규정한 집행행위에 관한 법원의 처분이나 그 행위에 관한 법원의 협력사항을 관할하는 집행법원은 법률에 특별히 지정되어 있지 아니하면 집행절차를 실시할 곳이나 실시한 곳을 관할하는 지방법원이 된다.
　②집행법원의 재판은 변론 없이 할 수 있다.

제4조 (집행신청의 방식) 민사집행의 신청은 서면으로 하여야 한다.

제5조 (집행관의 강제력 사용) ①집행관은 집행을 하기 위하여 필요한 경우에는 채무자의 주거·창고 그 밖의 장소를 수색하고, 잠근

문과 기구를 여는 등 적절한 조치를 할 수 있다.

②제1항의 경우에 저항을 받으면 집행관은 경찰 또는 국군의 원조를 요청할 수 있다.

③제2항의 국군의 원조는 법원에 신청하여야 하며, 법원이 국군의 원조를 요청하는 절차는 대법원규칙으로 정한다.

제6조 (참여자) 집행관은 집행하는 데 저항을 받거나 채무자의 주거에서 집행을 실시하려는데 채무자나 사리를 분별할 지능이 있는 그 친족·고용인을 만나지 못한 때에는 성년 두 사람이나 특별시·광역시의 구 또는 동 직원, 시·읍·면 직원(도농복합형태의 시의 경우 동지역에서는 시 직원, 읍·면지역에서는 읍·면 직원) 또는 경찰공무원중 한 사람을 증인으로 참여하게 하여야 한다.

제7조 (집행관에 대한 원조요구) ①집행관 외의 사람으로서 법원의 명령에 의하여 민사집행에 관한 직무를 행하는 사람은 그 신분 또는 자격을 증명하는 문서를 지니고 있다가 관계인이 신청할 때에는 이를 내보여야 한다.

②제1항의 사람이 그 직무를 집행하는 데 저항을 받으면 집행관에게 원조를 요구할 수 있다.

③제2항의 원조요구를 받은 집행관은 제5조 및 제6조에 규정된 권한을 행사할 수 있다.

제8조 (공휴일·야간의 집행) ①공휴일과 야간에는 법원의 허가가 있어야 집행행위를 할 수 있다.

②제1항의 허가명령은 민사집행을 실시할 때에 내보여야 한다.

제9조 (기록열람·등본부여) 집행관은 이해관계 있는 사람이 신청하면 집행기록을 볼 수 있도록 허가하고, 기록에 있는 서류의 등본을 교부하여야 한다.

제10조 (집행조서) ①집행관은 집행조서(執行調書)를 작성하여야 한다.

②제1항의 조서(調書)에는 다음 각호의 사항을 밝혀야 한다.

1. 집행한 날짜와 장소
2. 집행의 목적물과 그 중요한 사정의 개요
3. 집행참여자의 표시
4. 집행참여자의 서명날인
5. 집행참여자에게 조서를 읽어 주거나 보여 주고, 그가 이를 승인하고 서명날인한 사실
6. 집행관의 기명날인 또는 서명

③제2항제4호 및 제5호의 규정에 따라 서명날인할 수 없는 경우에는 그 이유를 적어야 한다.

제11조 (집행행위에 속한 최고, 그 밖의 통지) ①집행행위에 속한 최고(催告) 그 밖의 통지는 집행관이 말로 하고 이를 조서에 적어야 한다.

②말로 최고나 통지를 할 수 없는 경우에는 민사소송법 제181조·제182조 및 제187조의 규정을 준용하여 그 조서의 등본을 송달한

다. 이 경우 송달증서를 작성하지 아니한 때에는 조서에 송달한 사유를 적어야 한다.

③집행하는 곳과 법원의 관할구역안에서 제2항의 송달을 할 수 없는 경우에는 최고나 통지를 받을 사람에게 대법원규칙이 정하는 방법으로 조서의 등본을 발송하고 그 사유를 조서에 적어야 한다.

제12조 (송달·통지의 생략) 채무자가 외국에 있거나 있는 곳이 분명하지 아니한 때에는 집행행위에 속한 송달이나 통지를 하지 아니하여도 된다.

제13조 (외국송달의 특례) ①집행절차에서 외국으로 송달이나 통지를 하는 경우에는 송달이나 통지와 함께 대한민국안에 송달이나 통지를 받을 장소와 영수인을 정하여 상당한 기간 이내에 신고하도록 명할 수 있다.

②제1항의 기간 이내에 신고가 없는 경우에는 그 이후의 송달이나 통지를 하지 아니할 수 있다.

제14조 (주소 등이 바뀐 경우의 신고의무) ①집행에 관하여 법원에 신청이나 신고를 한 사람 또는 법원으로부터 서류를 송달받은 사람이 송달받을 장소를 바꾼 때에는 그 취지를 법원에 바로 신고하여야 한다.

②제1항의 신고를 하지 아니한 사람에 대한 송달은 달리 송달할 장소를 알 수 없는 경우에는 법원에 신고된 장소 또는 종전에 송달을 받던 장소에 대법원규칙이 정하는 방법으로 발송할 수 있다.

③제2항의 규정에 따라 서류를 발송한 경우에는 발송한 때에 송달된 것으로 본다.

제15조 (즉시항고) ①집행절차에 관한 집행법원의 재판에 대하여는 특별한 규정이 있어야만 즉시항고(卽時抗告)를 할 수 있다.

②항고인(抗告人)은 재판을 고지받은 날부터 1주의 불변기간 이내에 항고장(抗告狀)을 원심법원에 제출하여야 한다.

③항고장에 항고이유를 적지 아니한 때에는 항고인은 항고장을 제출한 날부터 10일 이내에 항고이유서를 원심법원에 제출하여야 한다.

④항고이유는 대법원규칙이 정하는 바에 따라 적어야 한다.

⑤항고인이 제3항의 규정에 따른 항고이유서를 제출하지 아니하거나 항고이유가 제4항의 규정에 위반한 때 또는 항고가 부적법하고 이를 보정(補正)할 수 없음이 분명한 때에는 원심법원은 결정으로 그 즉시항고를 각하하여야 한다.

⑥제1항의 즉시항고는 집행정지의 효력을 가지지 아니한다. 다만, 항고법원(재판기록이 원심법원에 남아 있는 때에는 원심법원)은 즉시항고에 대한 결정이 있을 때까지 담보를 제공하게 하거나 담보를 제공하게 하지 아니하고 원심재판의 집행을 정지하거나 집행절차의 전부 또는 일부를 정지하도록 명할 수 있고, 담보를 제공하게 하고 그 집행을 계속하도록 명할 수 있다.

⑦항고법원은 항고장 또는 항고이유서에 적힌 이유에 대하여서만 조사한다. 다만, 원심재판에 영향을 미칠 수 있는 법령위반 또는 사실오인이 있는지에 대하여 직권으로 조사할 수 있다.

⑧제5항의 결정에 대하여는 즉시항고를 할 수 있다.

⑨제6항 단서의 규정에 따른 결정에 대하여는 불복할 수 없다.

⑩제1항의 즉시항고에 대하여는 이 법에 특별한 규정이 있는 경우를 제외하고는 민사소송법 제3편 제3장중 즉시항고에 관한 규정을 준용한다.

제16조 (집행에 관한 이의신청) ①집행법원의 집행절차에 관한 재판으로서 즉시항고를 할 수 없는 것과, 집행관의 집행처분, 그 밖에 집행관이 지킬 집행절차에 대하여서는 법원에 이의를 신청할 수 있다.

②법원은 제1항의 이의신청에 대한 재판에 앞서, 채무자에게 담보를 제공하게 하거나 제공하게 하지 아니하고 집행을 일시정지하도록 명하거나, 채권자에게 담보를 제공하게 하고 그 집행을 계속하도록 명하는 등 잠정처분(暫定處分)을 할 수 있다.

③집행관이 집행을 위임받기를 거부하거나 집행행위를 지체하는 경우 또는 집행관이 계산한 수수료에 대하여 다툼이 있는 경우에는 법원에 이의를 신청할 수 있다.

제17조 (취소결정의 효력) ①집행절차를 취소하는 결정, 집행절차를 취소한 집행관의 처분에 대한 이의신청을 기각·각하하는 결정 또는 집행관에게 집행절차의 취소를 명하는 결정에 대하여는 즉시항고를 할 수 있다.

②제1항의 결정은 확정되어야 효력을 가진다.

제18조 (집행비용의 예납 등) ①민사집행의 신청을 하는 때에는 채

권자는 민사집행에 필요한 비용으로서 법원이 정하는 금액을 미리 내야 한다. 법원이 부족한 비용을 미리 내라고 명하는 때에도 또한 같다.

②채권자가 제1항의 비용을 미리 내지 아니한 때에는 법원은 결정으로 신청을 각하하거나 집행절차를 취소할 수 있다.

③제2항의 규정에 따른 결정에 대하여는 즉시항고를 할 수 있다.

제19조 (담보제공·공탁 법원) ①이 법의 규정에 의한 담보의 제공이나 공탁은 채권자나 채무자의 보통재판적(普通裁判籍)이 있는 곳의 지방법원 또는 집행법원에 할 수 있다.

②당사자가 담보를 제공하거나 공탁을 한 때에는, 법원은 그의 신청에 따라 증명서를 주어야 한다.

③이 법에 규정된 담보에는 특별한 규정이 있는 경우를 제외하고는 민사소송법 제122조·제123조·제125조 및 제126조의 규정을 준용한다.

제20조 (공공기관의 원조) 법원은 집행을 하기 위하여 필요하면 공공기관에 원조를 요청할 수 있다.

제21조 (재판적) 이 법에 정한 재판적(裁判籍)은 전속관할(專屬管轄)로 한다.

제22조 (시·군법원의 관할에 대한 특례) 다음 사건은 시·군법원이 있는 곳을 관할하는 지방법원 또는 지방법원지원이 관할한다.

　1.　시·군법원에서　성립된　화해·조정(민사조정법　제34조제4항의　규정에　따라　재판상의　화해와　동일한　효력이　있는　결정을　포함한다.　이하　같다)　또는　확정된　지급명령에　관한　집행문부여의　소,　청구에　관한　이의의　소　또는　집행문부여에　대한　이의의　소로서　그　집행권원에서　인정된　권리가　소액사건심판법의　적용대상이　아닌　사건

　2.　시·군법원에서　한　보전처분의　집행에　대한　제3자이의의　소

　3.　시·군법원에서　성립된　화해·조정에　기초한　대체집행　또는　간접강제

　4.　소액사건심판법의　적용대상이　아닌　사건을　본안으로　하는　보전처분

제23조 (민사소송법의 준용 등)　①이　법에　특별한　규정이　있는　경우를　제외하고는　민사집행　및　보전처분의　절차에　관하여는　민사소송법의　규정을　준용한다.

　②이　법에　정한　것　외에　민사집행　및　보전처분의　절차에　관하여　필요한　사항은　대법원규칙으로　정한다.

제2편 강제집행

제1장 총칙

제24조 (강제집행과 종국판결)　강제집행은　확정된　종국판결(終局判決)이나　가집행의　선고가　있는　종국판결에　기초하여　한다.

제25조(집행력의 주관적 범위) ①판결이 그 판결에 표시된 당사자 외의 사람에게 효력이 미치는 때에는 그 사람에 대하여 집행하거나 그 사람을 위하여 집행할 수 있다. 다만, 민사소송법 제71조의 규정에 따른 참가인에 대하여는 그러하지 아니하다.

②제1항의 집행을 위한 집행문(執行文)을 내어 주는데 대하여는 제31조 내지 제33조의 규정을 준용한다.

제26조 (외국판결의 강제집행) ①외국법원의 판결에 기초한 강제집행은 대한민국 법원에서 집행판결로 그 적법함을 선고하여야 할 수 있다.

②집행판결을 청구하는 소(訴)는 채무자의 보통재판적이 있는 곳의 지방법원이 관할하며, 보통재판적이 없는 때에는 민사소송법 제11조의 규정에 따라 채무자에 대한 소를 관할하는 법원이 관할한다.

제27조 (집행판결) ①집행판결은 재판의 옳고 그름을 조사하지 아니하고 하여야한다.

②집행판결을 청구하는 소는 다음 각호 가운데 어느 하나에 해당하면 각하하여야 한다.

  1. 외국법원의 판결이 확정된 것을 증명하지 아니한 때
  2. 외국판결이 민사소송법 제217조의 조건을 갖추지 아니한 때

제28조 (집행력 있는 정본) ①강제집행은 집행문이 있는 판결정본(이하 "집행력 있는 정본"이라 한다)이 있어야 할 수 있다.

②집행문은 신청에 따라 제1심 법원의 법원서기관·법원사무관·법원주사 또는 법원주사보(이하 "법원사무관등"이라 한다)가 내어 주며, 소송기록이 상급심에 있는 때에는 그 법원의 법원사무관등이 내어 준다.

③집행문을 내어 달라는 신청은 말로 할 수 있다.

제29조 (집행문) ①집행문은 판결정본의 끝에 덧붙여 적는다.

②집행문에는 "이 정본은 피고 아무개 또는 원고 아무개에 대한 강제집행을 실시하기 위하여 원고 아무개 또는 피고 아무개에게 준다."라고 적고 법원사무관등이 기명날인하여야 한다.

제30조 (집행문부여) ①집행문은 판결이 확정되거나 가집행의 선고가 있는 때에만 내어 준다.

②판결을 집행하는 데에 조건이 붙어 있어 그 조건이 성취되었음을 채권자가 증명하여야 하는 때에는 이를 증명하는 서류를 제출하여야만 집행문을 내어 준다. 다만, 판결의 집행이 담보의 제공을 조건으로 하는 때에는 그러하지 아니하다.

제31조 (승계집행문) ①집행문은 판결에 표시된 채권자의 승계인을 위하여 내어 주거나 판결에 표시된 채무자의 승계인에 대한 집행을 위하여 내어 줄 수 있다. 다만, 그 승계가 법원에 명백한 사실이거나, 증명서로 승계를 증명한 때에 한한다.

②제1항의 승계가 법원에 명백한 사실인 때에는 이를 집행문에 적어야 한다.

제32조 (재판장의 명령) ①재판을 집행하는 데에 조건을 붙인 경우와 제31조의 경우에는 집행문은 재판장(합의부의 재판장 또는 단독판사를 말한다. 이하 같다)의 명령이 있어야 내어 준다.

　②재판장은 그 명령에 앞서 서면이나 말로 채무자를 심문(審問)할 수 있다.

　③제1항의 명령은 집행문에 적어야 한다.

제33조 (집행문부여의 소) 제30조제2항 및 제31조의 규정에 따라 필요한 증명을 할 수 없는 때에는 채권자는 집행문을 내어 달라는 소를 제1심 법원에 제기할 수 있다.

제34조 (집행문부여 등에 관한 이의신청) ①집행문을 내어 달라는 신청에 관한 법원사무관등의 처분에 대하여 이의신청이 있는 경우에는 그 법원사무관등이 속한 법원이 결정으로 재판한다.

　②집행문부여에 대한 이의신청이 있는 경우에는 법원은 제16조제2항의 처분에 준하는 결정을 할 수 있다.

제35조 (여러 통의 집행문의 부여) ①채권자가 여러 통의 집행문을 신청하거나 전에 내어 준 집행문을 돌려주지 아니하고 다시 집행문을 신청한 때에는 재판장의 명령이 있어야만 이를 내어 준다.

　②재판장은 그 명령에 앞서 서면이나 말로 채무자를 심문할 수 있으며, 채무자를 심문하지 아니하고 여러 통의 집행문을 내어 주거나 다시 집행문을 내어 준 때에는 채무자에게 그 사유를 통지하여야 한다.

③여러 통의 집행문을 내어 주거나 다시 집행문을 내어 주는 때에는 그 사유를 원본과 집행문에 적어야 한다.

제36조 (판결원본에의 기재) 집행문을 내어 주는 경우에는 판결원본 또는 상소심 판결정본에 원고 또는 피고에게 이를 내어 준다는 취지와 그 날짜를 적어야 한다.

제37조 (집행력 있는 정본의 효력) 집행력 있는 정본의 효력은 전국 법원의 관할구역에 미친다.

제38조 (여러 통의 집행력 있는 정본에 의한 동시집행) 채권자가 한 지역에서 또는 한 가지 방법으로 강제집행을 하여도 모두 변제를 받을 수 없는 때에는 여러 통의 집행력 있는 정본에 의하여 여러 지역에서 또는 여러 가지 방법으로 동시에 강제집행을 할 수 있다.

제39조 (집행개시의 요건) ①강제집행은 이를 신청한 사람과 집행을 받을 사람의 성명이 판결이나 이에 덧붙여 적은 집행문에 표시되어 있고 판결을 이미 송달하였거나 동시에 송달한 때에만 개시할 수 있다.

②판결의 집행이 그 취지에 따라 채권자가 증명할 사실에 매인 때 또는 판결에 표시된 채권자의 승계인을 위하여 하는 것이거나 판결에 표시된 채무자의 승계인에 대하여 하는 것일 때에는 집행할 판결 외에, 이에 덧붙여 적은 집행문을 강제집행을 개시하기 전에

채무자의 승계인에게 송달하여야 한다.

　③증명서에 의하여 집행문을 내어 준 때에는 그 증명서의 등본을 강제집행을 개시하기 전에 채무자에게 송달하거나 강제집행과 동시에 송달하여야 한다.

제40조 (집행개시의 요건) ①집행을 받을 사람이 일정한 시일에 이르러야 그 채무를 이행하게 되어 있는 때에는 그 시일이 지난 뒤에 강제집행을 개시할 수 있다.

　②집행이 채권자의 담보제공에 매인 때에는 채권자는 담보를 제공한 증명서류를 제출하여야 한다. 이 경우의 집행은 그 증명서류의 등본을 채무자에게 이미 송달하였거나 동시에 송달하는 때에만 개시할 수 있다.

제41조 (집행개시의 요건) ①반대의무의 이행과 동시에 집행할 수 있다는 것을 내용으로 하는 집행권원의 집행은 채권자가 반대의무의 이행 또는 이행의 제공을 하였다는 것을 증명하여야만 개시할 수 있다.

　②다른 의무의 집행이 불가능한 때에 그에 갈음하여 집행할 수 있다는 것을 내용으로 하는 집행권원의 집행은 채권자가 그 집행이 불가능하다는 것을 증명하여야만 개시할 수 있다.

제42조 (집행관에 의한 영수증의 작성·교부) ①채권자가 집행관에게 집행력 있는 정본을 교부하고 강제집행을 위임한 때에는 집행관은 특별한 권한을 받지 못하였더라도 지급이나 그 밖의 이행을 받

고 그에 대한 영수증서를 작성하고 교부할 수 있다. 집행관은 채무자가 그 의무를 완전히 이행한 때에는 집행력 있는 정본을 채무자에게 교부하여야 한다.

　②채무자가 그 의무의 일부를 이행한 때에는 집행관은 집행력 있는 정본에 그 사유를 덧붙여 적고 영수증서를 채무자에게 교부하여야 한다.

　③채무자의 채권자에 대한 영수증 청구는 제2항의 규정에 의하여 영향을 받지 아니한다.

제43조 (집행관의 권한) ①집행관은 집행력 있는 정본을 가지고 있으면 채무자와 제3자에 대하여 강제집행을 하고 제42조에 규정된 행위를 할 수 있는 권한을 가지며, 채권자는 그에 대하여 위임의 흠이나 제한을 주장하지 못한다.

　②집행관은 집행력 있는 정본을 가지고 있다가 관계인이 요청할 때에는 그 자격을 증명하기 위하여 이를 내보여야 한다.

제44조 (청구에 관한 이의의 소) ①채무자가 판결에 따라 확정된 청구에 관하여 이의하려면 제1심 판결법원에 청구에 관한 이의의 소를 제기하여야 한다.

　②제1항의 이의는 그 이유가 변론이 종결된 뒤(변론 없이 한 판결의 경우에는 판결이 선고된 뒤)에 생긴 것이어야 한다.

　③이의이유가 여러 가지인 때에는 동시에 주장하여야 한다.

제45조 (집행문부여에 대한 이의의 소) 제30조제2항과 제31조의

경우에 채무자가 집행문부여에 관하여 증명된 사실에 의한 판결의 집행력을 다투거나, 인정된 승계에 의한 판결의 집행력을 다투는 때에는 제44조의 규정을 준용한다. 다만, 이 경우에도 제34조의 규정에 따라 집행문부여에 대하여 이의를 신청할 수 있는 채무자의 권한은 영향을 받지 아니한다.

제46조 (이의의 소와 잠정처분) ①제44조 및 제45조의 이의의 소는 강제집행을 계속하여 진행하는 데에는 영향을 미치지 아니한다.

②제1항의 이의를 주장한 사유가 법률상 정당한 이유가 있다고 인정되고, 사실에 대한 소명(疎明)이 있을 때에는 수소법원(受訴法院)은 당사자의 신청에 따라 판결이 있을 때까지 담보를 제공하게 하거나 담보를 제공하게 하지 아니하고 강제집행을 정지하도록 명할 수 있으며, 담보를 제공하게 하고 그 집행을 계속하도록 명하거나 실시한 집행처분을 취소하도록 명할 수 있다.

③제2항의 재판은 변론 없이 하며 급박한 경우에는 재판장이 할 수 있다.

④급박한 경우에는 집행법원이 제2항의 권한을 행사할 수 있다. 이 경우 집행법원은 상당한 기간 이내에 제2항에 따른 수소법원의 재판서를 제출하도록 명하여야 한다.

⑤제4항 후단의 기간을 넘긴 때에는 채권자의 신청에 따라 강제집행을 계속하여 진행한다.

제47조 (이의의 재판과 잠정처분) ①수소법원은 이의의 소의 판결에서 제46조의 명령을 내리고 이미 내린 명령을 취소·변경 또는 인

가할 수 있다.

②판결중 제1항에 규정된 사항에 대하여는 직권으로 가집행의 선고를 하여야 한다.

③제2항의 재판에 대하여는 불복할 수 없다.

제48조 (제3자이의의 소) ①제3자가 강제집행의 목적물에 대하여 소유권이 있다고 주장하거나 목적물의 양도나 인도를 막을 수 있는 권리가 있다고 주장하는 때에는 채권자를 상대로 그 강제집행에 대한 이의의 소를 제기할 수 있다. 다만, 채무자가 그 이의를 다투는 때에는 채무자를 공동피고로 할 수 있다.

②제1항의 소는 집행법원이 관할한다. 다만, 소송물이 단독판사의 관할에 속하지 아니할 때에는 집행법원이 있는 곳을 관할하는 지방법원의 합의부가 이를 관할한다.

③강제집행의 정지와 이미 실시한 집행처분의 취소에 대하여는 제46조 및 제47조의 규정을 준용한다. 다만, 집행처분을 취소할 때에는 담보를 제공하게 하지 아니할 수 있다.

제49조 (집행의 필수적 정지·제한) 강제집행은 다음 각호 가운데 어느 하나에 해당하는 서류를 제출한 경우에 정지하거나 제한하여야 한다.

1. 집행할 판결 또는 그 가집행을 취소하는 취지나, 강제집행을 허가하지 아니하거나 그 정지를 명하는 취지 또는 집행처분의 취소를 명한 취지를 적은 집행력 있는 재판의 정본

2. 강제집행의 일시정지를 명한 취지를 적은 재판의 정본

3. 집행을 면하기 위하여 담보를 제공한 증명서류

4. 집행할 판결이 있은 뒤에 채권자가 변제를 받았거나, 의무이행을 미루도록 승낙한 취지를 적은 증서

5. 집행할 판결, 그 밖의 재판이 소의 취하 등의 사유로 효력을 잃었다는 것을 증명하는 조서등본 또는 법원사무관등이 작성한 증서

6. 강제집행을 하지 아니한다거나 강제집행의 신청이나 위임을 취하한다는 취지를 적은 화해조서(和解調書)의 정본 또는 공정증서(公正證書)의 정본

제50조 (집행처분의 취소·일시유지) ①제49조제1호·제3호·제5호 및 제6호의 경우에는 이미 실시한 집행처분을 취소하여야 하며, 같은 조 제2호 및 제4호의 경우에는 이미 실시한 집행처분을 일시적으로 유지하게 하여야 한다.

②제1항에 따라 집행처분을 취소하는 경우에는 제17조의 규정을 적용하지 아니한다.

제51조 (변제증서 등의 제출에 의한 집행정지의 제한) ①제49조제4호의 증서 가운데 변제를 받았다는 취지를 적은 증서를 제출하여 강제집행이 정지되는 경우 그 정지기간은 2월로 한다.

②제49조제4호의 증서 가운데 의무이행을 미루도록 승낙하였다는 취지를 적은 증서를 제출하여 강제집행이 정지되는 경우 그 정지는 2회에 한하며 통산하여 6월을 넘길 수 없다.

제52조 (집행을 개시한 뒤 채무자가 죽은 경우) ①강제집행을 개시한 뒤에 채무자가 죽은 때에는 상속재산에 대하여 강제집행을 계속하여 진행한다.

②채무자에게 알려야 할 집행행위를 실시할 경우에 상속인이 없거나 상속인이 있는 곳이 분명하지 아니하면 집행법원은 채권자의 신청에 따라 상속재산 또는 상속인을 위하여 특별대리인을 선임하여야 한다.

③제2항의 특별대리인에 관하여는 민사소송법 제62조제3항 내지 제6항의 규정을 준용한다.

제53조 (집행비용의 부담) ①강제집행에 필요한 비용은 채무자가 부담하고 그 집행에 의하여 우선적으로 변상을 받는다.

②강제집행의 기초가 된 판결이 파기된 때에는 채권자는 제1항의 비용을 채무자에게 변상하여야 한다.

제54조 (군인·군무원에 대한 강제집행) ①군인·군무원에 대하여 병영·군사용 청사 또는 군용 선박에서 강제집행을 할 경우 법원은 채권자의 신청에 따라 군판사 또는 부대장(部隊長)이나 선장에게 촉탁하여 이를 행한다.

②촉탁에 따라 압류한 물건은 채권자가 위임한 집행관에게 교부하여야 한다.

제55조 (외국에서 할 집행) ①외국에서 강제집행을 할 경우에 그 외국 공공기관의 법률상 공조를 받을 수 있는 때에는 제1심 법원이

채권자의 신청에 따라 외국 공공기관에 이를 촉탁하여야 한다.

　②외국에 머물고 있는 대한민국 영사(領事)에 의하여 강제집행을 할 수 있는 때에는 제1심 법원은 그 영사에게 이를 촉탁하여야 한다.

제56조 (그 밖의 집행권원) 강제집행은 다음 가운데 어느 하나에 기초하여서도 실시할 수 있다.

　1. 항고로만 불복할 수 있는 재판

　2. 가집행의 선고가 내려진 재판

　3. 확정된 지급명령

　4. 공증인이 일정한 금액의 지급이나 대체물 또는 유가증권의 일정한 수량의 급여를 목적으로 하는 청구에 관하여 작성한 공정증서로서 채무자가 강제집행을 승낙한 취지가 적혀 있는 것

　5. 소송상 화해, 청구의 인낙(認諾) 등 그 밖에 확정판결과 같은 효력을 가지는 것

제57조 (준용규정) 제56조의 집행권원에 기초한 강제집행에 대하여는 제58조 및 제59조에서 규정하는 바를 제외하고는 제28조 내지 제55조의 규정을 준용한다.

제58조 (지급명령과 집행) ①확정된 지급명령에 기한 강제집행은 집행문을 부여받을 필요없이 지급명령 정본에 의하여 행한다. 다만, 다음 각호 가운데 어느 하나에 해당하는 경우에는 그러하지 아니하다.

  1. 지급명령의 집행에 조건을 붙인 경우

  2. 당사자의 승계인을 위하여 강제집행을 하는 경우

  3. 당사자의 승계인에 대하여 강제집행을 하는 경우

②채권자가 여러 통의 지급명령 정본을 신청하거나, 전에 내어준 지급명령 정본을 돌려주지 아니하고 다시 지급명령 정본을 신청한 때에는 법원사무관등이 이를 부여한다. 이 경우 그 사유를 원본과 정본에 적어야 한다.

③청구에 관한 이의의 주장에 대하여는 제44조제2항의 규정을 적용하지 아니한다.

④집행문부여의 소, 청구에 관한 이의의 소 또는 집행문부여에 대한 이의의 소는 지급명령을 내린 지방법원이 관할한다.

⑤제4항의 경우에 그 청구가 합의사건인 때에는 그 법원이 있는 곳을 관할하는 지방법원의 합의부에서 재판한다.

제59조 (공정증서와 집행) ①공증인이 작성한 증서의 집행문은 그 증서를 보존하는 공증인이 내어 준다.

②집행문을 내어 달라는 신청에 관한 공증인의 처분에 대하여 이의신청이 있는 때에는 그 공증인의 사무소가 있는 곳을 관할하는 지방법원 단독판사가 결정으로 재판한다.

③청구에 관한 이의의 주장에 대하여는 제44조제2항의 규정을 적용하지 아니한다.

④집행문부여의 소, 청구에 관한 이의의 소 또는 집행문부여에 대한 이의의 소는 채무자의 보통재판적이 있는 곳의 법원이 관할한다. 다만, 그러한 법원이 없는 때에는 민사소송법 제11조의 규정에

따라 채무자에 대하여 소를 제기할 수 있는 법원이 관할한다.

제60조 (과태료의 집행) ①과태료의 재판은 검사의 명령으로 집행한다.

②제1항의 명령은 집행력 있는 집행권원과 같은 효력을 가진다.

제2장 금전채권에 기초한 강제집행

제1절 재산명시절차 등

제61조 (재산명시신청) ①금전의 지급을 목적으로 하는 집행권원에 기초하여 강제집행을 개시할 수 있는 채권자는 채무자의 보통재판적이 있는 곳의 법원에 채무자의 재산명시를 요구하는 신청을 할 수 있다. 다만, 민사소송법 제213조에 따른 가집행의 선고가 붙은 판결 또는 같은 조의 준용에 따른 가집행의 선고가 붙어 집행력을 가지는 집행권원의 경우에는 그러하지 아니하다.

②제1항의 신청에는 집행력 있는 정본과 강제집행을 개시하는데 필요한 문서를 붙여야 한다.

제62조 (재산명시신청에 대한 재판) ①재산명시신청에 정당한 이유가 있는 때에는 법원은 채무자에게 재산상태를 명시한 재산목록을 제출하도록 명할 수 있다.

②재산명시신청에 정당한 이유가 없거나, 채무자의 재산을 쉽게 찾을 수 있다고 인정한 때에는 법원은 결정으로 이를 기각하여야 한다.

③제1항 및 제2항의 재판은 채무자를 심문하지 아니하고 한다.

④제1항의 결정은 신청한 채권자 및 채무자에게 송달하여야 하고, 채무자에 대한 송달에서는 결정에 따르지 아니할 경우 제68조에 규정된 제재를 받을 수 있음을 함께 고지하여야 한다.

⑤제4항의 규정에 따라 채무자에게 하는 송달은 민사소송법 제187조 및 제194조에 의한 방법으로는 할 수 없다.

⑥제1항의 결정이 채무자에게 송달되지 아니한 때에는 법원은 채권자에게 상당한 기간을 정하여 그 기간 이내에 채무자의 주소를 보정하도록 명하여야 한다.

⑦채권자가 제6항의 명령을 받고도 이를 이행하지 아니한 때에는 법원은 제1항의 결정을 취소하고 재산명시신청을 각하하여야 한다.

⑧제2항 및 제7항의 결정에 대하여는 즉시항고를 할 수 있다.

⑨채무자는 제1항의 결정을 송달받은 뒤 송달장소를 바꾼 때에는 그 취지를 법원에 바로 신고하여야 하며, 그러한 신고를 하지 아니한 경우에는 민사소송법 제185조제2항 및 제189조의 규정을 준용한다.

제63조 (재산명시명령에 대한 이의신청) ①채무자는 재산명시명령을 송달받은 날부터 1주 이내에 이의신청을 할 수 있다.

②채무자가 제1항에 따라 이의신청을 한 때에는 법원은 이의신청사유를 조사할 기일을 정하고 채권자와 채무자에게 이를 통지하여야 한다.

③이의신청에 정당한 이유가 있는 때에는 법원은 결정으로 재산명시명령을 취소하여야 한다.

④이의신청에 정당한 이유가 없거나 채무자가 정당한 사유 없이 기일에 출석하지 아니한 때에는 법원은 결정으로 이의신청을 기각하여야 한다.

⑤제3항 및 제4항의 결정에 대하여는 즉시항고를 할 수 있다.

제64조 (재산명시기일의 실시) ①재산명시명령에 대하여 채무자의 이의신청이 없거나 이를 기각한 때에는 법원은 재산명시를 위한 기일을 정하여 채무자에게 출석하도록 요구하여야 한다. 이 기일은 채권자에게도 통지하여야 한다.

②채무자는 제1항의 기일에 강제집행의 대상이 되는 재산과 다음 각호의 사항을 명시한 재산목록을 제출하여야 한다.

1. 재산명시명령이 송달되기 전 1년 이내에 채무자가 한 부동산의 유상양도(有償讓渡)

2. 재산명시명령이 송달되기 전 1년 이내에 채무자가 배우자, 직계혈족 및 4촌 이내의 방계혈족과 그 배우자, 배우자의 직계혈족과 형제자매에게 한 부동산 외의 재산의 유상양도

3. 재산명시명령이 송달되기 전 2년 이내에 채무자가 한 재산상 무상처분(無償處分). 다만, 의례적인 선물은 제외한다.

③재산목록에 적을 사항과 범위는 대법원규칙으로 정한다.

④제1항의 기일에 출석한 채무자가 3월 이내에 변제할 수 있음을 소명한 때에는 법원은 그 기일을 3월의 범위내에서 연기할 수 있으며, 채무자가 새 기일에 채무액의 3분의 2 이상을 변제하였음을 증명하는 서류를 제출한 때에는 다시 1월의 범위내에서 연기할 수 있다.

제65조 (선서) ①채무자는 재산명시기일에 재산목록이 진실하다는 것을 선서하여야한다.

②제1항의 선서에 관하여는 민사소송법 제320조 및 제321조의 규정을 준용한다. 이

경우 선서서(宣誓書)에는 다음과 같이 적어야 한다.

"양심에 따라 사실대로 재산목록을 작성하여 제출하였으며, 만일 숨긴 것이나 거짓

작성한 것이 있으면 처벌을 받기로 맹세합니다."

제66조 (재산목록의 정정) ①채무자는 명시기일에 제출한 재산목록에 형식적인 흠이 있거나 불명확한 점이 있는 때에는 제65조의 규정에 의한 선서를 한 뒤라도 법원의 허가를 얻어 이미 제출한 재산목록을 정정할 수 있다.

②제1항의 허가에 관한 결정에 대하여는 즉시항고를 할 수 있다.

제67조 (재산목록의 열람·복사) 채무자에 대하여 강제집행을 개시할 수 있는 채권자는 재산목록을 보거나 복사할 것을 신청할 수 있다.

제68조 (채무자의 감치 및 벌칙) ①채무자가 정당한 사유 없이 다음 각호 가운데 어느 하나에 해당하는 행위를 한 경우에는 법원은 결정으로 20일 이내의 감치(監置)에 처한다.

  1. 명시기일 불출석

　2. 재산목록 제출 거부

　3. 선서 거부

②채무자가 법인 또는 민사소송법 제52조의 사단이나 재단인 때에는 그 대표자 또는 관리인을 감치에 처한다.

③법원은 감치재판기일에 채무자를 소환하여 제1항 각호의 위반행위에 대하여 정당한 사유가 있는지 여부를 심리하여야 한다.

④제1항의 결정에 대하여는 즉시항고를 할 수 있다.

⑤채무자가 감치의 집행중에 재산명시명령을 이행하겠다고 신청한 때에는 법원은 바로 명시기일을 열어야 한다.

⑥채무자가 제5항의 명시기일에 출석하여 재산목록을 내고 선서하거나 신청채권자에 대한 채무를 변제하고 이를 증명하는 서면을 낸 때에는 법원은 바로 감치결정을 취소하고 그 채무자를 석방하도록 명하여야 한다.

⑦제5항의 명시기일은 신청채권자에게 통지하지 아니하고도 실시할 수 있다. 이 경우 제6항의 사실을 채권자에게 통지하여야 한다.

⑧제1항 내지 제7항의 규정에 따른 재판절차 및 그 집행 그 밖에 필요한 사항은 대법원규칙으로 정한다.

⑨채무자가 거짓의 재산목록을 낸 때에는 3년 이하의 징역 또는 500만원 이하의 벌금에 처한다.

⑩채무자가 법인 또는 민사소송법 제52조의 사단이나 재단인 때에는 그 대표자 또는 관리인을 제9항의 규정에 따라 처벌하고, 채무자는 제9항의 벌금에 처한다.

제69조 (명시신청의 재신청) 재산명시신청이 기각·각하된 경우에는

그 명시신청을 한 채권자는 기각·각하사유를 보완하지 아니하고서는 같은 집행권원으로 다시 재산명시신청을 할 수 없다.

제70조 (채무불이행자명부 등재신청) ①채무자가 다음 각호 가운데 어느 하나에 해당하면 채권자는 그 채무자를 채무불이행자명부(債務不履行者名簿)에 올리도록 신청할 수 있다.

　1. 금전의 지급을 명한 집행권원이 확정된 후 또는 집행권원을 작성한 후 6월 이내에 채무를 이행하지 아니하는 때. 다만, 제61조제1항 단서에 규정된 집행권원의 경우를 제외한다.

　2. 제68조제1항 각호의 사유 또는 같은 조제9항의 사유 가운데 어느 하나에 해당하는 때

　②제1항의 신청을 할 때에는 그 사유를 소명하여야 한다.

　③제1항의 신청에 대한 재판은 제1항제1호의 경우에는 채무자의 보통재판적이 있는 곳의 법원이 관할하고, 제1항제2호의 경우에는 재산명시절차를 실시한 법원이 관할한다.

제71조 (등재신청에 대한 재판) ①제70조의 신청에 정당한 이유가 있는 때에는 법원은 채무자를 채무불이행자명부에 올리는 결정을 하여야 한다.

　②등재신청에 정당한 이유가 없거나 쉽게 강제집행할 수 있다고 인정할 만한 명백한 사유가 있는 때에는 법원은 결정으로 이를 기각하여야 한다.

　③제1항 및 제2항의 재판에 대하여는 즉시항고를 할 수 있다. 이 경우 민사소송법 제447조의 규정은 준용하지 아니한다.

제72조 (명부의 비치) ①채무불이행자명부는 등재결정을 한 법원에

비치한다.

②법원은 채무불이행자명부의 부본을 채무자의 주소지(채무자가 법인인 경우에는 주된 사무소가 있는 곳) 시(구가 설치되지 아니한 시를 말한다. 이하 같다)·구·읍·면의 장(도농복합형태의 시의 경우 동지역은 시·구의 장, 읍·면지역은 읍·면의 장으로 한다. 이하 같다)에게 보내야 한다.

③법원은 채무불이행자명부의 부본을 대법원규칙이 정하는 바에 따라 일정한 금융기관의 장이나 금융기관 관련단체의 장에게 보내어 채무자에 대한 신용정보로 활용하게 할 수 있다.

④채무불이행자명부나 그 부본은 누구든지 보거나 복사할 것을 신청할 수 있다.

⑤채무불이행자명부는 인쇄물 등으로 공표되어서는 아니된다.

제73조 (명부등재의 말소) ①변제, 그 밖의 사유로 채무가 소멸되었다는 것이 증명된 때에는 법원은 채무자의 신청에 따라 채무불이행자명부에서 그 이름을 말소하는 결정을 하여야 한다.

②채권자는 제1항의 결정에 대하여 즉시항고를 할 수 있다. 이 경우 민사소송법 제447조의 규정은 준용하지 아니한다.

③채무불이행자명부에 오른 다음 해부터 10년이 지난 때에는 법원은 직권으로 그 명부에 오른 이름을 말소하는 결정을 하여야 한다.

④제1항과 제3항의 결정을 한 때에는 그 취지를 채무자의 주소지(채무자가 법인인 경우에는 주된 사무소가 있는 곳) 시·구·읍·면의 장 및 제72조제3항의 규정에 따라 채무불이행자명부의 부본을 보

낸 금융기관 등의 장에게 통지하여야 한다.

⑤제4항의 통지를 받은 시·구·읍·면의 장 및 금융기관 등의 장은 그 명부의 부본에 오른 이름을 말소하여야 한다.

제74조 (재산조회) ①재산명시절차의 관할 법원은 다음 각호의 어느 하나에 해당하는 경우에는 그 재산명시를 신청한 채권자의 신청에 따라 개인의 재산 및 신용에 관한 전산망을 관리하는 공공기관·금융기관·단체 등에 채무자명의의 재산에 관하여 조회할 수 있다. 〈개정 2005.1.27〉

　1. 재산명시절차에서 채권자가 제62조제6항의 규정에 의한 주소보정명령을 받고도 민사소송법 제194조제1항의 규정에 의한 사유로 인하여 채권자가 이를 이행할 수 없었던 것으로 인정되는 경우

　2. 재산명시절차에서 채무자가 제출한 재산목록의 재산만으로는 집행채권의 만족을 얻기에 부족한 경우

　3. 재산명시절차에서 제68조제1항 각호의 사유 또는 동조제9항의 사유가 있는 경우

②채권자가 제1항의 신청을 할 경우에는 조회할 기관·단체를 특정하여야 하며 조회에 드는 비용을 미리 내야 한다.

③법원이 제1항의 규정에 따라 조회할 경우에는 채무자의 인적사항을 적은 문서에 의하여 해당 기관·단체의 장에게 채무자의 재산 및 신용에 관하여 그 기관·단체가 보유하고 있는 자료를 한꺼번에 모아 제출하도록 요구할 수 있다.

④공공기관·금융기관·단체 등은 정당한 사유 없이 제1항 및 제3항의 조회를 거부하지 못한다.

제75조 (재산조회의 결과 등) ①법원은 제74조제1항 및 제3항의 규정에 따라 조회한 결과를 채무자의 재산목록에 준하여 관리하여야 한다.

②제74조제1항 및 제3항의 조회를 받은 기관·단체의 장이 정당한 사유 없이 거짓 자료를 제출하거나 자료를 제출할 것을 거부한 때에는 결정으로 500만원 이하의 과태료에 처한다.

③제2항의 결정에 대하여는 즉시항고를 할 수 있다.

제76조 (벌칙) ①누구든지 재산조회의 결과를 강제집행 외의 목적으로 사용하여서는 아니된다.

②제1항의 규정에 위반한 사람은 2년 이하의 징역 또는 500만원 이하의 벌금에 처한다.

제77조 (대법원규칙) 제74조제1항 및 제3항의 규정에 따라 조회를 할 공공기관·금융기관·단체 등의 범위 및 조회절차, 제74조제2항의 규정에 따라 채권자가 내야 할 비용, 제75조제1항의 규정에 따른 조회결과의 관리에 관한 사항, 제75조제2항의 규정에 의한 과태료의 부과절차 등은 대법원규칙으로 정한다.

제2절 부동산에 대한 강제집행

제1관 통칙

제78조 (집행방법) ①부동산에 대한 강제집행은 채권자의 신청에

따라 법원이 한다.

②강제집행은 다음 각호의 방법으로 한다.

1. 강제경매

2. 강제관리

③채권자는 자기의 선택에 의하여 제2항 각호 가운데 어느 한 가지 방법으로 집행하게 하거나 두 가지 방법을 함께 사용하여 집행하게 할 수 있다.

④강제관리는 가압류를 집행할 때에도 할 수 있다.

제79조 (집행법원) ①부동산에 대한 강제집행은 그 부동산이 있는 곳의 지방법원이 관할한다.

②부동산이 여러 지방법원의 관할구역에 있는 때에는 각 지방법원에 관할권이 있다. 이 경우 법원이 필요하다고 인정한 때에는 사건을 다른 관할 지방법원으로 이송할 수 있다.

제2관 강제경매

제80조 (강제경매신청서) 강제경매신청서에는 다음 각호의 사항을 적어야 한다.

1. 채권자·채무자와 법원의 표시

2. 부동산의 표시

3. 경매의 이유가 된 일정한 채권과 집행할 수 있는 일정한 집행권원

제81조 (첨부서류) ①강제경매신청서에는 집행력 있는 정본 외에 다음 각호 가운데 어느 하나에 해당하는 서류를 붙여야 한다.

　1. 채무자의 소유로 등기된 부동산에 대하여는 등기부등본

　2. 채무자의 소유로 등기되지 아니한 부동산에 대하여는 즉시 채무자명의로 등기할 수 있다는 것을 증명할 서류. 다만, 그 부동산이 등기되지 아니한 건물인 경우에는 그 건물이 채무자의 소유임을 증명할 서류, 그 건물의 지번·구조·면적을 증명할 서류 및 그 건물에 관한 건축허가 또는 건축신고를 증명할 서류

　②채권자는 공적 장부를 주관하는 공공기관에 제1항제2호 단서의 사항들을 증명하여 줄 것을 청구할 수 있다.

　③제1항제2호 단서의 경우에 건물의 지번·구조·면적을 증명하지 못한 때에는, 채권자는 경매신청과 동시에 그 조사를 집행법원에 신청할 수 있다.

　④제3항의 경우에 법원은 집행관에게 그 조사를 하게 하여야 한다.

　⑤강제관리를 하기 위하여 이미 부동산을 압류한 경우에 그 집행기록에 제1항 각호 가운데 어느 하나에 해당하는 서류가 붙어 있으면 다시 그 서류를 붙이지 아니할 수 있다.

제82조 (집행관의 권한) ①집행관은 제81조제4항의 조사를 위하여 건물에 출입할 수 있고, 채무자 또는 건물을 점유하는 제3자에게 질문하거나 문서를 제시하도록 요구할 수 있다.

　②집행관은 제1항의 규정에 따라 건물에 출입하기 위하여 필요한 때에는 잠긴 문을 여는 등 적절한 처분을 할 수 있다.

제83조 (경매개시결정 등) ①경매절차를 개시하는 결정에는 동시에 그 부동산의 압류를 명하여야 한다.

②압류는 부동산에 대한 채무자의 관리·이용에 영향을 미치지 아니한다.

③경매절차를 개시하는 결정을 한 뒤에는 법원은 직권으로 또는 이해관계인의 신청에 따라 부동산에 대한 침해행위를 방지하기 위하여 필요한 조치를 할 수 있다.

④압류는 채무자에게 그 결정이 송달된 때 또는 제94조의 규정에 따른 등기가 된 때에 효력이 생긴다.

⑤강제경매신청을 기각하거나 각하하는 재판에 대하여는 즉시항고를 할 수 있다.

제84조 (배당요구의 종기결정 및 공고) ①경매개시결정에 따른 압류의 효력이 생긴 때(그 경매개시결정전에 다른 경매개시결정이 있은 경우를 제외한다)에는 집행법원은 절차에 필요한 기간을 감안하여 배당요구를 할 수 있는 종기(終期)를 첫 매각기일 이전으로 정한다.

②배당요구의 종기가 정하여진 때에는 법원은 경매개시결정을 한 취지 및 배당요구의 종기를 공고하고, 제91조제4항 단서의 전세권자 및 법원에 알려진 제88조제1항의 채권자에게 이를 고지하여야 한다.

③제1항의 배당요구의 종기결정 및 제2항의 공고는 경매개시결정에 따른 압류의 효력이 생긴 때부터 1주 이내에 하여야 한다.

④법원사무관등은 제148조제3호 및 제4호의 채권자 및 조세, 그

밖의 공과금을 주관하는 공공기관에 대하여 채권의 유무, 그 원인 및 액수(원금·이자·비용, 그 밖의 부대채권(附帶債權)을 포함한다)를 배당요구의 종기까지 법원에 신고하도록 최고하여야 한다.

⑤제148조제3호 및 제4호의 채권자가 제4항의 최고에 대한 신고를 하지 아니한 때에는 그 채권자의 채권액은 등기부등본 등 집행기록에 있는 서류와 증빙(證憑)에 따라 계산한다. 이 경우 다시 채권액을 추가하지 못한다.

⑥법원은 특별히 필요하다고 인정하는 경우에는 배당요구의 종기를 연기할 수 있다.

⑦제6항의 경우에는 제2항 및 제4항의 규정을 준용한다. 다만, 이미 배당요구 또는 채권신고를 한 사람에 대하여는 같은 항의 고지 또는 최고를 하지 아니한다.

제85조 (현황조사) ①법원은 경매개시결정을 한 뒤에 바로 집행관에게 부동산의 현상, 점유관계, 차임(借賃) 또는 보증금의 액수, 그 밖의 현황에 관하여 조사하도록 명하여야 한다.

②집행관이 제1항의 규정에 따라 부동산을 조사할 때에는 그 부동산에 대하여 제82조에 규정된 조치를 할 수 있다.

제86조 (경매개시결정에 대한 이의신청) ①이해관계인은 매각대금이 모두 지급될 때까지 법원에 경매개시결정에 대한 이의신청을 할 수 있다.

②제1항의 신청을 받은 법원은 제16조제2항에 준하는 결정을 할 수 있다.

③제1항의 신청에 관한 재판에 대하여 이해관계인은 즉시항고를 할 수 있다.

제87조 (압류의 경합) ①강제경매절차 또는 담보권 실행을 위한 경매절차를 개시하는 결정을 한 부동산에 대하여 다른 강제경매의 신청이 있는 때에는 법원은 다시 경매개시결정을 하고, 먼저 경매개시결정을 한 집행절차에 따라 경매한다.

②먼저 경매개시결정을 한 경매신청이 취하되거나 그 절차가 취소된 때에는 법원은 제91조제1항의 규정에 어긋나지 아니하는 한도 안에서 뒤의 경매개시결정에 따라 절차를 계속 진행하여야 한다.

③제2항의 경우에 뒤의 경매개시결정이 배당요구의 종기 이후의 신청에 의한 것인 때에는 집행법원은 새로이 배당요구를 할 수 있는 종기를 정하여야 한다. 이 경우 이미 제84조제2항 또는 제4항의 규정에 따라 배당요구 또는 채권신고를 한 사람에 대하여는 같은 항의 고지 또는 최고를 하지 아니한다.

④먼저 경매개시결정을 한 경매절차가 정지된 때에는 법원은 신청에 따라 결정으로 뒤의 경매개시결정(배당요구의 종기까지 행하여진 신청에 의한 것에 한한다)에 기초하여 절차를 계속하여 진행할 수 있다. 다만, 먼저 경매개시결정을 한 경매절차가 취소되는 경우 제105조제1항제3호의 기재사항이 바뀔 때에는 그러하지 아니하다.

⑤제4항의 신청에 대한 재판에 대하여는 즉시항고를 할 수 있다.

제88조 (배당요구) ①집행력 있는 정본을 가진 채권자, 경매개시결정이 등기된 뒤에 가압류를 한 채권자, 민법·상법, 그 밖의 법률에 의하여 우선변제청구권이 있는 채권자는 배당요구를 할 수 있다.

②배당요구에 따라 매수인이 인수하여야 할 부담이 바뀌는 경우 배당요구를 한 채권자는 배당요구의 종기가 지난 뒤에 이를 철회하지 못한다.

제89조 (이중경매신청 등의 통지) 법원은 제87조제1항 및 제88조제1항의 신청이 있는 때에는 그 사유를 이해관계인에게 통지하여야 한다.

제90조 (경매절차의 이해관계인) 경매절차의 이해관계인은 다음 각 호의 사람으로한다.
  1. 압류채권자와 집행력 있는 정본에 의하여 배당을 요구한 채권자
  2. 채무자 및 소유자
  3. 등기부에 기입된 부동산 위의 권리자
  4. 부동산 위의 권리자로서 그 권리를 증명한 사람

제91조 (인수주의와 잉여주의의 선택 등) ①압류채권자의 채권에 우선하는 채권에 관한 부동산의 부담을 매수인에게 인수하게 하거나, 매각대금으로 그 부담을 변제하는 데 부족하지 아니하다는 것이 인정된 경우가 아니면 그 부동산을 매각하지못한다.

②매각부동산 위의 모든 저당권은 매각으로 소멸된다.

③지상권·지역권·전세권 및 등기된 임차권은 저당권·압류채권·가압류채권에 대항할 수 없는 경우에는 매각으로 소멸된다.

④제3항의 경우 외의 지상권·지역권·전세권 및 등기된 임차권은 매수인이 인수한다. 다만, 그중 전세권의 경우에는 전세권자가 제88조에 따라 배당요구를 하면 매각으로 소멸된다.

⑤매수인은 유치권자(留置權者)에게 그 유치권(留置權)으로 담보하는 채권을 변제할 책임이 있다.

제92조 (제3자와 압류의 효력) ①제3자는 권리를 취득할 때에 경매신청 또는 압류가 있다는 것을 알았을 경우에는 압류에 대항하지 못한다.

②부동산이 압류채권을 위하여 의무를 진 경우에는 압류한 뒤 소유권을 취득한 제3자가 소유권을 취득할 때에 경매신청 또는 압류가 있다는 것을 알지 못하였더라도 경매절차를 계속하여 진행하여야 한다.

제93조 (경매신청의 취하) ①경매신청이 취하되면 압류의 효력은 소멸된다.

②매수신고가 있은 뒤 경매신청을 취하하는 경우에는 최고가매수신고인 또는 매수인과 제114조의 차순위매수신고인의 동의를 받아야 그 효력이 생긴다.

③제49조제3호 또는 제6호의 서류를 제출하는 경우에는 제1항 및 제2항의 규정을, 제49조제4호의 서류를 제출하는 경우에는 제2항의 규정을 준용한다.

제94조 (경매개시결정의 등기) ①법원이 경매개시결정을 하면 법원사무관등은 즉시 그 사유를 등기부에 기입하도록 등기관(登記官)에게 촉탁하여야 한다.

②등기관은 제1항의 촉탁에 따라 경매개시결정사유를 기입하여야 한다.

제95조 (등기부등본의 송부) 등기관은 제94조에 따라 경매개시결정사유를 등기부에 기입한 뒤 그 등기부의 등본을 법원에 보내야 한다.

제96조 (부동산의 멸실 등으로 말미암은 경매취소) ①부동산이 없어지거나 매각 등으로 말미암아 권리를 이전할 수 없는 사정이 명백하게 된 때에는 법원은 강제경매의 절차를 취소하여야 한다.

②제1항의 취소결정에 대하여는 즉시항고를 할 수 있다.

제97조 (부동산의 평가와 최저매각가격의 결정) ①법원은 감정인(鑑定人)에게 부동산을 평가하게 하고 그 평가액을 참작하여 최저매각가격을 정하여야 한다.

②감정인은 제1항의 평가를 위하여 필요하면 제82조제1항에 규정된 조치를 할 수 있다.

③감정인은 제7조의 규정에 따라 집행관의 원조를 요구하는 때에는 법원의 허가를 얻어야 한다.

제98조 (일괄매각결정) ①법원은 여러 개의 부동산의 위치·형태·이

용관계 등을 고려하여 이를 일괄매수하게 하는 것이 알맞다고 인정하는 경우에는 직권으로 또는 이해관계인의 신청에 따라 일괄매각하도록 결정할 수 있다.

②법원은 부동산을 매각할 경우에 그 위치·형태·이용관계 등을 고려하여 다른 종류의 재산(금전채권을 제외한다)을 그 부동산과 함께 일괄매수하게 하는 것이 알맞다고 인정하는 때에는 직권으로 또는 이해관계인의 신청에 따라 일괄매각하도록 결정할 수 있다.

③제1항 및 제2항의 결정은 그 목적물에 대한 매각기일 이전까지 할 수 있다.

제99조 (일괄매각사건의 병합) ①법원은 각각 경매신청된 여러 개의 재산 또는 다른 법원이나 집행관에 계속된 경매사건의 목적물에 대하여 제98조제1항 또는 제2항의 결정을 할 수 있다.

②다른 법원이나 집행관에 계속된 경매사건의 목적물의 경우에 그 다른 법원 또는 집행관은 그 목적물에 대한 경매사건을 제1항의 결정을 한 법원에 이송한다.

③제1항 및 제2항의 경우에 법원은 그 경매사건들을 병합한다.

제100조 (일괄매각사건의 관할) 제98조 및 제99조의 경우에는 민사소송법 제31조에 불구하고 같은 법 제25조의 규정을 준용한다. 다만, 등기할 수 있는 선박에 관한 경매사건에 대하여서는 그러하지 아니하다.

제101조 (일괄매각절차) ①제98조 및 제99조의 일괄매각결정에 따

른 매각절차는 이 관의 규정에 따라 행한다. 다만, 부동산 외의 재산의 압류는 그 재산의 종류에 따라 해당되는 규정에서 정하는 방법으로 행하고, 그 중에서 집행관의 압류에 따르는 재산의 압류는 집행법원이 집행관에게 이를 압류하도록 명하는 방법으로 행한다.

②제1항의 매각절차에서 각 재산의 대금액을 특정할 필요가 있는 경우에는 각 재산에 대한 최저매각가격의 비율을 정하여야 하며, 각 재산의 대금액은 총대금액을 각 재산의 최저매각가격비율에 따라 나눈 금액으로 한다. 각 재산이 부담할 집행비용액을 특정할 필요가 있는 경우에도 또한 같다.

③여러 개의 재산을 일괄매각하는 경우에 그 가운데 일부의 매각대금으로 모든 채권자의 채권액과 강제집행비용을 변제하기에 충분하면 다른 재산의 매각을 허가하지 아니한다. 다만, 토지와 그 위의 건물을 일괄매각하는 경우나 재산을 분리하여 매각하면 그 경제적 효용이 현저하게 떨어지는 경우 또는 채무자의 동의가 있는 경우에는 그러하지 아니하다.

④제3항 본문의 경우에 채무자는 그 재산 가운데 매각할 것을 지정할 수 있다.

⑤일괄매각절차에 관하여 이 법에서 정한 사항을 제외하고는 대법원규칙으로 정한다.

제102조 (남을 가망이 없을 경우의 경매취소) ①법원은 최저매각가격으로 압류채권자의 채권에 우선하는 부동산의 모든 부담과 절차비용을 변제하면 남을 것이 없겠다고 인정한 때에는 압류채권자에게 이를 통지하여야 한다.

②압류채권자가 제1항의 통지를 받은 날부터 1주 이내에 제1항의 부담과 비용을 변제하고 남을 만한 가격을 정하여 그 가격에 맞는 매수신고가 없을 때에는 자기가 그 가격으로 매수하겠다고 신청하면서 충분한 보증을 제공하지 아니하면, 법원은 경매절차를 취소하여야 한다.

③제2항의 취소 결정에 대하여는 즉시항고를 할 수 있다.

제103조 (강제경매의 매각방법) ①부동산의 매각은 집행법원이 정한 매각방법에 따른다.

②부동산의 매각은 매각기일에 하는 호가경매(呼價競賣), 매각기일에 입찰 및 개찰하게 하는 기일입찰 또는 입찰기간 이내에 입찰하게 하여 매각기일에 개찰하는 기간입찰의 세가지 방법으로 한다.

③부동산의 매각절차에 관하여 필요한 사항은 대법원규칙으로 정한다.

제104조 (매각기일과 매각결정기일 등의 지정) ①법원은 최저매각가격으로 제102조제1항의 부담과 비용을 변제하고도 남을 것이 있다고 인정하거나 압류채권자가 제102조제2항의 신청을 하고 충분한 보증을 제공한 때에는 직권으로 매각기일과 매각결정기일을 정하여 대법원규칙이 정하는 방법으로 공고한다.

②법원은 매각기일과 매각결정기일을 이해관계인에게 통지하여야 한다.

③제2항의 통지는 집행기록에 표시된 이해관계인의 주소에 대법원규칙이 정하는 방법으로 발송할 수 있다.

④기간입찰의 방법으로 매각할 경우에는 입찰기간에 관하여도 제1항 내지 제3항의 규정을 적용한다.

제105조 (매각물건명세서 등) ①법원은 다음 각호의 사항을 적은 매각물건명세서를 작성하여야 한다.

1. 부동산의 표시

2. 부동산의 점유자와 점유의 권원, 점유할 수 있는 기간, 차임 또는 보증금에 관한 관계인의 진술

3. 등기된 부동산에 대한 권리 또는 가처분으로서 매각으로 효력을 잃지 아니하는 것

4. 매각에 따라 설정된 것으로 보게 되는 지상권의 개요

②법원은 매각물건명세서·현황조사보고서 및 평가서의 사본을 법원에 비치하여 누구든지 볼 수 있도록 하여야 한다.

제106조 (매각기일의 공고내용) 매각기일의 공고내용에는 다음 각호의 사항을 적어야 한다.

1. 부동산의 표시

2. 강제집행으로 매각한다는 취지와 그 매각방법

3. 부동산의 점유자, 점유의 권원, 점유하여 사용할 수 있는 기간, 차임 또는 보증금약정 및 그 액수

4. 매각기일의 일시·장소, 매각기일을 진행할 집행관의 성명 및 기간입찰의 방법으로 매각할 경우에는 입찰기간·장소

5. 최저매각가격

6. 매각결정기일의 일시·장소

   7. 매각물건명세서·현황조사보고서 및 평가서의 사본을 매각기일 전에 법원에 비치하여 누구든지 볼 수 있도록 제공한다는 취지

   8. 등기부에 기입할 필요가 없는 부동산에 대한 권리를 가진 사람은 채권을 신고하여야 한다는 취지

   9. 이해관계인은 매각기일에 출석할 수 있다는 취지

제107조 (매각장소) 매각기일은 법원안에서 진행하여야 한다. 다만, 집행관은 법원의 허가를 얻어 다른 장소에서 매각기일을 진행할 수 있다.

제108조 (매각장소의 질서유지) 집행관은 다음 각호 가운데 어느 하나에 해당한다고 인정되는 사람에 대하여 매각장소에 들어오지 못하도록 하거나 매각장소에서 내보내거나 매수의 신청을 하지 못하도록 할 수 있다.

   1. 다른 사람의 매수신청을 방해한 사람

   2. 부당하게 다른 사람과 담합하거나 그 밖에 매각의 적정한 실시를 방해한 사람

   3. 제1호 또는 제2호의 행위를 교사(敎唆)한 사람

   4. 민사집행절차에서의 매각에 관하여 형법 제136조·제137조·제140조·제140조의2·제142조·제315조 및 제323조 내지 제327조에 규정된 죄로 유죄판결을 받고 그 판결확정일부터 2년이 지나지 아니한 사람

제109조 (매각결정기일) ①매각결정기일은 매각기일부터 1주 이내

로 정하여야 한다.

　②매각결정절차는 법원안에서 진행하여야 한다.

제110조 (합의에 의한 매각조건의 변경) ①최저매각가격 외의 매각조건은 법원이 이해관계인의 합의에 따라 바꿀 수 있다.

　②이해관계인은 배당요구의 종기까지 제1항의 합의를 할 수 있다.

제111조 (직권에 의한 매각조건의 변경) ①거래의 실상을 반영하거나 경매절차를 효율적으로 진행하기 위하여 필요한 경우에 법원은 배당요구의 종기까지 매각조건을 바꾸거나 새로운 매각조건을 설정할 수 있다.

　②이해관계인은 제1항의 재판에 대하여 즉시항고를 할 수 있다.

　③제1항의 경우에 법원은 집행관에게 부동산에 대하여 필요한 조사를 하게 할 수 있다.

제112조 (매각기일의 진행) 집행관은 기일입찰 또는 호가경매의 방법에 의한 매각기일에는 매각물건명세서·현황조사보고서 및 평가서의 사본을 볼 수 있게 하고, 특별한 매각조건이 있는 때에는 이를 고지하며, 법원이 정한 매각방법에 따라 매수가격을 신고하도록 최고하여야 한다.

제113조 (매수신청의 보증) 매수신청인은 대법원규칙이 정하는 바에 따라 집행법원이 정하는 금액과 방법에 맞는 보증을 집행관에게

제공하여야 한다.

제114조 (차순위매수신고) ①최고가매수신고인 외의 매수신고인은 매각기일을 마칠 때까지 집행관에게 최고가매수신고인이 대금지급기한까지 그 의무를 이행하지 아니하면 자기의 매수신고에 대하여 매각을 허가하여 달라는 취지의 신고(이하 "차순위매수신고"라 한다)를 할 수 있다.

②차순위매수신고는 그 신고액이 최고가매수신고액에서 그 보증액을 뺀 금액을 넘는 때에만 할 수 있다.

제115조 (매각기일의 종결) ①집행관은 최고가매수신고인의 성명과 그 가격을 부르고 차순위매수신고를 최고한 뒤, 적법한 차순위매수신고가 있으면 차순위매수신고인을 정하여 그 성명과 가격을 부른 다음 매각기일을 종결한다고 고지하여야 한다.

②차순위매수신고를 한 사람이 둘 이상인 때에는 신고한 매수가격이 높은 사람을 차순위매수신고인으로 정한다. 신고한 매수가격이 같은 때에는 추첨으로 차순위매수신고인을 정한다.

③최고가매수신고인과 차순위매수신고인을 제외한 다른 매수신고인은 제1항의 고지에 따라 매수의 책임을 벗게 되고, 즉시 매수신청의 보증을 돌려 줄 것을 신청할 수 있다.

④기일입찰 또는 호가경매의 방법에 의한 매각기일에서 매각기일을 마감할 때까지 허가할 매수가격의 신고가 없는 때에는 집행관은 즉시 매각기일의 마감을 취소하고 같은 방법으로 매수가격을 신고하도록 최고할 수 있다.

⑤제4항의 최고에 대하여 매수가격의 신고가 없어 매각기일을 마감하는 때에는 매각기일의 마감을 다시 취소하지 못한다.

제116조 (매각기일조서) ①매각기일조서에는 다음 각호의 사항을 적어야 한다.

1. 부동산의 표시

2. 압류채권자의 표시

3. 매각물건명세서·현황조사보고서 및 평가서의 사본을 볼 수 있게 한 일

4. 특별한 매각조건이 있는 때에는 이를 고지한 일

5. 매수가격의 신고를 최고한 일

6. 모든 매수신고가격과 그 신고인의 성명·주소 또는 허가할 매수가격의 신고가 없는 일

7. 매각기일을 마감할 때까지 허가할 매수가격의 신고가 없어 매각기일의 마감을 취소하고 다시 매수가격의 신고를 최고한 일

8. 최종적으로 매각기일의 종결을 고지한 일시

9. 매수하기 위하여 보증을 제공한 일 또는 보증을 제공하지 아니하므로 그 매수를 허가하지 아니한 일

10. 최고가매수신고인과 차순위매수신고인의 성명과 그 가격을 부른 일

②최고가매수신고인 및 차순위매수신고인과 출석한 이해관계인은 조서에 서명날인하여야 한다. 그들이 서명날인할 수 없을 때에는 집행관이 그 사유를 적어야 한다.

③집행관이 매수신청의 보증을 돌려 준 때에는 영수증을 받아 조

서에 붙여야 한다.

제117조 (조서와 금전의 인도) 집행관은 매각기일조서와 매수신청
의 보증으로 받아 돌려주지 아니한 것을 매각기일부터 3일 이내에
법원사무관등에게 인도하여야 한다.

제118조 (최고가매수신고인 등의 송달영수인신고) ①최고가매수신
고인과 차순위매수신고인은 대한민국안에 주소·거소와 사무소가 없
는 때에는 대한민국안에 송달이나 통지를 받을 장소와 영수인을 정
하여 법원에 신고하여야 한다.
　②최고가매수신고인이나 차순위매수신고인이 제1항의 신고를 하
지 아니한 때에는 법원은 그에 대한 송달이나 통지를 하지 아니할
수 있다.
　③제1항의 신고는 집행관에게 말로 할 수 있다. 이 경우 집행관
은 조서에 이를 적어야 한다.

제119조 (새 매각기일) 허가할 매수가격의 신고가 없이 매각기일
이 최종적으로 마감된 때에는 제91조제1항의 규정에 어긋나지 아
니하는 한도에서 법원은 최저매각가격을 상당히 낮추고 새 매각기
일을 정하여야 한다. 그 기일에 허가할 매수가격의 신고가 없는 때
에도 또한 같다.

제120조 (매각결정기일에서의 진술) ①법원은 매각결정기일에 출
석한 이해관계인에게 매각허가에 관한 의견을 진술하게 하여야 한

다.

②매각허가에 관한 이의는 매각허가가 있을 때까지 신청하여야
한다. 이미 신청한 이의에 대한 진술도 또한 같다.

제121조 (매각허가에 대한 이의신청사유) 매각허가에 관한 이의는
다음 각호 가운데 어느 하나에 해당하는 이유가 있어야 신청할 수
있다.

1. 강제집행을 허가할 수 없거나 집행을 계속 진행할 수 없을 때

2. 최고가매수신고인이 부동산을 매수할 능력이나 자격이 없는
때

3. 부동산을 매수할 자격이 없는 사람이 최고가매수신고인을 내
세워 매수신고를 한 때

4. 최고가매수신고인, 그 대리인 또는 최고가매수신고인을 내세워
매수신고를 한 사람이 제108조 각호 가운데 어느 하나에 해당되는
때

5. 최저매각가격의 결정, 일괄매각의 결정 또는 매각물건명세서의
작성에 중대한 흠이 있는 때

6. 천재지변, 그 밖에 자기가 책임을 질 수 없는 사유로 부동산이
현저하게 훼손된 사실 또는 부동산에 관한 중대한 권리관계가 변동
된 사실이 경매절차의 진행중에 밝혀진 때

7. 경매절차에 그 밖의 중대한 잘못이 있는 때

제122조 (이의신청의 제한) 이의는 다른 이해관계인의 권리에 관
한 이유로 신청하지못한다.

제123조 (매각의 불허) ①법원은 이의신청이 정당하다고 인정한 때에는 매각을 허가하지 아니한다.

②제121조에 규정한 사유가 있는 때에는 직권으로 매각을 허가하지 아니한다. 다만, 같은 조 제2호 또는 제3호의 경우에는 능력 또는 자격의 흠이 제거되지 아니한 때에 한한다.

제124조 (과잉매각되는 경우의 매각불허가) ①여러 개의 부동산을 매각하는 경우에 한 개의 부동산의 매각대금으로 모든 채권자의 채권액과 강제집행비용을 변제하기에 충분하면 다른 부동산의 매각을 허가하지 아니한다. 다만, 제101조제3항 단서에 따른 일괄매각의 경우에는 그러하지 아니하다.

②제1항 본문의 경우에 채무자는 그 부동산 가운데 매각할 것을 지정할 수 있다.

제125조 (매각을 허가하지 아니할 경우의 새 매각기일) ①제121조와 제123조의 규정에 따라 매각을 허가하지 아니하고 다시 매각을 명하는 때에는 직권으로 새 매각기일을 정하여야 한다.

②제121조제6호의 사유로 제1항의 새 매각기일을 열게 된 때에는 제97조 내지 제105조의 규정을 준용한다.

제126조 (매각허가여부의 결정선고) ①매각을 허가하거나 허가하지 아니하는 결정은 선고하여야 한다.

②매각결정기일조서에는 민사소송법 제152조 내지 제154조와 제156조 내지 제158조 및 제164조의 규정을 준용한다.

③제1항의 결정은 확정되어야 효력을 가진다.

제127조 (매각허가결정의 취소신청) ①제121조제6호에서 규정한 사실이 매각허가결정의 확정 뒤에 밝혀진 경우에는 매수인은 대금을 낼 때까지 매각허가결정의 취소신청을 할 수 있다.

②제1항의 신청에 관한 결정에 대하여는 즉시항고를 할 수 있다.

제128조 (매각허가결정) ①매각허가결정에는 매각한 부동산, 매수인과 매각가격을 적고 특별한 매각조건으로 매각한 때에는 그 조건을 적어야 한다.

②제1항의 결정은 선고하는 외에 대법원규칙이 정하는 바에 따라 공고하여야 한다.

제129조 (이해관계인 등의 즉시항고) ①이해관계인은 매각허가여부의 결정에 따라 손해를 볼 경우에만 그 결정에 대하여 즉시항고를 할 수 있다.

②매각허가에 정당한 이유가 없거나 결정에 적은 것 외의 조건으로 허가하여야 한다고 주장하는 매수인 또는 매각허가를 주장하는 매수신고인도 즉시항고를 할 수 있다.

③제1항 및 제2항의 경우에 매각허가를 주장하는 매수신고인은 그 신청한 가격에 대하여 구속을 받는다.

제130조 (매각허가여부에 대한 항고) ①매각허가결정에 대한 항고는 이 법에 규정한 매각허가에 대한 이의신청사유가 있다거나, 그

결정절차에 중대한 잘못이 있다는 것을 이유로 드는 때에만 할 수 있다.

②민사소송법 제451조제1항 각호의 사유는 제1항의 규정에 불구하고 매각허가 또는 불허가결정에 대한 항고의 이유로 삼을 수 있다.

③매각허가결정에 대하여 항고를 하고자 하는 사람은 보증으로 매각대금의 10분의 1에 해당하는 금전 또는 법원이 인정한 유가증권을 공탁하여야 한다.

④항고를 제기하면서 항고장에 제3항의 보증을 제공하였음을 증명하는 서류를 붙이지 아니한 때에는 원심법원은 항고장을 받은 날부터 1주 이내에 결정으로 이를 각하하여야 한다.

⑤제4항의 결정에 대하여는 즉시항고를 할 수 있다.

⑥채무자 및 소유자가 한 제3항의 항고가 기각된 때에는 항고인은 보증으로 제공한 금전이나 유가증권을 돌려 줄 것을 요구하지 못한다.

⑦채무자 및 소유자 외의 사람이 한 제3항의 항고가 기각된 때에는 항고인은 보증으로 제공한 금전이나, 유가증권을 현금화한 금액 가운데 항고를 한 날부터 항고기각결정이 확정된 날까지의 매각대금에 대한 대법원규칙이 정하는 이율에 의한 금액(보증으로 제공한 금전이나, 유가증권을 현금화한 금액을 한도로 한다)에 대하여는 돌려 줄 것을 요구할 수 없다. 다만, 보증으로 제공한 유가증권을 현금화하기 전에 위의 금액을 항고인이 지급한 때에는 그 유가증권을 돌려 줄 것을 요구할 수 있다.

⑧항고인이 항고를 취하한 경우에는 제6항 또는 제7항의 규정을

준용한다.

제131조 (항고심의 절차) ①항고법원은 필요한 경우에 반대진술을 하게 하기 위하여 항고인의 상대방을 정할 수 있다.
　②한 개의 결정에 대한 여러 개의 항고는 병합한다.
　③항고심에는 제122조의 규정을 준용한다.

제132조 (항고법원의 재판과 매각허가여부결정) 항고법원이 집행법원의 결정을 취소하는 경우에 그 매각허가여부의 결정은 집행법원이 한다.

제133조 (매각을 허가하지 아니하는 결정의 효력) 매각을 허가하지 아니한 결정이 확정된 때에는 매수인과 매각허가를 주장한 매수신고인은 매수에 관한 책임이 면제된다.

제134조 (최저매각가격의 결정부터 새로할 경우) 제127조의 규정에 따라 매각허가결정을 취소한 경우에는 제97조 내지 제105조의 규정을 준용한다.

제135조 (소유권의 취득시기) 매수인은 매각대금을 다 낸 때에 매각의 목적인 권리를 취득한다.

제136조 (부동산의 인도명령 등) ①법원은 매수인이 대금을 낸 뒤 6월 이내에 신청하면 채무자·소유자 또는 부동산 점유자에 대하여

부동산을 매수인에게 인도하도록 명할 수 있다. 다만, 점유자가 매수인에게 대항할 수 있는 권원에 의하여 점유하고 있는 것으로 인정되는 경우에는 그러하지 아니다.

②법원은 매수인 또는 채권자가 신청하면 매각허가가 결정된 뒤 인도할 때까지 관리인에게 부동산을 관리하게 할 것을 명할 수 있다.

③제2항의 경우 부동산의 관리를 위하여 필요하면 법원은 매수인 또는 채권자의 신청에 따라 담보를 제공하게 하거나 제공하게 하지 아니하고 제1항의 규정에 준하는 명령을 할 수 있다.

④법원이 채무자 및 소유자 외의 점유자에 대하여 제1항 또는 제3항의 규정에 따른 인도명령을 하려면 그 점유자를 심문하여야 한다. 다만, 그 점유자가 매수인에게 대항할 수 있는 권원에 의하여 점유하고 있지 아니함이 명백한 때 또는 이미 그 점유자를 심문한 때에는 그러하지 아니다.

⑤제1항 내지 제3항의 신청에 관한 결정에 대하여는 즉시항고를 할 수 있다.

⑥채무자·소유자 또는 점유자가 제1항과 제3항의 인도명령에 따르지 아니할 때에는 매수인 또는 채권자는 집행관에게 그 집행을 위임할 수 있다.

제137조 (차순위매수신고인에 대한 매각허가여부결정) ①차순위매수신고인이 있는 경우에 매수인이 대금지급기한까지 그 의무를 이행하지 아니한 때에는 차순위매수신고인에게 매각을 허가할 것인지를 결정하여야 한다. 다만, 제142조제4항의 경우에는 그러하지 아

니하다.

②차순위매수신고인에 대한 매각허가결정이 있는 때에는 매수인은 매수신청의 보증을 돌려 줄 것을 요구하지 못한다.

제138조 (재매각) ①매수인이 대금지급기한 또는 제142조제4항의 다시 정한 기한까지 그 의무를 완전히 이행하지 아니하였고, 차순위매수신고인이 없는 때에는 법원은 직권으로 부동산의 재매각을 명하여야 한다.

②재매각절차에도 종전에 정한 최저매각가격, 그 밖의 매각조건을 적용한다.

③매수인이 재매각기일의 3일 이전까지 대금, 그 지급기한이 지난 뒤부터 지급일까지의 대금에 대한 대법원규칙이 정하는 이율에 따른 지연이자와 절차비용을 지급한 때에는 재매각절차를 취소하여야 한다. 이 경우 차순위매수신고인이 매각허가결정을 받았던 때에는 위 금액을 먼저 지급한 매수인이 매매목적물의 권리를 취득한다.

④재매각절차에서는 전의 매수인은 매수신청을 할 수 없으며 매수신청의 보증을 돌려 줄 것을 요구하지 못한다.

제139조 (공유물지분에 대한 경매) ① 공유물지분을 경매하는 경우에는 채권자의 채권을 위하여 채무자의 지분에 대한 경매개시결정이 있음을 등기부에 기입하고 다른 공유자에게 그 경매개시결정이 있다는 것을 통지하여야 한다. 다만, 상당한 이유가 있는 때에는 통지하지 아니할 수 있다.

②최저매각가격은 공유물 전부의 평가액을 기본으로 채무자의 지분에 관하여 정하여야 한다. 다만, 그와 같은 방법으로 정확한 가치를 평가하기 어렵거나 그 평가에 부당하게 많은 비용이 드는 등 특별한 사정이 있는 경우에는 그러하지 아니하다.

제140조 (공유자의 우선매수권) ①공유자는 매각기일까지 제113조에 따른 보증을 제공하고 최고매수신고가격과 같은 가격으로 채무자의 지분을 우선매수하겠다는 신고를 할 수 있다.

②제1항의 경우에 법원은 최고가매수신고가 있더라도 그 공유자에게 매각을 허가하여야 한다.

③여러 사람의 공유자가 우선매수하겠다는 신고를 하고 제2항의 절차를 마친 때에는 특별한 협의가 없으면 공유지분의 비율에 따라 채무자의 지분을 매수하게 한다.

④제1항의 규정에 따라 공유자가 우선매수신고를 한 경우에는 최고가매수신고인을 제114조의 차순위매수신고인으로 본다.

제141조 (경매개시결정등기의 말소) 경매신청이 매각허가 없이 마쳐진 때에는 법원사무관등은 제94조와 제139조제1항의 규정에 따른 기입을 말소하도록 등기관에게 촉탁하여야 한다.

제142조 (대금의 지급) ①매각허가결정이 확정되면 법원은 대금의 지급기한을 정하고, 이를 매수인과 차순위매수신고인에게 통지하여야 한다.

②매수인은 제1항의 대금지급기한까지 매각대금을 지급하여야 한

다.

③매수신청의 보증으로 금전이 제공된 경우에 그 금전은 매각대금에 넣는다.

④매수신청의 보증으로 금전 외의 것이 제공된 경우로서 매수인이 매각대금중 보증액을 뺀 나머지 금액만을 낸 때에는, 법원은 보증을 현금화하여 그 비용을 뺀 금액을 보증액에 해당하는 매각대금 및 이에 대한 지연이자에 충당하고, 모자라는 금액이 있으면 다시 대금지급기한을 정하여 매수인으로 하여금 내게 한다.

⑤제4항의 지연이자에 대하여는 제138조제3항의 규정을 준용한다.

⑥차순위매수신고인은 매수인이 대금을 모두 지급한 때 매수의 책임을 벗게 되고 즉시 매수신청의 보증을 돌려 줄 것을 요구할 수 있다.

제143조 (특별한 지급방법) ①매수인은 매각조건에 따라 부동산의 부담을 인수하는 외에 배당표(配當表)의 실시에 관하여 매각대금의 한도에서 관계채권자의 승낙이 있으면 대금의 지급에 갈음하여 채무를 인수할 수 있다.

②채권자가 매수인인 경우에는 매각결정기일이 끝날 때까지 법원에 신고하고 배당받아야 할 금액을 제외한 대금을 배당기일에 낼 수 있다.

③제1항 및 제2항의 경우에 매수인이 인수한 채무나 배당받아야 할 금액에 대하여 이의가 제기된 때에는 매수인은 배당기일이 끝날 때까지 이에 해당하는 대금을 내야 한다.

제144조 (매각대금 지급 뒤의 조치) ①매각대금이 지급되면 법원사무관등은 매각허가결정의 등본을 붙여 다음 각호의 등기를 촉탁하여야 한다.

　1. 매수인 앞으로 소유권을 이전하는 등기

　2. 매수인이 인수하지 아니한 부동산의 부담에 관한 기입을 말소하는 등기

　3. 제94조 및 제139조제1항의 규정에 따른 경매개시결정등기를 말소하는 등기

　②제1항의 등기에 드는 비용은 매수인이 부담한다.

제145조 (매각대금의 배당) ①매각대금이 지급되면 법원은 배당절차를 밟아야 한다.

　②매각대금으로 배당에 참가한 모든 채권자를 만족하게 할 수 없는 때에는 법원은 민법·상법, 그 밖의 법률에 의한 우선순위에 따라 배당하여야 한다.

제146조 (배당기일) 매수인이 매각대금을 지급하면 법원은 배당에 관한 진술 및 배당을 실시할 기일을 정하고 이해관계인과 배당을 요구한 채권자에게 이를 통지하여야 한다. 다만, 채무자가 외국에 있거나 있는 곳이 분명하지 아니한 때에는 통지하지 아니한다.

제147조 (배당할 금액 등) ①배당할 금액은 다음 각호에 규정한 금액으로 한다.

　1. 대금

2. 제138조제3항 및 제142조제4항의 경우에는 대금지급기한이 지난 뒤부터 대금의 지급·충당까지의 지연이자

3. 제130조제6항의 보증(제130조제8항에 따라 준용되는 경우를 포함한다.)

4. 제130조제7항 본문의 보증 가운데 항고인이 돌려 줄 것을 요구하지 못하는 금액 또는 제130조제7항 단서의 규정에 따라 항고인이 낸 금액(각각 제130조제8항에 따라 준용되는 경우를 포함한다.)

5. 제138조제4항의 규정에 의하여 매수인이 돌려줄 것을 요구할 수 없는 보증(보증이 금전 외의 방법으로 제공되어 있는 때에는 보증을 현금화하여 그 대금에서 비용을 뺀 금액)

②제1항의 금액 가운데 채권자에게 배당하고 남은 금액이 있으면, 제1항제4호의 금액의 범위안에서 제1항제4호의 보증 등을 제공한 사람에게 돌려준다.

③제1항의 금액 가운데 채권자에게 배당하고 남은 금액으로 제1항제4호의 보증 등을 돌려주기 부족한 경우로서 그 보증 등을 제공한 사람이 여럿인 때에는 제1항제4호의 보증 등의 비율에 따라 나누어 준다.

제148조 (배당받을 채권자의 범위) 제147조제1항에 규정한 금액을 배당받을 채권자는 다음 각호에 규정된 사람으로 한다.

1. 배당요구의 종기까지 경매신청을 한 압류채권자

2. 배당요구의 종기까지 배당요구를 한 채권자

3. 첫 경매개시결정등기전에 등기된 가압류채권자

4. 저당권·전세권, 그 밖의 우선변제청구권으로서 첫 경매개시결정등기전에 등기되었고 매각으로 소멸하는 것을 가진 채권자

제149조 (배당표의 확정) ①법원은 채권자와 채무자에게 보여 주기 위하여 배당기일의 3일전에 배당표원안(配當表原案)을 작성하여 법원에 비치하여야 한다.

②법원은 출석한 이해관계인과 배당을 요구한 채권자를 심문하여 배당표를 확정하여야 한다.

제150조 (배당표의 기재 등) ①배당표에는 매각대금, 채권자의 채권의 원금, 이자, 비용, 배당의 순위와 배당의 비율을 적어야 한다.

②출석한 이해관계인과 배당을 요구한 채권자가 합의한 때에는 이에 따라 배당표를 작성하여야 한다.

제151조 (배당표에 대한 이의) ①기일에 출석한 채무자는 채권자의 채권 또는 그 채권의 순위에 대하여 이의할 수 있다.

②제1항의 규정에 불구하고 채무자는 제149조제1항에 따라 법원에 배당표원안이 비치된 이후 배당기일이 끝날 때까지 채권자의 채권 또는 그 채권의 순위에 대하여 서면으로 이의할 수 있다.

③기일에 출석한 채권자는 자기의 이해에 관계되는 범위 안에서는 다른 채권자를 상대로 그의 채권 또는 그 채권의 순위에 대하여 이의할 수 있다.

제152조 (이의의 완결) ①제151조의 이의에 관계된 채권자는 이에

대하여 진술하여야 한다.

②관계인이 제151조의 이의를 정당하다고 인정하거나 다른 방법으로 합의한 때에는 이에 따라 배당표를 경정(更正)하여 배당을 실시하여야 한다.

③제151조의 이의가 완결되지 아니한 때에는 이의가 없는 부분에 한하여 배당을 실시하여야 한다.

제153조 (불출석한 채권자) ①기일에 출석하지 아니한 채권자는 배당표와 같이 배당을 실시하는 데에 동의한 것으로 본다.

②기일에 출석하지 아니한 채권자가 다른 채권자가 제기한 이의에 관계된 때에는 그 채권자는 이의를 정당하다고 인정하지 아니한 것으로 본다.

제154조 (배당이의의 소 등) ①집행력 있는 집행권원의 정본을 가지지 아니한 채권자(가압류채권자를 제외한다)에 대하여 이의한 채무자와 다른 채권자에 대하여 이의한 채권자는 배당이의의 소를 제기하여야 한다.

②집행력 있는 집행권원의 정본을 가진 채권자에 대하여 이의한 채무자는 청구이의의 소를 제기하여야 한다.

③이의한 채권자나 채무자가 배당기일부터 1주 이내에 집행법원에 대하여 제1항의 소를 제기한 사실을 증명하는 서류를 제출하지 아니한 때 또는 제2항의 소를 제기한 사실을 증명하는 서류와 그 소에 관한 집행정지재판의 정본을 제출하지 아니한 때에는 이의가 취하된 것으로 본다.

450

제155조 (이의한 사람 등의 우선권 주장) 이의한 채권자가 제154
조제3항의 기간을 지키지 아니한 경우에도 배당표에 따른 배당을
받은 채권자에 대하여 소로 우선권 및 그 밖의 권리를 행사하는 데
영향을 미치지 아니한다.

제156조 (배당이의의 소의 관할) ①제154조제1항의 배당이의의 소
는 배당을 실시한 집행법원이 속한 지방법원의 관할로 한다. 다만,
소송물이 단독판사의 관할에 속하지 아니할 경우에는 지방법원의
합의부가 이를 관할한다.
  ②여러 개의 배당이의의 소가 제기된 경우에 한 개의 소를 합의
부가 관할하는 때에는 그 밖의 소도 함께 관할한다.
  ③이의한 사람과 상대방이 이의에 관하여 단독판사의 재판을 받
을 것을 합의한 경우에는 제1항 단서와 제2항의 규정을 적용하지
아니한다.

제157조 (배당이의의 소의 판결) 배당이의의 소에 대한 판결에서
는 배당액에 대한 다툼이 있는 부분에 관하여 배당을 받을 채권자
와 그 액수를 정하여야 한다. 이를 정하는 것이 적당하지 아니하다
고 인정한 때에는 판결에서 배당표를 다시 만들고 다른 배당절차를
밟도록 명하여야 한다.

제158조 (배당이의의 소의 취하간주) 이의한 사람이 배당이의의
소의 첫 변론기일에 출석하지 아니한 때에는 소를 취하한 것으로

본다.

제159조 (배당실시절차·배당조서) ①법원은 배당표에 따라 제2항 및 제3항에 규정된 절차에 의하여 배당을 실시하여야 한다.

②채권 전부의 배당을 받을 채권자에게는 배당액지급증을 교부하는 동시에 그가 가진 집행력 있는 정본 또는 채권증서를 받아 채무자에게 교부하여야 한다.

③채권 일부의 배당을 받을 채권자에게는 집행력 있는 정본 또는 채권증서를 제출하게 한 뒤 배당액을 적어서 돌려주고 배당액지급증을 교부하는 동시에 영수증을 받아 채무자에게 교부하여야 한다.

④제1항 내지 제3항의 배당실시절차는 조서에 명확히 적어야 한다.

제160조 (배당금액의 공탁) ①배당을 받아야 할 채권자의 채권에 대하여 다음 각호 가운데 어느 하나의 사유가 있으면 그에 대한 배당액을 공탁하여야 한다.

1. 채권에 정지조건 또는 불확정기한이 붙어 있는 때

2. 가압류채권자의 채권인 때

3. 제49조제2호 및 제266조제1항제5호에 규정된 문서가 제출되어 있는 때

4. 저당권설정의 가등기가 마쳐져 있는 때

5. 제154조제1항에 의한 배당이의의 소가 제기된 때

6. 민법 제340조제2항 및 같은 법 제370조에 따른 배당금액의 공탁청구가 있는 때

②채권자가 배당기일에 출석하지 아니한 때에는 그에 대한 배당액을 공탁하여야 한다.

제161조 (공탁금에 대한 배당의 실시) ①법원이 제160조제1항의 규정에 따라 채권자에 대한 배당액을 공탁한 뒤 공탁의 사유가 소멸한 때에는 법원은 공탁금을 지급하거나 공탁금에 대한 배당을 실시하여야 한다.

②제1항에 따라 배당을 실시함에 있어서 다음 각호 가운데 어느 하나에 해당하는 때에는 법원은 배당에 대하여 이의하지 아니한 채권자를 위하여서도 배당표를 바꾸어야 한다.

1. 제160조제1항제1호 내지 제4호의 사유에 따른 공탁에 관련된 채권자에 대하여 배당을 실시할 수 없게 된 때

2. 제160조제1항제5호의 공탁에 관련된 채권자가 채무자로부터 제기당한 배당이의의 소에서 진 때

3. 제160조제1항제6호의 공탁에 관련된 채권자가 저당물의 매각대가로부터 배당을 받은 때

③제160조제2항의 채권자가 법원에 대하여 공탁금의 수령을 포기하는 의사를 표시한 때에는 그 채권자의 채권이 존재하지 아니하는 것으로 보고 배당표를 바꾸어야 한다.

④제2항 및 제3항의 배당표변경에 따른 추가 배당기일에 제151조의 규정에 따라 이의할 때에는 종전의 배당기일에서 주장할 수 없었던 사유만을 주장할 수 있다.

제162조 (공동경매) 여러 압류채권자를 위하여 동시에 실시하는

부동산의 경매절차에는 제80조 내지 제161조의 규정을 준용한다.

제3관 강제관리

제163조 (강제경매규정의 준용) 강제관리에는 제80조 내지 제82조, 제83조제1항·제3항 내지 제5항, 제85조 내지 제89조 및 제94조 내지 제96조의 규정을 준용한다.

제164조 (강제관리개시결정) ①강제관리를 개시하는 결정에는 채무자에게는 관리사무에 간섭하여서는 아니되고 부동산의 수익을 처분하여서도 아니된다고 명하여야 하며, 수익을 채무자에게 지급할 제3자에게는 관리인에게 이를 지급하도록 명하여야 한다.
  ②수확하였거나 수확할 과실(果實)과, 이행기에 이르렀거나 이르게 될 과실은 제1항의 수익에 속한다.
  ③강제관리개시결정은 제3자에게는 결정서를 송달하여야 효력이 생긴다.
  ④강제관리신청을 기각하거나 각하하는 재판에 대하여는 즉시항고를 할 수 있다.

제165조 (강제관리개시결정 등의 통지) 법원은 강제관리를 개시하는 결정을 한 부동산에 대하여 다시 강제관리의 개시결정을 하거나 배당요구의 신청이 있는 때에는 관리인에게 이를 통지하여야 한다.

제166조 (관리인의 임명 등) ①관리인은 법원이 임명한다. 다만,

채권자는 적당한 사람을 관리인으로 추천할 수 있다.

②관리인은 관리와 수익을 하기 위하여 부동산을 점유할 수 있다. 이 경우 저항을 받으면 집행관에게 원조를 요구할 수 있다.

③관리인은 제3자가 채무자에게 지급할 수익을 추심(推尋)할 권한이 있다.

제167조 (법원의 지휘·감독) ①법원은 관리에 필요한 사항과 관리인의 보수를 정하고, 관리인을 지휘·감독한다.

②법원은 관리인에게 보증을 제공하도록 명할 수 있다.

③관리인에게 관리를 계속할 수 없는 사유가 생긴 경우에는 법원은 직권으로 또는 이해관계인의 신청에 따라 관리인을 해임할 수 있다. 이 경우 관리인을 심문하여야 한다.

제168조 (준용규정) 제3자가 부동산에 대한 강제관리를 막을 권리가 있다고 주장하는 경우에는 제48조의 규정을 준용한다.

제169조 (수익의 처리) ①관리인은 부동산수익에서 그 부동산이 부담하는 조세, 그 밖의 공과금을 뺀 뒤에 관리비용을 변제하고, 그 나머지 금액을 채권자에게 지급한다.

②제1항의 경우 모든 채권자를 만족하게 할 수 없는 때에는 관리인은 채권자 사이의 배당협의에 따라 배당을 실시하여야 한다.

③채권자 사이에 배당협의가 이루어지지 못한 경우에 관리인은 그 사유를 법원에 신고하여야 한다.

④제3항의 신고가 있는 경우에는 제145조·제146조 및 제148조

내지 제161조의 규정을 준용하여 배당표를 작성하고 이에 따라 관리인으로 하여금 채권자에게 지급하게 하여야 한다.

제170조 (관리인의 계산보고) ①관리인은 매년 채권자·채무자와 법원에 계산서를 제출하여야 한다. 그 업무를 마친 뒤에도 또한 같다.
  ②채권자와 채무자는 계산서를 송달받은 날부터 1주 이내에 집행법원에 이에 대한 이의신청을 할 수 있다.
  ③제2항의 기간 이내에 이의신청이 없는 때에는 관리인의 책임이 면제된 것으로 본다.
  ④제2항의 기간 이내에 이의신청이 있는 때에는 관리인을 심문한 뒤 결정으로 재판하여야 한다. 신청한 이의를 매듭 지은 때에는 법원은 관리인의 책임을 면제한다.

제171조 (강제관리의 취소) ①강제관리의 취소는 법원이 결정으로 한다.
  ②채권자들이 부동산수익으로 전부 변제를 받았을 때에는 법원은 직권으로 제1항의 취소결정을 한다.
  ③제1항 및 제2항의 결정에 대하여는 즉시항고를 할 수 있다.
  ④강제관리의 취소결정이 확정된 때에는 법원사무관등은 강제관리에 관한 기입등기를 말소하도록 촉탁하여야 한다.

제3절 선박 등에 대한 강제집행

제172조 (선박에 대한 강제집행) 등기할 수 있는 선박에 대한 강

제집행은 부동산의 강제경매에 관한 규정에 따른다. 다만, 사물의 성질에 따른 차이가 있거나 특별한 규정이 있는 경우에는 그러하지 아니하다.

제173조 (관할법원) 선박에 대한 강제집행의 집행법원은 압류 당시에 그 선박이 있는 곳을 관할하는 지방법원으로 한다.

제174조 (선박국적증서 등의 제출) ①법원은 경매개시결정을 한 때에는 집행관에게 선박국적증서 그 밖에 선박운행에 필요한 문서(이하 "선박국적증서등"이라 한다)를 선장으로부터 받아 법원에 제출하도록 명하여야 한다.
　②경매개시결정이 송달 또는 등기되기 전에 집행관이 선박국적증서등을 받은 경우에는 그 때에 압류의 효력이 생긴다.

제175조 (선박집행신청전의 선박국적증서등의 인도명령) ①선박에 대한 집행의 신청전에 선박국적증서등을 받지 아니하면 집행이 매우 곤란할 염려가 있을 경우에는 선적(船籍)이 있는 곳을 관할하는 지방법원(선적이 없는 때에는 대법원규칙이 정하는 법원)은 신청에 따라 채무자에게 선박국적증서등을 집행관에게 인도하도록 명할 수 있다. 급박한 경우에는 선박이 있는 곳을 관할하는 지방법원도 이 명령을 할 수 있다.
　②집행관은 선박국적증서등을 인도받은 날부터 5일 이내에 채권자로부터 선박집행을 신청하였음을 증명하는 문서를 제출받지 못한 때에는 그 선박국적증서등을 돌려 주어야 한다.

③제1항의 규정에 따른 재판에 대하여는 즉시항고를 할 수 있다.

④제1항의 규정에 따른 재판에는 제292조제2항 및 제3항의 규정을 준용한다.

제176조 (압류선박의 정박) ①법원은 집행절차를 행하는 동안 선박이 압류 당시의 장소에 계속 머무르도록 명하여야 한다.

②법원은 영업상의 필요, 그 밖에 상당한 이유가 있다고 인정할 경우에는 채무자의 신청에 따라 선박의 운행을 허가할 수 있다. 이 경우 채권자·최고가매수신고인·차순위매수신고인 및 매수인의 동의가 있어야 한다.

③제2항의 선박운행허가결정에 대하여는 즉시항고를 할 수 있다.

④제2항의 선박운행허가결정은 확정되어야 효력이 생긴다.

제177조 (경매신청의 첨부서류) ①강제경매신청을 할 때에는 다음 각호의 서류를 내야 한다.

1. 채무자가 소유자인 경우에는 소유자로서 선박을 점유하고 있다는 것을, 선장인 경우에는 선장으로서 선박을 지휘하고 있다는 것을 소명할 수 있는 증서

2. 선박에 관한 등기사항을 포함한 등기부의 초본 또는 등본

②채권자는 공적 장부를 주관하는 공공기관이 멀리 떨어진 곳에 있는 때에는 제1항제2호의 초본 또는 등본을 보내주도록 법원에 신청할 수 있다.

제178조 (감수·보존처분) ①법원은 채권자의 신청에 따라 선박을

감수(監守)하고 보존하기 위하여 필요한 처분을 할 수 있다.

②제1항의 처분을 한 때에는 경매개시결정이 송달되기 전에도 압류의 효력이 생긴다.

제179조 (선장에 대한 판결의 집행) ①선장에 대한 판결로 선박채권자를 위하여 선박을 압류하면 그 압류는 소유자에 대하여도 효력이 미친다. 이 경우 소유자도 이해관계인으로 본다.

②압류한 뒤에 소유자나 선장이 바뀌더라도 집행절차에는 영향을 미치지 아니한다.

③압류한 뒤에 선장이 바뀐 때에는 바뀐 선장만이 이해관계인이 된다.

제180조 (관할위반으로 말미암은 절차의 취소) 압류 당시 선박이 그 법원의 관할안에 없었음이 판명된 때에는 그 절차를 취소하여야 한다.

제181조 (보증의 제공에 의한 강제경매절차의 취소) ①채무자가 제49조제2호 또는 제4호의 서류를 제출하고 압류채권자 및 배당을 요구한 채권자의 채권과 집행비용에 해당하는 보증을 매수신고전에 제공한 때에는 법원은 신청에 따라 배당절차 외의 절차를 취소하여야 한다.

②제1항에 규정한 서류를 제출함에 따른 집행정지가 효력을 잃은 때에는 법원은 제1항의 보증금을 배당하여야 한다.

③제1항의 신청을 기각한 재판에 대하여는 즉시항고를 할 수 있

다.

④제1항의 규정에 따른 집행취소결정에는 제17조제2항의 규정을 적용하지 아니한다.

⑤제1항의 보증의 제공에 관하여 필요한 사항은 대법원규칙으로 정한다.

제182조 (사건의 이송) ①압류된 선박이 관할구역 밖으로 떠난 때에는 집행법원은 선박이 있는 곳을 관할하는 법원으로 사건을 이송할 수 있다.

②제1항의 규정에 따른 결정에 대하여는 불복할 수 없다.

제183조 (선박국적증서등을 넘겨받지 못한 경우의 경매절차취소) 경매개시결정이 있은 날부터 2월이 지나기까지 집행관이 선박국적증서등을 넘겨받지 못하고, 선박이 있는 곳이 분명하지 아니한 때에는 법원은 강제경매절차를 취소할 수 있다.

제184조 (매각기일의 공고) 매각기일의 공고에는 선박의 표시와 그 정박한 장소를 적어야 한다.

제185조 (선박지분의 압류명령) ①선박의 지분에 대한 강제집행은 제251조에서 규정한 강제집행의 예에 따른다.

②채권자가 선박의 지분에 대하여 강제집행신청을 하기 위하여서는 채무자가 선박의 지분을 소유하고 있다는 사실을 증명할 수 있는 선박등기부의 등본이나 그 밖의 증명서를 내야 한다.

③압류명령은 채무자 외에 상법 제760조에 의하여 선임된 선박관리인(이하 이 조에서 "선박관리인"이라 한다)에게도 송달하여야 한다.

④압류명령은 선박관리인에게 송달되면 채무자에게 송달된 것과 같은 효력을 가진다.

제186조 (외국선박의 압류) 외국선박에 대한 강제집행에는 등기부에 기입할 절차에 관한 규정을 적용하지 아니한다.

제187조 (자동차 등에 대한 강제집행) 자동차·건설기계 및 항공기에 대한 강제집행절차는 제2절 내지 제4절의 규정에 준하여 대법원규칙으로 정한다.

제4절 동산에 대한 강제집행

제1관 통칙

제188조 (집행방법, 압류의 범위) ①동산에 대한 강제집행은 압류에 의하여 개시한다.

②압류는 집행력 있는 정본에 적은 청구금액의 변제와 집행비용의 변상에 필요한 한도안에서 하여야 한다.

③압류물을 현금화하여도 집행비용 외에 남을 것이 없는 경우에는 집행하지 못한다.

제2관 유체동산에 대한 강제집행

제189조 (채무자가 점유하고 있는 물건의 압류) ①채무자가 점유하고 있는 유체동산의 압류는 집행관이 그 물건을 점유함으로써 한다. 다만, 채권자의 승낙이 있거나 운반이 곤란한 때에는 봉인(封印), 그 밖의 방법으로 압류물임을 명확히 하여 채무자에게 보관시킬 수 있다.

②다음 각호 가운데 어느 하나에 해당하는 물건은 이 법에서 유체동산으로 본다.

1. 등기할 수 없는 토지의 정착물로서 독립하여 거래의 객체가 될 수 있는 것

2. 토지에서 분리하기 전의 과실로서 1월 이내에 수확할 수 있는 것

3. 유가증권으로서 배서가 금지되지 아니한 것

③집행관은 채무자에게 압류의 사유를 통지하여야 한다.

제190조 (부부공유 유체동산의 압류) 채무자와 그 배우자의 공유로서 채무자가 점유하거나 그 배우자와 공동으로 점유하고 있는 유체동산은 제189조의 규정에 따라 압류할 수 있다.

제191조 (채무자 외의 사람이 점유하고 있는 물건의 압류) 채권자 또는 물건의 제출을 거부하지 아니하는 제3자가 점유하고 있는 물건은 제189조의 규정을 준용하여 압류할 수 있다.

제192조 (국고금의 압류) 국가에 대한 강제집행은 국고금을 압류함으로써 한다.

제193조 (압류물의 인도) ①압류물을 제3자가 점유하게 된 경우에는 법원은 채권자의 신청에 따라 그 제3자에 대하여 그 물건을 집행관에게 인도하도록 명할 수 있다.

②제1항의 신청은 압류물을 제3자가 점유하고 있는 것을 안 날부터 1주 이내에 하여야 한다.

③제1항의 재판은 상대방에게 송달되기 전에도 집행할 수 있다.

④제1항의 재판은 신청인에게 고지된 날부터 2주가 지난 때에는 집행할 수 없다.

⑤제1항의 재판에 대하여는 즉시항고를 할 수 있다.

제194조 (압류의 효력) 압류의 효력은 압류물에서 생기는 천연물에도 미친다.

제195조 (압류가 금지되는 물건) 다음 각호의 물건은 압류하지 못한다. 〈개정 2005.1.27〉

1. 채무자 및 그와 같이 사는 친족(사실상 관계에 따른 친족을 포함한다. 이하 이 조에서 "채무자등"이라 한다)의 생활에 필요한 의복·침구·가구·부엌기구, 그 밖의 생활필수품

2. 채무자등의 생활에 필요한 2월간의 식료품·연료 및 조명재료

3. 채무자등의 생활에 필요한 1월간의 생계비로서 대통령령이 정하는 액수의 금전

4. 주로 자기 노동력으로 농업을 하는 사람에게 없어서는 아니될 농기구·비료·가축·사료·종자, 그 밖에 이에 준하는 물건

5. 주로 자기의 노동력으로 어업을 하는 사람에게 없어서는 아니될 고기잡이 도구·어망·미끼·새끼고기, 그 밖에 이에 준하는 물건

6. 전문직 종사자·기술자·노무자, 그 밖에 주로 자기의 정신적 또는 육체적 노동으로 직업 또는 영업에 종사하는 사람에게 없어서는 아니 될 제복·도구, 그 밖에 이에 준하는 물건

7. 채무자 또는 그 친족이 받은 훈장·포장·기장, 그 밖에 이에 준하는 명예증표

8. 위패·영정·묘비, 그 밖에 상례·제사 또는 예배에 필요한 물건

9. 족보·집안의 역사적인 기록·사진첩, 그 밖에 선조숭배에 필요한 물건

10. 채무자의 생활 또는 직무에 없어서는 아니 될 도장·문패·간판, 그 밖에 이에 준하는 물건

11. 채무자의 생활 또는 직업에 없어서는 아니 될 일기장·상업장부, 그 밖에 이에 준하는 물건

12. 공표되지 아니한 저작 또는 발명에 관한 물건

13. 채무자등이 학교·교회·사찰, 그 밖의 교육기관 또는 종교단체에서 사용하는 교과서·교리서·학습용구, 그 밖에 이에 준하는 물건

14. 채무자등의 일상생활에 필요한 안경·보청기·의치·의수족·지팡이·장애보조용 바퀴의자, 그 밖에 이에 준하는 신체보조기구

15. 채무자등의 일상생활에 필요한 자동차로서 자동차관리법이 정하는 바에 따른 장애인용 경형자동차

16. 재해의 방지 또는 보안을 위하여 법령의 규정에 따라 설비하

여야 하는 소방설비·경보기구·피난시설, 그 밖에 이에 준하는 물건

제196조 (압류금지 물건을 정하는 재판) ①법원은 당사자가 신청하면 채권자와 채무자의 생활형편, 그 밖의 사정을 고려하여 유체동산의 전부 또는 일부에 대한 압류를 취소하도록 명하거나 제195조의 유체동산을 압류하도록 명할 수 있다.

②제1항의 결정이 있은 뒤에 그 이유가 소멸되거나 사정이 바뀐 때에는 법원은 직권으로 또는 당사자의 신청에 따라 그 결정을 취소하거나 바꿀 수 있다.

③제1항 및 제2항의 경우에 법원은 제16조제2항에 준하는 결정을 할 수 있다.

④제1항 및 제2항의 결정에 대하여는 즉시항고를 할 수 있다.

⑤제3항의 결정에 대하여는 불복할 수 없다.

제197조 (일괄매각) ①집행관은 여러 개의 유체동산의 형태, 이용관계 등을 고려하여 일괄매수하게 하는 것이 알맞다고 인정하는 때에는 직권으로 또는 이해관계인의 신청에 따라 일괄하여 매각할 수 있다.

②제1항의 경우에는 제98조제3항, 제99조, 제100조, 제101조제2항 내지 제5항의 규정을 준용한다.

제198조 (압류물의 보존) ①압류물을 보존하기 위하여 필요한 때에는 집행관은 적당한 처분을 하여야 한다.

②제1항의 경우에 비용이 필요한 때에는 채권자로 하여금 이를 미리 내게 하여야 한다. 채권자가 여럿인 때에는 요구하는 액수에

비례하여 미리 내게 한다.

　③제49조제2호 또는 제4호의 문서가 제출된 경우에 압류물을 즉시 매각하지 아니하면 값이 크게 내릴 염려가 있거나, 보관에 지나치게 많은 비용이 드는 때에는 집행관은 그 물건을 매각할 수 있다.

　④집행관은 제3항의 규정에 따라 압류물을 매각하였을 때에는 그 대금을 공탁하여야 한다.

제199조 (압류물의 매각) 집행관은 압류를 실시한 뒤 입찰 또는 호가경매의 방법으로 압류물을 매각하여야 한다.

제200조 (값비싼 물건의 평가) 매각할 물건 가운데 값이 비싼 물건이 있는 때에는 집행관은 적당한 감정인에게 이를 평가하게 하여야 한다.

제201조 (압류금전) ①압류한 금전은 채권자에게 인도하여야 한다.
　②집행관이 금전을 추심한 때에는 채무자가 지급한 것으로 본다. 다만, 담보를 제공하거나 공탁을 하여 집행에서 벗어날 수 있도록 채무자에게 허가한 때에는 그러하지 아니하다.

제202조 (매각일) 압류일과 매각일 사이에는 1주 이상 기간을 두어야 한다. 다만, 압류물을 보관하는 데 지나치게 많은 비용이 들거나, 시일이 지나면 그 물건의 값이 크게 내릴 염려가 있는 때에는 그러하지 아니하다.

제203조 (매각장소) ①매각은 압류한 유체동산이 있는 시·구·읍·면 (도농복합형태의 시의 경우 동지역은 시·구, 읍·면지역은 읍·면)에 서 진행한다. 다만, 압류채권자와 채무자가 합의하면 합의된 장소에 서 진행한다.

②매각일자와 장소는 대법원규칙이 정하는 방법으로 공고한다. 공고에는 매각할 물건을 표시하여야 한다.

제204조 (준용규정) 매각장소의 질서유지에 관하여는 제108조의 규정을 준용한다.

제205조 (매각·재매각) ①집행관은 최고가매수신고인의 성명과 가 격을 말한 뒤 매각을 허가한다.

②매각물은 대금과 서로 맞바꾸어 인도하여야 한다.

③매수인이 매각조건에 정한 지급기일에 대금의 지급과 물건의 인도청구를 게을리 한 때에는 재매각을 하여야 한다. 지급기일을 정하지 아니한 경우로서 매각기일의 마감에 앞서 대금의 지급과 물 건의 인도청구를 게을리 한 때에도 또한 같다.

④제3항의 경우에는 전의 매수인은 재매각절차에 참가하지 못하 며, 뒤의 매각대금이 처음의 매각대금보다 적은 때에는 그 부족한 액수를 부담하여야 한다.

제206조 (배우자의 우선매수권) ①제190조의 규정에 따라 압류한 유체동산을 매각하는 경우에 배우자는 매각기일에 출석하여 우선매

수할 것을 신고할 수 있다.

　②제1항의 우선매수신고에는 제140조제1항 및 제2항의 규정을
준용한다.

제207조 (매각의 한도) 매각은 매각대금으로 채권자에게 변제하고
강제집행비용을 지급하기에 충분하게 되면 즉시 중지하여야 한다.
다만, 제197조제2항 및 제101조제3항 단서에 따른 일괄매각의 경
우에는 그러하지 아니하다.

제208조 (집행관이 매각대금을 영수한 효과) 집행관이 매각대금을
영수한 때에는 채무자가 지급한 것으로 본다. 다만, 담보를 제공하
거나 공탁을 하여 집행에서 벗어날 수 있도록 채무자에게 허가한
때에는 그러하지 아니하다.

제209조 (금·은붙이의 현금화) 금·은붙이는 그 금·은의 시장가격
이상의 금액으로 일반 현금화의 규정에 따라 매각하여야 한다. 시
장가격 이상의 금액으로 매수하는 사람이 없는 때에는 집행관은 그
시장가격에 따라 적당한 방법으로 매각할 수 있다.

제210조 (유가증권의 현금화) 집행관이 유가증권을 압류한 때에는
시장가격이 있는 것은 매각하는 날의 시장가격에 따라 적당한 방법
으로 매각하고 그 시장가격이 형성되지 아니한 것은 일반 현금화의
규정에 따라 매각하여야 한다.

제211조 (기명유가증권의 명의개서) 유가증권이 기명식인 때에는 집행관은 매수인을 위하여 채무자에 갈음하여 배서 또는 명의개서에 필요한 행위를 할 수 있다.

제212조 (어음 등의 제시의무) ①집행관은 어음·수표 그 밖의 금전의 지급을 목적으로 하는 유가증권(이하 "어음등"이라 한다)으로서 일정한 기간 안에 인수 또는 지급을 위한 제시 또는 지급의 청구를 필요로 하는 것을 압류하였을 경우에 그 기간이 개시되면 채무자에 갈음하여 필요한 행위를 하여야 한다.

②집행관은 미완성 어음등을 압류한 경우에 채무자에게 기한을 정하여 어음등에 적을 사항을 보충하도록 최고하여야 한다.

제213조 (미분리과실의 매각) ①토지에서 분리되기 전에 압류한 과실은 충분히 익은 다음에 매각하여야 한다.

②집행관은 매각하기 위하여 수확을 하게 할 수 있다.

제214조 (특별한 현금화 방법) ①법원은 필요하다고 인정하면 직권으로 또는 압류채권자, 배당을 요구한 채권자 또는 채무자의 신청에 따라 일반 현금화의 규정에 의하지 아니하고 다른 방법이나 다른 장소에서 압류물을 매각하게 할 수 있다. 또한 집행관에게 위임하지 아니하고 다른 사람으로 하여금 매각하게 하도록 명할 수 있다.

②제1항의 재판에 대하여는 불복할 수 없다.

제215조 (압류의 경합) ①유체동산을 압류하거나 가압류한 뒤 매각기일에 이르기 전에 다른 강제집행이 신청된 때에는 집행관은 집행신청서를 먼저 압류한 집행관에게 교부하여야 한다. 이 경우 더 압류할 물건이 있으면 이를 압류한 뒤에 추가압류조서를 교부하여야 한다.

　②제1항의 경우에 집행에 관한 채권자의 위임은 먼저 압류한 집행관에게 이전된다.

　③제1항의 경우에 각 압류한 물건은 강제집행을 신청한 모든 채권자를 위하여 압류한 것으로 본다.

　④제1항의 경우에 먼저 압류한 집행관은 뒤에 강제집행을 신청한 채권자를 위하여 다시 압류한다는 취지를 덧붙여 그 압류조서에 적어야 한다.

제216조 (채권자의 매각최고) ①상당한 기간이 지나도 집행관이 매각하지 아니하는 때에는 압류채권자는 집행관에게 일정한 기간 이내에 매각하도록 최고할 수 있다.

　②집행관이 제1항의 최고에 따르지 아니하는 때에는 압류채권자는 법원에 필요한 명령을 신청할 수 있다.

제217조 (우선권자의 배당요구) 민법·상법, 그 밖의 법률에 따라 우선변제청구권이 있는 채권자는 매각대금의 배당을 요구할 수 있다.

제218조 (배당요구의 절차) 제217조의 배당요구는 이유를 밝혀 집

행관에게 하여야 한다.

제219조 (배당요구 등의 통지) 제215조제1항 및 제218조의 경우에는 집행관은 그 사유를 배당에 참가한 채권자와 채무자에게 통지하여야 한다.

제220조 (배당요구의 시기) ①배당요구는 다음 각호의 시기까지 할 수 있다.

　1. 집행관이 금전을 압류한 때 또는 매각대금을 영수한 때

　2. 집행관이 어음·수표 그 밖의 금전의 지급을 목적으로 한 유가증권에 대하여 그 금전을 지급받은 때

　②제198조제4항에 따라 공탁된 매각대금에 대하여는 동산집행을 계속하여 진행할 수 있게 된 때까지, 제296조제5항 단서에 따라 공탁된 매각대금에 대하여는 압류의 신청을 한 때까지 배당요구를 할 수 있다.

제221조 (배우자의 지급요구) ①제190조의 규정에 따라 압류한 유체동산에 대하여 공유지분을 주장하는 배우자는 매각대금을 지급하여 줄 것을 요구할 수 있다.

　②제1항의 지급요구에는 제218조 내지 제220조의 규정을 준용한다.

　③제219조의 통지를 받은 채권자가 배우자의 공유주장에 대하여 이의가 있는 때에는 배우자를 상대로 소를 제기하여 공유가 아니라는 것을 확정하여야 한다.

④제3항의 소에는 제154조제3항, 제155조 내지 제158조, 제160
조제1항제5호 및 제161조제1항·제2항·제4항의 규정을 준용한다.

제222조 (매각대금의 공탁) ①매각대금으로 배당에 참가한 모든
채권자를 만족하게 할 수 없고 매각허가된 날부터 2주 이내에 채권
자 사이에 배당협의가 이루어지지 아니한 때에는 매각대금을 공탁
하여야 한다.
  ②여러 채권자를 위하여 동시에 금전을 압류한 경우에도 제1항과
같다.
  ③제1항 및 제2항의 경우에 집행관은 집행절차에 관한 서류를 붙
여 그 사유를 법원에 신고하여야 한다.

제3관 채권과 그 밖의 재산권에 대한 강제집행

제223조 (채권의 압류명령) 제3자에 대한 채무자의 금전채권 또는
유가증권, 그 밖의 유체물의 권리이전이나 인도를 목적으로 한 채
권에 대한 강제집행은 집행법원의 압류명령에 의하여 개시한다.

제224조 (집행법원) ①제223조의 집행법원은 채무자의 보통재판적
이 있는 곳의 지방법원으로 한다.
  ②제1항의 지방법원이 없는 경우 집행법원은 압류한 채권의 채무
자(이하 "제3채무자"라 한다)의 보통재판적이 있는 곳의 지방법원
으로 한다. 다만, 이 경우에 물건의 인도를 목적으로 하는 채권과
물적 담보권 있는 채권에 대한 집행법원은 그 물건이 있는 곳의 지

방법원으로 한다.
　③가압류에서 이전되는 채권압류의 경우에 제223조의 집행법원은 가압류를 명한 법원이 있는 곳을 관할하는 지방법원으로 한다.

제225조 (압류명령의 신청) 채권자는 압류명령신청에 압류할 채권의 종류와 액수를 밝혀야 한다.

제226조 (심문의 생략) 압류명령은 제3채무자와 채무자를 심문하지 아니하고 한다.

제227조 (금전채권의 압류) ①금전채권을 압류할 때에는 법원은 제3채무자에게 채무자에 대한 지급을 금지하고 채무자에게 채권의 처분과 영수를 금지하여야 한다.
　②압류명령은 제3채무자와 채무자에게 송달하여야 한다.
　③압류명령이 제3채무자에게 송달되면 압류의 효력이 생긴다.
　④압류명령의 신청에 관한 재판에 대하여는 즉시항고를 할 수 있다.

제228조 (저당권이 있는 채권의 압류) ①저당권이 있는 채권을 압류할 경우 채권자는 채권압류사실을 등기부에 기입하여 줄 것을 법원사무관등에게 신청할 수 있다. 이 신청은 채무자의 승낙 없이 법원에 대한 압류명령의 신청과 함께 할 수 있다.
　②법원사무관등은 의무를 지는 부동산 소유자에게 압류명령이 송달된 뒤에 제1항의 신청에 따른 등기를 촉탁하여야 한다.

제229조 (금전채권의 현금화방법) ①압류한 금전채권에 대하여 압류채권자는 추심명령(推尋命令)이나 전부명령(轉付命令)을 신청할 수 있다.

②추심명령이 있는 때에는 압류채권자는 대위절차(代位節次) 없이 압류채권을 추심할 수 있다.

③전부명령이 있는 때에는 압류된 채권은 지급에 갈음하여 압류채권자에게 이전된다.

④추심명령에 대하여는 제227조제2항 및 제3항의 규정을, 전부명령에 대하여는 제227조제2항의 규정을 각각 준용한다.

⑤전부명령이 제3채무자에게 송달될 때까지 그 금전채권에 관하여 다른 채권자가 압류·가압류 또는 배당요구를 한 경우에는 전부명령은 효력을 가지지 아니한다.

⑥제1항의 신청에 관한 재판에 대하여는 즉시항고를 할 수 있다.

⑦전부명령은 확정되어야 효력을 가진다.

⑧전부명령이 있은 뒤에 제49조제2호 또는 제4호의 서류를 제출한 것을 이유로 전부명령에 대한 즉시항고가 제기된 경우에는 항고법원은 다른 이유로 전부명령을 취소하는 경우를 제외하고는 항고에 관한 재판을 정지하여야 한다.

제230조 (저당권이 있는 채권의 이전) 저당권이 있는 채권에 관하여 전부명령이 있는 경우에는 제228조의 규정을 준용한다.

제231조 (전부명령의 효과) 전부명령이 확정된 경우에는 전부명령이 제3채무자에게 송달된 때에 채무자가 채무를 변제한 것으로 본

다. 다만, 이전된 채권이 존재하지 아니한 때에는 그러하지 아니하
다.

제232조 (추심명령의 효과) ①추심명령은 그 채권전액에 미친다.
다만, 법원은 채무자의 신청에 따라 압류채권자를 심문하여 압류액
수를 그 채권자의 요구액수로 제한하고 채무자에게 그 초과된 액수
의 처분과 영수를 허가할 수 있다.
　②제1항 단서의 제한부분에 대하여 다른 채권자는 배당요구를 할
수 없다.
　③제1항의 허가는 제3채무자와 채권자에게 통지하여야 한다.

제233조 (지시채권의 압류) 어음·수표 그 밖에 배서로 이전할 수
있는 증권으로서 배서가 금지된 증권채권의 압류는 법원의 압류명
령으로 집행관이 그 증권을 점유하여 한다.

제234조 (채권증서) ①채무자는 채권에 관한 증서가 있으면 압류
채권자에게 인도하여야 한다.
　②채권자는 압류명령에 의하여 강제집행의 방법으로 그 증서를
인도받을 수 있다.
제235조 (압류의 경합) ①채권 일부가 압류된 뒤에 그 나머지 부분
을 초과하여 다시 압류명령이 내려진 때에는 각 압류의 효력은 그
채권 전부에 미친다.
　②채권 전부가 압류된 뒤에 그 채권 일부에 대하여 다시 압류명
령이 내려진 때 그 압류의 효력도 제1항과 같다.

제236조 (추심의 신고) ①채권자는 추심한 채권액을 법원에 신고하여야 한다.

②제1항의 신고전에 다른 압류·가압류 또는 배당요구가 있었을 때에는 채권자는 추심한 금액을 바로 공탁하고 그 사유를 신고하여야 한다.

제237조 (제3채무자의 진술의무) ①압류채권자는 제3채무자로 하여금 압류명령을 송달받은 날부터 1주 이내에 서면으로 다음 각호의 사항을 진술하게 하도록 법원에 신청할 수 있다.

1. 채권을 인정하는지의 여부 및 인정한다면 그 한도

2. 채권에 대하여 지급할 의사가 있는지의 여부 및 의사가 있다면 그 한도

3. 채권에 대하여 다른 사람으로부터 청구가 있는지의 여부 및 청구가 있다면 그 종류

4. 다른 채권자에게 채권을 압류당한 사실이 있는지의 여부 및 그 사실이 있다면 그 청구의 종류

②법원은 제1항의 진술을 명하는 서면을 제3채무자에게 송달하여야 한다.

③제3채무자가 진술을 게을리 한 때에는 법원은 제3채무자에게 제1항의 사항을 심문할 수 있다.

제238조 (추심의 소제기) 채권자가 명령의 취지에 따라 제3채무자를 상대로 소를 제기할 때에는 일반규정에 의한 관할법원에 제기하고 채무자에게 그 소를 고지하여야 한다. 다만, 채무자가 외국에 있

거나 있는 곳이 분명하지 아니한 때에는 고지할 필요가 없다.

제239조 (추심의 소홀) 채권자가 추심할 채권의 행사를 게을리 한 때에는 이로써 생긴 채무자의 손해를 부담한다.

제240조 (추심권의 포기) ①채권자는 추심명령에 따라 얻은 권리를 포기할 수 있다. 다만, 기본채권에는 영향이 없다.

②제1항의 포기는 법원에 서면으로 신고하여야 한다. 법원사무관 등은 그 등본을 제3채무자와 채무자에게 송달하여야 한다.

제241조 (특별한 현금화방법) ①압류된 채권이 조건 또는 기한이 있거나, 반대의무의 이행과 관련되어 있거나 그 밖의 이유로 추심하기 곤란할 때에는 법원은 채권자의 신청에 따라 다음 각호의 명령을 할 수 있다.

1. 채권을 법원이 정한 값으로 지급함에 갈음하여 압류채권자에게 양도하는 양도명령

2. 추심에 갈음하여 법원이 정한 방법으로 그 채권을 매각하도록 집행관에게 명하는 매각명령

3. 관리인을 선임하여 그 채권의 관리를 명하는 관리명령

4. 그 밖에 적당한 방법으로 현금화하도록 하는 명령

②법원은 제1항의 경우 그 신청을 허가하는 결정을 하기 전에 채무자를 심문하여야 한다. 다만, 채무자가 외국에 있거나 있는 곳이 분명하지 아니한 때에는 심문할 필요가 없다.

③제1항의 결정에 대하여는 즉시항고를 할 수 있다.

④제1항의 결정은 확정되어야 효력을 가진다.

⑤압류된 채권을 매각한 경우에는 집행관은 채무자를 대신하여 제3채무자에게 서면으로 양도의 통지를 하여야 한다.

⑥양도명령에는 제227조제2항·제229조제5항·제230조 및 제231조의 규정을, 매각명령에 의한 집행관의 매각에는 제108조의 규정을, 관리명령에는 제227조제2항의 규정을, 관리명령에 의한 관리에는 제167조, 제169조 내지 제171조, 제222조제2항·제3항의 규정을 각각 준용한다.

제242조 (유체물인도청구권 등에 대한 집행) 부동산·유체동산·선박·자동차·건설기계·항공기 등 유체물의 인도나 권리이전의 청구권에 대한 강제집행에 대하여는 제243조 내지 제245조의 규정을 우선적용하는 것을 제외하고는 제227조 내지 제240조의 규정을 준용한다.

제243조 (유체동산에 관한 청구권의 압류) ①유체동산에 관한 청구권을 압류하는 경우에는 법원이 제3채무자에 대하여 그 동산을 채권자의 위임을 받은 집행관에게 인도하도록 명한다.

②채권자는 제3채무자에 대하여 제1항의 명령의 이행을 구하기 위하여 법원에 추심명령을 신청할 수 있다.

③제1항의 동산의 현금화에 대하여는 압류한 유체동산의 현금화에 관한 규정을 적용한다.

제244조 (부동산청구권에 대한 압류) ①부동산에 관한 인도청구권의 압류에 대하여는 그 부동산소재지의 지방법원은 채권자 또는 제

3채무자의 신청에 의하여 보관인을 정하고 제3채무자에 대하여 그 부동산을 보관인에게 인도할 것을 명하여야 한다.

②부동산에 관한 권리이전청구권의 압류에 대하여는 그 부동산소재지의 지방법원은 채권자 또는 제3채무자의 신청에 의하여 보관인을 정하고 제3채무자에 대하여 그 부동산에 관한 채무자명의의 권리이전등기절차를 보관인에게 이행할 것을 명하여야 한다.

③제2항의 경우에 보관인은 채무자명의의 권리이전등기신청에 관하여 채무자의 대리인이 된다.

④채권자는 제3채무자에 대하여 제1항 또는 제2항의 명령의 이행을 구하기 위하여 법원에 추심명령을 신청할 수 있다.

제245조 (전부명령 제외) 유체물의 인도나 권리이전의 청구권에 대하여는 전부명령을 하지 못한다.

제246조 (압류금지채권) ①다음 각호의 채권은 압류하지 못한다. 〈개정 2005.1.27〉

 1. 법령에 규정된 부양료 및 유족부조료(遺族扶助料)

 2. 채무자가 구호사업이나 제3자의 도움으로 계속 받는 수입

 3. 병사의 급료

 4. 급료·연금·봉급·상여금·퇴직연금, 그 밖에 이와 비슷한 성질을 가진 급여채권의 2분의 1에 해당하는 금액. 다만, 그 금액이 국민기초생활보장법에 의한 최저생계비를 감안하여 대통령령이 정하는 금액에 미치지 못하는 경우 또는 표준적인 가구의 생계비를 감안하여 대통령령이 정하는 금액을 초과하는 경우에는 각각 당해 대통령

령이 정하는 금액으로 한다.

  5. 퇴직금 그 밖에 이와 비슷한 성질을 가진 급여채권의 2분의 1
에 해당하는 금액

  ②법원은 당사자가 신청하면 채권자와 채무자의 생활형편, 그 밖
의 사정을 고려하여 압류명령의 전부 또는 일부를 취소하거나 제1
항의 압류금지채권에 대하여 압류명령을 할 수 있다.

  ③제2항의 경우에는 제196조제2항 내지 제5항의 규정을 준용한
다.

제247조 (배당요구) ①민법·상법, 그 밖의 법률에 의하여 우선변제
청구권이 있는 채권자와 집행력 있는 정본을 가진 채권자는 다음
각호의 시기까지 법원에 배당요구를 할 수 있다.

  1. 제3채무자가 제248조제4항에 따른 공탁의 신고를 한 때

  2. 채권자가 제236조에 따른 추심의 신고를 한 때

  3. 집행관이 현금화한 금전을 법원에 제출한 때

  ②전부명령이 제3채무자에게 송달된 뒤에는 배당요구를 하지 못
한다.

  ③제1항의 배당요구에는 제218조 및 제219조의 규정을 준용한
다.

  ④제1항의 배당요구는 제3채무자에게 통지하여야 한다.

제248조 (제3채무자의 채무액의 공탁) ①제3채무자는 압류에 관련
된 금전채권의 전액을 공탁할 수 있다.

  ②금전채권에 관하여 배당요구서를 송달받은 제3채무자는 배당에

참가한 채권자의 청구가 있으면 압류된 부분에 해당하는 금액을 공탁하여야 한다.

③금전채권중 압류되지 아니한 부분을 초과하여 거듭 압류명령 또는 가압류명령이 내려진 경우에 그 명령을 송달받은 제3채무자는 압류 또는 가압류채권자의 청구가 있으면 그 채권의 전액에 해당하는 금액을 공탁하여야 한다.

④제3채무자가 채무액을 공탁한 때에는 그 사유를 법원에 신고하여야 한다. 다만, 상당한 기간 이내에 신고가 없는 때에는 압류채권자, 가압류채권자, 배당에 참가한 채권자, 채무자, 그 밖의 이해관계인이 그 사유를 법원에 신고할 수 있다.

제249조 (추심의 소) ①제3채무자가 추심절차에 대하여 의무를 이행하지 아니하는 때에는 압류채권자는 소로써 그 이행을 청구할 수 있다.

②집행력 있는 정본을 가진 모든 채권자는 공동소송인으로 원고 쪽에 참가할 권리가 있다.

③소를 제기당한 제3채무자는 제2항의 채권자를 공동소송인으로 원고 쪽에 참가하도록 명할 것을 첫 변론기일까지 신청할 수 있다.

④소에 대한 재판은 제3항의 명령을 받은 채권자에 대하여 효력이 미친다.

제250조 (채권자의 추심최고) 압류채권자가 추심절차를 게을리 한 때에는 집행력 있는 정본으로 배당을 요구한 채권자는 일정한 기간 내에 추심하도록 최고하고, 최고에 따르지 아니한 때에는 법원의

허가를 얻어 직접 추심할 수 있다.

제251조 (그 밖의 재산권에 대한 집행) ①앞의 여러 조문에 규정된 재산권 외에 부동산을 목적으로 하지 아니한 재산권에 대한 강제집행은 이 관의 규정 및 제98조 내지 제101조의 규정을 준용한다.

②제3채무자가 없는 경우에 압류는 채무자에게 권리처분을 금지하는 명령을 송달한 때에 효력이 생긴다.

제4관 배당절차

제252조 (배당절차의 개시) 법원은 다음 각호 가운데 어느 하나에 해당하는 경우에는 배당절차를 개시한다.

  1. 제222조의 규정에 따라 집행관이 공탁한 때

  2. 제236조의 규정에 따라 추심채권자가 공탁하거나 제248조의 규정에 따라 제3채무자가 공탁한 때

  3. 제241조의 규정에 따라 현금화된 금전을 법원에 제출한 때

제253조 (계산서 제출의 최고) 법원은 채권자들에게 1주 이내에 원금·이자·비용, 그 밖의 부대채권의 계산서를 제출하도록 최고하여야 한다.

제254조 (배당표의 작성) ①제253조의 기간이 끝난 뒤에 법원은 배당표를 작성하여야 한다.

②제1항의 기간을 지키지 아니한 채권자의 채권은 배당요구서와

사유신고서의 취지 및 그 증빙서류에 따라 계산한다. 이 경우 다시 채권액을 추가하지 못한다.

제255조 (배당기일의 준비) 법원은 배당을 실시할 기일을 지정하고 채권자와 채무자에게 이를 통지하여야 한다. 다만, 채무자가 외국에 있거나 있는 곳이 분명하지 아니한 때에는 통지하지 아니한다.

제256조 (배당표의 작성과 실시) 배당표의 작성, 배당표에 대한 이의 및 그 완결과 배당표의 실시에 대하여는 제149조 내지 제161조의 규정을 준용한다.

제3장 금전채권 외의 채권에 기초한 강제집행

제257조 (동산인도청구의 집행) 채무자가 특정한 동산이나 대체물의 일정한 수량을 인도하여야 할 때에는 집행관은 이를 채무자로부터 빼앗아 채권자에게 인도하여야 한다.

제258조 (부동산 등의 인도청구의 집행) ①채무자가 부동산이나 선박을 인도하여야 할 때에는 집행관은 채무자로부터 점유를 빼앗아 채권자에게 인도하여야 한다.
　②제1항의 강제집행은 채권자나 그 대리인이 인도받기 위하여 출석한 때에만 한다.
　③강제집행의 목적물이 아닌 동산은 집행관이 제거하여 채무자에

게 인도하여야 한다.

　④제3항의 경우 채무자가 없는 때에는 집행관은 채무자와 같이 사는 사리를 분별할 지능이 있는 친족 또는 채무자의 대리인이나 고용인에게 그 동산을 인도하여야 한다.

　⑤채무자와 제4항에 적은 사람이 없는 때에는 집행관은 그 동산을 채무자의 비용으로 보관하여야 한다.

　⑥채무자가 그 동산의 수취를 게을리 한 때에는 집행관은 집행법원의 허가를 받아 동산에 대한 강제집행의 매각절차에 관한 규정에 따라 그 동산을 매각하고 비용을 뺀 뒤에 나머지 대금을 공탁하여야 한다.

제259조 (목적물을 제3자가 점유하는 경우) 인도할 물건을 제3자가 점유하고 있는 때에는 채권자의 신청에 따라 금전채권의 압류에 관한 규정에 따라 채무자의 제3자에 대한 인도청구권을 채권자에게 넘겨야 한다.

제260조 (대체집행) ①민법 제389조제2항 후단과 제3항의 경우에는 제1심 법원은 채권자의 신청에 따라 민법의 규정에 의한 결정을 하여야 한다.

　②채권자는 제1항의 행위에 필요한 비용을 미리 지급할 것을 채무자에게 명하는 결정을 신청할 수 있다. 다만, 뒷날 그 초과비용을 청구할 권리는 영향을 받지 아니한다.

　③제1항과 제2항의 신청에 관한 재판에 대하여는 즉시항고를 할 수 있다.

제261조 (간접강제) ①채무의 성질이 간접강제를 할 수 있는 경우에 제1심 법원은 채권자의 신청에 따라 간접강제를 명하는 결정을 한다. 그 결정에는 채무의 이행의무 및 상당한 이행기간을 밝히고, 채무자가 그 기간 이내에 이행을 하지 아니하는 때에는 늦어진 기간에 따라 일정한 배상을 하도록 명하거나 즉시 손해배상을 하도록 명할 수 있다.

　②제1항의 신청에 관한 재판에 대하여는 즉시항고를 할 수 있다.

제262조 (채무자의 심문) 제260조 및 제261조의 결정은 변론 없이 할 수 있다. 다만, 결정하기 전에 채무자를 심문하여야 한다.

제263조 (의사표시의무의 집행) ①채무자가 권리관계의 성립을 인낙한 때에는 그 조서로, 의사의 진술을 명한 판결이 확정된 때에는 그 판결로 권리관계의 성립을 인낙하거나 의사를 진술한 것으로 본다.

　②반대의무가 이행된 뒤에 권리관계의 성립을 인낙하거나 의사를 진술할 것인 경우에는 제30조와 제32조의 규정에 따라 집행문을 내어 준 때에 그 효력이 생긴다.

제3편 담보권 실행 등을 위한 경매

제264조 (부동산에 대한 경매신청) ①부동산을 목적으로 하는 담보권을 실행하기 위한 경매신청을 함에는 담보권이 있다는 것을 증명하는 서류를 내야 한다.

②담보권을 승계한 경우에는 승계를 증명하는 서류를 내야 한다.

③부동산 소유자에게 경매개시결정을 송달할 때에는 제2항의 규정에 따라 제출된 서류의 등본을 붙여야 한다.

제265조 (경매개시결정에 대한 이의신청사유) 경매절차의 개시결정에 대한 이의신청사유로 담보권이 없다는 것 또는 소멸되었다는 것을 주장할 수 있다.

제266조 (경매절차의 정지) ①다음 각호 가운데 어느 하나에 해당하는 문서가 경매법원에 제출되면 경매절차를 정지하여야 한다.

1. 담보권의 등기가 말소된 등기부의 등본

2. 담보권 등기를 말소하도록 명한 확정판결의 정본

3. 담보권이 없거나 소멸되었다는 취지의 확정판결의 정본

4. 채권자가 담보권을 실행하지 아니하기로 하거나 경매신청을 취하하겠다는 취지 또는 피담보채권을 변제받았거나 그 변제를 미루도록 승낙한다는 취지를 적은 서류

5. 담보권 실행을 일시정지하도록 명한 재판의 정본

②제1항제1호 내지 제3호의 경우와 제4호의 서류가 화해조서의 정본 또는 공정증서의 정본인 경우에는 경매법원은 이미 실시한 경매절차를 취소하여야 하며, 제5호의 경우에는 그 재판에 따라 경매절차를 취소하지 아니한 때에만 이미 실시한 경매절차를 일시적으로 유지하게 하여야 한다.

③제2항의 규정에 따라 경매절차를 취소하는 경우에는 제17조의 규정을 적용하지 아니한다.

제267조 (대금완납에 따른 부동산취득의 효과) 매수인의 부동산 취득은 담보권 소멸로 영향을 받지 아니한다.

제268조 (준용규정) 부동산을 목적으로 하는 담보권 실행을 위한 경매절차에는 제79조 내지 제162조의 규정을 준용한다.

제269조 (선박에 대한 경매) 선박을 목적으로 하는 담보권 실행을 위한 경매절차에는 제172조 내지 제186조, 제264조 내지 제268조의 규정을 준용한다.

제270조 (자동차 등에 대한 경매) 자동차·건설기계 및 항공기를 목적으로 하는 담보권 실행을 위한 경매절차는 제264조 내지 제269조, 제271조 및 제272조의 규정에 준하여 대법원규칙으로 정한다.

제271조 (유체동산에 대한 경매) 유체동산을 목적으로 하는 담보권 실행을 위한 경매는 채권자가 그 목적물을 제출하거나, 그 목적물의 점유자가 압류를 승낙한 때에 개시한다.

제272조 (준용규정) 제271조의 경매절차에는 제2편 제2장 제4절 제2관의 규정과 제265조 및 제266조의 규정을 준용한다.

제273조 (채권과 그 밖의 재산권에 대한 담보권의 실행) ①채권, 그 밖의 재산권을 목적으로 하는 담보권의 실행은 담보권의 존재를 증명하는 서류(권리의 이전에 관하여 등기나 등록을 필요로 하는

경우에는 그 등기부 또는 등록원부의 등본)가 제출된 때에 개시한
다.

②민법 제342조에 따라 담보권설정자가 받을 금전, 그 밖의 물건
에 대하여 권리를 행사하는 경우에도 제1항과 같다.

③제1항과 제2항의 권리실행절차에는 제2편 제2장 제4절 제3관
의 규정을 준용한다.

제274조 (유치권 등에 의한 경매) ①유치권에 의한 경매와 민법·상
법, 그 밖의 법률이 규정하는 바에 따른 경매(이하 "유치권등에 의
한 경매"라 한다)는 담보권 실행을 위한 경매의 예에 따라 실시한
다.

②유치권 등에 의한 경매절차는 목적물에 대하여 강제경매 또는
담보권 실행을 위한 경매절차가 개시된 경우에는 이를 정지하고,
채권자 또는 담보권자를 위하여 그 절차를 계속하여 진행한다.

③제2항의 경우에 강제경매 또는 담보권 실행을 위한 경매가 취
소되면 유치권 등에 의한 경매절차를 계속하여 진행하여야 한다.

제275조 (준용규정) 이 편에 규정한 경매 등 절차에는 제42조 내
지 제44조 및 제46조 내지 제53조의 규정을 준용한다.

제4편 보전처분

제276조 (가압류의 목적) ①가압류는 금전채권이나 금전으로 환산
할 수 있는 채권에 대하여 동산 또는 부동산에 대한 강제집행을 보

전하기 위하여 할 수 있다.

②제1항의 채권이 조건이 붙어 있는 것이거나 기한이 차지 아니한 것인 경우에도 가압류를 할 수 있다.

제277조 (보전의 필요) 가압류는 이를 하지 아니하면 판결을 집행할 수 없거나 판결을 집행하는 것이 매우 곤란할 염려가 있을 경우에 할 수 있다.

제278조 (가압류법원) 가압류는 가압류할 물건이 있는 곳을 관할하는 지방법원이나 본안의 관할법원이 관할한다.

제279조 (가압류신청) ①가압류신청에는 다음 각호의 사항을 적어야 한다.

1. 청구채권의 표시, 그 청구채권이 일정한 금액이 아닌 때에는 금전으로 환산한 금액

2. 제277조의 규정에 따라 가압류의 이유가 될 사실의 표시

②청구채권과 가압류의 이유는 소명하여야 한다.

제280조 (가압류명령) ①가압류신청에 대한 재판은 변론 없이 할 수 있다.

②청구채권이나 가압류의 이유를 소명하지 아니한 때에도 가압류로 생길 수 있는 채무자의 손해에 대하여 법원이 정한 담보를 제공한 때에는 법원은 가압류를 명할 수 있다.

③청구채권과 가압류의 이유를 소명한 때에도 법원은 담보를 제

공하게 하고 가압류를 명할 수 있다.

④담보를 제공한 때에는 그 담보의 제공과 담보제공의 방법을 가압류명령에 적어야 한다.

제281조 (재판의 형식) ①가압류신청에 대한 재판은 결정으로 한다. 〈개정 2005.1.27〉

②채권자는 가압류신청을 기각하거나 각하하는 결정에 대하여 즉시항고를 할 수 있다.

③담보를 제공하게 하는 재판, 가압류신청을 기각하거나 각하하는 재판과 제2항의 즉시항고를 기각하거나 각하하는 재판은 채무자에게 고지할 필요가 없다.

제282조 (가압류해방금액) 가압류명령에는 가압류의 집행을 정지시키거나 집행한 가압류를 취소시키기 위하여 채무자가 공탁할 금액을 적어야 한다.

제283조 (가압류결정에 대한 채무자의 이의신청) ①채무자는 가압류결정에 대하여 이의를 신청할 수 있다.

②제1항의 이의신청에는 가압류의 취소나 변경을 신청하는 이유를 밝혀야 한다.

③이의신청은 가압류의 집행을 정지하지 아니한다.

제284조 (가압류이의신청사건의 이송) 법원은 가압류이의신청사건에 관하여 현저한 손해 또는 지연을 피하기 위한 필요가 있는 때에

는 직권으로 또는 당사자의 신청에 따라 결정으로 그 가압류사건의 관할권이 있는 다른 법원에 사건을 이송할 수 있다. 다만, 그 법원이 심급을 달리하는 경우에는 그러하지 아니하다.

제285조 (가압류이의신청의 취하) ①채무자는 가압류이의신청에 대한 재판이 있기 전까지 가압류이의신청을 취하할 수 있다. 〈개정 2005.1.27〉

②제1항의 취하에는 채권자의 동의를 필요로 하지 아니한다.

③가압류이의신청의 취하는 서면으로 하여야 한다. 다만, 변론기일 또는 심문기일에서는 말로 할 수 있다. 〈개정 2005.1.27〉

④가압류이의신청서를 송달한 뒤에는 취하의 서면을 채권자에게 송달하여야 한다.

⑤제3항 단서의 경우에 채권자가 변론기일 또는 심문기일에 출석하지 아니한 때에는 그 기일의 조서등본을 송달하여야 한다. 〈개정 2005.1.27〉

제286조 (이의신청에 대한 심리와 재판) ①이의신청이 있는 때에는 법원은 변론기일 또는 당사자 쌍방이 참여할 수 있는 심문기일을 정하고 당사자에게 이를 통지하여야 한다.

②법원은 심리를 종결하고자 하는 경우에는 상당한 유예기간을 두고 심리를 종결할 기일을 정하여 이를 당사자에게 고지하여야 한다. 다만, 변론기일 또는 당사자 쌍방이 참여할 수 있는 심문기일에는 즉시 심리를 종결할 수 있다.

③이의신청에 대한 재판은 결정으로 한다.

④제3항의 규정에 의한 결정에는 이유를 적어야 한다. 다만, 변론을 거치지 아니한 경우에는 이유의 요지만을 적을 수 있다.

⑤법원은 제3항의 규정에 의한 결정으로 가압류의 전부나 일부를 인가·변경 또는 취소할 수 있다. 이 경우 법원은 적당한 담보를 제공하도록 명할 수 있다.

⑥법원은 제3항의 규정에 의하여 가압류를 취소하는 결정을 하는 경우에는 채권자가 그 고지를 받은 날부터 2주를 넘지 아니하는 범위 안에서 상당하다고 인정하는 기간이 경과하여야 그 결정의 효력이 생긴다는 뜻을 선언할 수 있다.

⑦제3항의 규정에 의한 결정에 대하여는 즉시항고를 할 수 있다. 이 경우 민사소송법 제447조의 규정을 준용하지 아니한다.
[전문개정 2005.1.27]

제287조 (본안의 제소명령) ①가압류법원은 채무자의 신청에 따라 변론 없이 채권자에게 상당한 기간 이내에 본안의 소를 제기하여 이를 증명하는 서류를 제출하거나 이미 소를 제기하였으면 소송계속사실을 증명하는 서류를 제출하도록 명하여야 한다.

②제1항의 기간은 2주 이상으로 정하여야 한다.

③채권자가 제1항의 기간 이내에 제1항의 서류를 제출하지 아니한 때에는 법원은 채무자의 신청에 따라 결정으로 가압류를 취소하여야 한다.

④제1항의 서류를 제출한 뒤에 본안의 소가 취하되거나 각하된 경우에는 그 서류를 제출하지 아니한 것으로 본다.

⑤제3항의 신청에 관한 결정에 대하여는 즉시항고를 할 수 있다.

이 경우 민사소송법 제447조의 규정은 준용하지 아니한다.

제288조 (사정변경 등에 따른 가압류취소) ①채무자는 다음 각호의 어느 하나에 해당하는 사유가 있는 경우에는 가압류가 인가된 뒤에도 그 취소를 신청할 수 있다. 제3호에 해당하는 경우에는 이해관계인도 신청할 수 있다.

  1. 가압류이유가 소멸되거나 그 밖에 사정이 바뀐 때

  2. 법원이 정한 담보를 제공한 때

  3. 가압류가 집행된 뒤에 3년간 본안의 소를 제기하지 아니한 때

  ②제1항의 규정에 의한 신청에 대한 재판은 가압류를 명한 법원이 한다. 다만, 본안이 이미 계속된 때에는 본안법원이 한다.

  ③제1항의 규정에 의한 신청에 대한 재판에는 제286조제1항 내지 제4항·제6항 및 제7항을 준용한다.

[전문개정 2005.1.27]

제289조 (가압류취소결정의 효력정지) ①가압류를 취소하는 결정에 대하여 즉시항고가 있는 경우에, 불복의 이유로 주장한 사유가 법률상 정당한 사유가 있다고 인정되고 사실에 대한 소명이 있으며, 그 가압류를 취소함으로 인하여 회복할 수 없는 손해가 생길 위험이 있다는 사정에 대한 소명이 있는 때에는, 법원은 당사자의 신청에 따라 담보를 제공하게 하거나 담보를 제공하지 아니하게 하고 가압류취소결정의 효력을 정지시킬 수 있다.

  ②제1항의 규정에 의한 소명은 보증금을 공탁하거나 주장이 진실함을 선서하는 방법으로 대신할 수 없다.

③재판기록이 원심법원에 있는 때에는 원심법원이 제1항의 규정에 의한 재판을 한다.

④항고법원은 항고에 대한 재판에서 제1항의 규정에 의한 재판을 인가·변경 또는 취소하여야 한다.

⑤제1항 및 제4항의 규정에 의한 재판에 대하여는 불복할 수 없다.

[전문개정 2005.1.27]

제290조 (가압류 이의신청규정의 준용) ①제287조제3항, 제288조제1항에 따른 재판의 경우에는 제284조의 규정을 준용한다. 〈개정 2005.1.27〉

②제287조제1항·제3항 및 제288조제1항에 따른 신청의 취하에는 제285조의 규정을 준용한다. 〈개정 2005.1.27〉

제291조 (가압류집행에 대한 본집행의 준용) 가압류의 집행에 대하여는 강제집행에 관한 규정을 준용한다. 다만, 아래의 여러 조문과 같이 차이가 나는 경우에는 그러하지 아니하다.

제292조 (집행개시의 요건) ①가압류에 대한 재판이 있은 뒤에 채권자나 채무자의 승계가 이루어진 경우에 가압류의 재판을 집행하려면 집행문을 덧붙여야 한다.

②가압류에 대한 재판의 집행은 채권자에게 재판을 고지한 날부터 2주를 넘긴 때에는 하지 못한다. 〈개정 2005.1.27〉

③제2항의 집행은 채무자에게 재판을 송달하기 전에도 할 수 있다.

제293조 (부동산가압류집행) ①부동산에 대한 가압류의 집행은 가압류재판에 관한 사항을 등기부에 기입하여야 한다.

②제1항의 집행법원은 가압류재판을 한 법원으로 한다.

③가압류등기는 법원사무관등이 촉탁한다.

제294조 (가압류를 위한 강제관리) 가압류의 집행으로 강제관리를 하는 경우에는 관리인이 청구채권액에 해당하는 금액을 지급받아 공탁하여야 한다.

제295조 (선박가압류집행) ①등기할 수 있는 선박에 대한 가압류를 집행하는 경우에는 가압류등기를 하는 방법이나 집행관에게 선박국적증서등을 선장으로부터 받아 집행법원에 제출하도록 명하는 방법으로 한다. 이들 방법은 함께 사용할 수 있다.

②가압류등기를 하는 방법에 의한 가압류집행은 가압류명령을 한 법원이, 선박국적증서등을 받아 제출하도록 명하는 방법에 의한 가압류집행은 선박이 정박하여 있는 곳을 관할하는 지방법원이 집행법원으로서 관할한다.

③가압류등기를 하는 방법에 의한 가압류의 집행에는 제293조제3항의 규정을 준용한다.

제296조 (동산가압류집행) ①동산에 대한 가압류의 집행은 압류와 같은 원칙에 따라야 한다.

②채권가압류의 집행법원은 가압류명령을 한 법원으로 한다.

③채권의 가압류에는 제3채무자에 대하여 채무자에게 지급하여서

는 아니 된다는 명령만을 하여야 한다.

④가압류한 금전은 공탁하여야 한다.

⑤가압류물은 현금화를 하지 못한다. 다만, 가압류물을 즉시 매각하지 아니하면 값이 크게 떨어질 염려가 있거나 그 보관에 지나치게 많은 비용이 드는 경우에는 집행관은 그 물건을 매각하여 매각대금을 공탁하여야 한다.

제297조 (제3채무자의 공탁) 제3채무자가 가압류 집행된 금전채권액을 공탁한 경우에는 그 가압류의 효력은 그 청구채권액에 해당하는 공탁금액에 대한 채무자의 출급청구권에 대하여 존속한다.

제298조 (가압류취소결정의 취소와 집행〈개정 2005.1.27〉) ①가압류의 취소결정을 상소법원이 취소한 경우로서 법원이 그 가압류의 집행기관이 되는 때에는 그 취소의 재판을 한 상소법원이 직권으로 가압류를 집행한다. 〈개정 2005.1.27〉

②제1항의 경우에 그 취소의 재판을 한 상소법원이 대법원인 때에는 채권자의 신청에 따라 제1심 법원이 가압류를 집행한다.

제299조 (가압류집행의 취소) ①가압류명령에 정한 금액을 공탁한 때에는 법원은 결정으로 집행한 가압류를 취소하여야 한다. 〈개정 2005.1.27〉

②삭제 〈2005.1.27〉

③제1항의 취소결정에 대하여는 즉시항고를 할 수 있다.

④제1항의 취소결정에 대하여는 제17조제2항의 규정을 준용하지

아니한다.

제300조 (가처분의 목적) ①다툼의 대상에 관한 가처분은 현상이 바뀌면 당사자가 권리를 실행하지 못하거나 이를 실행하는 것이 매우 곤란할 염려가 있을 경우에 한다.

②가처분은 다툼이 있는 권리관계에 대하여 임시의 지위를 정하기 위하여도 할 수 있다. 이 경우 가처분은 특히 계속하는 권리관계에 끼칠 현저한 손해를 피하거나 급박한 위험을 막기 위하여, 또는 그 밖의 필요한 이유가 있을 경우에 하여야 한다.

제301조 (가압류절차의 준용) 가처분절차에는 가압류절차에 관한 규정을 준용한다. 다만, 아래의 여러 조문과 같이 차이가 나는 경우에는 그러하지 아니하다.

제302조 삭제 〈2005.1.27〉

제303조 (관할법원) 가처분의 재판은 본안의 관할법원 또는 다툼의 대상이 있는 곳을 관할하는 지방법원이 관할한다.

제304조 (임시의 지위를 정하기 위한 가처분) 제300조제2항의 규정에 의한 가처분의 재판에는 변론기일 또는 채무자가 참석할 수 있는 심문기일을 열어야 한다. 다만, 그 기일을 열어 심리하면 가처분의 목적을 달성할 수 없는 사정이 있는 때에는 그러하지 아니하다.

제305조 (가처분의 방법) ①법원은 신청목적을 이루는 데 필요한 처분을 직권으로 정한다.

②가처분으로 보관인을 정하거나, 상대방에게 어떠한 행위를 하거나 하지 말도록, 또는 급여를 지급하도록 명할 수 있다.

③가처분으로 부동산의 양도나 저당을 금지한 때에는 법원은 제293조의 규정을 준용하여 등기부에 그 금지한 사실을 기입하게 하여야 한다.

제306조 (법인임원의 직무집행정지 등 가처분의 등기촉탁) 법원사무관등은 법원이 법인의 대표자 그 밖의 임원으로 등기된 사람에 대하여 직무의 집행을 정지하거나 그 직무를 대행할 사람을 선임하는 가처분을 하거나 그 가처분을 변경·취소한 때에는, 법인의 주사무소 및 분사무소 또는 본점 및 지점이 있는 곳의 등기소에 그 등기를 촉탁하여야 한다. 다만, 이 사항이 등기하여야 할 사항이 아닌 경우에는 그러하지 아니하다.

제307조 (가처분의 취소) ①특별한 사정이 있는 때에는 담보를 제공하게 하고 가처분을 취소할 수 있다.

②제1항의 경우에는 제284조, 제285조 및 제286조제1항 내지 제4항·제6항·제7항의 규정을 준용한다. 〈개정 2005.1.27〉

제308조 (원상회복재판) 가처분을 명한 재판에 기초하여 채권자가 물건을 인도받거나, 금전을 지급받거나 또는 물건을 사용·보관하고 있는 경우에는, 법원은 가처분을 취소하는 재판에서 채무자의 신청

에 따라 채권자에 대하여 그 물건이나 금전을 반환하도록 명할 수
있다.

제309조 (가처분의 집행정지) ①소송물인 권리 또는 법률관계가
이행되는 것과 같은 내용의 가처분을 명한 재판에 대하여 이의신청
이 있는 경우에, 이의신청으로 주장한 사유가 법률상 정당한 사유
가 있다고 인정되고 주장사실에 대한 소명이 있으며, 그 집행에 의
하여 회복할 수 없는 손해가 생길 위험이 있다는 사정에 대한 소명
이 있는 때에는, 법원은 당사자의 신청에 따라 담보를 제공하게 하
거나 담보를 제공하게 하지 아니하고 가처분의 집행을 정지하도록
명할 수 있고, 담보를 제공하게 하고 집행한 처분을 취소하도록 명
할 수 있다.
  ②제1항에서 규정한 소명은 보증금을 공탁하거나 주장이 진실함
을 선서하는 방법으로 대신할 수 없다.
  ③재판기록이 원심법원에 있는 때에는 원심법원이 제1항의 규정
에 의한 재판을 한다.
  ④법원은 이의신청에 대한 결정에서 제1항의 규정에 의한 명령을
인가·변경 또는 취소하여야 한다.
  ⑤제1항·제3항 또는 제4항의 규정에 의한 재판에 대하여는 불복
할 수 없다.
[전문개정 2005.1.27]

제310조 (준용규정) 제301조에 따라 준용되는 제287조제3항, 제
288조제1항 또는 제307조의 규정에 따른 가처분취소신청이 있는

경우에는 제309조의 규정을 준용한다.

[전문개정 2005.1.27]

제311조 (본안의 관할법원) 이 편에 규정한 본안법원은 제1심 법원으로 한다. 다만, 본안이 제2심에 계속된 때에는 그 계속된 법원으로 한다.

제312조 (재판장의 권한) 급박한 경우에 재판장은 이 편의 신청에 대한 재판을 할 수 있다. 〈개정 2005.1.27〉

부칙 〈제6627호,2002.1.26〉

제1조 (시행일) 이 법은 2002년 7월 1일부터 시행한다.

제2조 (계속사건에 관한 경과조치) ①이 법 시행전에 신청된 집행사건에 관하여는 종전의 규정에 따른다.

②이 법 시행 당시 종전의 민사소송법의 규정에 따라 이 법 시행전에 행한 집행처분 그 밖의 행위는 이 법의 적용에 관하여는 이 법의 해당 규정에 따라 한 것으로 본다.

③제1항 및 제2항에 규정한 것 외에 이 법의 시행 당시 이미 법원에 계속되거나 집행관이 취급하고 있는 사건의 처리에 관하여 필요한 사항은 대법원규칙으로 정한다.

제3조 (관할에 관한 경과조치) 이 법 시행 당시 법원에 계속중인 사건은 이 법에 따라 관할권이 없는 경우에도 종전의 규정에 따라 관할권이 있으면 그에 따른다.

제4조 (법정기간에 대한 경과조치) 이 법 시행전부터 진행된 법정

기간과 그 계산은 종전의 규정에 따른다.

제5조 (법 적용의 시간적 범위) 이 법은 이 법 시행전에 생긴 사항에도 적용한다. 다만, 종전의 규정에 따라 생긴 효력에는 영향을 미치지 아니한다.

제6조 (다른 법률의 개정) ①가등기담보등에관한법률중 다음과 같이 개정한다.

제16조제2항 단서중 "民事訴訟法 第661條第1項第2號"를 "민사집행법 제144조제1항제2호"로 한다.

②가사소송법중 다음과 같이 개정한다.

제63조제1항 후단중 "民事訴訟法 第696條 내지 第723條"를 "민사집행법 제276조 내지 제312조"로 하고, 같은 조제3항중 "民事訴訟法 第705條"를 "민사집행법 제287조"로 한다.

③가정폭력범죄의처벌등에관한특례법중 다음과 같이 개정한다.

제61조제1항중 "民事訴訟法"을 "민사집행법"으로 한다.

④건설산업기본법중 다음과 같이 개정한다.

제59조제4항중 "민사소송절차"를 "민사집행절차"로, "민사소송법 제566조"를 "민사집행법 제233조"로 한다.

⑤공공차관의도입및관리에관한법률중 다음과 같이 개정한다.

제11조제2항중 "民事訴訟法"을 "민사집행법"으로 한다.

⑥공무원범죄에관한몰수특례법중 다음과 같이 개정한다.

제27조제7항을 다음과 같이 한다.

⑦민사집행법 제83조제2항·제94조제2항 및 제95조의 규정은 부동산의 沒收保全에 관하여 이를 준용한다. 이 경우 같은 법 제83조제2항중 "채무자"는 "沒收保全財産을 가진 자"로, 제94조제2항중

"제1항" 및 제95조중 "제94조"는 "공무원범죄에관한몰수특례법 제27조제4항"으로, 제95조중 "法院"은 "검사"로 본다.

제30조제4항을 다음과 같이 한다.

④민사집행법 제228조, 제248조제1항 및 제4항 본문의 규정은 채권의 沒收保全에 관하여 이를 준용한다. 이 경우 동법 제228조제1항중 "押留"는 "沒收保全"으로, "채권자"는 "검사"로, 제228조제1항 및 제2항중 "押留命令" 및 제248조제1항중 "押留"는 "沒收保全命令"으로, 제248조제1항 및 제4항 본문중 "제3채무자"는 "채무자"로, 같은 조제4항중 "法院"은 "沒收保全命令을 발한 법원"으로 본다.

제31조제3항을 다음과 같이 한다.

③제27조제3항 내지 제6항과 민사집행법 제94조제2항 및 제95조의 규정은 기타 재산권중 권리의 이전에 등기 등을 요하는 경우에 이를 준용한다. 이 경우 같은 법 제94조제2항중 "제1항" 및 제95조중 "제94조"는 "공무원범죄에관한몰수특례법 제31조제3항에서 준용한 제27조제4항"으로, 제95조중 "法院"은 "검사"로 본다.

제35조제4항중 "民事訴訟法 第584條第1項"을 "민사집행법 제251조제1항"으로 한다.

제36조제5항중 "民事訴訟法 第580條"를 "민사집행법 제247조"로, "第581條第3項"을 "제248조제4항"으로 한다.

제38조제2항 후단중 "民事訴訟法"을 "민사집행법"으로, "同法 第510條第2號"를 "같은 법 제49조제2호"로 한다.

제39조제2항 후단중 "民事訴訟法"을 "민사집행법"으로, "同法 第726條第1項第5號(同法 第729條 및 第732條에서 準用하는 경우를

포함한다)"를 "같은 법 제266조제1항제5호(같은 법 제269조 및 제272조에서 준용하는 경우를 포함한다)"로 한다.

제44조제1항 후단 및 같은 조제3항 전단중 "民事訴訟法"을 각각 "민사집행법"으로 한다.

⑦공장저당법중 다음과 같이 개정한다.

제62조중 "民事訴訟法 第661條"를 "민사집행법 제144조"로 한다.

⑧공증인법중 다음과 같이 개정한다.

제56조의2제4항중 "民事訴訟法 第519條"를 "민사집행법 제56조"로, "債務名義"를 "집행권원"으로 하고, 같은 조제5항중 "債務名義"를 "집행권원"으로 한다.

제56조의4제1항 본문중 "民事訴訟法 第519條第3號"를 "민사집행법 제56조제4호"로, "同法 第490條第2項 및 同條第3項"을 "같은 법 제39조제2항 및 같은 조제3항"으로 한다.

⑨관광진흥법중 다음과 같이 개정한다.

제8조제2항중 "民事訴訟法"을 "민사집행법"으로 한다.

⑩광업재단저당법중 다음과 같이 개정한다.

제12조제2항중 "民事訴訟法 第648條"를 "민사집행법 제138조"로 한다.

⑪국가유공자등예우및지원에관한법률중 다음과 같이 개정한다.

제61조제1항 전단중 "民事訴訟法"을 "민사집행법"으로 하고, 같은 항 후단중 "民事訴訟法 第625條"를 "민사집행법 제113조"로 한다.

⑫국가채권관리법중 다음과 같이 개정한다.

제15조제2호중 "債務名義"를 각각 "집행권원"으로 하고, 같은 조

제3호중 "債務名義取得節次"를 "집행권원취득절차"로 한다.

제29조제2항중 "債務名義"를 각각 "집행권원"로 한다.

⑬국토이용관리법중 다음과 같이 개정한다.

제21조의9제2항중 "民事訴訟法"을 "민사집행법"으로 한다.

⑭군사법원법중 다음과 같이 개정한다.

제520조제4항중 "民事訴訟法"을 "민사집행법"으로 한다.

⑮금융기관부실자산등의효율적처리및한국자산관리공사의설립에관한법률중 다음과 같이 개정한다.

제26조제1항제1호중 "民事訴訟法"을 "민사소송법 및 민사집행법"으로 한다.

제45조중 "民事訴訟法"을 "민사집행법"으로, "民事訴訟法 第625條"를 "민사집행법 제113조"로 한다.

제45조의2제1항중 "民事訴訟法"을 "민사집행법"으로 한다.

〈16〉기업활동규제완화에관한특별조치법중 다음과 같이 개정한다.

제60조의13제1항중 "민사소송법"을 "민사집행법"으로 한다.

〈17〉농업협동조합의구조개선에관한법률중 다음과 같이 개정한다.

제30조제2호 및 제32조중 "민사소송법"을 각각 "민사집행법"으로 한다.

〈18〉담보부사채신탁법중 다음과 같이 개정한다.

제72조제1항중 "民事訴訟法"을 "민사집행법"으로 한다.

〈19〉마약류불법거래방지에관한특례법중 다음과 같이 개정한다.

제37조제7항을 다음과 같이 한다.

⑦민사집행법 제83조제2항·제94조제2항 및 제95조의 규정은 부동산의 沒收保全에 관하여 이를 준용한다. 이 경우 같은 법 제83조제2항중 "채무자"는 "沒收保全財産을 가진 자"로, 같은 법 제94조제2항중 "제1항" 및 같은 법 제95조중 "제94조"는 "마약류불법거래방지에관한특례법 제37조제4항"으로, 같은 법 제95조중 "法院"은 "검사"로 본다.

제40조제5항을 다음과 같이 한다.

⑤민사집행법 제228조의 규정은 채권의 沒收保全에 관하여 이를 준용한다. 이 경우 같은 법 제228조제1항중 "押留"는 "沒收保全"으로, "채권자"는 "검사"로, 같은 조제1항 및 제2항중 "押留命令"은 "沒收保全命令"으로 본다.

제41조제3항 전단중 "民事訴訟法 第611條第2項·第612條"를 "민사집행법 제94조제2항 및 제95조"로 하고, 동항 후단을 다음과 같이 한다. 이 경우 민사집행법 제94조제2항중 "제1항" 및 같은 법 제95조중 "제94조"는 "마약류불법거래방지에관한특례법 제41조제3항의 규정에 의하여 준용되는 제37조제4항"으로, 같은 법 제95조중 "法院"은 "검사"로 본다.

제45조제4항중 "民事訴訟法 第584條第1項"을 "민사집행법 제251조제1항"으로 한다.

제46조제5항중 "民事訴訟法 第580條"를 "민사집행법 제247조"로, "第581條第3項"을 "제248조제4항"으로 한다.

제48조제2항 후단중 "民事訴訟法"을 "민사집행법"으로, "第510條第2號"를 "제49조제2호"로 한다.

제49조제2항 후단중 "民事訴訟法"을 "민사집행법"으로, "第726條

第1項第5號(같은 法 第729條 및 第732條에서 準用하는 경우를 포함한다)."를 "제266조제1항제5호(같은 법 제269조 및 제272조에서 준용하는 경우를 포함한다)."로 한다.

제54조제1항 및 제3항 전단중 "民事訴訟法"을 각각 "민사집행법"으로 한다.

〈20〉먹는물관리법중 다음과 같이 개정한다.

제22조제2항 전단중 "民事訴訟法"을 "민사집행법"으로 한다.

〈21〉보안관찰법중 다음과 같이 개정한다.

제24조중 "民事訴訟法"을 "민사집행법"으로 한다.

〈22〉비송사건절차법중 다음과 같이 개정한다.

제29조제2항 전단중 "民事訴訟法 第6編"을 "민사집행법"으로 한다.

제107조제5호를 삭제한다.

제249조제2항 전단중 "民事訴訟法 第7編"을 "민사집행법"으로 한다.

〈23〉사료관리법중 다음과 같이 개정한다.

제8조제4항중 "民事訴訟法"을 "민사집행법"으로 한다.

〈24〉사행행위등규제및처벌특례법중 다음과 같이 개정한다.

제9조제2항 전단중 "民事訴訟法"을 "민사집행법"으로 한다.

〈25〉석유사업법중 다음과 같이 개정한다.

제7조제2항중 "民事訴訟法"을 "민사집행법"으로 한다.

〈26〉석탄산업법중 다음과 같이 개정한다.

제20조제2항중 "民事訴訟法"을 "민사집행법"으로 한다.

〈27〉선박소유자등의책임제한절차에관한법률중 다음과 같이 개정한다.

제4조중 "民事訴訟法"을 "민사소송법 및 민사집행법"으로 한다.

제29조제2항중 "民事訴訟法 第505條"를 "민사집행법 제44조"로 한다.

제30조제3항중 "民事訴訟法 第507條와 第508條"를 "민사집행법 제46조 및 제47조"로 한다.

〈28〉소방법중 다음과 같이 개정한다.

제19조제2항 전단중 "民事訴訟法"을 "민사집행법"으로 한다.

〈29〉소송촉진등에관한특례법중 다음과 같이 개정한다.

제34조제1항중 "民事訴訟法"을 "민사집행법"으로 하고, 같은 조 제4항중 "民事訴訟法 第505條第2項 前段"을 "민사집행법 제44조제2항"으로 한다.

〈30〉소프트웨어산업진흥법중 다음과 같이 개정한다.

제32조제5항중 "民事訴訟節次"를 "민사집행절차"로, "民事訴訟法"을 "민사집행법"으로 한다.

〈31〉수질환경보전법중 다음과 같이 개정한다.

제11조의2제2항 및 제43조의4제2항중 "민사소송법"을 각각 "민사집행법"으로 한다.

〈32〉식품위생법중 다음과 같이 개정한다.

제25조제2항 전단중 "民事訴訟法"을 "민사집행법"으로 한다.

〈33〉신탁법중 다음과 같이 개정한다.

제21조제2항 후단중 "民事訴訟法 第509條"를 "민사집행법 제48조"로 한다.

〈34〉액화석유가스의안전및사업관리법중 다음과 같이 개정한다.

제7조제2항 전단중 "民事訴訟法"을 "민사집행법"으로 한다.

〈35〉염관리법중 다음과 같이 개정한다.

제5조제2항중 "民事訴訟法"을 "민사집행법"으로 한다.

〈36〉유류오염손해배상보장법중 다음과 같이 개정한다.

제13조제2항중 "民事訴訟法 第477條第2項"을 "민사집행법 제27조제2항"으로, "外國判決이 第203條의 條件을 具備하지 아니한 때"를 "外國判決이 민사소송법 제217조의 조건을 갖추지 아니한 때"로 한다.

〈37〉음반·비디오물및게임물에관한법률중 다음과 같이 개정한다.

제33조제2항중 "民事訴訟法"을 "민사집행법"으로 한다.

〈38〉응급의료에관한법률중 다음과 같이 개정한다.

제54조제2항중 "民事訴訟法"을 "민사집행법"으로 한다.

〈39〉자동차관리법중 다음과 같이 개정한다.

제14조중 "民事訴訟法"을 "민사집행법"으로 한다.

〈40〉정기간행물의등록등에관한법률중 다음과 같이 개정한다.

제19조제1항중 "民事訴訟法 第693條"를 "민사집행법 제261조"로 하고, 같은 제4항 본문중 "民事訴訟法"을 "민사집행법"으로 하며, 같은 단서중 "民事訴訟法 第697條 및 第705條"를 "민사집행법 제277조 및 제287조"로 한다.

〈41〉정보통신공사업법중 다음과 같이 개정한다.

제48조제4항중 "民事訴訟節次"를 "민사집행절차"로, "民事訴訟法"을 "민사집행법"으로 한다.

〈42〉주택임대차보호법중 다음과 같이 개정한다.

제3조의2제1항중 "채무명의"를 "집행권원"으로, "民事訴訟法 第

491條의2"를 "민사집행법 제41조"로 하고, 같은 조제2항중 "民事訴訟法"을 "민사집행법"으로 하며, 같은 조제5항중 "民事訴訟法 第590條 내지 第597條"를 "민사집행법 제152조 내지 제161조"로 한다.

제3조의3제3항중 "民事訴訟法 第700條第1項, 第701條, 第703條, 第704條, 第706條第1項·第3項·第4項 前段, 第707條, 第710條"를 "민사집행법 제280조제1항, 제281조, 제283조, 제285조, 제286조, 제288조제1항·제2항·제3항 전단, 제289조제1항 내지 제4항, 제290조제2항중 제288조제1항에 대한 부분, 제291조, 제293조"로 한다.

제3조의5 본문중 "民事訴訟法"을 "민사집행법"으로 한다.

〈43〉집단에너지사업법중 다음과 같이 개정한다.

제12조제2항중 "民事訴訟法"을 "민사집행법"으로 한다.

〈44〉집행관법중 다음과 같이 개정한다.

제15조제2항중 "民事訴訟法 第536條"를 "민사집행법 제200조"로 한다.

제17조제2항중 "民事訴訟法 第496條第2項"을 "민사집행법 제5조제2항"으로 한다.

〈45〉청소년기본법중 다음과 같이 개정한다.

제34조제2항중 "民事訴訟法"을 "민사집행법"으로 한다.

〈46〉축산물가공처리법중 다음과 같이 개정한다.

제26조제2항중 "民事訴訟法"을 "민사집행법"으로 한다.

〈47〉토양환경보전법중 다음과 같이 개정한다.

제23조제3항제4호중 "민사소송법"을 "민사집행법"으로 한다.

〈48〉파산법중 다음과 같이 개정한다.

제6조제3항 단서중 "民事訴訟法 第532條第4號 내지 第6號 및 第579條"를 "민사집행법 제195조제4호 내지 제6호 및 제246조제1항"으로 한다.

제99조의 제목 및 본문중 "民事訴訟法"을 각각 "민사소송법 및 민사집행법"으로 한다.

제192조 및 제193조제1항 전단중 "民事訴訟法"을 각각 "민사집행법"으로 한다.

제259조제2항 후단 및 제300조제2항중 "民事訴訟法 第478條 내지 第517條"를 각각 "민사집행법 제2조 내지 제18조, 제20조, 제28조 내지 제55조"로 한다.

〈49〉폐기물관리법중 다음과 같이 개정한다.

제24조제5항 후단중 "民事訴訟法"을 "민사집행법"으로 한다.

〈50〉항만운송사업법중 다음과 같이 개정한다.

제23조제3항중 "民事訴訟法"을 "민사집행법"으로 한다.

〈51〉해운법중 다음과 같이 개정한다.

제18조제2항중 "民事訴訟法"을 "민사집행법"으로 한다.

〈52〉행정소송법중 다음과 같이 개정한다.

제8조제2항중 "民事訴訟法"을 "민사소송법 및 민사집행법"으로 한다.

제34조제2항중 "民事訴訟法 第694條"를 "민사집행법 제262조"로 한다.

〈53〉형사소송법중 다음과 같이 改正한다.

제477조제3항 단서 및 제493조중 "民事訴訟法"을 각각 "민사집행법"으로 한다.

〈54〉화의법중 다음과 같이 개정한다.

제11조제2항중 "民事訴訟法"을 "민사소송법 및 민사집행법"으로 한다.

〈55〉회사정리법중 다음과 같이 개정한다.

제8조중 "民事訴訟法"을 "민사소송법 및 민사집행법"으로 한다.

제81조중 "債務名義"를 "집행권원"으로 한다.

제245조제3항 전단중 "民事訴訟法 第478條 乃至 第517條"를 "민사집행법 제2조 내지 제18조, 제20조, 제28조 내지 제55조"로 하고, 같은 항 후단중 "同法 第483條, 第505條와 第506條"를 "민사집행법 제33조·제44조 및 제45조"로 한다.

제7조 (다른 법률과의 관계) ①이 법 시행 당시 다른 법률에서 종전의 민사소송법의 규정을 인용한 경우에 이 법중 그에 해당하는 규정이 있는 때에는 이 법의 해당 규정을 인용한 것으로 본다.

②이 법 시행 당시 다른 법률에서 규정한 "재산관계명시절차"와 "채무명의"는 각각 "재산명시절차"와 "집행권원"으로 본다.

부칙 〈제7358호, 2005. 1. 27〉

제1조 (시행일) 이 법은 공포 후 6월이 경과한 날부터 시행한다.

제2조 (계속사건에 관한 경과조치) 이 법 시행 전에 신청된 재산조회 사건·동산에 대한 강제집행 사건·보전명령 사건·보전명령에 대한 이의 및 취소신청 사건에 관하여는 종전의 규정에 의한다. 다만, 보전명령이 종국판결로 선고된 경우에는 이에 대한 상소 또는 취소신청이 이 법 시행 후에 된 경우에도 종전의 규정에 의한다.

제3조 (다른 법률의 개정) ①상가건물임대차보호법중 다음과 같이

개정한다.

　제6조제3항 전단중 "민사집행법 제280조제1항, 제281조, 제283조, 제285조, 제286조, 제288조제1항·제2항·제3항 본문, 제289조제1항 내지 제4항"을 "민사집행법 제280조제1항, 제281조, 제283조, 제285조, 제286조, 제288조제1항·제2항 본문, 제289조"로 한다.

　②住宅賃貸借保護法중 다음과 같이 개정한다.

　제3조의3제3항 전단중 "민사집행법 제280조제1항, 제281조, 제283조, 제285조, 제286조, 제288조제1항·제2항·제3항 전단, 제289조제1항 내지 제4항"을 "민사집행법 제280조제1항, 제281조, 제283조, 제285조, 제286조, 제288조제1항·제2항 본문, 제289조"로 한다.

　③개인채무자회생법중 다음과 같이 개정한다.

　제25조제1항 단서중 "민사집행법 제246조(압류금지채권)제1항제4호"를 "민사집행법 제246조(압류금지채권)제1항제4호·제5호"로 한다.

제4조 (다른 법령과의 관계) 이 법 시행 당시 다른 법령에서 종전의 민사집행법의 규정을 인용한 경우에 이 법 중 그에 해당하는 규정이 있는 때에는 그 규정에 갈음하여 이 법의 해당 규정을 인용한 것으로 본다.

부록

민사집행규칙(民事執行規則)

[일부개정 2004.6.1 대법원규칙 제01891호]

제1편 총칙

제1조 (목적) 이 규칙은 민사집행법(다음부터 "법"이라 한다)이 대법원규칙에 위임한 사항, 그 밖에 법 제1조의 민사집행과 보전처분의 절차를 규정함을 목적으로 한다.

제2조 (집행법원의 심문) 집행법원은 집행처분을 하는 데 필요한 때에는 이해관계인, 그 밖의 참고인을 심문할 수 있다.

제3조 (집행관의 집행일시 지정) ①집행관은 민사집행의 신청을 받은 때에는 바로 민사집행을 개시할 일시를 정하여 신청인에게 통지하여야 한다. 다만, 신청인이 통지가 필요 없다는 취지의 신고를 한 때에는 그러하지 아니하다.
  ②제1항의 규정에 따른 집행일시는 부득이한 사정이 없으면 신청을 받은 날부터 1주 안의 날로 정하여야 한다.

제4조 (국군원조요청의 절차) ①법 제5조제3항의 규정에 따라 법원이 하는 국군원조의 요청은 다음 각호의 사항을 적은 서면으로 하여야 한다.

  1. 사건의 표시

  2. 채권자·채무자와 그 대리인의 표시

  3. 원조를 요청한 집행관의 표시

  4. 집행할 일시와 장소

  5. 원조가 필요한 사유와 원조의 내용

②제1항의 규정에 따라 작성한 서면은 법원장 또는 지원장과 법원행정처장을 거쳐 국방부장관에게 보내야 한다.

제5조 (집행참여자의 의무) 법 제6조의 규정에 따라 집행관으로부터 집행실시의 증인으로 참여하도록 요구받은 특별시·광역시의 구 또는 동 직원, 시·읍·면 직원 또는 경찰공무원은 정당한 이유 없이 그 요구를 거절하여서는 아니된다.

제6조 (집행조서의 기재사항)　①집행조서에는 법 제10조제2항제2호의 규정에 따른 "중요한 사정의 개요"로서 다음 각호의 사항을 적어야 한다.

  1. 집행에 착수한 일시와 종료한 일시

  2. 실시한 집행의 내용

  3. 집행에 착수한 후 정지한 때에는 그 사유

  4. 집행에 저항을 받은 때에는 그 취지와 이에 대하여 한 조치

  5. 집행의 목적을 달성할 수 없었던 때에는 그 사유

  6. 집행을 속행한 때에는 그 사유

②제150조제2항, 법 제10조제2항제4호 또는 법 제116조제2항 (이 조항들이 준용되거나 그 예에 따르는 경우를 포함한다)에 규정

된 서명날인은 서명무인으로 갈음할 수 있다.

제7조 (재판을 고지받을 사람의 범위) ①다음 각호의 재판은 그것이 신청에 기초한 경우에는 신청인과 상대방에게, 그 밖의 경우에는 민사집행의 신청인과 상대방에게 고지하여야 한다.

  1. 이송의 재판(다만, 민사집행을 개시하는 결정이 상대방에게 송달되기 전에 이루어진 재판을 제외한다)

  2. 즉시항고를 할 수 있는 재판(다만, 신청을 기각하거나 각하하는 재판을 제외한다)

  3. 법 제50조제1항 전단 또는 법 제266조제2항 전단(이 조항들이 준용되거나 그 예에 따르는 경우를 포함한다)의 규정에 따른 집행절차취소의 재판

  4. 법 제16조제2항의 규정에 따른 재판과 이 재판이 이루어진 경우에는 법 제16조제1항의 규정에 따른 신청에 관한 재판

  5. 법 제86조제2항(이 조항이 준용되거나 그 예에 따르는 경우를 포함한다)의 규정에 따른 재판

  6. 법 제196조제3항(이 조항이 준용되거나 그 예에 따르는 경우를 포함한다)의 규정에 따른 재판과 이 재판이 이루어진 경우에는 법 제196조제1항·제2항 또는 법 제246조제2항(이 조항들이 준용되거나 그 예에 따르는 경우를 포함한다)의 규정에 따른 신청을 기각하거나 각하하는 재판

  ②제1항 각호에 규정되지 아니한 재판으로서 신청에 기초한 재판에 대하여는 신청인에게 고지하여야 한다.

제8조 (최고·통지)　①민사집행절차에서 최고와 통지는 특별한 규정이 없으면 상당하다고 인정되는 방법으로 할 수 있다.

　②제1항의 최고나 통지를 한 때에는 법원서기관·법원사무관·법원주사 또는 법원주사보(다음부터 이 모두를 "법원사무관등"이라 한다)나 집행관은 그 취지와 최고 또는 통지의 방법을 기록에 표시하여야 한다.

　③최고를 받을 사람이 외국에 있거나 있는 곳이 분명하지 아니한 때에는 최고할 사항을 공고하면 된다. 이 경우 최고는 공고를 한 날부터 1주가 지나면 효력이 생긴다.

　④이 규칙에 규정된 통지(다만, 법에 규정된 통지를 제외한다)를 받을 사람이 외국에 있거나 있는 곳이 분명하지 아니한 때에는 통지를 하지 아니하여도 된다. 이 경우 법원사무관등이나 집행관은 그 사유를 기록에 표시하여야 한다.

　⑤당사자, 그 밖의 관계인에 대한 통지(다만, 법 제102조제1항에 규정된 통지를 제외한다)는 법원사무관등 또는 집행관으로 하여금 그 이름으로 하게 할 수 있다.

제9조 (발송의 방법) 법 제11조제3항, 법 제14조제2항 또는 법 제104조제3항의 규정에 따른 발송은 등기우편으로 한다.

제10조 (외국으로 보내는 첫 송달서류의 기재사항) 민사집행절차에서 외국으로 보내는 첫 송달서류에는 대한민국 안에 송달이나 통지를 받을 장소와 영수인을 정하여 일정한 기간 안에 신고하도록 명함과 아울러 그 기간 안에 신고가 없는 경우에는 그 이후의 송달이

나 통지를 하지 아니할 수 있다는 취지를 적어야 한다.

제11조 (공고) ①민사집행절차에서 공고는 특별한 규정이 없으면 다음 각호 가운데 어느 하나의 방법으로 한다. 이 경우 필요하다고 인정하는 때에는 적당한 방법으로 공고사항의 요지를 공시할 수 있다.

  1. 법원게시판 게시
  2. 관보·공보 또는 신문 게재
  3. 전자통신매체를 이용한 공고
  ②법원사무관등 또는 집행관은 공고한 날짜와 방법을 기록에 표시하여야 한다.

제12조 (즉시항고제기기간 기산점의 특례) 즉시항고를 할 수 있는 사람이 재판을 고지받아야 할 사람이 아닌 경우 즉시항고의 제기기간은 그 재판을 고지받아야 할 사람 모두에게 고지된 날부터 진행한다.

제13조 (즉시항고이유의 기재방법) ①즉시항고의 이유는 원심재판의 취소 또는 변경을 구하는 사유를 구체적으로 적어야 한다.
  ②제1항의 사유가 법령위반인 때에는 그 법령의 조항 또는 내용과 법령에 위반되는 사유를, 사실의 오인인 때에는 오인에 관계되는 사실을 구체적으로 밝혀야 한다.

제14조 (즉시항고기록의 송부) ①즉시항고가 제기된 경우에 집행

518

법원이 상당하다고 인정하는 때에는 항고사건의 기록만을 보내거나 민사집행사건의 기록 일부의 등본을 항고사건의 기록에 붙여 보낼 수 있다.

②제1항의 규정에 따라 항고사건의 기록 또는 민사집행사건의 기록 일부의 등본이 송부된 경우에 항고법원은 필요하다고 인정하는 때에는 민사집행사건의 기록 또는 필요한 등본의 송부를 요구할 수 있다.

제15조 (집행에 관한 이의신청의 방식) ①법 제16조제1항·제3항의 규정에 따른 이의신청은 집행법원이 실시하는 기일에 출석하여 하는 경우가 아니면 서면으로 하여야 한다.

②제1항의 이의신청을 하는 때에는 이의의 이유를 구체적으로 밝혀야 한다.

제16조 (민사집행신청의 취하통지) 민사집행을 개시하는 결정이 상대방에게 송달된 후 민사집행의 신청이 취하된 때에는 법원사무관 등은 상대방에게 그 취지를 통지하여야 한다.

제17조 (집행관이 실시한 민사집행절차의 취소통지) 집행관은 민사집행절차를 취소한 때에는 채권자에게 그 취지와 취소의 이유를 통지하여야 한다.

제18조 (민사소송규칙의 준용) 민사집행과 보전처분의 절차에 관하여는 특별한 규정이 없으면 민사소송규칙의 규정을 준용한다.

제2편 강제집행

제1장 총칙

제19조 (집행문부여신청의 방식) ①집행문을 내어 달라는 신청을 하는 때에는 다음 각호의 사항을 밝혀야 한다.

1. 채권자·채무자와 그 대리인의 표시

2. 집행권원의 표시

3. 법 제30조제2항, 법 제31조, 법 제35조(법 제57조의 규정에 따라 이 조항들이 준용되는 경우를 포함한다) 또는 법 제263조제2항의 규정에 따라 집행문을 내어 달라는 신청을 하는 때에는 그 취지와 사유

②확정되어야 효력이 있는 재판에 관하여 제1항의 신청을 하는 때에는 그 재판이 확정되었음이 기록상 명백한 경우가 아니면 그 재판이 확정되었음을 증명하는 서면을 붙여야 한다.

③법 제31조(법 제57조의 규정에 따라 준용되는 경우를 포함한다)의 규정에 따라 집행문을 내어 달라는 신청을 하는 때에는 법원사무관등은 승계인의 주소 또는 주민등록번호(주민등록번호가 없는 사람의 경우에는 여권번호 또는 등록번호, 법인 또는 법인 아닌 사단이나 재단의 경우에는 사업자등록번호·납세번호 또는 고유번호를 말한다. 다음부터 이 모두와 주민등록번호를 "주민등록번호등"이라 한다)를 소명하는 자료를 제출하게 할 수 있다.

제20조 (집행문의 기재사항) ①집행권원에 표시된 청구권의 일부에 대하여 집행문을 내어 주는 때에는 강제집행을 할 수 있는 범위

를 집행문에 적어야 한다.

②제19조제3항의 규정에 따른 소명자료가 제출된 때에는 집행문에 승계인의 주소 또는 주민등록번호등을 적어야 한다.

제21조 (집행권원 원본에 적을 사항) 집행문을 내어 주는 때에는 집행권원의 원본 또는 정본에 법 제35조제3항과 법 제36조에 규정된 사항 외에 다음 각호의 사항을 적고 법원사무관등이 기명날인하여야 한다.

1. 법 제31조(법 제57조의 규정에 따라 준용되는 경우를 포함한다)의 규정에 따라 내어 주는 때에는 그 취지와 승계인의 이름
2. 제20조제1항의 규정에 따라 내어 주는 때에는 강제집행을 할 수 있는 범위

제22조 (공정증서정본등의 송달방법) ①공증인법 제56조의4제1항의 규정에 따른 송달은 아래 제2항 내지 제6항에서 정하는 방법으로 한다.

②채권자는 공증인법 제56조의4제1항에 규정된 서류(다음부터 "공정증서정본등"이라 한다)의 송달과 동시에 강제집행할 것을 위임하는 경우 또는 같은 법 제56조의4제1항의 규정에 따른 우편송달로는 그 목적을 달성할 수 없는 때에는 집행관에게 공정증서정본등의 송달을 위임할 수 있다.

③제2항의 위임에 따라 공정증서정본등을 송달한 집행관은 그 송달에 관한 증서를 위임인에게 교부하여야 한다.

④채권자는 공증인의 직무상 주소를 관할하는 지방법원에 외국에서 할 공정증서정본등의 송달을 신청할 수 있다.

⑤채권자는 민사소송법 제194조제1항의 사유가 있는 때에는 공증인의 직무상 주소를 관할하는 지방법원에 공시송달을 신청할 수 있다.

⑥제2항의 규정에 따른 송달에는 민사소송법 제178조제1항, 같은 법 제179조 내지 제183조 및 같은 법 제186조의 규정을, 제4항의 규정에 따른 송달에는 민사소송법 제191조의 규정을, 제5항의 규정에 따른 공시송달에는 민사소송법 제194조 내지 제196조 및 민사소송규칙 제54조의 규정을 각 준용한다.

제23조 (집행개시 후 채권자의 승계) ①강제집행을 개시한 후 신청채권자가 승계된 경우에 승계인이 자기를 위하여 강제집행의 속행을 신청하는 때에는 법 제31조(법 제57조의 규정에 따라 준용되는 경우를 포함한다)에 규정된 집행문이 붙은 집행권원의 정본을 제출하여야 한다.

②제1항에 규정된 집행권원의 정본이 제출된 때에는 법원사무관등 또는 집행관은 그 취지를 채무자에게 통지하여야 한다.

제24조 (집행비용 등의 변상) ①법 제53조제1항의 규정에 따라 채무자가 부담하여야 할 집행비용으로서 그 집행절차에서 변상받지 못한 비용과 법 제53조제2항의 규정에 따라 채권자가 변상하여야 할 금액은 당사자의 신청을 받아 집행법원이 결정으로 정한다.

②제1항의 신청과 결정에는 민사소송법 제110조제2항·제3항, 같

은 법 제111조제1항 및 같은 법 제115조의 규정을 준용한다.

제2장 금전채권에 기초한 강제집행

제1절 재산명시절차 등

제25조 (재산명시신청) ①법 제61조제1항의 규정에 따른 채무자의 재산명시를 요구하는 신청은 다음 각호의 사항을 적은 서면으로 하여야 한다.

 1. 채권자·채무자와 그 대리인의 표시

 2. 집행권원의 표시

 3. 채무자가 이행하지 아니하는 금전채무액

 4. 신청취지와 신청사유

 ②법원사무관등은 제1항의 신청인으로부터 집행문이 있는 판결정본(다음부터 "집행력 있는 정본"이라 한다)의 사본을 제출받아 기록에 붙인 후 집행력 있는 정본을 채권자에게 바로 돌려주어야 한다.

제26조 (채무자에 대한 고지사항) 법 제62조제1항의 규정에 따른 결정을 채무자에게 송달하는 때에는, 법 제62조제4항 후단에 규정된 사항 외에 결정을 송달받은 뒤 송달장소를 바꾼 때에는 그 취지를 법원에 바로 신고하여야 하며 그 신고를 하지 아니하여 달리 송달할 장소를 알 수 없는 경우 종전에 송달받던 장소에 등기우편으로 발송할 수 있음을 함께 고지하여야 한다.

제27조 (명시기일의 출석요구) ①법 제64조제1항의 규정에 따른 채무자에 대한 출석요구는 다음 각호의 사항을 적은 서면으로 하여야 한다.

　1. 채권자와 채무자의 표시

　2. 제28조와 법 제64조제2항의 규정에 따라 재산목록에 적거나 명시할 사항과 범위

　3. 재산목록을 작성하여 명시기일에 제출하여야 한다는 취지

　4. 법 제68조에 규정된 감치와 벌칙의 개요

　②채무자가 소송대리인을 선임한 경우에도 제1항에 규정된 출석요구서는 채무자 본인에게 송달하여야 한다.

　③채권자는 명시기일에 출석하지 아니하여도 된다.

제28조 (재산목록의 기재사항 등) ①채무자가 제출하여야 하는 재산목록에는 채무자의 이름·주소와 주민등록번호등을 적고, 법 제64조제2항 각호의 사항을 명시하는 때에는 유상양도 또는 무상처분을 받은 사람의 이름·주소·주민등록번호등과 그 거래내역을 적어야 한다.

　②법 제64조제2항·제3항의 규정에 따라 재산목록에 적어야 할 재산은 다음 각호와 같다. 다만, 법 제195조에 규정된 물건과 법 제246조제1항제1호 내지 제3호에 규정된 채권을 제외한다.

　1. 부동산에 관한 소유권·지상권·전세권·임차권·인도청구권과 그에 관한 권리이전청구권

　2. 등기 또는 등록의 대상이 되는 자동차·건설기계·선박·항공기의 소유권, 인도청구권과 그에 관한 권리이전청구권

3. 광업권·어업권, 그 밖에 부동산에 관한 규정이 준용되는 권리와 그에 관한 권리이전청구권

4. 특허권·상표권·저작권·의장권·실용신안권, 그 밖에 이에 준하는 권리와 그에 관한 권리이전청구권

5. 50만원 이상의 금전과 합계액 50만원 이상의 어음·수표

6. 합계액 50만원 이상의 예금과 보험금 50만원 이상의 보험계약

7. 합계액 50만원 이상의 주권·국채·공채·회사채, 그 밖의 유가증권

8. 50만원 이상의 금전채권과 가액 50만원 이상의 대체물인도채권(같은 채무자에 대한 채권액의 합계가 50만원 이상인 채권을 포함한다), 저당권 등의 담보물권으로 담보되는 채권은 그 취지와 담보물권의 내용

9. 정기적으로 받을 보수·부양료, 그 밖의 수입

10. 소득세법상의 소득으로서 제9호에서 정한 소득을 제외한 각종소득 가운데 소득별 연간 합계액 50만원 이상인 것

11. 합계액 50만원 이상의 금·은·백금·금은제품과 백금제품

12. 품목당 30만원 이상의 시계·보석류·골동품·예술품과 악기

13. 품목당 30만원 이상의 의류·가구·가전제품 등을 포함한 가사비품

14. 합계액 50만원 이상의 사무기구

15. 품목당 30만원 이상의 가축과 농기계를 포함한 각종 기계

16. 합계액 50만원 이상의 농·축·어업생산품(1월 안에 수확할 수

있는 과실을 포함한다), 공업생산품과 재고상품

17. 제11호 내지 제16호에 규정된 유체동산에 관한 인도청구권·권리이전청구권, 그 밖의 청구권

18. 제11호 내지 제16호에 규정되지 아니한 유체동산으로 품목당 30만원 이상인 것과 그에 관한 인도청구권·권리이전청구권, 그 밖의 청구권

19. 가액 30만원 이상의 회원권, 그 밖에 이에 준하는 권리와 그에 관한 이전청구권

20. 그 밖에 강제집행의 대상이 되는 것으로서 법원이 범위를 정하여 적을 것을 명한 재산

③제2항 및 법 제64조제2항·제3항의 규정에 따라 재산목록을 적는 때에는 다음 각호의 기준을 따라야 한다.

1. 제2항에 규정된 재산 가운데 권리의 이전이나 그 행사에 등기·등록 또는 명의개서(다음부터 이 조문 안에서 "등기등"이라고 한다)가 필요한 재산으로서 제3자에게 명의신탁 되어 있거나 신탁재산으로 등기등이 되어 있는 것도 적어야 한다. 이 경우에는 재산목록에 명의자와 그 주소를 표시하여야 한다.

2. 제2항제8호 및 제11호 내지 제19호에 규정된 재산의 가액은 재산목록을 작성할 당시의 시장가격에 따른다. 다만, 시장가격을 알기 어려운 경우에는 그 취득가액에 따른다.

3. 어음·수표·주권·국채·공채·회사채 등 유가증권의 가액은 액면금액으로 한다. 다만, 시장가격이 있는 증권의 가액은 재산목록을 작성할 당시의 거래가격에 따른다.

4. 제2항제1호 내지 제4호에 규정된 것 가운데 미등기 또는 미등

록인 재산에 대하여는 도면·사진 등을 붙이거나 그 밖에 적당한 방법으로 특정하여야 한다.

④법원은 필요한 때에는 채무자에게 재산목록에 적은 사항에 관한 참고자료의 제출을 명할 수 있다.

제29조 (재산목록 등의 열람·복사) 법 제67조 또는 법 제72조제4항의 규정에 따라 재산목록 또는 법원이 비치한 채무불이행자명부나 그 부본을 보거나 복사할 것을 신청하는 사람이 납부하여야 할 수수료의 액에 관하여는 재판기록열람수수료등에관한규칙 제4조·제5조의 규정을 준용한다.

제30조 (채무자의 감치) ①법 제68조제1항 내지 제7항의 규정에 따른 감치재판은 법 제62조제1항의 규정에 따른 결정을 한 법원이 관할한다.

②감치재판절차는 법원의 감치재판개시결정에 따라 개시된다. 이 경우 감치사유가 발생한 날부터 20일이 지난 때에는 감치재판개시결정을 할 수 없다.

③감치재판절차를 개시한 후 감치결정 전에 채무자가 재산목록을 제출하거나 그 밖에 감치에 처하는 것이 상당하지 아니하다고 인정되는 때에는 법원은 불처벌결정을 하여야 한다.

④제2항의 감치재판개시결정과 제3항의 불처벌결정에 대하여는 불복할 수 없다.

⑤감치의 재판을 받은 채무자가 감치시설에 유치된 때에는 감치시설의 장은 바로 그 사실을 법원에 통보하여야 한다.

⑥법 제68조제6항의 규정에 따라 출석하여 재산목록을 내고 선서한 채무자를 석방한 때에는 법원은 바로 감치시설의 장에게 그 취지를 서면으로 통보하여야 한다.

⑦법 제68조제6항의 규정에 따라 채무변제를 증명하는 서면을 낸 채무자에 대하여 감치결정을 취소한 때에는 법원은 바로 감치시설의 장에게 채무자를 석방하도록 서면으로 명하여야 한다.

⑧제1항 내지 제7항 및 법 제68조제1항 내지 제7항의 규정에 따른 감치절차에 관하여는 법정등의질서유지를위한재판에관한규칙 제6조 내지 제8조, 제10조, 제11조, 제13조, 제15조 내지 제19조, 제21조 내지 제23조 및 제25조제2항(다만, 제13조 중 의견서에 관한 부분은 삭제하고, 제19조제2항 중 "3일"은 "1주"로, 제23조제8항 중 "감치집행을 한 날"은 "민사집행규칙 제30조제5항의 규정에 따른 통보를 받은 날"로 고쳐 적용한다)의 규정을 준용한다. 〈개정 2004.6.1〉

제31조 (채무불이행자명부 등재신청) ①법 제70조제1항의 규정에 따른 채무불이행자명부 등재신청에는 제25조제1항의 규정을 준용한다.

②채무불이행자명부 등재신청을 하는 때에는 채무자의 주소를 소명하는 자료를 내야 한다.

제32조 (채무불이행자명부의 작성) ①법 제71조제1항의 결정이 있는 때에는 법원사무관등은 바로 채무자별로 채무불이행자명부를 작성하여야 한다.

②채무불이행자명부에는 채무자의 이름·주소·주민등록번호등 및 집행권원과 불이행한 채무액을 표시하고, 그 등재사유와 날짜를 적어야 한다.

③채무불이행자명부 말소결정이 취소되거나 채무불이행자명부 등재결정을 취소하는 결정이 취소된 경우에는 제1항과 제2항의 규정을 준용한다.

제33조 (채무불이행자명부 부본의 송부 등) ①법 제71조제1항의 결정에 따라 채무불이행자명부에 올린 때에는 법원은 전국은행연합회의 장에게 채무불이행자명부의 부본을 보내거나 전자통신매체를 이용하여 그 내용을 통지하여야 한다.

②제1항 또는 법 제72조제2항의 규정에 따른 송부나 통지는 법원사무관등으로 하여금 그 이름으로 하게 할 수 있다.

③시·구·읍·면의 장은 법 제72조제2항의 규정에 따라 채무불이행자명부의 부본을 송부받은 경우에 그 시·구·읍·면이 채무자의 주소지가 아닌 때에는 바로 그 취지를 법원에 서면으로 신고하여야 한다. 이 서면에는 송부받은 채무불이행자명부의 부본을 붙여야 하고, 그 채무자의 주소가 변경된 때에는 변경된 주소를 적어야 한다.

제34조 (직권말소) ①채무불이행자명부에 등재한 후 등재결정이 취소되거나 등재신청이 취하된 때 또는 등재결정이 확정된 후 채권자가 등재의 말소를 신청한 때에는 명부를 비치한 법원의 법원사무관등은 바로 그 명부를 말소하여야 한다.

②제1항의 경우 제33조제1항·제2항 또는 법 제72조제2항의 규정

에 따라 채무불이행자명부의 부본을 이미 보내거나 그 내용을 통지
한 때에는 법원사무관등은 바로 법 제73조제4항에 규정된 조치를
취하여야 한다.

제35조 (재산조회의 신청방식) ①법 제74조의 규정에 따른 재산
조회신청은 다음 각호의 사항을 적은 서면으로 하여야 한다.
  1. 제25조제1항 각호에 적은 사항
  2. 조회할 공공기관·금융기관 또는 단체
  3. 조회할 재산의 종류
  4. 제36조제2항의 규정에 따라 과거의 재산보유내역에 대한 조회
를 요구하는 때에는 그 취지와 조회기간
  ②제1항의 신청을 하는 때에는 신청의 사유를 소명하여야 하고,
채무자의 주소·주민등록번호등, 그 밖에 채무자의 인적사항에 관한
자료를 내야 한다.

제36조 (조회할 기관과 조회대상 재산 등) ①재산조회는 별표 "기
관·단체"란의 기관 또는 단체의 장에게 그 기관 또는 단체가 전산
망으로 관리하는 채무자 명의의 재산(다만, 별표 "조회할 재산"란의
각 해당란에 적은 재산에 한정한다)에 관하여 실시한다.
  ②제1항의 경우 채권자의 신청이 있는 때에는 별표 순번 1에 적
은 기관의 장에게 재산명시명령이 송달되기 전 2년 안에 채무자가
보유한 재산내역을 조회할 수 있다.
  ③법원은 별표 순번 5 내지 15 기재 "기관·단체"란의 금융기관이
회원사, 가맹사 등으로 되어 있는 중앙회·연합회·협회 등(다음부터

"협회등"이라 한다)이 개인의 재산 및 신용에 관한 전산망을 관리하고 있는 경우에는 그 협회등의 장에게 채무자 명의의 재산에 관하여 조회할 수 있다.

제37조 (조회의 절차 등) ①법 제74조제1항·제3항의 규정에 따른 재산조회는 다음 각호의 사항을 적은 서면으로 하여야 한다.

  1. 채무자의 이름·주소·주민등록번호등, 그 밖에 채무자의 인적사항

  2. 조회할 재산의 종류

  3. 조회에 대한 회답기한

  4. 제36조제2항의 규정에 따라 채무자의 재산보유내역에 대한 조회를 요구하는 때에는 그 취지와 조회기간

  5. 법 제74조제3항의 규정에 따라 채무자의 재산 및 신용에 관한 자료의 제출을 요구하는 때에는 그 취지

  6. 법 제75조제2항에 규정된 벌칙의 개요

  7. 금융기관에 대하여 재산조회를 하는 경우에 관련법령에 따른 재산 및 신용에 관한 정보등의 제공사실 통보의 유예를 요청하는 때에는 그 취지와 통보를 유예할 기간

  ②같은 협회등에 소속된 다수의 금융기관에 대한 재산조회는 협회등을 통하여 할 수 있다.

  ③재산조회를 받은 기관·단체의 장은 다음 각호의 사항을 적은 조회회보서를 정하여진 날까지 법원에 제출히여야 힌다. 이 경우 법 제74조제3항의 규정에 따라 자료의 제출을 요구받은 때에는 그 자료도 함께 제출하여야 한다.

1. 사건의 표시

2. 채무자의 표시

3. 조회를 받은 다음날 오전 영시 현재 채무자의 재산보유내역. 다만, 제1항제4호와 제36조제2항의 규정에 따른 조회를 받은 때에는 정하여진 조회기간 동안의 재산보유내역

④제2항에 규정된 방법으로 재산조회를 받은 금융기관의 장은 소속 협회등의 장에게 제3항 각호의 사항에 관한 정보와 자료를 제공하여야 하고, 그 협회등의 장은 제공받은 정보와 자료를 정리하여 한꺼번에 제출하여야 한다.

⑤재산조회를 받은 기관·단체의 장은 제3항에 규정된 조회회보서나 자료의 제출을 위하여 필요한 때에는 소속 기관·단체, 회원사, 가맹사, 그 밖에 이에 준하는 기관·단체에게 자료 또는 정보의 제공·제출을 요청할 수 있다.

⑥법원은 제출된 조회회보서나 자료에 흠이 있거나 불명확한 점이 있는 때에는 다시 조회하거나 자료의 재제출을 요구할 수 있다.

⑦제1항 내지 제6항에 규정된 절차는 별도의 대법원규칙이 정하는 바에 따라 전자통신매체를 이용하는 방법으로 할 수 있다.

제38조 (재산조회결과의 열람·복사) 재산조회결과의 열람·복사절차에 관하여는 제29조와 법 제67조의 규정을 준용한다. 다만, 제37조제7항의 규정에 따라 전자통신매체를 이용하는 방법으로 재산조회를 한 경우의 열람·복사절차에 관하여는 별도의 대법원규칙으로 정한다.

제39조 (과태료부과절차) ①법 제75조제2항의 규정에 따른 과태료 재판은 재산조회를 한 법원이 관할한다.

  ②법 제75조제2항의 규정에 따른 과태료 재판의 절차에 관하여는 비송사건절차법 제248조와 제250조(다만, 검사에 관한 부분을 제외한다)의 규정을 준용한다.

제2절 부동산에 대한 강제집행

제1관 통칙

제40조 (지상권에 대한 강제집행) 금전채권에 기초한 강제집행에서 지상권과 그 공유지분은 부동산으로 본다.

제41조 (집행법원) 법률 또는 이 규칙에 따라 부동산으로 보거나 부동산에 관한 규정이 준용되는 것에 대한 강제집행은 그 등기 또는 등록을 하는 곳의 지방법원이 관할한다.

제2관 강제경매

제42조 (미등기 건물의 집행) ①법 제81조제3항·제4항의 규정에 따라 집행관이 건물을 조사한 때에는 다음 각호의 사항을 적은 서면에 건물의 도면과 사진을 붙여 정하여진 날까지 법원에 제출하여야 한다.

  1. 사건의 표시

　2. 조사의 일시·장소와 방법

　3. 건물의 지번·구조·면적

　4.조사한 건물의 지번·구조·면적이 건축허가 또는 건축신고를 증명하는 서류의 내용과 다른 때에는 그 취지와 구체적인 내역

　②법 제81조제1항제2호 단서의 규정에 따라 채권자가 제출한 서류 또는 제1항의 규정에 따라 집행관이 제출한 서면에 의하여 강제경매신청을 한 건물의 지번·구조·면적이 건축허가 또는 건축신고된 것과 동일하다고 인정되지 아니하는 때에는 법원은 강제경매신청을 각하하여야 한다.

제43조 (경매개시결정의 통지) 강제관리개시결정이 된 부동산에 대하여 강제경매개시결정이 있는 때에는 법원사무관등은 강제관리의 압류채권자, 배당요구를 한 채권자와 관리인에게 그 취지를 통지하여야 한다.

제44조 (침해행위 방지를 위한 조치) ①채무자·소유자 또는 부동산의 점유자가 부동산의 가격을 현저히 감소시키거나 감소시킬 우려가 있는 행위(다음부터 이 조문 안에서 "가격감소행위등"이라 한다)를 하는 때에는, 법원은 압류채권자(배당요구의 종기가 지난 뒤에 강제경매 또는 담보권 실행을 위한 경매신청을 한 압류채권자를 제외한다. 다음부터 이 조문 안에서 같다) 또는 최고가매수신고인의 신청에 따라 매각허가결정이 있을 때까지 담보를 제공하게 하거나 담보를 제공하게 하지 아니하고 그 행위를 하는 사람에 대하여 가격감소행위등을 금지하거나 일정한 행위를 할 것을 명할 수 있다.

②부동산을 점유하는 채무자·소유자 또는 부동산의 점유자로서 그 점유권원을 압류채권자·가압류채권자 혹은 법 제91조제2항 내지 제4항의 규정에 따라 소멸되는 권리를 갖는 사람에 대하여 대항할 수 없는 사람이 제1항의 규정에 따른 명령에 위반한 때 또는 가격감소행위등을 하는 경우에 제1항의 규정에 따른 명령으로는 부동산 가격의 현저한 감소를 방지할 수 없다고 인정되는 특별한 사정이 있는 때에는, 법원은 압류채권자 또는 최고가매수신고인의 신청에 따라 매각허가결정이 있을 때까지 담보를 제공하게 하고 그 명령에 위반한 사람 또는 그 행위를 한 사람에 대하여 부동산의 점유를 풀고 집행관에게 보관하게 할 것을 명할 수 있다.

③법원이 채무자·소유자 외의 점유자에 대하여 제1항 또는 제2항의 규정에 따른 결정을 하려면 그 점유자를 심문하여야 한다. 다만, 그 점유자가 압류채권자·가압류채권자 또는 법 제91조제2항 내지 제4항의 규정에 따라 소멸되는 권리를 갖는 사람에 대하여 대항할 수 있는 권원에 기초하여 점유하고 있지 아니한 것이 명백한 때 또는 이미 그 점유자를 심문한 때에는 그러하지 아니하다.

④법원은 사정의 변경이 있는 때에는 신청에 따라 제1항 또는 제2항의 규정에 따른 결정을 취소하거나 변경할 수 있다.

⑤제1항·제2항 또는 제4항의 규정에 따른 결정에 대하여는 즉시항고를 할 수 있다.

⑥제4항의 규정에 따른 결정은 확정되어야 효력이 있다.

⑦제2항의 규정에 따른 결정은 신청인에게 고지된 날부터 2주가 지난 때에는 집행할 수 없다.

⑧제2항의 규정에 따른 결정은 상대방에게 송달되기 전에도 집행할 수 있다.

제45조 (미지급 지료 등의 지급) ①건물에 대한 경매개시결정이 있는 때에 그 건물의 소유를 목적으로 하는 지상권 또는 임차권에 관하여 채무자가 지료나 차임을 지급하지 아니하는 때에는, 압류채권자(배당요구의 종기가 지난 뒤에 강제경매 또는 담보권 실행을 위한 경매신청을 한 압류채권자를 제외한다)는 법원의 허가를 받아 채무자를 대신하여 미지급된 지료 또는 차임을 변제할 수 있다.
  ②제1항의 허가를 받아 지급한 지료 또는 차임은 집행비용으로 한다.

제46조 (현황조사) ①집행관이 법 제85조의 규정에 따라 부동산의 현황을 조사한 때에는 다음 각호의 사항을 적은 현황조사보고서를 정하여진 날까지 법원에 제출하여야 한다.
  1. 사건의 표시
  2. 부동산의 표시
  3. 조사의 일시·장소 및 방법
  4. 법 제85조제1항에 규정된 사항과 그 밖에 법원이 명한 사항 등에 대하여 조사한 내용
  ②현황조사보고서에는 조사의 목적이 된 부동산의 현황을 알 수 있도록 도면·사진 등을 붙여야 한다.
  ③집행관은 법 제85조의 규정에 따른 현황조사를 하기 위하여 필요한 때에는 소속 지방법원의 관할구역 밖에서도 그 직무를 행할

수 있다.

제47조 (이중경매절차에서의 통지) 먼저 경매개시결정을 한 경매절차가 정지된 때에는 법원사무관등은 뒤의 경매개시결정에 관한 압류채권자에게 그 취지를 통지하여야 한다.

제48조 (배당요구의 방식) ①법 제88조제1항의 규정에 따른 배당요구는 채권(이자, 비용, 그 밖의 부대채권을 포함한다)의 원인과 액수를 적은 서면으로 하여야 한다.
  ②제1항의 배당요구서에는 집행력 있는 정본 또는 그 사본, 그 밖에 배당요구의 자격을 소명하는 서면을 붙여야 한다.

제49조 (경매신청의 취하 등) ①법 제87조제1항의 신청(배당요구의 종기가 지난 뒤에 한 신청을 제외한다. 다음부터 이 조문 안에서 같다)이 있는 경우 매수신고가 있은 뒤 압류채권자가 경매신청을 취하하더라도 법 제105조제1항제3호의 기재사항이 바뀌지 아니하는 때에는 법 제93조제2항의 규정을 적용하지 아니한다.
  ②법 제87조제1항의 신청이 있는 경우 매수신고가 있은 뒤 법 제49조제3호 또는 제6호의 서류를 제출하더라도 법 제105조제1항제3호의 기재사항이 바뀌지 아니하는 때에는 법 제93조제3항 전단의 규정을 적용하지 아니한다.

제50조 (집행정지서류 등의 제출시기) ①법 제49조제1호·제2호 또는 제5호의 서류는 매수인이 매각대금을 내기 전까지 제출하면

된다.

②매각허가결정이 있은 뒤에 법 제49조제2호의 서류가 제출된 경우에는 매수인은 매각대금을 낼 때까지 매각허가결정의 취소신청을 할 수 있다. 이 신청에 관한 결정에 대하여는 즉시항고를 할 수 있다.

③매수인이 매각대금을 낸 뒤에 법 제49조 각호 가운데 어느 서류가 제출된 때에는 절차를 계속하여 진행하여야 한다. 이 경우 배당절차가 실시되는 때에는 그 채권자에 대하여 다음 각호의 구분에 따라 처리하여야 한다.

1. 제1호·제3호·제5호 또는 제6호의 서류가 제출된 때에는 그 채권자를 배당에서 제외한다.

2. 제2호의 서류가 제출된 때에는 그 채권자에 대한 배당액을 공탁한다.

3. 제4호의 서류가 제출된 때에는 그 채권자에 대한 배당액을 지급한다.

제51조 (평가서) ①법 제97조의 규정에 따라 부동산을 평가한 감정인은 다음 각호의 사항을 적은 평가서를 정하여진 날까지 법원에 제출하여야 한다.

1. 사건의 표시

2. 부동산의 표시

3. 부동산의 평가액과 평가일

4. 부동산이 있는 곳의 환경

5. 평가의 목적이 토지인 경우에는 지적, 법령에서 정한 규제 또

538

는 제한의 유무와 그 내용 및 공시지가, 그 밖에 평가에 참고가 된 사항

6. 평가의 목적이 건물인 경우에는 그 종류·구조·평면적, 그 밖에 추정되는 잔존 내구연수 등 평가에 참고가 된 사항

7. 평가액 산출의 과정

8. 그 밖에 법원이 명한 사항

②평가서에는 부동산의 모습과 그 주변의 환경을 알 수 있는 도면·사진 등을 붙여야 한다.

제52조 (일괄매각 등에서 채무자의 매각재산 지정) 법 제101조제4항 또는 법 제124조제2항의 규정에 따른 지정은 매각허가결정이 선고되기 전에 서면으로 하여야 한다.

제53조 (압류채권자가 남을 가망이 있음을 증명한 때의 조치) 법 제102조제1항의 규정에 따른 통지를 받은 압류채권자가 통지를 받은 날부터 1주 안에 최저매각가격으로 압류채권자의 채권에 우선하는 부동산의 모든 부담과 절차비용을 변제하고 남을 것이 있다는 사실을 증명한 때에는 법원은 경매절차를 계속하여 진행하여야 한다.

제54조 (남을 가망이 없는 경우의 보증제공방법 등) ①법 제102조제2항의 규정에 따른 보증은 다음 가호 가운데 어느 히니를 법원에 제출하는 방법으로 제공하여야 한다. 다만, 법원은 상당하다고 인정하는 때에는 보증의 제공방법을 제한할 수 있다.

  1. 금전

  2. 법원이 상당하다고 인정하는 유가증권

  3. 은행법의 규정에 따른 금융기관 또는 보험회사(다음부터 "은행등"이라 한다)가 압류채권자를 위하여 일정액의 금전을 법원의 최고에 따라 지급한다는 취지의 기한의 정함이 없는 지급보증위탁계약이 압류채권자와 은행등 사이에 체결된 사실을 증명하는 문서

  ②제1항의 보증에 관하여는 민사소송법 제126조 본문의 규정을 준용한다.

제55조 (매각물건명세서 사본 등의 비치) 매각물건명세서·현황조사보고서 및 평가서의 사본은 매각기일(기간입찰의 방법으로 진행하는 경우에는 입찰기간의 개시일)마다 그 1주 전까지 법원에 비치하여야 한다. 다만, 법원은 상당하다고 인정하는 때에는 매각물건명세서·현황조사보고서 및 평가서의 기재내용을 전자통신매체로 공시함으로써 그 사본의 비치에 갈음할 수 있다.

제56조 (매각기일의 공고내용 등) 법원은 매각기일(기간입찰의 방법으로 진행하는 경우에는 입찰기간의 개시일)의 2주 전까지 법 제106조에 규정된 사항과 다음 각호의 사항을 공고하여야 한다.

  1. 법 제98조의 규정에 따라 일괄매각결정을 한 때에는 그 취지

  2. 제60조의 규정에 따라 매수신청인의 자격을 제한한 때에는 그 제한의 내용

  3. 법 제113조의 규정에 따른 매수신청의 보증금액과 보증제공방

법

제57조 (매각장소의 질서유지) ①집행관은 매각기일이 열리는 장소의 질서유지를 위하여 필요하다고 인정하는 때에는 그 장소에 출입하는 사람의 신분을 확인할 수 있다.

②집행관은 법 제108조의 규정에 따른 조치를 하기 위하여 필요한 때에는 법원의 원조를 요청할 수 있다.

제58조 (매각조건 변경을 위한 부동산의 조사) 법 제111조제3항의 규정에 따른 집행관의 조사에는 제46조제3항과 법 제82조의 규정을 준용한다.

제59조 (채무자 등의 매수신청금지) 다음 각호의 사람은 매수신청을 할 수 없다.
  1. 채무자
  2. 매각절차에 관여한 집행관
  3. 매각 부동산을 평가한 감정인(감정평가법인이 감정인인 때에는 그 감정평가법인 또는 소속 감정평가사)

제60조 (매수신청의 제한) 법원은 법령의 규정에 따라 취득이 제한되는 부동산에 관하여는 매수신청을 할 수 있는 사람을 정하여진 자격을 갖춘 사람으로 제한하는 결정을 할 수 있다.

제61조 (기일입찰의 장소 등) ①기일입찰의 입찰장소에는 입찰자

가 다른 사람이 알지 못하게 입찰표를 적을 수 있도록 설비를 갖추어야 한다.

②같은 입찰기일에 입찰에 부칠 사건이 두 건 이상이거나 매각할 부동산이 두 개 이상인 경우에는 각 부동산에 대한 입찰을 동시에 실시하여야 한다. 다만, 법원이 따로 정하는 경우에는 그러하지 아니하다.

제62조 (기일입찰의 방법) ①기일입찰에서 입찰은 매각기일에 입찰표를 집행관에게 제출하는 방법으로 한다.

②입찰표에는 다음 각호의 사항을 적어야 한다. 이 경우 입찰가격은 일정한 금액으로 표시하여야 하며, 다른 입찰가격에 대한 비례로 표시하지 못한다.

1. 사건번호와 부동산의 표시

2. 입찰자의 이름과 주소

3. 대리인을 통하여 입찰을 하는 때에는 대리인의 이름과 주소

4. 입찰가격

③법인인 입찰자는 대표자의 자격을 증명하는 문서를 집행관에게 제출하여야 한다.

④입찰자의 대리인은 대리권을 증명하는 문서를 집행관에게 제출하여야 한다.

⑤공동으로 입찰하는 때에는 입찰표에 각자의 지분을 분명하게 표시하여야 한다.

⑥입찰은 취소·변경 또는 교환할 수 없다.

제63조 (기일입찰에서 매수신청의 보증금액) ①기일입찰에서 매수

신청의 보증금액은 최저매각가격의 10분의 1로 한다.

②법원은 상당하다고 인정하는 때에는 보증금액을 제1항과 달리 정할 수 있다.

제64조 (기일입찰에서 매수신청보증의 제공방법) 제63조의 매수신청보증은 다음 각호 가운데 어느 하나를 입찰표와 함께 집행관에게 제출하는 방법으로 제공하여야 한다. 다만, 법원은 상당하다고 인정하는 때에는 보증의 제공방법을 제한할 수 있다.

1. 금전
2. 은행법의 규정에 따른 금융기관이 발행한 자기앞수표로서 지급제시기간이 끝나는 날까지 5일 이상의 기간이 남아 있는 것
3. 은행등이 매수신청을 하려는 사람을 위하여 일정액의 금전을 법원의 최고에 따라 지급한다는 취지의 기한의 정함이 없는 지급보증위탁계약이 매수신청을 하려는 사람과 은행등 사이에 맺어진 사실을 증명하는 문서

제65조 (입찰기일의 절차) ①집행관이 입찰을 최고하는 때에는 입찰마감시각과 개찰시각을 고지하여야 한다. 다만, 입찰표의 제출을 최고한 후 1시간이 지나지 아니하면 입찰을 마감하지 못한다.

②집행관은 입찰표를 개봉할 때에 입찰을 한 사람을 참여시켜야 한다. 입찰을 한 사람이 아무도 참여하지 아니하는 때에는 적당하다고 인정하는 사람을 참여시켜야 한다.

③집행관은 입찰표를 개봉할 때에 입찰목적물, 입찰자의 이름 및

입찰가격을 불러야 한다.

제66조 (최고가매수신고인 등의 결정) ①최고가매수신고를 한 사람이 둘 이상인 때에는 집행관은 그 사람들에게 다시 입찰하게 하여 최고가매수신고인을 정한다. 이 경우 입찰자는 전의 입찰가격에 못미치는 가격으로는 입찰할 수 없다.

②제1항의 규정에 따라 다시 입찰하는 경우에 입찰자 모두가 입찰에 응하지 아니하거나(전의 입찰가격에 못미치는 가격으로 입찰한 경우에는 입찰에 응하지 아니한 것으로 본다) 두 사람 이상이 다시 최고의 가격으로 입찰한 때에는 추첨으로 최고가매수신고인을 정한다.

③제2항 또는 법 제115조제2항 후문의 규정에 따라 추첨을 하는 경우 입찰자가 출석하지 아니하거나 추첨을 하지 아니하는 때에는 집행관은 법원사무관등 적당하다고 인정하는 사람으로 하여금 대신 추첨하게 할 수 있다.

제67조 (기일입찰조서의 기재사항) ①기일입찰조서에는 법 제116조에 규정된 사항 외에 다음 각호의 사항을 적어야 한다.

1. 입찰을 최고한 일시, 입찰을 마감한 일시 및 입찰표를 개봉한 일시

2. 제65조제2항 후문의 규정에 따라 입찰을 한 사람 외의 사람을 개찰에 참여시킨 때에는 그 사람의 이름

3. 제66조 또는 법 제115조제2항의 규정에 따라 최고가매수신고인 또는 차순위매수신고인을 정한 때에는 그 취지

4. 법 제108조에 규정된 조치를 취한 때에는 그 취지

5. 법 제140조제1항의 규정에 따라 공유자의 우선매수신고가 있는 경우에는 그 취지 및 그 공유자의 이름과 주소

6. 제76조제3항의 규정에 따라 차순위매수신고인의 지위를 포기한 매수신고인이 있는 때에는 그 취지

②기일입찰조서에는 입찰표를 붙여야 한다.

제68조 (입찰기간 등의 지정) 기간입찰에서 입찰기간은 1주 이상 1월 이하의 범위 안에서 정하고, 매각기일은 입찰기간이 끝난 후 1주 안의 날로 정하여야 한다.

제69조 (기간입찰에서 입찰의 방법) 기간입찰에서 입찰은 입찰표를 넣고 봉함을 한 봉투의 겉면에 매각기일을 적어 집행관에게 제출하거나 그 봉투를 등기우편으로 부치는 방법으로 한다.

제70조 (기간입찰에서 매수신청보증의 제공방법) 기간입찰에서 매수신청보증은 다음 각호 가운데 어느 하나를 입찰표와 같은 봉투에 넣어 집행관에게 제출하거나 등기우편으로 부치는 방법으로 제공하여야 한다.

1. 법원의 예금계좌에 일정액의 금전을 입금하였다는 내용으로 금융기관이 발행한 증명서

2. 제64조제3호의 문서

제71조 (기일입찰규정의 준용) 기간입찰에는 제62조제2항 내지 제6항, 제63조, 제65조제2항·제3항, 제66조 및 제67조의 규정을 준용한다.

제72조 (호가경매) ①부동산의 매각을 위한 호가경매는 호가경매기일에 매수신청의 액을 서로 올려가는 방법으로 한다.

  ②매수신청을 한 사람은 더 높은 액의 매수신청이 있을 때까지 신청액에 구속된다.

  ③집행관은 매수신청의 액 가운데 최고의 것을 3회 부른 후 그 신청을 한 사람을 최고가매수신고인으로 정하며, 그 이름과 매수신청의 액을 고지하여야 한다.

  ④호가경매에는 제62조제3항 내지 제5항, 제63조, 제64조 및 제67조제1항의 규정을 준용한다.

제73조 (변경된 매각결정기일의 통지) ①매각기일을 종결한 뒤에 매각결정기일이 변경된 때에는 법원사무관등은 최고가매수신고인·차순위매수신고인 및 이해관계인에게 변경된 기일을 통지하여야 한다.

  ②제1항의 통지는 집행기록에 표시된 주소지에 등기우편으로 발송하는 방법으로 할 수 있다.

제74조 (매각허부결정 고지의 효력발생시기) 매각을 허가하거나 허가하지 아니하는 결정은 선고한 때에 고지의 효력이 생긴다.

제75조 (대법원규칙으로 정하는 이율) 법 제130조제7항과 법 제138조제3항(법 제142조제5항의 규정에 따라 준용되는 경우를 포함한다)의 규정에 따른 이율은 연 2할로 한다.
[전문개정 2003.7.19]

제76조 (공유자의 우선매수권 행사절차 등) ①법 제140조제1항의 규정에 따른 우선매수의 신고는 집행관이 매각기일을 종결한다는 고지를 하기 전까지 할 수 있다.

②공유자가 법 제140조제1항의 규정에 따른 신고를 하였으나 다른 매수신고인이 없는 때에는 최저매각가격을 법 제140조제1항의 최고가매수신고가격으로 본다.

③최고가매수신고인을 법 제140조제4항의 규정에 따라 차순위매수신고인으로 보게 되는 경우 그 매수신고인은 집행관이 매각기일을 종결한다는 고지를 하기 전까지 차순위매수신고인의 지위를 포기할 수 있다.

제77조 (경매개시결정등기의 말소촉탁비용) 법 제141조의 규정에 따른 말소등기의 촉탁에 관한 비용은 경매를 신청한 채권자가 부담한다.

제78조 (대금지급기한) 법 제142조제1항에 따른 대금지급기한은 매각허가결정이 확정된 날부터 1월 안의 날로 정하어야 한다. 디만, 경매사건기록이 상소법원에 있는 때에는 그 기록을 송부받은 날부터 1월 안의 날로 정하여야 한다.

제79조 (배당할 금액) 차순위매수신고인에 대하여 매각허가결정이 있는 때에는 법 제137조제2항의 보증(보증이 금전 외의 방법으로 제공되어 있는 때에는 보증을 현금화하여 그 대금에서 비용을 뺀 금액)은 법 제147조제1항의 배당할 금액으로 한다.

제80조 (보증으로 제공된 유가증권 등의 현금화) ①법 제142조제4항의 규정에 따라 매수신청의 보증(법 제102조제2항의 규정에 따라 제공된 보증을 포함한다)을 현금화하는 경우와 법 제147조제1항제3호·제5호 또는 제79조의 규정에 따라 매수신청 또는 항고의 보증이 배당할 금액에 산입되는 경우 그 보증이 유가증권인 때에는, 법원은 집행관에게 현금화하게 하여 그 비용을 뺀 금액을 배당할 금액에 산입하여야 한다. 이 경우 현금화비용은 보증을 제공한 사람이 부담한다.

②법 제147조제1항제4호의 규정에 따라 항고의 보증 가운데 항고인이 돌려줄 것을 요구하지 못하는 금액이 배당할 금액에 산입되는 경우 그 보증이 유가증권인 때에는, 법원은 집행관에게 현금화하게 하여 그 비용을 뺀 금액 가운데 항고인이 돌려 줄 것을 요구하지 못하는 금액을 배당할 금액에 산입하고, 나머지가 있을 경우 이를 항고인에게 돌려준다. 이 경우 현금화비용은 보증을 제공한 사람이 부담한다. 다만, 집행관이 그 유가증권을 현금화하기 전에 항고인이 법원에 돌려줄 것을 요구하지 못하는 금액에 상당하는 금전을 지급한 때에는 그 유가증권을 항고인에게 돌려주고, 항고인이 지급한 금전을 배당할 금액에 산입하여야 한다.

③제1항과 제2항 본문의 현금화에는 법 제210조 내지 법 제212

조의 규정을 준용한다.

④집행관은 제1항과 제2항 본문의 현금화를 마친 후에는 바로 그 대금을 법원에 제출하여야 한다.

⑤제1항의 경우에 그 보증이 제54조제1항제3호 또는 제64조제3호(제72조제4항의 규정에 따라 준용되는 경우를 포함한다)의 문서인 때에는 법원이 은행등에 대하여 정하여진 금액의 납부를 최고하는 방법으로 현금화한다.

제81조 (계산서 제출의 최고) 배당기일이 정하여진 때에는 법원사무관등은 각 채권자에 대하여 채권의 원금·배당기일까지의 이자, 그 밖의 부대채권 및 집행비용을 적은 계산서를 1주 안에 법원에 제출할 것을 최고하여야 한다.

제82조 (배당금 교부의 절차 등) ①채권자와 채무자에 대한 배당금의 교부절차, 법 제160조의 규정에 따른 배당금의 공탁과 그 공탁금의 지급위탁절차는 법원사무관등이 그 이름으로 실시한다.

②배당기일에 출석하지 아니한 채권자가 배당액을 입금할 예금계좌를 신고한 때에는 법원사무관등은 법 제160조제2항의 규정에 따른 공탁에 갈음하여 배당액을 그 예금계좌에 입금할 수 있다.

제3관 강제관리

제83조 (강제관리신청서) 강제관리신청서에는 법 제163조에서 준용하는 법 제80조에 규정된 사항 외에 수익의 지급의무를 부담하는 제3자가 있는 경우에는 그 제3자의 표시와 그 지급의무의 내용을 적어야 한다.

제84조 (개시결정의 통지) 강제관리개시결정을 한 때에는 법원사무관등은 조세, 그 밖의 공과금을 주관하는 공공기관에게 그 사실을 통지하여야 한다.

제85조 (관리인의 임명) ①법원은 강제관리개시결정과 동시에 관리인을 임명하여야 한다.

  ②신탁회사, 은행, 그 밖의 법인도 관리인이 될 수 있다.

  ③관리인이 임명된 때에는 법원사무관등은 압류채권자·채무자 및 수익의 지급의무를 부담하는 제3자에게 그 취지를 통지하여야 한다.

  ④법원은 관리인에게 그 임명을 증명하는 문서를 교부하여야 한다.

제86조 (관리인이 여러 사람인 때의 직무수행 등) ①관리인이 여러 사람인 때에는 공동으로 직무를 수행한다. 다만, 법원의 허가를 받아 직무를 분담할 수 있다.

  ②관리인이 여러 사람인 때에는 제3자의 관리인에 대한 의사표시

는 그 중 한 사람에게 할 수 있다.

제87조 (관리인의 사임·해임) ①관리인은 정당한 이유가 있는 때에는 법원의 허가를 받아 사임할 수 있다.

②관리인이 제1항의 규정에 따라 사임하거나 법 제167조제3항의 규정에 따라 해임된 때에는 법원사무관등은 압류채권자·채무자 및 수익의 지급명령을 송달받은 제3자에게 그 취지를 통지하여야 한다.

제88조 (강제관리의 정지) ①법 제49조제2호 또는 제4호의 서류가 제출된 경우에는 배당절차를 제외한 나머지 절차는 그 당시의 상태로 계속하여 진행할 수 있다.

②제1항의 규정에 따라 절차를 계속하여 진행하는 경우에 관리인은 배당에 충당될 금전을 공탁하고, 그 사유를 법원에 신고하여야 한다.

③제2항의 규정에 따라 공탁된 금전으로 채권자의 채권과 집행비용의 전부를 변제할 수 있는 경우에는 법원은 배당절차를 제외한 나머지 절차를 취소하여야 한다.

제89조 (남을 가망이 없는 경우의 절차취소) 수익에서 그 부동산이 부담하는 조세, 그 밖의 공과금 및 관리비용을 빼면 남을 것이 없겠다고 인정하는 때에는 법원은 강제관리절차를 취소하여야 한다.

제90조 (관리인과 제3자에 대한 통지) ①강제관리신청이 취하된 때 또는 강제관리취소결정이 확정된 때에는 법원사무관등은 관리인

과 수익의 지급명령을 송달받은 제3자에게 그 사실을 통지하여야
한다.

②법 제49조제2호 또는 제4호의 서류가 제출된 때 또는 법 제
163조에서 준용하는 법 제87조제4항의 재판이 이루어진 때에는 법
원사무관등은 관리인에게 그 사실을 통지하여야 한다.

제91조 (수익의 처리) ①법 제169조제1항에 규정된 관리인의 부
동산 수익처리는 법원이 정하는 기간마다 하여야 한다. 이 경우 위
기간의 종기까지 배당요구를 하지 아니한 채권자는 그 수익의 처리
와 배당절차에 참가할 수 없다.

②채권자가 한 사람인 경우 또는 채권자가 두 사람 이상으로서
법 제169조제1항에 규정된 나머지 금액으로 각 채권자의 채권과
집행비용 전부를 변제할 수 있는 경우에는 관리인은 채권자에게 변
제금을 교부하고 나머지가 있으면 채무자에게 교부하여야 한다.

③제2항 외의 경우에는 관리인은 제1항의 기간이 지난 후 2주
안의 날을 배당협의기일로 지정하고 채권자에게 그 일시와 장소를
서면으로 통지하여야 한다. 이 통지에는 수익금·집행비용 및 각 채
권자의 채권액 비율에 따라 배당될 것으로 예상되는 금액을 적은
배당계산서를 붙여야 한다.

④관리인은 배당협의기일까지 채권자 사이에 배당에 관한 협의가
이루어진 경우에는 그 협의에 따라 배당을 실시하여야 한다. 관리
인은 제3항의 배당계산서와 다른 협의가 이루어진 때에는 그 협의
에 따라 배당계산서를 다시 작성하여야 한다.

⑤관리인은 배당협의가 이루어지지 못한 경우에는 바로 법 제

169조제3항에 따른 신고를 하여야 한다.

⑥관리인이 제2항의 규정에 따라 변제금을 교부한 때, 제4항 또는 법 제169조제4항의 규정에 따라 배당을 실시한 때에는 각 채권자로부터 제출받은 영수증을 붙여 법원에 신고하여야 한다.

제92조 (관리인의 배당액 공탁) ①관리인은 제91조제2항 또는 제4항 전문의 규정에 따라 교부 또는 배당(다음부터 "배당등"이라 한다)을 실시하는 경우에 배당등을 받을 채권자의 채권에 관하여 법 제160조제1항에 적은 어느 사유가 있는 때에는 그 배당등의 액에 상당하는 금액을 공탁하고 그 사유를 법원에 신고하여야 한다.

②관리인은 배당등을 수령하기 위하여 출석하지 아니한 채권자 또는 채무자의 배당등의 액에 상당하는 금액을 공탁하고, 그 사유를 법원에 신고하여야 한다.

제93조 (사유신고의 방식) ①제88조제2항 또는 제92조의 규정에 따른 사유신고는 다음 각호의 사항을 적은 서면으로 하고, 공탁서와 함께 배당계산서가 작성된 경우에는 배당계산서를 붙여야 한다.

  1. 사건의 표시

  2. 압류채권자와 채무자의 이름

  3. 공탁의 사유와 공탁금액

②법 제169조제3항의 규정에 따른 사유신고는 다음 각호의 사항을 적은 서면으로 하고, 배당계산서를 붙여야 한다.

  1. 제1항제1호·제2호에 적은 사항

  2. 법 제169조제1항에 규정된 나머지 금액과 그 산출근거

   3. 배당협의가 이루어지지 아니한 취지와 그 사정의 요지

제94조 (강제경매규정의 준용) 강제관리에는 제46조 내지 제48조 및 제82조제2항의 규정을 준용한다. 이 경우 제82조제2항에 "법원사무관등"이라고 규정된 것은 "관리인"으로 본다.

제3절 선박에 대한 강제집행

제95조 (신청서의 기재사항과 첨부서류)   ①선박에 대한 강제경매신청서에는 법 제80조에 규정된 사항 외에 선박의 정박항 및 선장의 이름과 현재지를 적어야 한다.
   ②아래의 선박에 대한 강제경매신청서에는 그 선박이 채무자의 소유임을 증명하는 문서와 함께 다음 서류를 붙여야 한다.
   1. 등기가 되지 아니한 대한민국 선박 : 선박등기처리규칙 제18조제1항에 규정된 증명서 및 같은 규칙 제20조 또는 같은 규칙 제21조에 규정된 증명서면
   2. 대한민국 선박 외의 선박 : 그 선박이 선박등기법 제2조에 규정된 선박임을 증명하는 문서

제96조 (선박국적증서등 수취의 통지) 집행관은 법 제174조제1항과 법 제175조제1항의 규정에 따라 선박국적증서, 그 밖에 선박운행에 필요한 문서(다음부터 "선박국적증서등"이라 한다)를 받은 때에는 바로 그 취지를 채무자·선장 및 선적항을 관할하는 해운관서의 장에게 통지하여야 한다.

제97조 (선박국적증서등을 수취하지 못한 경우의 신고) 집행관이 법 제174조제1항에 규정된 명령에 따라 선박국적증서등을 수취하려 하였으나 그 목적을 달성하지 못한 때에는 그 사유를 법원에 서면으로 신고하여야 한다.

제98조 (대법원규칙이 정하는 법원) 선적이 없는 때 하는 선박집행 신청 전 선박국적증서등의 인도명령신청사건의 관할법원은 서울지방법원·인천지방법원·수원지방법원평택지원·춘천지방법원강릉지원·춘천지방법원속초지원·대전지방법원홍성지원·대전지방법원서산지원·대구지방법원포항지원·부산지방법원·울산지방법원·창원지방법원·창원지방법원진주지원·창원지방법원통영지원·광주지방법원목포지원·광주지방법원순천지원·광주지방법원해남지원·전주지방법원군산지원 또는 제주지방법원으로 한다.

제99조 (현황조사보고서) ①집행관이 선박의 현황조사를 한 때에는 다음 각호의 사항을 적은 현황조사보고서를 정하여진 날까지 법원에 제출하여야 한다.
  1. 사건의 표시
  2. 선박의 표시
  3. 선박이 정박한 장소
  4. 조사의 일시·장소 및 방법
  5. 점유자의 표시와 점유의 상황
  6. 그 선박에 대하여 채무자의 점유를 풀고 집행관에게 보관시키

는 가처분이 집행되어 있는 때에는 그 취지와 집행관이 보관을 개
시한 일시

  7. 그 밖에 법원이 명한 사항

  ②현황조사보고서에는 선박의 사진을 붙여야 한다.

제100조 (운행허가결정)　①법원은 법 제176조제2항의 규정에 따
른 결정을 하는 때에는 운행의 목적·기간 및 수역 등에 관하여 적
당한 제한을 붙일 수 있다.

  ②제1항과 법 제176조제2항의 규정에 따른 결정은 채권자·채무
자·최고가매수신고인·차순위매수신고인 및 매수인에게 고지하여야
한다.

제101조 (선박국적증서등의 재수취명령)　①법 제176조제2항의 규
정에 따라 허가된 선박의 운행이 끝난 후 법원에 선박국적증서등이
반환되지 아니한 때에는, 법원은 직권 또는 이해관계인의 신청에
따라 집행관에 대하여 선박국적증서등을 다시 수취할 것을 명할 수
있다.

  ②제1항에 규정된 명령에 따라 집행관이 선박국적증서등을 수취
하는 경우에는 제96조와 제97조의 규정을 준용한다.

제102조 (감수·보존처분의 시기) 법 제178조제1항에 규정된 감수
또는 보존처분은 경매개시결정 전에도 할 수 있다.

제103조 (감수·보존처분의 방식)　①법원이 법 제178조제1항의 규

정에 따른 감수 또는 보존처분을 하는 때에는 집행관, 그 밖에 적당하다고 인정되는 사람을 감수인 또는 보존인으로 정하고, 감수 또는 보존을 명하여야 한다.

②제1항의 감수인은 선박을 점유하고, 선박이나 그 속구의 이동을 방지하기 위하여 필요한 조치를 취할 수 있다.

③제1항의 보존인은 선박이나 그 속구의 효용 또는 가치의 변동을 방지하기 위하여 필요한 조치를 취할 수 있다.

④감수처분과 보존처분은 중복하여 할 수 있다.

제104조 (보증의 제공에 따른 강제경매절차의 취소) ①법 제181조제1항의 규정에 따른 보증은 다음 각호 가운데 어느 하나를 집행법원에 제출하는 방법으로 제공하여야 한다. 다만, 제2호의 문서를 제출하는 때에는 채무자는 미리 집행법원의 허가를 얻어야 한다.

1. 채무자가 금전 또는 법원이 상당하다고 인정하는 유가증권을 공탁한 사실을 증명하는 문서

2. 은행등이 채무자를 위하여 일정액의 금전을 법원의 최고에 따라 지급한다는 취지의 기한의 정함이 없는 지급보증위탁계약이 채무자와 은행 등 사이에 체결된 사실을 증명하는 문서

②법 제181조제2항의 규정에 따라 보증을 배당하는 경우 집행법원은 보증으로 공탁된 유가증권을 제출받을 수 있다.

③제1항과 법 제181조제1항의 규정에 따른 보증제공에 관하여는 법 제19조제1항·제2항의 규정을, 위 보증이 금전공탁 외의 방법으로 제공된 경우의 현금화에 관하여는 제80조의 규정을 각 준용한다.

제105조 (부동산강제경매규정의 준용) 선박에 대한 강제집행에는
제2절 제2관의 규정을 준용한다.

제4절 항공기에 대한 강제집행

제106조 (강제집행의 방법) 항공법에 따라 등록된 항공기(다음부
터 "항공기"라 한다)에 대한 강제집행은 선박에 대한 강제집행의
예에 따라 실시한다(다만, 현황조사와 물건명세서에 관한 규정 및
제95조제2항의 규정은 제외한다). 이 경우 법과 이 규칙에 "등기"
라고 규정된 것은 "등록"으로, "등기부"라고 규정된 것은 "항공기등
록원부"로, "등기관"이라고 규정된 것은 "건설교통부장관"으로, "정
박"이라고 규정된 것은 "정류 또는 정박"으로, "정박항" 또는 "정박
한 장소"라고 규정된 것은 "정류 또는 정박하는 장소"로, "운행"이
라고 규정된 것은 "운항"으로, "수역"이라고 규정된 것은 "운항지역
"으로, "선박국적증서"라고 규정된 것은 "항공기등록증명서"로, "선
적항" 또는 "선적이 있는 곳"이라고 규정된 것은 "정치장"으로, "선
적항을 관할하는 해운관서의 장"이라고 규정된 것은 "건설교통부장
관"으로 보며, 법 제174조제1항 중 "선장으로부터 받아"는 "받아"
로, 제95조제1항 중 "및 선장의 이름과 현재지를 적어야 한다."는 "
를 적어야 한다."로 고쳐 적용한다.

제107조 (평가서 사본의 비치 등)   ①법원은 매각기일(기간입찰의
방법으로 진행할 경우에는 입찰기간의 개시일)의 1월 전까지 평가
서의 사본을 법원에 비치하고, 누구든지 볼 수 있도록 하여야 한다.

②법원사무관등은 평가서의 사본을 비치한 날짜와 그 취지를 기록에 적어야 한다.

제5절 자동차에 대한 강제집행

제108조 (강제집행의 방법) 자동차관리법에 따라 등록된 자동차(다음부터 "자동차"라 한다)에 대한 강제집행(다음부터 "자동차집행"이라 한다)은 이 규칙에 특별한 규정이 없으면 부동산에 대한 강제경매의 규정을 따른다. 이 경우 법과 이 규칙에 "등기"라고 규정된 것은 "등록"으로, "등기부"라고 규정된 것은 "자동차등록원부"로, "등기관"이라고 규정된 것은 "특별시장·광역시장 또는 도지사"로 본다.

제109조 (집행법원) ①자동차집행의 집행법원은 자동차등록원부에 기재된 사용본거지를 관할하는 지방법원으로 한다. 다만, 제119조제1항의 규정에 따라 사건을 이송한 때에는 그러하지 아니하다.
  ②제113조제1항에 규정된 결정에 따라 집행관이 자동차를 인도받은 경우에는 제1항 본문의 법원 외에 자동차가 있는 곳을 관할하는 지방법원도 집행법원으로 한다.

제110조 (경매신청서의 기재사항과 첨부서류) 자동차에 대한 강제경매신청서에는 법 제80조에 규정된 사항 외에 자동차등록원부에 기재된 사용본거지를 적고, 집행력 있는 정본 외에 자동차등록원부 등본을 붙여야 한다.

제111조 (강제경매개시결정) ①법원은 강제경매개시결정을 하는 때
에는 법 제83조제1항에 규정된 사항을 명하는 외에 채무자에 대하
여 자동차를 집행관에게 인도할 것을 명하여야 한다. 다만, 그 자
동차에 대하여 제114조제1항의 규정에 따른 신고가 되어 있는 때에
는 채무자에 대하여 자동차 인도명령을 할 필요가 없다.

  ②제1항의 개시결정에 기초한 인도집행은 그 개시결정이 채무자
에게 송달되기 전에도 할 수 있다.

  ③강제경매개시결정이 송달되거나 등록되기 전에 집행관이 자동
차를 인도받은 경우에는 그때에 압류의 효력이 생긴다.

  ④제1항의 개시결정에 대하여는 즉시항고를 할 수 있다.

제112조 (압류자동차의 인도) 제3자가 점유하게 된 자동차의 인도
에 관하여는 법 제193조의 규정을 준용한다. 이 경우 법 제193조
제1항과 제2항의 "압류물"은 "압류의 효력 발생 당시 채무자가 점
유하던 자동차"로 본다.

제113조 (강제경매신청 전의 자동차인도명령) ①강제경매신청 전
에 자동차를 집행관에게 인도하지 아니하면 강제집행이 매우 곤란
할 염려가 있는 때에는 그 자동차가 있는 곳을 관할하는 지방법원
은 신청에 따라 채무자에게 자동차를 그 소속 집행관에게 인도할
것을 명할 수 있다.

  ②제1항의 신청에는 집행력 있는 정본을 제시하고, 신청의 사유
를 소명하여야 한다.

  ③집행관은 자동차를 인도받은 날부터 10일 안에 채권자가 강제

경매신청을 하였음을 증명하는 문서를 제출하지 아니하는 때에는 자동차를 채무자에게 돌려주어야 한다.

④제1항의 규정에 따른 결정에 대하여는 즉시항고를 할 수 있다.

⑤제1항의 규정에 따른 결정에는 법 제292조제2항·제3항의 규정을 준용한다.

제114조 (자동차를 인도받은 때의 신고)　①집행관이 강제경매개시결정에 따라 자동차를 인도받은 때, 제112조에서 준용하는 법 제193조의 규정에 따른 재판을 집행한 때 또는 제113조의 규정에 따라 인도받은 자동차에 대하여 강제경매개시결정이 있는 때에는 바로 그 취지·보관장소·보관방법 및 예상되는 보관비용을 법원에 신고하여야 한다.

②집행관은 제1항의 신고를 한 후에 자동차의 보관장소·보관방법 또는 보관비용이 변경된 때에는 법원에 신고하여야 한다.

제115조 (자동차의 보관방법) 집행관은 상당하다고 인정하는 때에는 인도받은 자동차를 압류채권자, 채무자, 그 밖의 적당한 사람에게 보관시킬 수 있다. 이 경우에는 공시서를 붙여 두거나 그 밖의 방법으로 그 자동차를 집행관이 점유하고 있음을 분명하게 표시하고, 제117조의 규정에 따라 운행이 허가된 경우를 제외하고는 운행을 하지 못하도록 적당한 조치를 하여야 한다.

제116조 (자동차인도집행불능시의 집행절차취소) 강제경매개시결정이 있은 날부터 2월이 지나기까지 집행관이 자동차를 인도받지

못한 때에는 법원은 집행절차를 취소하여야 한다.

제117조 (운행의 허가)   ①법원은 영업상의 필요, 그 밖의 상당한 이유가 있다고 인정하는 때에는 이해관계를 가진 사람의 신청에 따라 자동차의 운행을 허가할 수 있다.

　②법원이 제1항의 허가를 하는 때에는 운행에 관하여 적당한 조건을 붙일 수 있다.

　③제1항의 운행허가결정에 대하여는 즉시항고를 할 수 있다.

제118조 (자동차의 이동)   ①법원은 필요하다고 인정하는 때에는 집행관에게 자동차를 일정한 장소로 이동할 것을 명할 수 있다.

　②집행법원 외의 법원 소속의 집행관이 자동차를 점유하고 있는 경우, 집행법원은 제119조제1항의 규정에 따라 사건을 이송하는 때가 아니면 그 집행관 소속법원에 대하여 그 자동차를 집행법원 관할구역 안의 일정한 장소로 이동하여 집행법원 소속 집행관에게 인계하도록 명할 것을 촉탁하여야 한다.

　③제2항의 규정에 따라 집행법원 소속 집행관이 자동차를 인계받은 경우에는 제114조의 규정을 준용한다.

제119조 (사건의 이송)   ①집행법원은 다른 법원 소속 집행관이 자동차를 점유하고 있는 경우에 자동차를 집행법원 관할구역 안으로 이동하는 것이 매우 곤란하거나 지나치게 많은 비용이 든다고 인정하는 때에는 사건을 그 법원으로 이송할 수 있다.

　②제1항의 규정에 따른 결정에 대하여는 불복할 수 없다.

제120조 (매각의 실시시기) 법원은 그 관할구역 안에서 집행관이 자동차를 점유하게 되기 전에는 집행관에게 매각을 실시하게 할 수 없다.

제121조 (최저매각가격결정의 특례) ①법원은 상당하다고 인정하는 때에는 집행관으로 하여금 거래소에 자동차의 시세를 조회하거나 그 밖의 상당한 방법으로 매각할 자동차를 평가하게 하고, 그 평가액을 참작하여 최저매각가격을 정할 수 있다.
　②제1항의 규정에 따라 자동차를 평가한 집행관은 다음 각호의 사항을 적은 평가서를 정하여진 날까지 법원에 제출하여야 한다.
　1. 사건의 표시
　2. 자동차의 표시
　3. 자동차의 평가액과 평가일
　4. 거래소에 대한 조회결과 또는 그 밖의 평가근거

제122조 (매각기일의 공고) 매각기일의 공고에는 법 제106조제2호, 제4호 내지 제7호, 제9호에 규정된 사항, 제56조제1호·제3호에 규정된 사항, 자동차의 표시 및 자동차가 있는 장소를 적어야 한다.

제123조 (입찰 또는 경매 외의 매각방법) ①법원은 상당하다고 인정하는 때에는 집행관에게 입찰 또는 경매 외의 방법으로 자동차의 매각을 실시할 것을 명할 수 있다. 이 경우에는 매각의 실시방법과 기한, 그 밖의 다른 조건을 붙일 수 있다.
　②법원은 제1항의 규정에 따른 매각의 실시를 명하는 때에는 미

리 압류채권자의 의견을 들어야 한다.

　③법원은 제1항의 규정에 따른 매각의 실시를 명하는 때에는 매수신고의 보증금액을 정하고 아울러 그 보증의 제공은 금전 또는 법원이 상당하다고 인정하는 유가증권을 집행관에게 제출하는 방법으로 하도록 정하여야 한다.

　④제1항의 규정에 따른 결정이 있는 때에는 법원사무관등은 각 채권자와 채무자에게 그 취지를 통지하여야 한다.

　⑤집행관은 제1항의 규정에 따른 결정에 기초하여 자동차를 매각하는 경우에 매수신고가 있는 때에는 바로 자동차의 표시·매수신고를 한 사람의 표시 및 매수신고의 액과 일시를 적은 조서를 작성하여, 보증으로 제공된 금전 또는 유가증권과 함께 법원에 제출하여야 한다.

　⑥제5항의 조서가 제출된 때에는 법원은 바로 매각결정기일을 지정하여야 한다.

　⑦제6항의 규정에 따른 매각결정기일이 정하여진 때에는 법원사무관등은 이해관계인과 매수신고를 한 사람에게 매각결정기일을 통지하여야 한다.

　⑧제5항의 조서에 관하여는 법 제116조제2항의 규정을 준용한다.

제124조 (양도명령에 따른 매각)　①법원은 상당하다고 인정하는 때에는 압류채권자의 매수신청에 따라 그에게 자동차의 매각을 허가할 수 있다.

　②제1항의 규정에 따라 매각을 허가하는 결정은 이해관계인에게 고지하여야 한다.

③양도명령에 따른 매각절차에 관하여는 제74조, 법 제109조, 법 제113조, 법 제126조제1항·제2항 및 법 제128조제2항의 규정을 준용하지 아니한다.

제125조 (매수인에 대한 자동차의 인도) ①매수인이 대금을 납부하였음을 증명하는 서면을 제출한 때에는 집행관은 자동차를 매수인에게 인도하여야 한다. 이 경우 그 자동차를 집행관 외의 사람이 보관하고 있는 때에는, 집행관은 매수인의 동의를 얻어 보관자에 대하여 매수인에게 그 자동차를 인도할 것을 통지하는 방법으로 인도할 수 있다.

②집행관은 매수인에게 자동차를 인도한 때에는 그 취지와 인도한 날짜를 집행법원에 신고하여야 한다.

제126조 (집행정지중의 매각) ①법 제49조제2호 또는 제4호에 적은 서류가 제출된 때에는 법원사무관등은 집행관에게 그 사실을 통지하여야 한다.

②집행관은 제1항의 규정에 따른 통지를 받은 경우 인도를 받은 자동차의 가격이 크게 떨어질 염려가 있거나 그 보관에 지나치게 많은 비용이 드는 때에는 압류채권자·채무자 및 저당권자에게 그 사실을 통지하여야 한다.

③제2항에서 규정하는 경우에 압류채권자 또는 채무자의 신청이 있는 때에는 법원은 자동차를 매각하도록 결정할 수 있다.

④제3항의 규정에 따른 결정이 있은 때에는 법원사무관등은 제3항의 신청을 하지 아니한 압류채권자 또는 채무자에게 그 사실을

통지하여야 한다.

⑤제3항의 규정에 따른 결정에 기초하여 자동차가 매각되어 그 대금이 집행법원에 납부된 때에는 법원사무관등은 매각대금을 공탁하여야 한다.

제127조 (자동차집행의 신청이 취하된 경우 등의 조치) ①자동차집행의 신청이 취하된 때 또는 강제경매절차를 취소하는 결정의 효력이 생긴 때에는 법원사무관등은 집행관에게 그 취지를 통지하여야 한다.

②집행관이 제1항의 규정에 따른 통지를 받은 경우 자동차를 수취할 권리를 갖는 사람이 채무자 외의 사람인 때에는 집행관은 그 사람에게 자동차집행의 신청이 취하되었다거나 또는 강제경매절차가 취소되었다는 취지를 통지하여야 한다.

③집행관은 제1항의 규정에 따른 통지를 받은 때에는 자동차를 수취할 권리를 갖는 사람에게 자동차가 있는 곳에서 이를 인도하여야 한다. 다만, 자동차를 수취할 권리를 갖는 사람이 자동차를 보관하고 있는 경우에는 그러하지 아니하다.

④집행관이 제3항의 규정에 따라 인도를 할 수 없는 때에는 법원은 집행관의 신청을 받아 자동차집행의 절차에 따라 자동차를 매각한다는 결정을 할 수 있다.

⑤제4항의 규정에 따른 결정이 있은 때에는 법원사무관등은 채무자와 저당권자에게 그 취지를 통지하여야 한다.

⑥제4항의 규정에 따른 결정에 기초하여 자동차가 매각되어 그 대금이 법원에 납부된 때에는 법원은 그 대금에서 매각과 보관에

든 비용을 빼고, 나머지가 있는 때에는 매각대금의 교부계산서를 작성하여 저당권자에게 변제금을 교부하고, 그 나머지를 채무자에게 교부하여야 한다.

⑦제6항의 규정에 따른 변제금 등을 교부하는 경우에는 제81조, 제82조, 법 제146조, 법 제160조 및 법 제161조제1항의 규정을 준용한다.

제128조 (준용규정 등) ①자동차집행절차에는 제107조·제138조의 규정을 준용한다. 이 경우 제107조제1항에 "1월"이라고 규정된 것은 "1주"로, 제138조제1항에 "압류물이 압류한"이라고 규정된 것은 "집행관이 점유를 취득한 자동차가"로 본다.

②자동차집행절차에 관하여는 제43조 내지 제46조, 제51조제1항 제4호 내지 제6호, 제2항, 제55조, 제56조제2호, 제60조, 제68조 내지 제71조, 법 제79조, 법 제81조, 법 제83조제2항·제3항, 법 제85조, 법 제91조제5항, 법 제105조 및 법 제136조의 규정과 법 제103조제2항 중 기간입찰에 관한 부분을 준용하지 아니한다.

제129조 (자동차지분에 대한 강제집행) 자동차의 공유지분에 대한 강제집행은 법 제251조에 규정된 강제집행의 예에 따라 실시한다.

제6절 건설기계에 대한 강제집행

제130조 (강제집행의 방법) 건설기계관리법에 따라 등록된 건설기계(다음부터 "건설기계"라 한다)에 대한 강제집행에 관하여는 제5절의 규정을 준용한다. 이 경우 제108조 내지 제110조에 "자동차등록원부"라고 규정된 것은 "건설기계등록원부"로 본다.

제7절 동산에 대한 강제집행

제1관 유체동산에 대한 강제집행

제131조 (유체동산 집행신청의 방식) 유체동산에 대한 강제집행신청서에는 다음 각호의 사항을 적고 집행력 있는 정본을 붙여야 한다.

1. 채권자·채무자와 그 대리인의 표시
2. 집행권원의 표시
3. 강제집행 목적물인 유체동산이 있는 장소
4. 집행권원에 표시된 청구권의 일부에 관하여 강제집행을 구하는 때에는 그 범위

제132조 (압류할 유체동산의 선택) 집행관이 압류할 유체동산을 선택하는 때에는 채권자의 이익을 해치지 아니하는 범위 안에서 채무자의 이익을 고려하여야 한다.

제133조 (직무집행구역 밖에서의 압류) 집행관은 동시에 압류하고자 하는 여러 개의 유체동산 가운데 일부가 소속 법원의 관할구역 밖에 있는 경우에는 관할구역 밖의 유체동산에 대하여도 압류할 수 있다.

제134조 (압류조서의 기재사항)   ①유체동산 압류조서에는 제6조와 법 제10조제2항·제3항에 규정된 사항 외에 채무자가 자기 소유가 아니라는 진술을 한 압류물에 관하여는 그 취지를 적어야 한다.
  ②유체동산 압류조서에 집행의 목적물을 적는 때에는 압류물의 종류·재질, 그 밖에 압류물을 특정하는 데 필요한 사항과 수량 및 평가액(토지에서 분리하기 전의 과실에 대하여는 그 과실의 수확시기·예상수확량과 예상평가액)을 적어야 한다.

제135조 (직무집행구역 밖에서의 압류물보관) 집행관은 특히 필요하다고 인정하는 때에는 압류물 보관자로 하여금 소속 법원의 관할구역 밖에서 압류물을 보관하게 할 수 있다.

제136조 (압류물의 보관에 관한 조서 등)   ①집행관이 채무자·채권자 또는 제3자에게 압류물을 보관시킨 때에는 보관자의 표시, 보관시킨 일시·장소와 압류물, 압류표시의 방법과 보관조건을 적은 조서를 작성하여 보관자의 기명날인 또는 서명을 받아야 한다.
  ②집행관이 보관자로부터 압류물을 반환받은 때에는 그 취지를 기록에 적어야 한다.

③제2항의 경우에 압류물에 부족 또는 손상이 있는 때에는 집행관은 보관자가 아닌 압류채권자와 채무자에게 그 취지를 통지하여야 하고, 아울러 부족한 압류물 또는 압류물의 손상정도와 이러한 압류물에 대하여 집행관이 취한 조치를 적은 조서를 작성하여야 한다.

제137조 (보관압류물의 점검) ①집행관은 채무자 또는 채권자나 제3자에게 압류물을 보관시킨 경우에 압류채권자 또는 채무자의 신청이 있거나 그 밖에 필요하다고 인정하는 때에는 압류물의 보관상황을 점검하여야 한다.

②집행관이 제1항의 규정에 따른 점검을 한 때에는 압류물의 부족 또는 손상의 유무와 정도 및 이에 관하여 집행관이 취한 조치를 적은 점검조서를 작성하고, 부족 또는 손상이 있는 경우에는 보관자가 아닌 채권자 또는 채무자에게 그 취지를 통지하여야 한다.

제138조 (직무집행구역 밖에서의 압류물 회수 등) ①압류물이 압류한 집행관이 소속하는 법원의 관할구역 밖에 있게 된 경우에 이를 회수하기 위하여 필요한 때에는 집행관은 소속 법원의 관할구역 밖에서도 그 직무를 행할 수 있다.

②제1항의 경우에 압류물을 회수하기 위하여 지나치게 많은 비용이 든다고 인정하는 때에는 집행관은, 압류채권자의 의견을 들어, 압류물이 있는 곳을 관할하는 법원 소속 집행관에게 사건을 이송할 수 있다.

제139조 (압류물의 인도명령을 집행한 경우의 조치 등) ①법 제
193조제1항의 규정에 따른 인도명령을 집행한 집행관은 그 압류물
의 압류를 한 집행관이 다른 법원에 소속하는 때에는 그 집행관에
대하여 인도명령을 집행하였다는 사실을 통지하여야 한다.

  ②제1항의 규정에 따른 통지를 받은 집행관은 압류물을 인수하여
야 한다. 다만, 압류물을 인수하기 위하여 지나치게 많은 비용이 든
다고 인정하는 때에는, 압류채권자의 의견을 들어, 인도명령을 집행
한 집행관에게 사건을 이송할 수 있다.

제140조 (초과압류 등의 취소) ①집행관은 압류 후에 그 압류가
법 제188조제2항의 한도를 넘는 사실이 분명하게 된 때에는 넘는
한도에서 압류를 취소하여야 한다.

  ②집행관은 압류 후에 압류물의 매각대금으로 압류채권자의 채권
에 우선하는 채권과 집행비용을 변제하면 남을 것이 없겠다고 인정
하는 때에는 압류를 취소하여야 한다.

제141조 (매각의 가망이 없는 경우의 압류의 취소) 집행관은 압류
물에 관하여 상당한 방법으로 매각을 실시하였음에도 매각의 가망
이 없는 때에는 그 압류물의 압류를 취소할 수 있다.

제142조 (압류취소의 방법 등) ①유체동산 압류를 취소하는 때에
는 집행관은 압류물을 수취할 권리를 갖는 사람에게 압류취소의 취
지를 통지하고 압류물이 있는 장소에서 이를 인도하여야 한다. 다
만, 압류물을 수취할 권리를 갖는 사람이 그 압류물을 보관중인 때

에는 그에게 압류취소의 취지를 통지하면 된다.

②집행관은 제1항의 경우에 압류물을 수취할 권리를 갖는 사람이 채무자 외의 사람인 때에는 채무자에게 압류가 취소되었다는 취지를 통지하여야 한다.

③압류가 취소된 유체동산을 인도할 수 없는 경우에는 법 제258조제6항의 규정을 준용한다.

제143조 (압류가 금지되는 생계비) 법 제195조제3호의 규정에 따라 압류가 금지되는 생계비는 100만원으로 한다.

제144조 (압류물의 평가) ①집행관은 법 제200조에 규정된 경우 외에도 필요하다고 인정하는 때에는 적당한 감정인을 선임하여 압류물을 평가하게 할 수 있다.

②제1항 또는 법 제200조의 규정에 따라 물건을 평가한 감정인은 다음 각호의 사항을 적은 평가서를 정하여진 날까지 집행관에게 제출하여야 한다.

1. 사건의 표시
2. 유체동산의 표시
3. 유체동산의 평가액과 평가일
4. 평가액 산출의 과정
5. 그 밖에 집행관이 명한 사항

③제2항의 평가서가 제출된 경우 집행관은 평가서의 사본을 매각기일마다 그 3일 전까지 집행관 사무실 또는 그 밖에 적당한 장소에 비치하고 누구든지 볼 수 있도록 하여야 한다.

제145조 (호가경매기일의 지정 등) ①집행관은 호가경매의 방법으로 유체동산을 매각하는 때에는 경매기일의 일시와 장소를 정하여야 한다. 이 경우 경매기일은 부득이한 사정이 없는 한 압류일부터 1월 안의 날로 정하여야 한다.

②집행관은 집행법원의 허가를 받은 때에는 소속 법원의 관할구역 밖에서 경매기일을 열 수 있다.

제146조 (호가경매공고의 방법 등) ①집행관은 호가경매기일의 3일 전까지 다음 각호의 사항을 공고하여야 한다.

1. 사건의 표시

2. 매각할 물건의 종류·재질, 그 밖에 그 물건을 특정하는 데 필요한 사항과 수량 및 평가액(토지에서 분리하기 전의 과실에 대하여는 그 과실의 수확시기·예상수확량과 예상평가액)

3. 평가서의 사본을 비치하는 때에는 그 비치장소와 누구든지 볼 수 있다는 취지

4. 제158조에서 준용하는 제60조의 규정에 따라 매수신고를 할 수 있는 사람의 자격을 제한한 때에는 그 제한의 내용

5. 매각할 유체동산을 호가경매기일 전에 일반인에게 보여주는 때에는 그 일시와 장소

6. 대금지급기일을 정한 때에는 매수신고의 보증금액과 그 제공방법 및 대금지급일

②집행관은 경매의 일시와 장소를 각 채권자·채무자 및 압류물 보관자에게 통지하여야 한다. 법 제190조의 규정에 따라 압류한 재산을 경매하는 경우에는 집행기록상 주소를 알 수 있는 배우자에게

도 같은 사항을 통지하여야 한다.

③제2항의 통지는 집행기록에 표시된 주소지에 등기우편으로 발송하는 방법으로 할 수 있다.

제147조 (호가경매의 절차) ①집행관이 경매기일을 개시하는 때에는 매각조건을 고지하여야 한다.

②집행관은 매수신청의 액 가운데 최고의 것을 3회 부른 후 그 신청을 한 사람의 이름·매수신청의 액 및 그에게 매수를 허가한다는 취지를 고지하여야 한다. 다만, 매수신청의 액이 상당하지 아니하다고 인정하는 경우에는 매수를 허가하지 아니할 수 있다.

③집행관은 소속 법원 안에서 호가경매를 실시하는 경우 법 제108조의 조치를 위하여 필요한 때에는 법원의 원조를 요청할 수 있다.

④유체동산의 호가경매절차에는 제57조제1항, 제62조제3항·제4항 및 제72조제1항·제2항의 규정을 준용한다.

제148조 (호가경매로 매각할 유체동산의 열람) ①집행관은 호가경매기일 또는 그 기일 전에 매각할 유체동산을 일반인에게 보여주어야 한다.

②매각할 유체동산을 호가경매기일 전에 일반인에게 보여주는 경우에 그 유체동산이 채무자가 점유하고 있는 건물 안에 있는 때에는 집행관은 보여주는 자리에 참여하여야 한다. 그 밖의 경우에도 매각할 유체동산을 보관하는 사람의 신청이 있는 때에는 마찬가지이다.

③집행관은 매각할 유체동산을 호가경매기일 전에 일반인에게 보여준 때와 제2항의 규정에 따라 유체동산을 보여주는 자리에 참여한 때에는 그 취지를 기록에 적어야 한다.

제149조 (호가경매에 따른 대금의 지급 등) ①호가경매기일에서 매수가 허가된 때에는 그 기일이 마감되기 전에 매각대금을 지급하여야 한다. 다만, 제2항의 규정에 따라 대금지급일이 정하여진 때에는 그러하지 아니하다.

②집행관은 압류물의 매각가격이 고액으로 예상되는 때에는 호가경매기일부터 1주 안의 날을 대금지급일로 정할 수 있다.

③제2항의 규정에 따라 대금지급일이 정하여진 때에는 매수신고를 하려는 사람은 집행관에 대하여 매수신고가격의 10분의 1에 상당하는 액의 보증을 제공하여야 한다. 이 경우 매수신고보증의 제공방법에 관하여는 제64조의 규정을 준용한다.

④제3항의 규정에 따른 매수신고의 보증으로 금전이 제공된 경우에 그 금전은 매각대금에 넣는다.

⑤매수인이 대금지급일에 대금을 지급하지 아니하여 다시 유체동산을 매각하는 경우 뒤의 매각가격이 처음의 매각가격에 미치지 아니하는 때는 전의 매수인이 제공한 매수신고의 보증은 그 차액을 한도로 매각대금에 산입한다. 이 경우 매수인은 매수신고의 보증금액 가운데 매각대금에 산입되는 금액에 상당하는 부분의 반환을 청구할 수 없다.

⑥매수신고의 보증이 제3항 후문에서 준용하는 제64조제3호의 문서를 제출하는 방법으로 제공된 경우에는 집행관은 은행등에 대

하여 제5항 전문의 규정에 따라 매각대금에 산입되는 액의 금전을 지급하라는 취지를 최고하여야 한다.

⑦집행관은 대금지급일을 정하여 호가경매를 실시한 때에는 대금지급일에 대금이 지급되었는지 여부를 기록에 적어야 한다.

제150조 (호가경매조서의 기재사항) ①제6조제1항제2호의 규정에 따라 호가경매조서에 적을 "실시한 집행의 내용"은 다음 각호의 사항으로 한다.

  1. 매수인의 표시·매수신고가격 및 대금의 지급여부

  2. 법 제206조제1항의 규정에 따른 배우자의 우선매수신고가 있는 경우에는 그 취지와 배우자의 표시

  3. 적법한 매수신고가 없는 때에는 그 취지

  4. 대금지급일을 정하여 호가경매를 실시한 때에는 대금지급일과 매수인의 매수신고보증의 제공방법

②매수인 또는 그 대표자나 대리인은 호가경매조서에 서명날인하여야 한다. 그들이 서명날인할 수 없는 때에는 집행관이 그 사유를 적어야 한다.

제151조 (입찰) ①유체동산 매각을 위한 입찰은 입찰기일에 입찰을 시킨 후 개찰을 하는 방법으로 한다.

②개찰이 끝난 때에는 집행관은 최고의 가액으로 매수신고를 한 입찰자의 이름·입찰가격 및 그에 대하여 매수를 허가한다는 취지를 고지하여야 한다.

③유체동산의 입찰절차에는 제57조제1항, 제62조, 제65조, 제66

조, 제145조, 제146조, 제147조제1항·제2항 단서·제3항 및 제148
조 내지 제150조의 규정을 준용한다.

제152조 (압류조서의 열람청구) 법 제215조제1항에 규정된 조치를
취하기 위하여 필요한 때에는 집행관은 먼저 압류한 집행관에게 압
류조서를 보여줄 것을 청구할 수 있다.

제153조 (지급요구의 방식) 법 제221조제1항의 규정에 따른 지급
요구는 매각기일에 출석하여 하는 경우가 아니면 서면으로 하여야
한다.

제154조 (배우자의 공유주장에 대한 이의) 법 제221조제3항의 규
정에 따라 채권자가 배우자의 공유주장에 대하여 이의하고 그 이의
가 완결되지 아니한 때에는 집행관은 배우자가 주장하는 공유지분
에 해당하는 매각대금에 관하여 법 제222조에 규정된 조치를 취하
여야 한다.

제155조 (집행관의 매각대금 처리) ①채권자가 한 사람인 경우
또는 채권자가 두 사람 이상으로서 매각대금 또는 압류금전으로 각
채권자의 채권과 집행비용의 전부를 변제할 수 있는 경우에는 집행
관은 채권자에게 채권액을 교부하고, 나머지가 있으면 채무자에게
교부하여야 한다.
  ②압류금전이나 매각대금으로 각 채권자의 채권과 집행비용의 전
부를 변제할 수 없는 경우에는 집행관은 법 제222조제1항에 규정

된 기간 안의 날을 배당협의기일로 지정하고 각 채권자에게 그 일시와 장소를 서면으로 통지하여야 한다. 이 통지에는 매각대금 또는 압류금전, 집행비용, 각 채권자의 채권액 비율에 따라 배당될 것으로 예상되는 금액을 적은 배당계산서를 붙여야 한다.

③집행관은 배당협의기일까지 채권자 사이에 배당협의가 이루어진 때에는 그 협의에 따라 배당을 실시하여야 한다. 집행관은 제2항의 배당계산서와 다른 협의가 이루어진 때에는 그 협의에 따라 배당계산서를 다시 작성하여야 한다.

④집행관은 배당협의가 이루어지지 아니한 때에는 바로 법 제222조에 규정된 조치를 취하여야 한다.

제156조 (집행관의 배당액 공탁) ①제155조제1항 또는 제3항의 규정에 따라 집행관이 채권액의 배당등을 실시하는 경우 배당등을 받을 채권자의 채권에 관하여 다음 각호 가운데 어느 하나의 사유가 있는 때에는 집행관은 그 배당등의 액에 상당하는 금액을 공탁하고 그 사유를 법원에 신고하여야 한다.

1. 채권에 정지조건 또는 불확정기한이 붙어 있는 때

2. 가압류채권자의 채권인 때

3. 법 제49조제2호 또는 법 제272조에서 준용하는 법 제266조제1항제5호에 적은 문서가 제출되어 있는 때

②집행관은 배당등을 수령하기 위하여 출석하지 아니한 채권자 또는 채무자에 대한 배당등의 액에 상당하는 금액을 공탁하여야 한다.

제157조 (사유신고서의 방식)　①법 제222조제3항의 규정에 따른 사유신고는 다음 각호의 사항을 적은 서면으로 하여야 한다.

　1. 사건의 표시

　2. 압류채권자와 채무자의 이름

　3. 매각대금 또는 압류금전의 액수

　4. 집행비용

　5. 배당협의가 이루어지지 아니한 취지와 그 사정의 요지

　②제156조제1항의 규정에 따른 사유신고는 다음 각호의 사항을 적은 서면으로 하여야 한다.

　1. 제1항제1호·제2호에 적은 사항

　2. 공탁의 사유와 공탁금액

　③제1항 또는 제2항의 서면에는 공탁서와 사건기록을 붙여야 한다.

제158조 (부동산강제집행규정의 준용) 유체동산 집행에는 제48조, 제59조제1호 및 제60조의 규정을 준용한다.

제2관 채권과 그 밖의 재산권에 대한 강제집행

제159조 (압류명령신청의 방식)　①채권에 대한 압류명령신청서에는 법 제225조에 규정된 사항 외에 다음 각호의 사항을 적고 집행력 있는 정본을 붙여야 한다.

　1. 채권자·채무자·제3채무자와 그 대리인의 표시

　2. 집행권원의 표시

3. 집행권원에 표시된 청구권의 일부에 관하여만 압류명령을 신청하거나 목적채권의 일부에 대하여만 압류명령을 신청하는 때에는 그 범위

②법 제224조제3항의 규정에 따라 가압류를 명한 법원이 있는 곳을 관할하는 지방법원에 채권압류를 신청하는 때에는 가압류결정서 사본과 가압류 송달증명을 붙여야 한다.

제160조 (신청취하 등의 통지) ①압류명령의 신청이 취하되거나 압류명령을 취소하는 결정이 확정된 때에는 법원사무관등은 압류명령을 송달받은 제3채무자에게 그 사실을 통지하여야 한다.

②추심명령·전부명령 또는 법 제241조제1항의 규정에 따른 명령의 신청이 취하되거나 이를 취소하는 결정이 확정된 때에도 제1항과 같다.

제161조 (집행정지의 통지) ①추심명령이 있은 후 법 제49조제2호 또는 제4호의 서류가 제출된 때에는 법원사무관등은 압류채권자와 제3채무자에 대하여 그 서류가 제출되었다는 사실과 서류의 요지 및 위 서류의 제출에 따른 집행정지가 효력을 잃기 전에는 압류채권자는 채권의 추심을 하여서는 아니되고 제3채무자는 채권의 지급을 하여서는 아니된다는 취지를 통지하여야 한다.

②법 제242조에 규정된 유체물의 인도청구권이나 권리이전청구권에 대하여 법 제243조제1항 또는 법 제244조제1항·제2항(제171조제1항·제2항의 규정에 따라 이 조항들이 준용되는 경우를 포함한다)의 명령이 있은 후 법 제49조제2호 또는 제4호의 서류가 제출

된 경우에는 제1항의 규정을 준용한다.

제162조 (추심신고의 방식) ①법 제236조제1항의 규정에 따른 신고는 다음 각호의 사항을 적은 서면으로 하여야 한다.
  1. 사건의 표시
  2. 채권자·채무자 및 제3채무자의 표시
  3. 제3채무자로부터 지급받은 금액과 날짜
  ②법 제236조제2항의 규정에 따른 신고는 제1항에 규정된 사항과 공탁사유 및 공탁한 금액을 적은 서면에 공탁서를 붙여서 하여야 한다.

제163조 (채권의 평가) ①법원은 법 제241조제1항의 규정에 따른 명령을 하는 경우에 필요가 있다고 인정하는 때에는 감정인에게 채권의 가액을 평가하게 할 수 있다.
  ②제1항의 감정인이 채권의 가액을 평가한 때에는 정하여진 날까지 그 평가결과를 서면으로 법원에 보고하여야 한다.

제164조 (양도명령에 관한 금전의 납부와 교부) ①법 제241조제1항제1호의 규정에 따른 양도명령(다음부터 "양도명령"이라 한다)을 하는 경우에 법원이 정한 양도가액이 채권자의 채권과 집행비용의 액을 넘는 때에는 법원은 양도명령을 하기 전에 채권자에게 그 차액을 납부시켜야 한다.
  ②법원은 양도명령이 확정된 때에는 제1항의 규정에 따라 납부된 금액을 채무자에게 교부하여야 한다. 채무자에 대한 교부절차에 관

하여는 제82조의 규정을 준용한다.

제165조 (매각명령에 따른 매각) ①법원은 압류된 채권의 매각대금으로 압류채권자의 채권에 우선하는 채권과 절차비용을 변제하면 남을 것이 없겠다고 인정하는 때에는 법 제241조제1항제2호의 규정에 따른 매각명령(다음부터 "매각명령"이라 한다)을 하여서는 아니된다.

②집행관은 압류채권자의 채권에 우선하는 채권과 절차비용을 변제하고 남을 것이 있는 가격이 아니면 압류된 채권을 매각하여서는 아니된다.

③집행관은 대금을 지급받은 후가 아니면 매수인에게 채권증서를 인도하거나 법 제241조제5항의 통지를 하여서는 아니된다.

④집행관은 매각절차를 마친 때에는 바로 매각대금과 매각에 관한 조서를 법원에 제출하여야 한다.

제166조 (그 밖의 방법에 따른 현금화명령) 법 제241조제1항제4호의 규정에 따라 법원이 그 밖에 적당한 방법으로 현금화를 명하는 경우와 그 명령에 따른 현금화절차에는 제164조·제165조의 규정을 준용한다.

제167조 (저당권이전등기 등의 촉탁) ①저당권이 있는 채권에 관하여 전부명령이나 양도명령이 확정된 때 또는 매각명령에 따른 매각을 마친 때에는 법원사무관등은 신청에 따라 등기관에게 다음 각 호의 사항을 촉탁하여야 한다.

  1. 채권을 취득한 채권자 또는 매수인 앞으로 저당권을 이전하는 등기

  2. 법 제228조의 규정에 따른 등기의 말소

  ②제1항의 규정에 따른 촉탁은 전부명령이나 양도명령의 정본 또는 매각조서의 등본을 붙인 서면으로 하여야 한다.

  ③제1항의 촉탁에 관한 비용은 채권을 취득한 채권자 또는 매수인이 부담한다.

  ④법 제228조의 규정에 따른 등기가 된 경우 압류된 채권이 변제 또는 공탁에 따라 소멸되었음을 증명하는 문서가 제출된 때에는 법원사무관등은 신청에 따라 그 등기의 말소를 촉탁하여야 한다. 압류명령신청이 취하되거나 압류명령의 취소결정이 확정된 때에도 같다.

  ⑤제4항의 규정에 따른 촉탁비용은 그 전문의 경우에는 채무자가, 그 후문의 경우에는 압류채권자가 각기 부담한다.

제168조 (저당권이전등기 등의 촉탁을 신청할 때 제출할 문서 등) ①전부명령 또는 양도명령이 확정된 경우에 제167조제1항의 신청을 하는 때에는, 기록상 분명한 경우가 아니면, 압류된 채권에 관하여 위 명령이 제3채무자에게 송달될 때까지 다른 압류 또는 가압류의 집행이 없다는 사실을 증명하는 문서를 제출하여야 한다.

  ②채권을 취득한 채권자는 제1항의 문서를 제출하기 어려운 사정이 있는 때에는 제3채무자로 하여금 전부명령 또는 양도명령이 제3채무자에게 송달될 때까지 다른 압류 또는 가압류의 집행이 있었는지 여부에 관하여 진술하게 하도록 법원에 신청할 수 있다.

③제3채무자가 제2항에 규정된 진술을 게을리하는 때에는 법원은 제3채무자를 심문할 수 있다.

제169조 (유체동산 매각대금의 처리 등) 집행관이 법 제243조제3항의 규정에 따라 유체동산을 현금화한 경우에는 제165조제4항의 규정을 준용한다.

제170조 (인도 또는 권리이전된 부동산의 집행) 법 제244조의 규정에 따라 인도 또는 권리이전된 부동산의 강제집행에 대하여는 부동산 강제집행에 관한 규정을 적용한다.

제171조 (선박 등 청구권에 대한 집행) ①선박 또는 항공기의 인도청구권에 대한 압류에 관하여는 법 제244조제1항·제4항의 규정을, 선박·항공기·자동차 또는 건설기계의 권리이전청구권에 대한 압류에 관하여는 법 제244조제2항 내지 제4항의 규정을 준용한다.
  ②자동차 또는 건설기계의 인도청구권에 대한 압류에 관하여는 법 제243조제1항·제2항의 규정을 준용한다.
  ③제1항 또는 제2항의 규정에 따라 인도 또는 권리이전된 선박·항공기·자동차 또는 건설기계의 강제집행에 대하여는 선박·항공기·자동차 또는 건설기계 강제집행에 관한 규정을 각기 적용한다.

제172조 (제3채무자 등의 공탁신고의 방식) ①법 제248조제4항의 규정에 따른 신고는 다음 각호의 사항을 적은 서면으로 하여야 한다.

1. 사건의 표시

2. 채권자·채무자 및 제3채무자의 이름

3. 공탁사유와 공탁한 금액

②제1항의 서면에는 공탁서를 붙여야 한다. 다만, 법 제248조제4항 단서에 규정된 사람이 신고하는 때에는 그러하지 아니하다.

③압류된 채권에 관하여 다시 압류명령 또는 가압류명령이 송달된 경우에 제1항의 신고는 먼저 송달된 압류명령을 발령한 법원에 하여야 한다.

제173조 (부동산강제집행규정의 준용) 채권에 대한 강제집행의 배당요구에 관하여는 제48조의 규정을, 매각명령에 따른 집행관의 매각에는 제59조의 규정을, 관리명령에는 그 성질에 어긋나지 아니하는 범위 안에서 제2절 제3관의 규정을 준용한다.

제174조 (그 밖의 재산권에 대한 집행) 법 제251조제1항에 규정된 재산권(다음부터 "그 밖의 재산권"이라 한다)에 대한 강제집행에는 그 성질에 어긋나지 아니하는 범위 안에서 제159조 내지 제173조의 규정을 준용한다.

제175조 (등기 또는 등록이 필요한 그 밖의 재산권에 대한 집행) ①권리이전에 등기 또는 등록(다음부터 이 조문 안에서 "등기등"이라 한다)이 필요한 그 밖의 재산권에 대한 압류명령신청서에는 집행력 있는 정본 외에 권리에 관한 등기부 또는 등록원부의 등본이나 초본을 붙여야 한다.

②제1항의 그 밖의 재산권에 대한 강제집행에 관하여는 그 등기등을 하는 곳을 관할하는 지방법원을 법 제251조제1항에서 준용하는 법 제224조제2항의 집행법원으로 한다.

③제1항의 그 밖의 재산권에 관하여 압류의 등기등이 압류명령의 송달 전에 이루어진 경우에는 압류의 효력은 압류의 등기등이 된 때에 발생한다. 다만, 그 밖의 재산권으로 권리 처분의 제한에 관하여 등기등을 하지 아니하면 효력이 생기지 아니하는 것에 대한 압류의 효력은 압류의 등기등이 압류명령의 송달 뒤에 된 때에도 압류의 등기등이 된 때에 발생한다.

④제1항의 그 밖의 재산권에 관하여 압류의 효력 발생 전에 등기등이 된 담보권으로서 매각으로 소멸하는 것이 설정되어 있는 때에는, 법원사무관등은 담보권자에게 압류사실을 통지하고 그 담보권의 피담보채권의 현존액을 신고할 것을 최고하여야 한다.

⑤제1항의 그 밖의 재산권에 대한 강제집행에는 법 제94조 내지 법 제96조, 법 제141조 및 법 제144조의 규정을 준용한다.

제3관 예탁유가증권에 대한 강제집행

제176조 (예탁유가증권집행의 개시) 증권거래법 제174조제2항의 규정에 따라 증권예탁원(다음부터 "예탁원"이라 한다)에 예탁된 유가증권(같은 법 제174조의2제4항의 규정에 따라 예탁원에 예탁된 것으로 보는 경우를 포함한다. 다음부터 "예탁유가증권"이라 한다)에 대한 강제집행(다음부터 "예탁유가증권집행"이라 한다)은 예탁유가증권에 관한 공유지분(다음부터 "예탁유가증권지분"이라 한다)

에 대한 법원의 압류명령에 따라 개시한다.

제177조 (압류명령) 법원이 예탁유가증권지분을 압류하는 때에는 채무자에 대하여는 계좌대체청구·증권거래법 제174조의4제2항의 규정에 따른 증권반환청구, 그 밖의 처분을 금지하고, 채무자가 같은 법 제174조제2항의 규정에 따른 예탁자(다음부터 "예탁자"라 한다)인 경우에는 예탁원에 대하여, 채무자가 고객인 경우에는 예탁자에 대하여 계좌대체와 증권의 반환을 금지하여야 한다.

제178조 (예탁원 또는 예탁자의 진술의무) 압류채권자는 예탁원 또는 예탁자로 하여금 압류명령의 송달을 받은 날부터 1주 안에 서면으로 다음 각호의 사항을 진술하게 할 것을 법원에 신청할 수 있다.

1. 압류명령에 표시된 계좌가 있는지 여부
2. 제1호의 계좌에 압류명령에 목적물로 표시된 예탁유가증권지분이 있는지 여부 및 있다면 그 수량
3. 위 예탁유가증권지분에 관하여 압류채권자에 우선하는 권리를 가지는 사람이 있는 때에는 그 사람의 표시 및 그 권리의 종류와 우선하는 범위
4. 위 예탁유가증권지분에 관하여 다른 채권자로부터 압류·가압류 또는 가처분의 집행이 되어 있는지 여부 및 있다면 그 명령에 관한 사건의 표시·채권자의 표시·송달일가 그 집행의 범위
5. 위 예탁유가증권지분에 관하여 신탁재산인 뜻의 기재가 있는 때에는 그 사실

제179조 (예탁유가증권지분의 현금화)   ①법원은 압류채권자의 신청에 따라 압류된 예탁유가증권지분에 관하여 법원이 정한 값으로 지급함에 갈음하여 압류채권자에게 양도하는 명령(다음부터 "예탁유가증권지분양도명령"이라 한다) 또는 추심에 갈음하여 법원이 정한 방법으로 매각하도록 집행관에게 명하는 명령(다음부터 "예탁유가증권지분매각명령"이라 한다)을 하거나 그 밖에 적당한 방법으로 현금화하도록 명할 수 있다.

②제1항의 신청에 관한 재판에 대하여는 즉시항고를 할 수 있다.

③제1항의 규정에 따른 재판은 확정되어야 효력이 있다.

제180조 (예탁유가증권지분양도명령)   ①예탁유가증권지분양도명령의 신청서에는 채무자의 계좌를 관리하는 예탁원 또는 예탁자에 개설된 압류채권자의 계좌번호를 적어야 한다.

②예탁유가증권지분양도명령이 확정된 때에는 법원사무관등은 제1항의 예탁원 또는 예탁자에 대하여 양도명령의 대상인 예탁유가증권지분에 관하여 압류채권자의 계좌로 계좌대체의 청구를 하여야 한다.

③제2항의 규정에 따른 계좌대체청구를 받은 예탁원 또는 예탁자는 그 취지에 따라 계좌대체를 하여야 한다. 다만, 제182조제2항에서 준용하는 법 제229조제5항의 규정에 따라 예탁유가증권지분양도명령의 효력이 발생하지 아니한 사실을 안 때에는 그러하지 아니하다.

제181조 (예탁유가증권지분매각명령)   ①법원이 집행관에 대하여 예탁유가증권지분매각명령을 하는 경우에 채무자가 고객인 때에는

채무자의 계좌를 관리하는 증권회사에게, 채무자가 예탁자인 때에는 그 채무자를 제외한 다른 증권회사에게 매각일의 시장가격이나 그 밖의 적정한 가액으로 매각을 위탁할 것을 명하여야 한다.

②채무자가 예탁자인 경우에 집행관은 제1항의 예탁유가증권지분매각명령을 받은 때에는 증권회사(채무자가 증권회사인 경우에는 그 채무자를 제외한 다른 증권회사)에 그 명의의 계좌를 개설하고, 예탁원에 대하여 압류된 예탁유가증권지분에 관하여 그 계좌로 계좌대체의 청구를 하여야 한다.

③제2항의 규정에 따라 집행관으로부터 계좌대체청구를 받은 예탁원은 그 청구에 따라 집행관에게 계좌대체를 하여야 한다.

④제1항의 규정에 따른 매각위탁을 받은 증권회사는 위탁의 취지에 따라 그 예탁유가증권지분을 매각한 뒤, 매각한 예탁유가증권지분에 관하여는 매수인의 계좌로 계좌대체 또는 계좌대체의 청구를 하고 매각대금에서 조세, 그 밖의 공과금과 위탁수수료를 뺀 나머지를 집행관에게 교부하여야 한다.

⑤집행관이 제1항의 규정에 따른 매각위탁과 제2항의 규정에 따른 계좌대체청구를 하는 경우에는 예탁유가증권지분매각명령등본과 그 확정증명을, 제2항의 규정에 따른 계좌대체청구를 하는 경우에는 그 명의의 계좌가 개설되어 있음을 증명하는 서면을 각기 붙여야 한다.

제182조 (채권집행규정 등의 준용) ①예탁유가증권집행에 관하여는 제48조, 제159조, 제160조제1항, 제161조제1항, 법 제188조제2항, 법 제224조, 법 제225조, 법 제226조, 법 제227조제2항 내지

제4항, 법 제234조, 법 제235조, 법 제237조제2항·제3항, 법 제239조 및 법 제247조의 규정을, 예탁유가증권집행에 관하여 법원이 실시하는 배당등의 절차에 관하여는 법 제2편 제2장 제4절 제4관, 법 제149조, 법 제150조 및 법 제219조의 규정을 각 준용한다. 이 경우 제159조제1항제1호, 제160조제1항, 제161조제1항, 법 제224조제2항, 법 제226조, 법 제227조제2항·제3항, 법 제237조제2항·제3항 및 법 제247조에 "제3채무자"라고 규정된 것은 "예탁원 또는 예탁자"로 본다.

②예탁유가증권지분양도명령과 예탁유가증권지분매각명령에 관하여는 제163조의 규정을, 예탁유가증권지분양도명령에 관하여는 제164조, 법 제229조제5항 및 법 제231조의 규정을, 예탁유가증권지분양도명령에 대한 즉시항고에 관하여는 법 제229조제8항의 규정을, 예탁유가증권지분매각명령에 관하여는 제59조와 제165조제1항·제4항의 규정을 각 준용한다. 이 경우 제163조제1항에 "법 제241조제1항"이라고 규정된 것은 "제179조제1항"으로, 법 제229조제5항과 법 제231조에 "제3채무자"라고 규정된 것은 "예탁원 또는 예탁자"로 본다.

제4관 배당절차

제183조 (배당절차의 개시) 법원은 법 제252조의 경우 외에도 제169조의 규정에 따라 집행관이 현금화된 금전을 제출한 때에는 배당절차를 개시한다.

제184조 (배당에 참가할 채권자의 조사) ①제183조와 법 제252조의 규정에 따라 배당절차를 개시하는 경우에 집행법원은 제3채무자, 등기·등록관서, 그 밖에 적당하다고 인정되는 사람에게 조회하는 등의 방법으로 그 채권이나 그 밖의 재산권에 대하여 다른 압류명령이나 가압류명령이 있는지 여부를 조사할 수 있다.

  ②제1항의 조사결과 다른 법원에서 압류명령이나 가압류명령을 한 사실이 밝혀진 때에는 집행법원은 그 법원에 대하여 사건기록을 보내도록 촉탁하여야 한다.

제185조 (부동산강제집행규정의 준용 등) ①제183조와 법 제252조의 규정에 따른 배당절차에는 제82조와 법 제145조제2항의 규정을 준용한다.

  ②법 제253조의 규정에 따른 최고는 법원사무관등으로 하여금 그 이름으로 하게 할 수 있다.

제3장 금전채권 외의 채권에 기초한 강제집행

제186조 (동산인도청구의 집행) ①집행관은 법 제257조에 규정된 강제집행의 장소에 채권자 또는 그 대리인이 출석하지 아니한 경우에 목적물의 종류·수량 등을 고려하여 부득이하다고 인정하는 때에는 강제집행의 실시를 유보할 수 있다.

  ②집행관은 제1항의 강제집행의 장소에 채권자 또는 그 대리인이 출석하지 아니한 경우에 채무자로부터 목적물을 빼앗은 때에는 이를 보관하여야 한다.

③법 제257조에 규정된 강제집행에 관하여는 제133조와 법 제258조제3항 내지 제6항의 규정을 준용한다.

제187조 (인도집행 종료의 통지) 법 제257조 또는 법 제258조의 규정에 따른 인도집행을 마친 때에는 집행관은 채무자에게 그 취지를 통지하여야 한다.

제188조 (부동산 등 인도청구의 집행시 취한 조치의 통지) 집행관은 법 제258조의 규정에 따라 강제집행을 한 경우에 그 목적물 안에 압류·가압류 또는 가처분의 집행이 된 동산이 있었던 때에는 그 집행을 한 집행관에게 그 취지와 그 동산에 대하여 취한 조치를 통지하여야 한다.

제189조 (부동산 등 인도청구의 집행조서) 법 제258조의 규정에 따라 강제집행을 한 때에 작성하는 조서에는 제6조와 법 제10조제2항·제3항에 규정된 사항 외에 다음 각호의 사항을 적어야 한다.

  1. 강제집행의 목적물이 아닌 동산을 법 제258조제3항·제4항에 규정된 사람에게 인도한 때에는 그 취지
  2. 집행관이 위의 동산을 보관한 때에는 그 취지와 보관한 동산의 표시

제190조 (목적물을 제3자가 점유하는 경우) 법 제259조에 규정된 강제집행절차에 관하여는 제159조, 제160조제1항, 제161조, 법 제

224조, 법 제226조, 법 제227조, 법 제234조 및 법 제237조 내지 제239조의 규정을 준용한다.

제191조 (간접강제) ①법 제261조제1항의 규정에 따른 결정을 한 제1심 법원은 사정의 변경이 있는 때에는 채권자 또는 채무자의 신청에 따라 그 결정의 내용을 변경할 수 있다.

②제1항의 규정에 따라 결정을 하는 경우에는 신청의 상대방을 심문하여야 한다.

③제1항의 규정에 따른 결정에 대하여는 즉시항고를 할 수 있다.

제3편 담보권 실행 등을 위한 경매

제192조 (신청서의 기재사항) 담보권 실행을 위한 경매, 법 제273조의 규정에 따른 담보권 실행이나 권리행사 또는 제201조에 규정된 예탁유가증권에 대한 담보권 실행(다음부터 "경매등"이라 한다)을 위한 신청서에는 다음 각호의 사항을 적어야 한다.

1. 채권자·채무자·소유자(광업권·어업권, 그 밖에 부동산에 관한 규정이 준용되는 권리를 목적으로 하는 경매의 신청, 법 제273조의 규정에 따른 담보권 실행 또는 권리행사의 신청 및 제201조에 규정된 예탁유가증권에 대한 담보권 실행 신청의 경우에는 그 목적인 권리의 권리자를 말한다. 다음부터 이 편 안에서 같다)와 그 대리인의 표시

2. 담보권과 피담보채권의 표시

　3. 담보권 실행 또는 권리행사의 대상인 재산의 표시

　4. 피담보채권의 일부에 대하여 담보권 실행 또는 권리행사를 하는 때에는 그 취지와 범위

제193조 (압류채권자 승계의 통지) 경매등이 개시된 후 압류채권자가 승계되었음을 증명하는 문서가 제출된 때에는 법원사무관등 또는 집행관은 채무자와 소유자에게 그 사실을 통지하여야 한다.

제194조 (부동산에 대한 경매) 부동산을 목적으로 하는 담보권 실행을 위한 경매에는 제40조 내지 제82조의 규정을 준용한다. 다만, 매수인이 매각대금을 낸 뒤에 화해조서의 정본 또는 공정증서의 정본인 법 제266조제1항제4호의 서류가 제출된 때에는 그 채권자를 배당에서 제외한다.

제195조 (선박에 대한 경매) ①선박을 목적으로 하는 담보권 실행을 위한 경매 신청서에는 제192조에 규정된 사항 외에 선박의 정박항 및 선장의 이름과 현재지를 적어야 한다.

　②법원은 경매신청인의 신청에 따라 신청인에게 대항할 수 있는 권원을 가지지 아니한 선박의 점유자에 대하여 선박국적증서등을 집행관에게 인도할 것을 명할 수 있다.

　③제2항의 신청에 관한 재판에 대하여는 즉시항고를 할 수 있다.

　④제2항의 규정에 따른 결정은 상대방에게 송달되기 전에도 집행할 수 있다.

　⑤선박을 목적으로 하는 담보권 실행을 위한 경매에는 제95조제

2항 내지 제104조 및 제194조의 규정을 준용한다.

제196조 (항공기에 대한 경매) 항공기를 목적으로 하는 담보권 실행을 위한 경매에는 제106조, 제107조, 제195조(다만, 제5항을 제외한다) 및 법 제264조 내지 법 제267조의 규정을 준용한다. 이경우 제195조제1항 중 "정박항 및 선장의 이름과 현재지를 적어야 한다"는 "정류 또는 정박하는 장소를 적어야 한다"로 고쳐 적용하며, 제195조제2항에 "선박국적증서"라고 규정된 것은 "항공기등록증명서"로 본다.

제197조 (자동차에 대한 경매) ①자동차를 목적으로 하는 담보권 실행을 위한 경매(자동차저당법 제6조의2 규정에 따른 양도명령을 포함한다)를 신청하는 때에는 제192조에 규정된 사항 외에 자동차등록원부에 기재된 사용본거지를 적고, 자동차등록원부등본을 붙여야 한다.

②제1항의 규정에 따른 경매에는 제108조, 제109조, 제111조 내지 제129조, 제195조제2항 내지 제4항 및 법 제264조 내지 법 제267조의 규정을 준용한다. 이 경우 제111조 내지 제113조, 제115조, 제123조, 제126조 및 제127조에 "채무자"라고 규정된 것은 "소유자"로 보며, 제195조제2항에 "선박의"라고 규정된 것은 "자동차의"로, 같은 항에 "선박국적증서등"이라고 규정된 것은 "자동차"로 본다.

제198조 (건설기계에 대한 경매) 건설기계를 목적으로 하는 담보

권 실행을 위한 경매에는 제197조의 규정을 준용한다. 이 경우 "자동차등록원부"는 "건설기계등록원부"로 본다.

제199조 (유체동산에 대한 경매) ①유체동산을 목적으로 하는 담보권 실행을 위한 경매신청서에는 제192조에 규정된 사항 외에 경매의 목적물인 유체동산이 있는 장소를 적어야 한다.

　②유체동산에 대한 경매에는 제2편 제2장 제7절 제1관(다만, 제131조, 제132조, 제140조 및 제143조를 제외한다)의 규정과 법 제2편 제2장 제4절 제4관의 규정을 준용한다.

제200조 (채권, 그 밖의 재산권에 대한 담보권의 실행) ①법 제273조제1항·제2항의 규정에 따른 담보권 실행 또는 권리행사를 위한 신청서에는 제192조에 규정된 사항 외에 제3채무자가 있는 경우에는 이를 표시하여야 한다.

　②제1항의 규정에 따른 절차에는 제160조 내지 제175조, 법 제264조 내지 법 제267조 및 법 제2편 제2장 제4절 제4관의 규정을 준용한다.

제201조 (예탁유가증권에 대한 담보권의 실행) ①예탁원 또는 예탁자는 예탁유가증권지분에 관한 질권자의 청구가 있는 때에는 그 이해관계 있는 부분에 관한 예탁자계좌부 또는 고객계좌부의 사본을 교부하여야 한다.

　②예탁유가증권에 대한 질권의 실행을 위한 신청서에는 그 질권에 관한 기재가 있는 예탁자계좌부 또는 고객계좌부의 사본을 붙여

야 한다.

③예탁유가증권에 대한 담보권의 실행절차에 관하여는 제2편 제2장 제7절 제3관(다만, 제182조에서 준용하는 제159조와 법 제188조제2항을 제외한다), 제200조제1항, 법 제265조 내지 법 제267조, 법 제273조제1항 및 법 제275조의 규정을 준용한다. 이 경우 제200조제1항에 "제3채무자"라고 규정된 것은 "예탁원 또는 예탁자"로 본다.

제202조 (강제집행규정의 준용) 이 편에 규정된 경매등 절차에는 그 성질에 어긋나지 아니하는 범위 안에서 제2편 제1장의 규정을 준용한다.

제4편 보전처분

제203조 (신청의 방식) ①다음 각호의 신청은 서면으로 하여야 한다.
 1. 보전처분의 신청
 2. 보전처분의 신청을 기각 또는 각하한 결정에 대한 즉시항고
 3. 보전처분에 대한 이의신청
 4. 본안의 제소명령신청
 5. 보전처분의 취소신청
 6. 보전처분의 집행신청
②제1항의 신청서에는 신청의 취지와 이유를 적어야 한다.

제204조 (담보제공방식에 관한 특례) 채권자가 부동산·자동차 또는 채권에 대한 가압류신청을 하는 때에는 미리 은행등과 지급보증위탁계약을 맺은 문서를 제출하고 이에 대하여 법원의 허가를 받는 방법으로 민사소송규칙 제22조의 규정에 따른 담보제공을 할 수 있다.

제205조 (신청취하의 효력을 다투는 절차에 관한 준용규정) 법 제285조제1항(법 제290조제2항의 규정에 따라 준용되는 법 제288조제1항의 경우를 포함한다)의 규정에 따른 신청취하의 효력을 다투는 경우(법 제301조의 규정에 따라 이 조항들이 준용되는 경우를 포함한다)에는 민사소송규칙 제67조제1항 내지 제3항의 규정을 준용한다.

제206조 (제소명령 등의 송달)　①법 제287조제1항(법 제301조의 규정에 따라 준용되는 경우를 포함한다)의 규정에 따른 명령은 채권자에게 송달하여야 한다.
　②법 제288조제4항(법 제301조의 규정에 따라 준용되는 경우를 포함한다)의 규정에 따른 신청이 있는 때에는 그 신청서 부본을 채권자에게 송달하여야 한다.

제207조 (가압류를 위한 강제관리) 강제관리의 방법으로 하는 부동산에 대한 가압류에는 제46조, 제83조 내지 제87조 및 제90조의 규정을 준용한다.

제208조 (선박에 대한 가압류) 선박에 대한 가압류에는 제95조, 제96조 및 제100조 내지 제103조의 규정을 준용한다.

제209조 (항공기에 대한 가압류) 항공기에 대한 가압류는 선박에 대한 가압류의 예에 따라 실시한다. 이 경우에는 제106조 후문의 규정을 준용한다.

제210조 (자동차에 대한 가압류) ①자동차에 대한 가압류는 아래 제2항 내지 제4항에서 정하는 사항 외에는 부동산에 대한 가압류(강제관리의 방법은 제외한다)의 예에 따라 실시한다. 이 경우에는 제108조 후문의 규정을 준용한다.

②가압류법원은 채권자의 신청에 따라 채무자에 대하여 자동차를 집행관에게 인도할 것을 명할 수 있다.

③제2항의 규정에 따라 집행관이 자동차를 인도받은 경우에는 제111조제3항, 제112조, 제114조, 제115조, 제117조, 제118조제1항 및 법 제296조제5항의 규정을 준용한다.

④자동차의 공유지분에 대한 가압류에는 제129조의 규정을 준용한다.

제211조 (건설기계에 대한 가압류) 건설기계에 대한 가압류에는 제210조의 규정을 준용한다. 이 경우 제210조제1항에서 준용하는 제108조 후문의 규정 중 "자동차등록원부"는 "건설기계등록원부"로 본다.

제212조 (유체동산에 대한 가압류) ①유체동산에 대한 가압류의 집행위임은 다음 각호의 사항을 적은 서면에 가압류명령정본을 붙여서 하여야 한다.

  1. 채권자·채무자와 그 대리인의 표시

  2. 가압류명령의 표시

  3. 가압류 목적물인 유체동산이 있는 장소

  4. 가압류채권의 일부에 관하여 집행을 구하는 때에는 그 범위

  ②유체동산에 대한 가압류의 집행에는 제132조 내지 제143조의 규정을 준용한다.

제213조 (채권과 그 밖의 재산권에 대한 가압류) ①권리이전에 등기 또는 등록이 필요한 그 밖의 재산권에 대한 가압류는 등기 또는 등록을 하는 곳을 관할하는 지방법원이나 본안의 관할법원이 관할한다.

  ②채권과 그 밖의 재산권에 대한 가압류에는 제159조, 제160조제1항, 제167조제4항, 제172조, 제174조, 제175조제1항·제3항, 법 제94조 내지 법 제96조 및 법 제141조의 규정을 준용한다.

제214조 (예탁유가증권에 대한 가압류) ①예탁유가증권을 가압류하는 때에는 예탁원 또는 예탁자에 대하여 예탁유가증권지분에 관한 계좌대체와 증권의 반환을 금지하는 명령을 하여야 한다.

  ②예탁유가증권에 대한 가압류에는 제159조, 제160조제1항, 제178조, 법 제188조제2항, 법 제226조, 법 제227조제2항·제3항, 법 제234조, 법 제235조, 법 제237조제2항·제3항 및 법 제296조제2항

600

의 규정을 준용한다. 이 경우 제159조제1항제1호, 제160조제1항, 법 제226조, 법 제227조제2항·제3항 및 법 제237조제2항·제3항에 "제3채무자"라고 규정된 것은 "예탁원 또는 예탁자"로, 법 제296조제2항에 "채권가압류"라고 규정된 것은 "민사집행규칙 제214조제1항의 가압류"로 본다.

제215조 (처분금지가처분의 집행) 물건 또는 권리의 양도, 담보권설정, 그 밖의 처분을 금지하는 가처분의 집행은 그 성질에 어긋나지 아니하는 범위 안에서 가압류의 집행의 예에 따라 실시한다.

제216조 (그 밖의 재산권에 대한 가처분) 권리이전에 등기 또는 등록이 필요한 그 밖의 재산권에 대한 가처분에는 제213조제1항의 규정을 준용한다.

제217조 (예탁유가증권에 대한 가처분) 예탁유가증권의 처분을 금지하는 가처분에는 제214조의 규정을 준용한다.

제218조 (보전처분집행에 대한 본집행의 준용) 보전처분의 집행에 관하여는 특별한 규정이 없으면 강제집행에 관한 규정을 준용한다.

부칙 〈제1762호,2002.6.28〉

제1조 (시행일) 이 규칙은 2002년 7월 1일부터 시행한다. 다만, 제35조 내지 제39조의 규정에 따른 별표 순번 2 내지 16에 적은 기관·단체에 대한 재산조회(제36조제3항의 규정에 따른 협회등에 대한 재산조회를 포함한다)는 2003년 1월 1일부터 시행한다.

제2조 (계속사건에 관한 경과조치) 종전의 규정에 따라 이 규칙 시행 전에 한 집행처분, 그 밖의 행위는 이 규칙의 적용에 관하여는 법 또는 이 규칙의 해당 규정에 따라 한 것으로 본다.

제3조 (관할에 관한 경과조치) 이 규칙 시행 당시 법원에 계속중인 사건은 이 규칙에 따라 관할권이 없는 경우에도 종전의 규정에 따라 관할권이 있으면 그에 따른다.

제4조 (부동산 경매절차 등에 관한 경과조치) ①법 시행 전의 신청에 기초하여 종전의 규정에 따라 강제경매절차 또는 담보권 실행을 위한 경매절차를 개시하는 결정을 한 부동산에 대하여 법 시행 후의 신청에 기초하여 강제경매 또는 담보권 실행을 위한 경매개시결정이 이루어진 때는 먼저 개시결정을 한 사건의 처리에 대하여는 종전의 규정을 따른다.

②제1항이 규정하는 경우에 먼저 개시결정을 한 사건의 경매신청이 취하되거나 그 절차가 취소되는 때에는 종전의 규정에 따라 법 시행 후에 한 집행처분, 그 밖의 행위는 법 또는 이 규칙의 해당 규정에 따른 집행처분, 그 밖의 행위로 본다. 제1항이 규정하는 경우에 먼저 개시결정을 한 사건의 경매절차가 정지되어 법 제87조제4항(법 제268조의 규정에 따라 준용되는 경우를 포함한다)의 재판

이 이루어진 때에도 마찬가지이다.

③법 시행 전의 신청에 기초하여 종전의 규정에 따라 강제관리개시결정(가압류의 집행으로 이루어진 것도 포함한다)을 한 부동산에 대하여 법 시행 후의 신청에 기초하여 강제관리개시결정(가압류의 집행으로 이루어지는 것도 포함한다)이 이루어진 경우에는 제1항과 제2항의 규정을 준용한다.

제5조 (선박 등 경매절차에 관한 경과조치) 법 시행 전의 신청에 기초하여 종전의 규정에 따라 강제경매절차 또는 담보권 실행을 위한 경매절차를 개시하는 결정을 한 선박·항공기·자동차 또는 건설기계에 대하여 법 시행 후의 신청에 기초하여 강제경매 또는 담보권 실행을 위한 경매개시결정이 이루어진 경우에는 제4조제1항·제2항의 규정을 준용한다.

제6조 (유체동산에 관한 경과조치) ①법 시행 전의 신청에 기초하여 종전의 규정에 따라 유체동산이 압류된 채무자에 대하여 그 압류장소에 관하여 법 시행 후에 유체동산 집행 또는 유체동산 경매의 신청이 있는 때에는 법 또는 이 규칙이 정한 절차에 따라 처리한다. 이 경우 종전의 규정에 따라 법 시행 후에 한 집행처분, 그 밖의 행위는 법 또는 이 규칙의 해당 규정에 따른 집행처분, 그 밖의 행위로 본다.

②법 시행 전의 신청에 기초하여 종전의 규정에 따라 유체동산이 압류된 채무자에 대하여 그 압류장소에 관하여 법 시행 후에 유체동산 가압류집행의 신청이 있는 경우에는 제1항의 규정을 준용한다.

제7조 (채권과 그 밖의 재산권에 관한 경과조치) ①법 시행 전의

신청에 기초하여 종전의 규정에 따라 압류된 채권과 그 밖의 재산권에 대한 배당절차에 관하여는 그 채권 또는 그 밖의 재산권에 대하여 법 시행 후의 신청에 기초하여 압류가 이루어진 경우에만 법 또는 이 규칙의 규정을 적용한다.

②법 시행 전의 신청에 기초하여 종전의 규정에 따라 법 시행 후에 제3채무자에게 송달된 금전채권의 압류 또는 가압류는 법 제248조(법 제291조의 규정에 따라 준용되는 경우를 포함한다)와 법 제297조의 적용에 관하여는 법 또는 이 규칙의 해당규정에 따라 한 것으로 본다.

제8조 (일괄매각에 관한 경과규정) 법 시행 전의 신청에 기초하여 종전의 규정에 따른 강제경매절차 또는 담보권 실행을 위한 경매절차를 개시하는 결정을 한 재산과 법 시행 후의 신청에 따라 강제경매 또는 담보권 실행을 위한 경매개시결정을 한 재산이 이 법에 정한 일괄매각 요건에 맞는 때에는 법 또는 이 규칙이 정한 절차에 따라 일괄매각할 수 있다. 이 경우 종전의 규정에 따라 법 시행 후에 한 집행처분, 그 밖의 행위는 법 또는 이 규칙의 해당 규정에 따른 집행처분, 그 밖의 행위로 본다.

제9조 (보전처분에 관한 경과규정) ①법 시행 전의 신청에 기초한 보전처분 사건에 관하여도 특별한 규정이 없으면 법 또는 이 규칙을 적용한다. 다만, 종전의 규정에 따라 생긴 효력에는 영향을 미치지 아니한다.

②법 시행 전에 이루어진 보전처분신청 기각결정이나 각하결정에 대하여는 법 시행일부터 1주 안에 즉시항고를 할 수 있다.

③법 제288조제4항(법 제301조에서 준용하는 경우를 포함한다)에

규정된 기간의 계산에 관하여는 법 부칙 제4조의 규정을 따른다.

부칙 〈제1835호, 2003.7.19〉

①(시행일) 이 규칙은 2003년 8월 1일부터 시행한다.

②(계속사건에 관한 경과조치) 이 규칙은 2002년 7월 1일 이후 신청되어 계속중인 집행사건에 대하여도 적용한다. 다만, 그 사건에 대한 이율은 2003년 7월 31일까지는 종전의 이율에 의하고 2003년 8월 1일부터 이 규칙에 따른 이율에 의한다.

부칙 〈제1891호, 2004.6.1〉

제1조 (시행일) 이 규칙은 2004년 7월 1일부터 시행한다.

제2조 (경과규정) 이 규칙은 2004년 7월 1일 이전에 접수된 사건에 대하여는 이를 적용하지 아니한다.

· 저자 ·

김봉석　　▌약력
(金奉錫)　　서울보건대학 임상병리과 졸업
　　　　　　건국대학교 대학원 법학석사
　　　　　　건국대학교 대학원 법학박사
　　　　　　법무사
　　　　　　서울보건대학 임상병리과　　겸임교수
　　　　　　대한상사중재원　　　　　　중 재 인
　　　　　　한국중재인협회　　　　　　이　　사
　　　　　　한국민사집행법학회　　　　이　　사
　　　　　　법조(法曹)　　　　　　　　편집위원
　　　　　　국법일보　　　　　　　　　논설위원
　　　　　　서울중앙지방법원, 서울동부지방법원, 서울가정법원, 대법원 근무

　　　　　　▌주요논저
　　　　　　「집행법원의 배당절차에 관한 연구」
　　　　　　「중재판정에 의한 집행판결의 절차와 그 문제점」
　　　　　　「대위에 의한 처분금지가처분의 효력」
　　　　　　「민사집행법상 집행법원의 배당에 대한 불복방법 및 그 문제점」
　　　　　　외 다수

법원경매 부동산의 권리분석과 배당

· 초판 인쇄	2005년 12월 15일
· 초판 발행	2005년 12월 15일
· 지 은 이	김봉석
· 펴 낸 이	채종준
· 펴 낸 곳	한국학술정보㈜
	경기도 파주시 교하읍 문발리 526-2
	파주출판문화정보산업단지
	전화　031) 908-3181(대표) · 팩스　031) 908-3189
	홈페이지　http://www.kstudy.com
	e-mail(e-Book사업부)　ebook@kstudy.com
· 등　　록	제일산-115호(2000. 6. 19)
· 가　　격	46,000원

ISBN　89-534-4253-2 93360 (Paper Book)
　　　　89-534-4254-0 98360 (e-Book)